TRES VISIONES DE ESPAÑA DURANTE LA GUERRA CIVIL

RICARDO MARÍN RUIZ

TRES VISIONES DE ESPAÑA DURANTE LA GUERRA CIVIL

L'ESPOIR, HOMAGE TO CATALONIA Y FOR WHOM THE BELL TOLLS

nausícaä

MMXI

Añafil, n.º 4
colección dirigida por
José Manuel Martínez Sánchez
jmjosnop@yahoo.es

1.ª edición de *Tres visiones de España durante la guerra civil. L'espoir, Homage to Catalonia y For Whom the Bell Tolls*
Nausícaä, mayo del 2011

isbn: 978-84-96633-67-4
Depósito Legal: mu-698-2011

Impreso en España - Printed in Spain

Impreso por Azarbe, s.l.
www.printalia.es
info@printalia.es

A mis padres

A Isabel

Agradecimientos

EN PRIMER LUGAR, quisiera manifestar mi más sincero agradecimiento a D. Juan Bravo Castillo, Catedrático del Área de Filología Francesa en la Facultad de Humanidades de Albacete, y D.ª Margarita Rigal Aragón, Profesora Titular del Área de Filología Inglesa en el mismo centro, por la inestimable ayuda que siempre me han prestado desinteresadamente en este y otros muchos proyectos. Asimismo, agradezco a la Universidad de Castilla-La Mancha el apoyo económico que, a través de su Vicerrectorado de Investigación, me ha prestado para hacer realidad esta publicación. He de agradecer igualmente la inestimable colaboración de la editorial Nausícaä, sin la que no hubiera sido posible la divulgación de este estudio.

Fundamental ha sido también la ayuda prestada por el *The George Orwell Archive* (University College London, Reino Unido), a la *The Mary Helms Library* (Western Kentucky University, Estados Unidos) y el *Instituto Universitario de Investigación de Estudios Norteamericanos* (Universidad de Alcalá de Henares), cuyos profesionales siempre mostraron su disposición y diligencia al facilitarme el acceso a los respectivos fondos documentales de estos centros de investigación.

Ya en el terreno estrictamente personal, deseo expresar mi más sincera gratitud a todas aquellas personas que nunca han dejado de ofrecerme su apoyo de forma desinteresada e incondicional: a mi padre, Juan, y a mi esposa, Isabel, que siempre está junto a mí en los malos y en los buenos momentos, así como a los restantes miembros de mi familia, de los que siempre he recibido palabras de cariño y aliento. Jamás olvidaré la energía y el ímpetu que me insufló, y que desde allá donde esté lo sigue haciendo, mi madre, a la que tanto debo... y seguiré debiendo.

Índice

Introducción

LA ELECCIÓN DE la guerra civil española (1936-1939) como marco cronológico de esta monografía obedece, principalmente, a dos razones. En primer lugar, a la interpretación que tradicionalmente se ha hecho de este conflicto como la última guerra romántica, circunstancia que lo convierte en un entorno privilegiado para percatarnos de cómo, en pleno siglo XX, la mirada foránea seguía viendo nuestro país a través de una serie de mitos y estereotipos procedentes del pasado. En segundo término, debe tenerse en cuenta la importante repercusión que la contienda tuvo dentro del contexto internacional; de este modo, la consideración de la guerra civil como una lucha entre el Bien y el Mal fue un poderoso atractivo para numerosos extranjeros decididos a empuñar las armas en una nación que, en muchos casos, apenas conocían. Entre ellos no faltaron escritores, a veces de reconocido prestigio, que vinieron a España bien para combatir, bien para trabajar como periodistas, en una guerra cuyo desenlace sería decisivo de cara al avance de los totalitarismos que entonces se estaban gestando en el Viejo Continente. Gran parte de los voluntarios extranjeros que participaron en el conflicto no sólo lo hicieron por sus motivaciones ideológicas, sino también por la posibilidad que la contienda les ofrecía, supuestamente, de emular a aquellos antecesores suyos que combatieron en la guerra de la

Independencia (1808-1814). Asimismo, algunos de ellos vieron en el conflicto una oportunidad de luchar por la igualdad y la libertad, circunstancia que les permitía, desde su punto de vista, dejar atrás ciertos episodios del pasado; piénsese, en este sentido, en la figura de George Orwell, quien, como veremos más adelante, creyó que en España se desharía, de una vez por todas, del sentimiento de culpabilidad que había contraído desde su más temprana infancia. Sin embargo, ninguna de estas dos expectativas solían cumplirse, de ahí que gran parte de los testimonios ofrecidos por los escritores foráneos que tomaron parte en la guerra no estén exentos de un cierto pesimismo y decepción.

Por razones muy diversas, España fue, especialmente durante la monarquía de los Austria (siglos XVI-XVII) y, más tarde, en el Romanticismo, un importante foco de atención dentro de Europa. El nacimiento, tras la unión dinástica entre Castilla y Aragón, de un proyecto imperial que extendería los dominios españoles por todo el mundo despertó los recelos de las potencias europeas; éstas encontraron en los libelos propagandísticos una forma más efectiva y contundente que la propia lucha armada a la hora de contrarrestar el poder económico y militar que atesoraba la España de Carlos V y Felipe II. Comenzaba así a forjarse, sobre todo en Francia e Inglaterra, la imagen de un país «de monjes y soldados, orgulloso y fanfarrón, cruel y despótico, austero y fanático»[1]. El desprestigio a nivel internacional al que fue sometida la monarquía hispánica contribuyó, de manera decisiva, a la difusión de la denominada «Leyenda Negra». Aunque la visión de España como una nación ensimismada en su atraso material y en sus valores ultracatólicos se ajustaba parcialmente a la realidad, respondía, sobre todo, a una premeditada intención por parte de algunos países europeos de emprender una guerra propagandística contra los Austria. De ella surgirían algunos de los arquetipos que, como los citados más arriba, acompañaron la imagen de España en Europa y Norteamérica hasta el comienzo de la Edad Contemporánea. Fue

1 NÚÑEZ FLORENCIO, Rafael, *Sol y sangre*, Madrid, Espasa Calpe, 2001, p.14.

entonces cuando el Romanticismo atenuó los tonos lúgubres que la nación había presentado en el pasado para convertirlo en el destino preferido de los románticos. No obstante, algunos de los mitos y estereotipos procedentes de épocas anteriores no desaparecieron completamente, sino que, por el contrario, coexistieron con la nueva imagen de la que es objeto el país a comienzos del siglo XIX. De la confluencia entre las visiones heredadas de la Edad Moderna y aquellas otras que aparecieron durante el Romanticismo, surgió el tópico de la «España de pandereta», es decir, la representación del país como un lugar caracterizado por el atraso material, el orgullo, el honor, el fol klore, la crueldad, la devoción o la pereza, entre otros rasgos. La sensibilidad romántica hizo de la Península uno de sus destinos predilectos, ya fuera para recorrerlo imaginariamente, ya para viajar a través de sus caminos tortuosos y polvorientos, bajo la «anhelada» amenaza de ser atracado por los bandoleros, quienes eran vistos como sujetos pertenecientes a otro tiempo. La razón de ello radicaba en el hecho de que España, merced a su rico patrimonio histórico y a las connotaciones exóticas adquiridas dentro de la nueva estética, satisfacía el deseo de evasión, tanto espacial como temporal, que habría de caracterizar al espíritu romántico. De este modo, España ofrecía la oportunidad de escapar de la opresiva sociedad burguesa que estaba emergiendo vigorosamente en muchas naciones europeas. Asimismo, la profunda impronta que la civilización árabe había dejado en la Península permitía al visitante entrar en contacto con Oriente, sinónimo del exotismo tan apreciado por los escritores decimonónicos. La imagen que estos ofrecieron del país llegaría a convertirse en una visión canónica, en un modelo a seguir, para elaboraciones imagológicas posteriores. Una vez más, las culturas francesa y anglosajona desempeñaron un papel muy importante al difundir la estampa romántica de la nación por buena parte de Europa y Norteamérica; si durante los siglos XVI y XVII había sido, principalmente, la rivalidad internacional lo que convirtió nuestro país en objeto de sus respectivos imaginarios, ahora eran el exotismo y la aureola legendaria que rodeaba a nuestro país lo que atraía en mayor medida su atención. Teniendo en cuenta esta influencia decisiva que las visiones francesa y anglosajona han tenido en la representación de España, hemos considerado oportuno seleccionar tres obras que, además de pertenecer a estos ámbitos culturales, ocupan un lugar de relevancia dentro de la literatura de la guerra civil en particular, y de la narrativa del siglo XX en general, como son: *L'espoir (La esperanza*, 1937), del novelista francés André Malraux; *Homage to Catalonia (Homenaje a Cataluña*, 1938), del escritor inglés George Orwell, y *For Whom the Bell Tolls (Por quién doblan las campanas*, 1940), del norteamericano Ernest Hemingway. Como veremos más adelante, el hecho de que estos tres autores presenciaran el drama de la contienda civil «in situ» no fue motivo suficiente para que, al forjar la representación literaria de la España en guerra, apartaran su mirada de aquella otra típica y tópica lastrada por los clichés y los mitos del pasado. Obviamente, no pretendemos decir con ello que Malraux, Orwell y Hemingway se abstrajeran de la dura realidad vivida por el país en la década de los treinta, pero sí que la plasmaran mediatizados por los arquetipos pretéritos. Por tanto, todo aquel que espere encontrar en las páginas de las obras mencionadas la España sacudida por la contienda que aparece en los textos históricos lo hará en vano, pues se topará con una imagen del país que no es sino una suerte de amalgama en la que se funden la realidad, el mito y las circunstancias personales de cada autor.

Como ya habrá podido comprobar el lector en estas primeras páginas, el reflexionar acerca de cómo vemos a un colectivo social y/o cultural distinto al nuestro implica a menudo el uso de términos como «imagología», «imagen», «mito» y «estereotipo». Seguramente, el primero de ellos sea el menos conocido, por lo que hemos creído conveniente esbozar en el capítulo primero tanto sus principales características como su evolución reciente. Más familiares resultan los otros tres conceptos, sin embargo, la confusión a la hora de diferenciarlos es tan evidente como la asiduidad con la que se emplean en el habla cotidiana. La importancia que este tipo de conceptos adquiere al abordar la representación literaria del Otro, y más aún en el marco de un período histórico como la guerra civil abonado a la gestación de mitos, requiere, de un lado, el establecimiento de unos límites terminológicos entre ellos y, de otro, el abordar, aunque sucintamente, los dos mitos por antonomasia de la contienda, como fueron el asedio del Alcázar toledano y la defensa de Madrid. Una vez tratadas estas cuestiones en el capítulo segundo, nuestra atención se centrará ya en la imagen de España, concretamente en su evolución dentro de Europa y Norteamérica desde el siglo XVI hasta el estallido de la guerra civil, un recorrido que nos ayudará a identificar algunas de las visiones que, siglos más tarde, alimentarían en parte las imágenes proyectadas por Malraux, Orwell y Hemingway. A menudo, los clichés del pasado distorsionan la visión de la realidad presente, de ahí que hayamos realizado en el capítulo cuarto una breve incursión en la situación sociopolítica de la España de finales de los años treinta para determinar hasta qué punto las representaciones de nuestros escritores se ajustan al escenario en el que se insertan sus respectivas obras. Una última cuestión que he hemos creído conveniente tener en cuenta antes de abordar el estudio de la imagen de nuestro país es el trasfondo ideológico que subyace en *L'espoir*, *Homage to Catalonia* y *For Whom the Bell Tolls*, ya que las imágenes proyectadas en estas tres obras poseen un indudable componente político, y más, si cabe, en un momento en el que la guerra civil, como se podrá ver en el capítulo quinto, movilizó la conciencia política de muchos intelectuales más allá de nuestras fronteras.

1. La escritura y la mirada del Otro: una aproximación a los estudios imagológicos

1.1. Las imágenes del Otro: la imagología y los estudios interculturales

El estudio de la imagen de España durante la guerra civil se inserta en el marco general de la literatura comparada y, dentro de ella, en el de la imagología, corriente que aborda la representación de la alteridad por medio de diversas formas de expresión artística, entre las que se incluye la literaria. El lugar que ocupan los estudios imagológicos dentro de la literatura comparada es de gran relevancia puesto que si, de acuerdo con Yves Chevrel[1], el interés esencial de esta tendencia crítica reside en el encuentro con el Otro, con los textos literarios y con las culturas foráneas, o como afirma Hugo Dyserinck[2], en el apor-

1 Moll, Nora, «Imágenes del «Otro». La literatura y los estudios interculturales», en Gnisci, Armando (ed.), *Introducción a la literatura comparada*, (traducción de Luigi Giuliani), Barcelona, Crítica, 2002, p. 347.

2 Dyserinck, Hugo, «La literatura comparada como nuevo campo para los

te extranjero a una literatura y una cultura dadas, la imagología supone entonces una de las formas de aproximación más concretas al estudio de la alteridad.

La imagología fue una de las corrientes que protagonizaron la renovación que la literatura comparada experimentó entre las décadas de los sesenta y los setenta de la pasada centuria. Una de las principales transformaciones operadas a partir de entonces dentro de los estudios comparatistas fue el cuestionamiento de las aspiraciones cosmopolitas surgidas a comienzos del siglo XX que trataban de superar las reivindicaciones nacionalistas decimonónicas. El objetivo de este cosmopolitismo era demostrar la interdependencia de las literaturas nacionales a través de las fronteras lingüísticas y, por tanto, su participación mutua en un único proceso superior. Sin embargo, esta tendencia homogeneizadora del panorama literario a nivel mundial adolecía de una serie de defectos que no podían pasar desapercibidos; así, por ejemplo, Fréderic Loliée[3] lamentaba el que los rasgos particulares de cada literatura nacional sucumbieran ante una concepción uniforme de la literatura mundial:

> El cosmopolitismo intelectual se extenderá (...) sobre las diferencias nacionales. La civilización prosigue su camino, inexorablemente destructor, de las sociedades locales. Los tipos se van, las particularidades se borran, el hombre se hace en todas partes semejante al hombre...

No obstante, la toma de conciencia de estos inconvenientes por parte de algunos defensores del cosmopolitismo literario, como el propio Loliée, no constituía un obstáculo para afirmar la subordinación de las literaturas nacionales a la historia de la literatura general, como llegó a plantear Ferdinand Brunetière.

---

estudios literarios», en Dyserinck et, al. (coords.), *España en Europa-Europa en España: Actas del Simposio Internacional de Literatura Comparada*, (Pamplona, 1988), Barcelona, PPU, 1990, pp. 22-23.

3 Loliée, Fredéric, *Historia de las literaturas comparadas*, (traducción de Hermenegildo Giner de los Rios), Madrid, Daniel Jorro Editor, [1904], 1905, p. 414.

Paul Van Thiegem hizo suya también esta propuesta, al afirmar que los autores, las obras y las literaturas nacionales constituían partes aisladas y separadas por la diferencia, de modo que sólo la literatura general podía sacarlas de su aislamiento; las historias de las literaturas nacionales no pasan de estu diarlos aisladamente, mientras que la literatura comparada puede hacerlo binariamente. No obstante, el crítico francés matizaba que al margen del efecto totalizador quedaría el mérito individual de autores, obras y literaturas. Esta búsqueda del cosmpolitismo literario constituía una reacción contra las barreras erigidas por los nacionalismos, dejando entrever que sólo los movimientos centralizados imponían la paz y la armonía a las facciones en guerra.

Después de la segunda conflagración mundial, los dos rasgos que definían la literatura comparada eran el cosmpolitismo y el método comparativo, consistente en buscar semejanzas más allá de las fronteras nacionales. Los dos continuadores más relevantes en esta época de las tesis cosmopolitas surgidas en la primera mitad de siglo fueron René Wellek y Austin Warren, quienes llevaron el cosmopolitismo hasta tal extremo que obviaron el valor de la diferencia y consideraron la literatura como una esencia única, independiente y universal, sobre la cual se podía construir una ciencia unitaria:

> Sean cuales fueren las dificultades con las que pueda tropezar una concepción de la historia literaria universal, importa entender la literatura como totalidad y perseguir el desenvolvimiento y evolución de la literatura sin tener en cuenta las distinciones lingüísticas... La literatura occidental, por lo menos, forma una unidad, un todo[4].

Frente a esta perspectiva holística se erigieron a partir de la década de los sesenta voces en contra, procedentes en especial de aquellas ramas de la literatura comparada que habían sido

4 Wellek, René y Warren, Austin, *Teoría literaria*, (traducción de Jose Mª Jimeno), Madrid, Gredos, [1953], 1985, p. 61.

eclipsadas por el cosmpolitismo extremo. Este fue el caso de la imagología que, a raíz del descrédito en el que había caído tras las propuestas procedentes del ámbito norteamericano, sobre todo de la mano de Wellek, experimentó una importante renovación que pasaba por establecer un nítido distanciamiento respecto de la imagología tradicional, desarrollada entre el último decenio del siglo XIX y la primera mitad del XX. Dentro de esta etapa inicial de la imagología destacaron figuras como Fernand Baldensperger y Paul Hazard, quienes abordaron el estudio de las representaciones recíprocas de los pueblos por medio de la literatura, todavía muy influenciado por una concepción determinista de los «caracteres nacionales», noción romántica que actualmente puede resultar un tanto retrógrada, pero que hasta mediados del siglo pasado gozó de una notable credibilidad.

El que la imagología reaccionara por medio de una profunda renovación ante el avance del cosmpolitismo extremo defendido por autores como Wellek y Warren no significa que no participara de planteamientos procedentes de esta última tendencia; de hecho, la perspectiva supranacional y la mentalidad cosmopolita eran dos de sus principales rasgos diferenciadores. Ahora bien, el cosmpolitismo de la imagología tradicional resultaba menos «ambicioso» que el postulado después, a finales de la década de los cincuenta, pues, por lo general, se refería a pueblos y naciones occidentales. Una prueba evidente de este etnocentrismo es la pretensión de J.-M. Carré[5] de estudiar «cómo nos vemos a nostros mismos». El impulso que especialistas como Carré tratan de dar a mediados del siglo pasado al estudio de las relaciones espirituales entre las naciones a través de sus literaturas, tras la cual se hallaban unas evidentes intenciones ético-políticas como la de contribuir al mejor entendimiento entre los pueblos, se ha considerado generalmente como el comienzo de la imagología moderna. Sin embargo, Nora Moll afirma que éste es un juicio que debe revisarse debido fundamentalmente a dos razones: por un lado, porque tiene

5 MOLL, Nora, «Imágenes del «Otro». La literatura...», op. cit., p. 353.

que ser considerado como el resultado de un lento desarrollo dentro del comparatismo literario, y por otro, al hecho de que Carré fue uno de los que no pudieron resistir la tentación de adherirse a la llamada «psicología de los pueblos», basada en la discutible aceptación de unas idiosincrasias nacionales[6]. Ahora bien, esta última observación de Moll debe ser matizada ya que, si bien no puede afirmarse, como así se ha hecho con unas evidentes intenciones políticas, la radical existencia de unos caracteres nacionales, no se puede negar al mismo tiempo la persistencia de algunos rasgos comunes a un pueblo; esta actitud conciliadora entre los dos extremos, el de la verdad y el de la leyenda, es la que sostiene Marius François Guyard[7]. Los estudios de Carré y Guyard, entre otros, estaban además muy influenciados por el positivismo decimonónico, presente de manera palpable, por ejemplo, en el estudio de Carré *Les écrivains français et le mirage allemand (1800-1940) (Los escritores franceses y la mirada alemana, 1800-1940)* publicado en 1947[8]. En esta investigación, el comparatista galo pretendía demostrar la imagen distorsionada, o «mirage», que en su país de origen se había formado de Alemania, circunstancia que impidió ver en esta última nación la amenaza que supuso después en la segunda conflagración mundial; para Carré, la visión idealizada de Alemania que los escritores franceses comenzaron a cultivar, sobre todo a partir del *De l'Allemagne* (*Acerca de Alemania*, 1813) de Madame de Staël, conducía a la confusión y al engaño, mientras que la imagen de un pueblo que protagonizaba una súbita escalada de violencia durante el Tercer Reich era la única verdadera. Es evidente que esta clase de estudios, muy mediatizados por circunstancias históricas y culturales, adolecían de una falta de equilibrio.

Como ya se ha comentado, uno de los principales representantes de la crítica a la que son sometidos los planteamientos

6 ibid., pp. 353-354.

7 GUYARD, M.-F., *La littérature comparée*, Paris, PUF, [1951], 1978, p. 23.

8 Citado en: MOLL, Nora, «Imágenes del «Otro». La literatura...», op. cit., p. 354

sociológicos y etnopsicológicos de la imagología tradicional fue René Wellek, quien señaló su incidencia negativa sobre el estudio de la obra, en cuanto que entorpecían un análisis profundo y exclusivamente literario de la misma. Igualmente, destacó también especialmente su crítica hacia la excesiva importancia otorgada a los conceptos de «influencia» y «fortuna». Para Wellek, el primero no podía ocultar la intención de contribuir al engrandecimiento de la propia literatura nacional, mientras que el segundo exigía que la investigación se centrara en aspectos externos a la obra, dos circunstancias que, según él, confinaban a la literatura comparada a ser una disciplina auxiliar de las filologías nacionales. De este modo, la aproximación sociológica adoptada en el estudio de aspectos externos al hecho literario quedaba descartado del concepto que este autor tenía de estudio literario, el cual debía comprender la historia, la teoría y la crítica, y que debía estar fundamentado sobre un objeto estético autosuficiente. Como defensor de una postura «esencialista» respecto de la literatura, Wellek consideraba la imagología tradicional como una clase de investigación fútil más próxima al análisis de la opinión pública que al literario. La renovación que la imagología comenzó a experimentar a partir de mediados del siglo XX arrancó de algunas de las propuestas del comparatista norteamericano, como la de superar la creencia en las psicologías colectivas y la inmersión en ellas de los estudios literarios. No obstante, su escepticismo hacia la orientación sociológica e histórico-cultural que la imagología venía imprimiendo a las investigaciones literarias no fue asumida por la nueva imagología, ya que no cesó de mantener estrechos vínculos interdisciplinares con las ciencias sociales, de donde partieron precisamente sus principales renovaciones. Así, mientras el modelo de Wellek tomaba rumbo hacia una despolitización y universalización de la investigación literaria, los planteamientos ético-políticos y la reflexión en torno al concepto de «nación» continuaron ocupando un lugar relevante dentro de las corrientes imagológicas europeas de la segunda mitad del siglo XX. Las dos corrientes que en mayor medida contribuyeron a la reformulación de la imagología tradicional durante este período fueron la llamada «escuela de Aquisgrán», cuya figura más relevante es Hugo Dyserinck, y la encabezada por el comparatista francés Daniel-Henri Pageaux.

Una de las primeras y principales aportaciones a la renovación de los estudios imagológicos europeos fue el artículo que Dyserinck publicó en 1966 «Zum Problem der *images* und *mirages* im Rahmen der Vergleichenden Litearaturwissenchaft»[9] («Sobre el problema de *images* y *mirages* en el ámbito de la literatura comparada»), que llegó a convertirse en un auténtico manifiesto de las transformaciones que entonces comenzaron a experimentar los estudios imagológicos. En él, el comparatista belga se plantea dos objetivos: construir una definición de «imagología» vinculada a la interpretación realizada por la «escuela francesa» y justificar la existencia de los estudios imagológicos dentro de los programas universitarios de literatura comparada, los cuales habían quedado bajo sospecha tras la crítica de Wellek. Con el fin de poder enlazar sus investigaciones con las efectuadas por la imagología gala, Dyserinck reivindicó la necesidad de analizar de nuevo las propuestas de Carré y Guyard, prestando especial atención al interés mostrado por Carré sobre la influencia que las «images» y «mirages» ejercen sobre la opinión pública. Para Dyserinck el estudio de estas construcciones no había reparado hasta entonces en su capacidad de inculcar unos determinados estereotipos en la cultura en la que es recibida una obra traducida; de este modo, el centro de atención se desplazaba así de cuestiones puramente sociológicas al planteamiento de problemas relacionados con la visión de la traducción como un hecho literario, pero también sociocultural, que, en ocasiones, proyecta y refuerza determinados prejuicios sobre el país del que procede el texto traducido. A partir de este posicionamiento en torno al influjo que las traducciones pueden tener sobre la imagen de una nación, se vislumbra un amplio abanico de funciones que puede desempeñar la traducción, circunstancia que, en opinión de Marilyn

9 Citado en: ibid., p. 356.

Gaddis Rose[10], obliga al traductor a posicionarse bien a favor de traducir fielmente el texto, bien de hacerlo sometiéndose a los requerimientos del auditorio, de ahí que el traductor, con el fin de conciliar estos dos extremos, seleccione partes del texto original que no puede cambiar y otras que se prestan, en mayor medida, a ser objeto de unas variaciones que contribuyen a facilitar la recepción del texto traducido. Igualmente, se comprenden mejor las reivindicaciones que después han efectuado autores como Claudio Guillén[10], para quien es preciso adoptar una visión histórica de la traducción, teniendo en cuenta los principios éticos sobre los que se asienta, sus presupuestos, sus directrices...

La traducción constituye también uno de los principales objetos de reflexión de otra rama del comparatismo vinculada al estudio de las relaciones literarias, como son los estudios de recepción, que insisten en la conveniencia de no obviar la capacidad que la traducción tiene para confirmar o modificar la imagen de la cultura representada por la obra traducida[11]. Esta problemática asociada a la traducción es para Daniel-Henri Pageaux la prueba de que el discurso crítico sobre obras extranjeras se halla estrechamente relacionado con la imagen que se tiene de las respectivas culturas de origen; según el comparatista francés[12], la traducción es uno de los seis niveles –junto con la ilustración de un texto, los ensayos y artículos sobre obras foráneas, puestas en escena y exposiciones, los relatos de viajes y la relectura de la cultura del Otro por medio de la ficción– que constituyen la expresión de un mismo fenómeno: la recepción y la representación del Otro.

Los estudios de recepción no pueden satisfacer por sí solos el análisis de los juicios basados exclusivamente en criterios estéticos e intraliterarios que se emiten al valorar la recepción

10 GUILLÉN, Claudio, *Entre lo Uno y lo Diverso. Introducción a la literatura comparada*, Barcelona, Crítica, 1985, p. 356.

11 CHEVREL, Yves, "Les études de réception", en BRUNEL, Pierre y CHEVREL, Yves (dirs.), *Précis de Littèrature Comparée*, Paris, PUF, 1989, p. 194.

12 PAGEAUX, Daniel-Henri, « De l'imagerie culturelle à l'imaginaire », op. cit., pp. 156-157.

de una obra foránea; ésta únicamente se puede comprender en el marco de un estudio consagrado a los sistemas de representación del extranjero que se dan en un momento concreto dentro de las relaciones entre una cultura que considera y otra que es considerada. Esta clase de investigaciones han enfatizado, especialmente en los países germánicos, el papel activo desempeñado por el receptor en detrimento de la actividad del objeto recibido, aspecto que no connotaba el término de «influencia», lo que ha supuesto la inclusión en los estudios de recepción de una nueva terminología fundada en la tradición historiográfica francesa y en la hermeneútica alemana, que, por medio de conceptos como los de «serie» y «horizonte de expectativas», participa de la problemática planteada en torno a la imagen dentro de la literatura comparada. El primero de ellos evidencia las estrechas relaciones metodológicas que la teoría de la recepción mantiene con la historia de las mentalidades; en la medida en que los estudios enmarcados dentro de esta corriente recurren tanto a la historia social como a la psicología colectiva, parece lógico que también utilicen los métodos de la Historia de las mentalidades. Dentro de este último ámbito, se han registrado recientemente importantes avances gracias sobre todo a las aportaciones efectuadas por la Escuela de los Annales, de donde han surgido términos como «historia cuantitativa» o «historia serial» a raíz de investigaciones realizadas por especialistas como Pierre Chaunu, quien evoca un nuevo ámbito para la historia serial: lo cuantitativo en tercer nivel. Dicho nivel, que engloba lo afectivo, lo mental y lo imaginario, se añade a otros dos de orden económico y social. Uno de los aspectos metodológicos más importantes relativos a las series dentro de los estudios de recepción es su configuración a partir de unas constantes apreciadas en un conjunto de obras consideradas diacrónica o sincrónicamente. Ahora bien, la teoría de la recepción, al intentar salvar la obra literaria del aislamiento mediante su inclusión en conjuntos homogéneos localizados a lo largo del tiempo o bien en un momento dado, incurre en un doble error. En primer lugar, cercena uno de los aspectos constitutivos esenciales del campo literario como es el de la originalidad y la particularidad de un autor, una obra o un movimiento. El empeño por detectar lo homogéneo dentro de una dimensión diacrónica o sincrónica, así como por percibir la creación literaria desde aspectos meramente cuantitativos, tiene como resultado una visión demasiado simplificadora y clasificatoria que, en muchas ocasiones, no logra aprehender entre sus rígidas taxonomías la complejidad del fenómeno literario. En segundo término, no debe descartarse la posibilidad de que los estudios de recepción, cuando se esfuerzan por encontrar similitudes entre literaturas de una misma época, o bien separadas por el tiempo, entablen relaciones donde en realidad no las hay, con lo que se dificulta todavía más el acceder a un conocimiento completo y exhaustivo de lo literario.

Por su parte, otro concepto vinculado a la noción de continuidad inherente a los planteamientos de los estudios de recepción es el de «horizonte de expectativas», un término de inspiración filosófica acuñado por Hans Robert Jauss[13], quien lo define como:

> El sistema de referencias objetivamente formulable que, para cada obra en un momento histórico dado, resulta de tres factores principales, como son: la experiencia previa que el público lector tiene del género en cuestión, la forma artística y temática de los textos conocidos anteriormente y de la oposición entre lenguaje poético y lenguaje práctico de un lado, y entre mundo imaginario y realidad cotidiana de Otro.

Algunos elementos de esta definición, como «género» u «obras anteriores», evidencian la relevancia de los factores históricos en la recepción de una obra literaria. El horizonte de expectativas presenta básicamente dos modalidades: el del público y el de la obra. Mientras el primero hace referencia a las experiencias estéticas previas del lector, recibidas en mu-

13 JAUSS, Hans-Robert, *Pour une esthétique de la réception*, (trad. del alemán por Claude Maillard), Paris, Gallimard, 1978, p. 49.

chos casos a través de canales como los centros educativos o la crítica, el segundo alude a las ideas y al efecto estético que el autor pretende comunicar por medio de su obra. El horizonte de expectativas de la obra es, en cierto sentido, el negativo en el que se plasman las principales directrices del entorno ideológico y cultural del autor que pueden influir notablemente en su cosmovisión y en su interpretación del Otro. El concepto de «horizonte de expectativas» es, al igual que el de «serie», susceptible de una doble crítica. Por un lado, resulta muchas veces complicado el establecer los criterios que permiten delimitar el horizonte de expectativas dentro de una época de la historia cultural de un país: si el horizonte se concibe como un intrincado conjunto de variables, su implantación para una época determinada puede resultar muy compleja, mientras que si se plantea de un modo excesivamente esquemático y simplista, se corre el riesgo de que deje escapar lo esencial y tan sólo retenga lo accesorio. Por otro, la diferencia que tan nítidamente expresa la definición de Jauss entre el uso práctico y el uso literario de la lengua en la realidad se presenta como una distinción variable: numerosos críticos alemanes han reprochado a Zola el no cultivar un registro literario en sus obras, por el mero hecho de no cumplir lo que, según ellos, son los tres componentes que posee la lengua literaria: el humor –«Humor», es decir, la distancia que mantiene el autor respecto a lo descrito o contado–, la transfiguración de la realidad –«Verklärung»– y la reconciliación –«Versöhnung»–[14]. Ahora bien, por no cumplir con esta rígida clasificación, ¿se puede decir que Zola no hiciera literatura?

Volviendo a los planteamientos efectuados por Dyserinck a finales de la década de los sesenta, el comparatista belga, como se ha señalado más arriba, criticó el cuestionamiento al que Wellek había sometido el estudio de las «images» literarias y su relevancia dentro de los programas universitarios. Dyserinck subraya en este sentido la importancia del estudio de las «images» como elementos vertebradores del texto y el análisis de

14 CHEVREL, Yves, "Les études de réception", op. cit., p. 200.

estas últimas y de las «mirages» como un ámbito en el que la imagología podría llevar a cabo la provechosa tarea de desmitificar las ideas preconcebidas sobre el Otro. Así, se reivindica el carácter literario que tiene la nueva imagología, lo cual no impide que renuncie a abordar cuestiones ético-políticas al trascender los límites estrictamente estéticos de la obra literaria. Dyserinck, sin embargo, no se detiene en el debate sobre qué es y qué no es lo estrictamente literario, sino que va más allá al subrayar el carácter central de la imagología en el marco de los estudios comparatistas, justificada por el hecho de que la literatura comparada tiene como objeto la cuestión de la alteridad. Junto a la deconstrucción de prejuicios elaborados en torno al Otro, Dyserinck plantea como la otra gran directriz de la nueva imagología el tomar una posición de neutralidad cultural, de modo que el comparatista no vierta en su investigación ni sus ideas ni su identidad nacional y cultural. Con este posicionamiento, el estudioso belga pretende desligar la disciplina tanto de sus pretendidas relaciones con la etnopsicología como de las aclamaciones irracionales efectuadas en relación con el «carácter nacional» o el «espíritu de los pueblos», nociones que tradicionalmente se habían venido relacionando con la imagología. Ahora bien, el adoptar la postura diametralmente opuesta a estas ideas implica encontrarse con una profunda relativización del concepto de «nación», dificultad que Dyserinck salva mediante la definición de la identidad nacional y cultural como la concreción de aquellos sentimientos y conciencias que surgen en relación con el Otro; en otras palabras, la idea de nación no es más que la visión que, sin apartar su mirada de otras realidades históricas, sociales y culturales, una comunidad construye de sí misma, una «autoimage», en la que la literatura desempeñaría el papel de elemento cohesionador. Mediante esta redefinición de «nación», la Escuela de Aquisgrán incide básicamente en dos aspectos. Por un lado, en el hecho de que se trata de una invención que las élites intelectuales de Occidente han efectuado durante la época moderna y que, por lo tanto, es un error dotarla de un sentido teleológico, es decir, concebirla como realización final de la Historia. Por otro, en la tesis, ya apuntada por Max Weber, de que la tarea de identificación étnica y nacional la llevan a cabo los otros, de manera que, en ocasiones, la percepción que una nación tiene de sí misma se corresponde con la visión que de ella tienen otros pueblos; en estos casos, la «autoimage», la imagen que una comunidad tiene de sí misma, y la «heteroimage», es decir, la imagen proyectada por los otros, coinciden. El evidente componente histórico y social que tiene el concepto de «nación» y la posición central que este ocupa dentro de la reflexión imagológica justifican la conexión que esta rama del comparatismo debe mantener –en contra de la opinión de críticos como Wellek, con las ciencias sociales, lo cual no sólo ofrece la oportunidad de comprender más exhaustivamente el discurso imagológico insertándolo en un contexto compuesto de elementos extraliterarios, sino también «de esclarecer la historia y los sucesos políticos pasados y actuales a través de la lectura imagológica de los textos»[15].

Dyserinck reclama de este modo para la imagología una dimensión política, actitud que ya habían adoptado Carré y Guyard cuando se comprometieron a contribuir con sus investigaciones al entendimiento recíproco de las naciones europeas. El comparatista belga también circunscribe sus estudios al ámbito europeo, ya que, según él, se pueden comprender mejor y solucionar la problemática relativa a la configuración multinacional de Europa. La Escuela de Aquisgrán encuentra así en el Viejo Continente un campo privilegiado donde llevar a cabo investigaciones imagológicas de corte experimental cuyos resultados serían aplicables también a entornos extraeuropeos. No obstante, la aparición de corrientes comparatistas fuera de Europa, como los estudios poscoloniales, hace prácticamente insostenible el eurocentrismo de Dyserinck. Precisamente, la imagen que por medio de la literatura se ha elaborado en torno a las naciones europeas quedaría incompleta si no se tuviera en cuenta ni la mirada que han proyectado sobre el Continente aquellas naciones que en el pasado fueron colonias europeas,

15 MOLL, Nora, «Imágenes del «Otro». La literatura...», op. cit., p. 360.

ni los perjuicios que las metrópolis han ocasionado a éstas al verter sobre ellas las imágenes de exotismo y subdesarrollo.

La reivindicación efectuada por la Escuela de Aquisgrán sobre las conexiones que la imagología debe tener con variables sociales y políticas también estaría justificada por el poder de repercusión que la imagen ejerce sobre el entorno socio-político en el que es recibida, al margen de que se corresponda o no con la realidad. Aunque el lector sea una persona adulta que sepa distinguir perfectamente entre la ficción y la realidad, las imágenes proyectadas en textos literarios lo llegan a sugestionar para arrastrarle hacia una serie de juicios de valor relativos al Otro, que al final termina asimilando. Ahora bien, el cometido de los estudios imagológicos, según Joep Leersen[16], no es el de determinar el grado de veracidad de una imagen, sino el de subrayar el grado en el que esa imagen es reconocida y compartida en un lugar y momento dados, designando con el término «representaciones imagotípicas» a aquellas que manipulan enunciados empíricos-referenciales, que pueden ser evaluados según criterios de verdad o de falsedad, y que simulan tener cierta referencialidad cuando de hecho no la poseen.

Por su parte, Pageaux, el principal representante de los estudios imagológicos en Francia, reformula el planteamiento original de los estudios imagológicos desvelando una serie de conexiones que las investigaciones imagológicas mantienen, al menos desde un punto de vista metodológico, con otros ámbitos del conocimiento como la Antropología, la Semiología y, al igual que los estudios de recepción, la Historia de las mentalidades; el comparatista se interesa por algunos interrogantes propuestos por estas áreas, no tanto para ampliar su ámbito de estudio como para contrastar sus métodos con los de aquéllas y, sobre todo, para integrar la imagen literaria en un análisis general sobre el conjunto vasto y complejo del imaginario específico de una cultura-nación integrado por testimonios literarios y extraliterarios, que recibe el nombre de «imagerie culturelle». Un ejemplo de testimonio extraliterario

16 Citado en: ibid., pp. 361-362.

que integra ese imaginario colectivo y que contribuye a hacerlo homogéneo es la denominada «paraliteratura» –cómics, novelas de calidad discutible... En opinión de Pageaux, este ámbito constituye un terreno abonado para la construcción de estereotipos que promueven entre los lectores un sentimiento de unidad y pertenencia nacionales mediante la puesta en escena de un «nosotros» opuesto a los «otros» tras la cual subyace generalmente un mensaje con significado político. El discurso crítico sobre literaturas extranjeras también es otro campo de aplicación interesante para los estudios imagológicos, puesto que se halla muy influenciado por la cultura a la que pertenece[17]. En consecuencia, desde esta perspectiva la imagen literaria aparece considerada como un entramado de ideas extraídas de un proceso de literarización, pero también de socialización, de ahí que el investigador no conciba el texto literario de manera aislada, sino enlazándolo con los materiales culturales desde los cuales se ha pensado y se ha vivido. Pageaux[18] considera que no es tan importante definir las unidades que componen ese imaginario, es decir las «images», como delimitar su contorno. Para ello, el crítico francés parte de la siguiente hipótesis: «Toda imagen parte de una toma de conciencia, de un Yo en relación con un Otro, de un Aquí en relación con un Allí». De este modo, el Otro se convierte en fuente de significado para la construcción de la identidad propia; la presencia del Otro permite tomar conciencia de la existencia de un Yo, cuya autopercepción procede en parte de las valoraciones y las miradas realizadas desde la Alteridad. Al mismo tiempo, las consideraciones que se realizan sobre el Otro transmiten implícitamente las principales coordenadas culturales e ideológicas del contexto en el que brotan tales apreciaciones[19].

La imagen es en cierto sentido un lenguaje articulado parcialmente por unos mecanismos ideológicos que determinan la axiomática del discurso acerca del Otro que se construye a

17 MOLL, Nora, «Imágenes del «Otro». La literatura...», op. cit., p. 364.

18 PAGEAUX, Daniel-Henri, "De l'imagerie culturelle...", op. cit., p. 135.

19 ibid., p. 137.

partir de ellos. Estos juicios de valor emitidos sobre una cultura ajena o sobre la propia constituyen lo que Pageaux[20] denomina «imaginaire social», marcado por una profunda bipolaridad entre la identidad y la alteridad, en la cual esta última es vista como un término opuesto y complementario de la identidad. Este imaginario social, que Pageaux adopta como punto de partida para sus investigaciones, constituye el lugar en el que confluyen las imágenes, las representaciones, los conductos –entre ellos, la literatura– por medio de los cuales una sociedad se ve a sí misma y mira a otras. Ahora bien, conviene matizar en este punto que la imagología no obedece, desde la perspectiva de Pageaux, al estudio de la imagen estereotipada que puede proyectar un determinado pueblo, sino que debe abordar el estudio de las imágenes que coexisten en el interior de una misma cultura, pudiendo así identificar las principales líneas de fuerzas ideológicas que rigen dicha cultura; de este modo, la imagología subraya la fusión que en los mecanismos de representación artística se produce entre elementos estéticos y elementos sentimentales e ideológicos. Con esta reformulación del objeto de estudio imagológico, Pageaux salvaba la polémica en la que se había visto atrapada el estudio de la imagen, más concretamente, sobre la «falta de fidelidad» de ésta a la hora de reflejar una determinada cultura; para el comparatista francés, su estudio no debe detenerse tanto en el grado de realidad como sí en su capacidad para confirmar un modelo cultural preexistente. La imagen debe así ser estudiada como un objeto antropológico en el que una comunidad se ve, se escribe y se piensa tanto a sí misma como a otras realidades externas, enmarcado todo ello en el imaginario que existe inseparable de toda organización social y cultural. El que la imagen contenga un conjunto de referencias hacia el Otro la convierte en un hecho cultural. A diferencia de las imágenes-icono o las imágenes poéticas, entre otras representaciones artísticas o estéticas, las plasmaciones imagológicas carecen, según Pageaux, de una dimensión polisémica; en otras palabras, en una cultura y un mo-

20 PAGEAUX, Daniel-Henri, « De l'imagerie culturelle... », op. cit., p. 135.

mento histórico dados, las construcciones imagológicas contienen un mensaje concreto y preciso en relación con el Otro, no prestándose así a libres interpretaciones. En consecuencia, el texto imagológico posee un carácter en parte programático, de modo que no contiene una pluralidad de discursos posibles acerca del Otro, sino que aparecen en cantidades limitadas. Dentro de ese discurso, el comparatista francés identifica tres modalidades de representación del Otro que se identifican con unas actitudes mentales denominadas como: *a)* «manía», consistente en la sobrevaloración de la cultura extranjera; *b)* «fobia», actitud adoptada cuando se infravalora la otra cultura; y *c)* «filia», que consiste en la equiparación de la cultura foránea a la de pertenencia.

Las investigaciones imagológicas efectuadas por Pageaux se revelan, por tanto, como un análisis que, partiendo del estudio de las representaciones mentales y artísticas que se realizan sobre la alteridad, llevan a cabo un análisis tanto de la cultura de origen como de las extranjeras. La delimitación de esas representaciones que conforman lo que Pageaux designa como «imagerie» no se realiza a partir de un sólo texto, sino que se seleccionan los considerados como representativos de una época determinada –selección sincrónica– o de un período histórico prolongado –selección diacrónica–; al igual que ocurre en los estudios de recepción, aquí también se recurre al concepto de «serie», aunque no necesariamente con las mismas pretensiones homogeneizadoras que presentan aquellos. Se aprecia, por tanto, una diferencia metodológica respecto a la Escuela de Aquisgrán, donde se trata de «evidenciar algunas «estructuras imagotípicas» que remiten a determinados autores y textos literarios»[21]. Uno de los rasgos más significativos de la metodología empleada por Pageaux es su capacidad para extraer y conciliar los conocimientos de disciplinas muy diversas, tales como el análisis histórico, la Semiología o la Antropología, en la identificación de los materiales con los que se construye la «image». El análisis de estos materiales, que

21 MOLL, Nora, «Imágenes del «Otro». La literatura...», op. cit., p. 366.

se estructura en tres fases de una complejidad creciente, toma prestados algunos procedimientos de la Antropología cultural y, más concretamente, de la teoría estructuralista de Claude Lévi-Strauss. En el primero de ellos, Pageaux propone, como ya hemos visto, realizar un estudio del texto con el fin de identificar aquellas palabras o expresiones claves que pueden formar parte del material léxico de la imagen; así, por ejemplo, en el caso del objeto de estudio aquí planteado, podrían resultar muy indicativos términos como «orgullo», «fiesta» o «pasión». El segundo estadio, por su parte, consiste en llevar a cabo un análisis semiótico-estructural, que tiene como objetivo precisar los mecanismos por los que el escritor ha optado por unas elecciones lingüísticas y no por otras, condicionadas, generalmente, por dos principios antitéticos: el deseo de diferenciarse del Otro y la intención de asimilarse a él. En síntesis, lo que se trataría de hacer en este punto sería, de un lado, analizar las grandes oposiciones que vertebran el texto y, de otro, identificar las principales unidades temáticas, determinando así la forma en la que se organiza y articula el arsenal semántico seleccionado en el estadio anterior. Por último, en el tercer nivel, se abordaría el estudio de lo que el autor francés conoce como «le scénario», que ilustraría el contexto referencial que rodea a las imágenes del texto.

Por otra parte, a partir de la década de los noventa, la imagología fue objeto de un discurso revisionista por parte, especialmente, de la crítica anglosajona. De este modo, especialistas como Anthony Johnson o Mark Taylor abrieron entonces una nueva línea de investigación imagológica. Nacía así la denominada «New Imagology», corriente que en los últimos años ha tratado de expandir el horizonte de investigación de los estudios imagológicos, cuya atención se ha centrado tradicionalmente, según esta tendencia, en el análisis de las imágenes nacionales. Desde esta nueva perspectiva, la imagología es considerada una disciplina auxiliar dentro de un estudio global de la imagen susceptible de ser aplicado a cualquier área del conocimiento. Así pues, la «New Imagology» no pone el acento tanto en el estudio literario de la construcción y transmisión de imágenes, como en la necesidad de abordarlo desde un enfoque interdisciplinar. Por esta razón, son numerosas las investigaciones que se han realizado al respecto desde muy diversos ámbitos; entre ellas, destacan, por ejemplo, la reflexión filosófica que lleva a cabo Mark Taylor en torno a las imágenes que aparecen en los medios de comunicación –*Imagologies and Media Philosophy* (1994)–, o el análisis de Anthony Johnson acerca de la relación existente entre las imágenes derivadas de nuestras experiencias internas y aquellas otras procedentes del exterior. A estos trabajos se suma una larga serie de estudios, como los elaborados por Colley (1992), Haskell (1993) y White (2003) en el ámbito de la Historia, por Crang (1998) dentro de la Geografía cultural, por Dyer (1993) y Stiegler (1995) en el campo de los medios de comunicación, o por Benthien (1998) en el de la Antropología.

A lo largo del presente capítulo, hemos puesto de relieve la renovación experimentada por la imagología a raíz de las propuestas metodológicas de Carré y Guyard a mediados del siglo XX; de este modo, hemos considerado como punto de partida de la imagología moderna la necesidad subrayada por Carré de estudiar las relaciones espirituales entre las naciones por medio de sus respectivas literaturas y la reivindicación de los caracteres nacionales, postura esta última sostenida por Guyard. También hemos considerado como un hito importante dentro de la evolución seguida por la disciplina imagológica a lo largo del siglo pasado las aportaciones que, durante los años sesenta y setenta, realizaron especialistas como Dyserinck y Pageaux; hemos destacado, en este sentido, cómo el primero de ellos justificó la existencia de los estudios imagológicos dentro de los programas universitarios de literatura comparada, resaltando la función de las «images» como elementos vertebradores del texto y el análisis de aquéllas y de las «mirages» como ámbitos donde la imagología podría desmitificar los prejuicios y estereotipos elaborados en torno al Otro. Junto a esta dimensión literaria, la imagología cuenta para Dyserinck con un evidente componente político, dada la importante repercusión que la imagen tiene sobre el entorno social y político en el que es recibida, al margen de que se corresponda o no con la realidad. En este sentido, Dyserinck, al igual que Pageaux, plantea la necesidad de que el estudio de la imagen se realice teniendo en cuenta no tanto su grado de veracidad, como su influencia en un contexto sociocultural concreto. Por lo que respecta a los planteamientos efectuados por Pageaux, hemos destacado cómo lleva a cabo una reformulación del sentido original de la imagología al identificar unas vinculaciones metodológicas que las investigaciones imagológicas guardan con disciplinas tales como la Antropología, la Historia de las mentalidades o la Semiología. Con ello, Pageaux pretende convertir la imagen en objeto no de un estudio exclusivamente literario, sino de un análisis general sustentado sobre testimonios literarios y extraliterarios, que conforman el «imagerie culturelle», es decir, el imaginario específico de una cultura-nación. Una vez resaltadas aquellas aportaciones que propiciaron la renovación de la disciplina imagológica a lo largo de la segunda mitad del siglo pasado, hemos hecho referencia a la «New Imagology», que, en los últimos años, se ha convertido en una de las corrientes imagológicas más innovadoras, al orientar sus estudios hacia un horizonte de investigación interdisciplinar que trasciende el análisis de las imágenes nacionales. Por último, y pese a que sus propuestas no van a ser aplicadas en este estudio, hemos considerado oportuno tener en cuenta otras ramas del comparatismo que, al igual que la imagología, también abordan el análisis de las relacioes interculturales, como son como los estudios poscoloniales y los «East-West Studies».

2. Imagen, estereotipo y mito: hacia una delimitación terminológica

La imagen que se tiene de una realidad concreta, de un lugar y de un momento dados, puede devenir, en virtud de factores como su intensidad evocativa o los intereses sociopolíticos que subyacen a su propagación, en otras clases de representaciones más específicas como son el estereotipo y el mito. Por esta razón, resulta conveniente enunciar, aunque someramente, cuáles son los elementos diferenciadores y los nexos entre estos tres tipos de representaciones que en ocasiones afloran cuando se alude al Otro. Esta aclaración conceptual pretende ofrecer unos elementos de valoración que permitan determinar hasta qué punto las imágenes reflejadas por los escritores tratados han quedado como representaciones particulares, sin ninguna trascendencia tanto en la autoimagen como en la heteroimagen de España, o bien, por el contrario, han persistido a lo largo del tiempo al ocultarse bajo el armazón del mito o del estereotipo. En el capítulo anterior abordábamos el concepto de imagen desde la perspectiva de los estudios imagológicos, en el marco de los cuales aparece como una representación simbólica que pertenece por referencia a una idea o a un sistema de valores preexistente. Desde este mismo punto de vista, puede afirmarse que la imagen ha extraído los elementos esenciales del sistema lingüístico definidos por Emile Benveniste, como son: la enunciación, la constitución en signos diferenciados, la aceptación por todos los miembros de una comunidad así como su condición de ser la principal actualización comunicativa entre los sujetos. La imagen, por tanto, puede considerarse un lenguaje simbólico que, a la hora de enunciar las relaciones entre la sociedad «regardant» –es decir, la sociedad que enjuicia– y la sociedad «regardée» –la sociedad enjuiciada–, se revela como uno de los más originales[1].

2.1. Imagen, estereotipo y mito

Al margen de los estudios imagológicos, la imagen ha sido objeto de análisis dentro de algunas teorías concernientes al estudio del mito más relevantes del pasado siglo, como son las desarrolladas por el discípulo de Freud y fundador de la denominada «psicología de las profundidades», Carl G. Jung, o las planteadas por mitólogos como Mircea Eliade. Aparte de los descubrimientos tan relevantes que llevó a cabo para la psicología moderna, la teoría del psicoanálisis también realizó importantes aportaciones al estudio de la imagen a nivel simbólico. Concretamente, Jung, al estudiar la forma en la que los símbolos se presentan en la mente humana, concibió la imagen como el soporte lingüístico empleado por el inconsciente para comunicarse a través de los sueños. Según el psiquiatra y psicólogo suizo, las imágenes que derivan del inconsciente poseen una dimensión simbólica que les faculta para formar parte de estructuras mentales más complejas como son el mito y el arquetipo. Estos tres conceptos –imagen, mito y arquetipo– aparecen, por tanto, bajo el denominador común de una naturaleza simbólica. Sin entrar todavía a analizar el significado que los términos «mito» y «arquetipo» poseen dentro de

1 Pageaux, Daniel-Henri, «De l'imagerie culturelle...», op. cit., p. 138.

la teoría junguiana –asunto que será abordado más adelante–, sí que resulta interesante en este punto hacer referencia a la tipología y funcionalidad que el científico suizo atribuye a los símbolos. Retomando la separación que los románticos alemanes hicieran entre símbolo y alegoría, Jung identifica lo simbólico con un mecanismo que sirve para ocultar una realidad compleja que no puede ser expresada de una manera definitiva, por oposición a la alegoría, que desvela de una vez para siempre la significación de una imagen. Una vez efectuada esta distinción, el médico suizo clasifica los símbolos en naturales y culturales; los primeros son la manifestación de los contenidos inconscientes de la psiqué de cada individuo, por lo que consitutuyen un número considerable de variaciones respecto a imágenes ancestrales que, en su forma esencial, no han variado en el seno del «inconsciente colectivo», es decir, la parte de la mente que conserva la herencia psicológica común de la Humanidad. Este último tipo de representaciones es lo que Jung[2] denomina símbolos culturales, empleados para manifestar «verdades eternas». Los símbolos, en especial los culturales, debido a la profunda emoción que pueden suscitar en el individuo, son una parte esencial de su constitución mental, y actúan como «fuerzas vitales en la formación de la sociedad humana», no pudiendo desarraigarse de ella sin ocasionar una gran pérdida[3]. En este sentido, para el científico de Zurich, un hombre desprovisto de símbolos es un ser mutilado. Esta misma idea fue también subrayada por su coetáneo Ernst Cassirer[4], al afirmar que toda la actividad humana se halla compuesta por el conjunto de las formas simbólicas diversificadas.

Por otra parte, Mircea Eliade, a diferencia de las propuestas de Jung, circunscribe, por un lado, los conceptos de imagen y símbolo exclusivamente al ámbito de lo religioso y, por

2 JUNG, Carl G.; *El hombre y sus símbolos*, (trad. de Luis Escobar), Barcelona, Biblioteca Universal Contemporánea, 1997, pp. 89-90.

3 *ibid.*, p. 90.

4 Citado en: DURAND, Gilbert, *De la mitocrítica al mitoanálisis*, (trad. de Alain Verjat), Barcelona, Anthropos, 1993, p. 23.

otro, establece una clara distinción entre ellos al no atribuir a la imagen una naturaleza simbólica; de este modo, aunque ambos son considerados como partes integrantes del imaginario humano, desempeñan, al mismo tiempo, dos funciones bien distintas, de manera que, mientras la imagen valora la dimensión subjetiva de lo sagrado, el símbolo privilegia el polo objetivo de la manifestación de lo sagrado[5]. Ahora bien, esta diferenciación establecida por Eliade no impide que su modelo coincida en algunos aspectos con aquellas otras teorías que sí estudian la imagen a un nivel simbólico. La consideración del símbolo como facultad consustancial del ser humano –«homo symbolicus»– a la que se halla vinculada todo lo que piensa, siente y ejecuta, o su interpretación como nexo que mantiene al individuo ligado a un pasado primordial de total comunión con la naturaleza y con lo espiritual, ponen en estrecha relación los planteamientos de Eliade con las aportaciones de Jung y, en especial, de Creuzer.

Precisamente, las conceptualizaciones que estos dos últimos autores realizan acerca de la noción de «símbolo» son empleadas por el francés Gilbert Durand como punto de partida para identificar tres rasgos específicos de las construcciones simbólicas: así, en primer lugar, se manifiestan a través de un significante que posee una naturaleza concreta; en segundo término, se revelan como el medio idóneo para transmitir un significado y, finalmente, se caracterizan por ser «algo imposible de percibir (...) directamente o de otro modo»[6].

Por lo que respecta al estereotipo, éste puede considerarse como una forma particular de la imagen. Desde nuestro punto de vista, es de gran interés sondear dos perspectivas en relación a este concepto: la cultural y la psicosocial. Al adoptar la primera, uno de los primeros rasgos diferenciadores del estereotipo es su condición de «señal», es decir, de generador de una significación que remite automática e inexorablemente a

5 ELIADE, Mircea, *Imágenes y símbolos*, (trad. de Carmen Castro), Madrid, Taurus, [1955], 1974, pp. 12-13.

6 DURAND, Gilbert, *De la mitocrítica..., op. cit.*, p. 18.

otra «señal», por oposición al «signo», entendido como representación polisémica. La proliferación del estereotipo en el ámbito de una determinada cultura ensombrece su cualidad de ser «un lugar de invención, de producción y de transmisión de signos»[7], sumiéndola en comunicaciones unívocas que contribuyen a su empobrecimiento. Desde esta perspectiva, la elaboración del estereotipo obedece a un proceso relativamente sencillo: la confusión entre lo que es atributo y lo que es esencia. El estereotipo eleva las cualidades particulares de un sujeto, de una conducta o de una situación determinados a la categoría de lo general, de la esencia, procediendo a un análisis que desafortunadamente intenta sintetizar el todo a través de una de sus partes. Es entonces cuando la representación estereotipada se proyecta sobre la mentalidad colectiva que, de forma casi inconsciente, acoge la deformación muchas veces interesada de la realidad que lleva a cabo el estereotipo. De este modo, la elevación del atributo a la categoría de esencia exige de un consenso sociocultural para que el estereotipo cuente con una fuerza normativa que le permita poseer una validez policontextual, siendo aplicable y reutilizable en cualquier lugar y momento histórico. La confusión entre atributo y esencia inherente a este tipo de representación lo convierte, en numerosas ocasiones, en el origen de una visión maniquea del mundo y de las culturas. El estereotipo tiende, al mismo tiempo, a establecer relaciones jerárquicas y antagónicas respecto a otras culturas, de modo que no sólo es indicativo de una cultura inmóvil, sino también de una cultura que menosprecia a las demás. Esta cualidad del estereotipo lo convierte en un resorte fundamental de las ideologías totalitaristas precisamente porque éstas se basan en la misma confusión entre lo descriptivo y lo normativo; así, por ejemplo, la veta racista presente en este tipo de ideologías identifica un determinado atributo físico de un pueblo, el color de la piel por ejemplo, con una norma comúnmente aceptada en el entorno social y cultural de la ideología en cuestión, como puede ser su inferioridad respecto a la comunidad que hace uso del

7 ELIADE, Mircea, *Imágenes y símbolos*, *op. cit.*, p. 139.

estereotipo. La exégesis simplista a la que se presta esta clase de representación atrofia la naturaleza polisémica del imaginario de una comunidad reduciéndolo a un mensaje único, de modo que, desde el punto de vista de la economía comunicativa, el estereotipo resulta de sumo interés, ya que condensa por vía de la deformación una comunicación masiva y compleja en un mensaje único.

Por otra parte, el mito, pese a ser una dimensión inalienable y constitutiva del ser humano, junto con otra racional y lógica, presenta como principal dificultad al analizarlo la ausencia de una definición que agote su vasta naturaleza conceptual. Esta particularidad no es exclusiva del mito, ya que, por ejemplo, los fenómenos religiosos requieren también una definición para ser analizados pero que, al mismo tiempo, resulta siempre inadecuada. El mito se caracteriza, como ha afirmado Ernst Cassirer[8], por su idiosincrasia «metamórfica», resultado de su disposición aperturista hacia la introducción de cualquier cambio o matiz. Desde el ámbito de la filología, G. S. Kirk[9] ha resaltado la imposibilidad de aprehender la esencia del mito a través de teorías universalistas –«all-embracing theories»– arguyendo que su naturaleza es más alusiva que referencial. Reducir el mito a una definición supondría su racionalización, plegarlo al «logos». Esta pretensión no podría materializarse satisfactoriamente, dado que, si bien, como se ha señalado más arriba, en el ser humano coexisten una dimensión lógica y otra mítica, que responden ambas a la problemática y a la complejidad de la existencia del hombre y a su vida social, también es cierto que las dos son irreductibles; no se puede desterrar de la condición humana su natural inclinación a situarse en el mundo mediante la racionalización de todo lo que le rodea, pero tampoco aquella otra que le aproxima a la invención espiritual

8 Cassirer, Ernst, *Antropología filosófica. Introducción a la filosofía de la cultura*, (trad. de Eugenio Imaz), México, Fondo de Cultura Económica, [1963], 1993, pp. 119, 120, 122.

9 Kirk, G. S., *La naturaleza de los mitos griegos*, (trad. de Isabel Méndez Lloret), Barcelona, Paidós, [1992], 2002, pp. 18, 22.

en un proceso siempre abierto, sujeto a constantes reinterpretaciones. Definir el mito supone condenar la vida del hombre a que discurra por un solo camino, terminar con las tensiones, con las contradicciones y, en suma, con la pluralidad inherente a la condición humana. No obstante, a pesar de que el mito se resiste a ser vinculado a una sola definición, hay quienes, como Mircea Eliade[10], se aventuran a ofrecer una definición de mito desde un punto de vista meramente religioso, pero reconociendo la «imperfección» de la misma:

> Personalmente, la definición que me parece menos imperfecta, por ser la más amplia, es la siguiente: el mito cuenta una historia sagrada; relata un acontecimiento que ha tenido lugar en el tiempo primordial, el tiempo fabuloso de los «comienzos». Dicho de otro modo: el mito cuenta cómo, gracias a las hazañas de los seres sobrenaturales, una realidad ha venido a la existencia, sea ésta la realidad total, el Cosmos, o solamente un fragmento (...) Es, pues, el relato de una «creación»: se narra como algo que ha sido producido, que ha comenzado a ser.

El carácter inacabado de cualquier conceptualización de mito permite que se lleven a cabo procesos de remitificación sujetos a los intereses ideológicos predominantes y/o emergentes en cada etapa histórica; las épocas pasadas y sus respectivas construcciones mitológicas se revelan en estas ocasiones como inestimables proveedoras del material épico con el que en buena medida se elaboran las remitificaciones. La pretensión de condensar el mito en una definición procede de uno de los errores que, en opinión de Kirk[11], resultan más graves a la hora de abordar su estudio: el de suponer que todos ellos son de la misma naturaleza, que persiguen unos mismos objetivos y que se hallan sujetos a una sola interpretación. Por el contrario, los mitos desempeñan funciones diversas entre las

10 ELIADE, Mircea, *Aspectos del mito*, Barcelona, Paidós, 1968, pp. 16-17.

11 KIRK, G. S., *La naturaleza...*, *op. cit.*, p. 32.

que sobresale la búsqueda de un sentido al mundo circundante, el dotar de coherencia a la incesante lucha que mantienen los principios contradictorios que atraviesan la vida cotidiana, mediante la inserción de pautas de conducta o la fijación de paradigmas culturales. Los mitos no sólo «dicen», sino que también «quieren decir», de modo que pueden ser interpretados como modelos prescriptivos que rigen la conducta del ser humano. En opinión de Lauri Honko[12], los verdaderos mitos son aquellos que tienen un carácter normativo al ser considerados como inmutables. Estrechamente ligada a esta función primordial del mito se encuentra otra, de índole comunicativa, apuntada por Manfred Frank[13], en virtud de la cual el mito trasmite por medio de la narración una serie de comportamientos individuales y colectivos. Paul Ricoeur también ha subrayado la función normativa del mito, mientras que para Turner[14] la función del mito no se reduce tan sólo a esta última, sino que también satisface la necesidad del ser humano de volver a «las fuentes psicosomáticas más profundas de la experiencia de un situación legitimada de liberación de las trabas culturales y de las clasificaciones sociales». El mito vehicula así al sujeto hacia lo irracional, hacia lo preexistente a cualquier determinación cultural en su tendencia consustancial a evadirse, en ocasiones, de los marcos de racionalidad. Esta clase de situaciones es claramente perceptible en aquellos momentos y lugares donde se ha primado al pensamiento racional en detrimento del mítico y, de repente, por determinadas circunstancias sociohistóricas, este último se ha rebelado contra la razón, de la que supuestamente ha sido su siervo. Tal comportamiento se ha ido repitiendo, de manera más o menos continuada, a lo largo del tiempo; piénsese, por ejemplo, en la irrupción del mito durante la Ilustración, aunque fuera para criticarlo, o en las corrientes mítico-esotéricas de hoy en día. Otra función que generalmente se ha atri-

12 Citado en: DUCH, Lluís, *Mito, interpretación y cultura*, Barcelona, Herder, [1995], 2002, p. 58.

13 FRANK, Manfred, *Gott im Exil*, Frankfurt, Suhrkamp, 1988, p. 16.

14 Citado en: DUCH, Lluís, *Mito, interpretación...*, *op. cit.*, p. 35.

buido al mito ha sido el de elemento generador de una acción «terapéutica», gracias a la cual el sujeto puede olvidar, aunque sea durante unos instantes, su existencia contingente, las limitaciones de la vida humana así como las frustraciones que ésta origina. A las funciones desempeñadas por el mito arriba mencionadas, que son en parte cultural-religiosas y en parte histórico-sociales, cabe añadir una de tipo político, ya que los mitos constituyen, a veces, la sede y origen de un etnocentrismo que sirve para reforzar el autoconcepto de una comunidad humana frente a otra.

La inexistencia de una conceptualización completa y exhaustiva del término «mito», que pueda aplicarse diacrónicamente a la cultura occidental, obliga a efectuar un recorrido histórico para estudiar las diversas concepciones e interpretaciones que del mito se han realizado a lo largo del tiempo dentro de aquella cultura, que, como bien sabemos, constituye el marco en el que se inserta el objeto de este estudio. Las primeras evidencias de la utilización del término «mito» se hallan en la epopeya ática de Homero, del siglo VIII a. c., a partir de la cual se identificó con la retórica y la elocuencia. Según Kirk[15], los mitos eran, por lo general, formas narrativas cuya brevedad estaba compensada por el conocimiento exhaustivo que el pueblo tenía de ellos. Respondía a la narración tradicional de las gestas ejemplares realizadas por los personajes divinos, por los seres sobrenaturales, o por los antepasados, empleándose conjuntamente con los términos de «leyenda» y «saga»[16]. No obstante, la palabra «mito» presenta una marcada polisemia en los textos homéricos, adquiriendo, en ocasiones, el significado de opinión y, otras, de consejo o pensamiento. Con los filósofos presocráticos, la razón, el «logos», emprendió la ardua tarea de intentar desbancar al mito de la mente humana, esfuerzo éste que marcaría el nacimiento de la filosofía. Heráclito ejemplifica claramente esta nueva actitud, al convertir el «logos», y no el mito, en principio rector de todo el Universo[17],

---

15 Kirk, G. S., *La naturaleza..., op. cit.*, p. 18.

16 Citado en: Duch, Lluís, *Mito, interpretación..., op. cit.*, p. 68.

17 Kirk, G.S.; Raven, J. E. y Schofield, M., *Los filósofos presocráticos*, (trad.

de ahí que se lamente de que muchos hombres no vivan conforme al «logos». A partir del siglo V a.C, el mito comenzó a ser la morada de interpretaciones peyorativas, identificándose con aquello que era falso, tal como aparece en los escritos de Demócrito, Eurípides y Jenófanes entre otros, o posteriormente de Aristóteles[18], para quien «el hombre es el único animal que tiene palabra», es decir, «logos». Platón[19], en cambio, no desterró completamente el mito de su sistema filosófico, al dotarlo de una función didáctica con la que clarificaba ciertos aspectos de su pensamiento; al mismo tiempo, dejaba claro que había que superar dialécticamente el mito en la ascensión hacia el mundo de las Ideas: para Platón, hay que «desprenderse violentamente» de él como si se tratara de un «viejo amor», con el fin de abandonar el reino de la imitación y acceder al de los originales. A finales del siglo I y comienzos del II d.C., Plutarco mostró un profundo interés por la exégesis de los mitos, alternando las interpretaciones cosmológicas con otras de tipo moral que ejercieron una notable influencia en los comienzos del cristianismo; según estas últimas, los mitos consistirían en lecciones de buen comportamiento.

Los primeros teóricos del cristianismo primitivo combatieron los mitos como narraciones hueras y ateas que, como llegara a afirmar el apologista Taciano, ni siquiera cabía explicar alegóricamente. Entre las diatribas que todos ellos lanzaron contra el mito, y más concretamente contra el mito griego, destacan las que Agustín de Hipona expone en *De civitate Dei* (413-416 d.C.). Para él, el mito representa la antítesis de la religión auténtica, promovida por el demonio y que se expresa a través del culto a los animales, a los difuntos, a los astros... Desde su punto de vista, la crítica del mito estaría indisolublemente ligada a la del politeísmo, de modo que, para él, los dioses paganos no serían más que seres humanos que han sido divinizados tras su muer-

---

de Jesús García Fernández), Madrid, Gredos, [1970], 1987, pp. 273-275.

18 ARISTÓTELES, *Política*, (trad. de Manuela García Valdés), Madrid, Gredos, 1994, p. 51.

19 PLATÓN, *La república*, (trad. de J. M. Pabón y M. Fernández-Galiano), Madrid, Alianza, 2002, p. 580.

te. Así, desde sus orígenes, el cristianismo sembró una semilla «anti-mítica» entre los pueblos por los que se iba difundiendo, reforzándose entre ellos, en especial a partir del siglo XVI, el significado de «narración legendaria», «fábula» o «historia ficticia». Ahora bien, puede afirmarse que fue el pensamiento ilustrado el que, con su concepción de la realidad por medio exclusivamente del «logos», contribuyó en mayor medida a descalificar el «mito», si bien tal desprestigio ya estaba presente en la tradición cristiana. A pesar de la marginación a la que fue confinado el mito como forma de conocimiento falso, es decir, que no se atenía a los postulados de la Razón, la Ilustración fue, a la vez, una etapa en la que se renovó el interés por la mitología y, más concretamente, por la mitología comparada, que analizaba los materiales etnográficos recogidos por los misioneros, soldados y colonos que buscaron su fortuna fuera de Europa entre los siglos XVI y XVIII, en un intento de aumentar un conocimiento que apenas sobrepasaba las fronteras europeas. Precisamente, la Ilustración ha sido la principal responsable de dotar al mito del vigor que tiene actualmente[20], por su afán de desvelar lo desconocido y por sus continuas referencias a éste como aquello que es engañoso y que debe superarse; en este sentido, Gusdorf[21] ha señalado que, para la mentalidad ilustrada, «el desciframiento de los mitos equivalía a una liberación de la Humanidad, que aún se mantenía en las tinieblas del terror». De este modo, la insistencia a la hora de guiar el conocimiento humano por los senderos de la razón originó numerosas interpretaciones sobre los relatos míticos. Una de ellas fue la de Fontenelle, para quien el origen de éstos se hallaba en la tendencia innata que el ser humano tiene por la fantasía. El mito, además, sería, según el escritor francés, un fenómeno característico de los comienzos de la Humanidad, momento en el que la razón aún no disponía de la fuerza suficiente para poder imponerse. Si para Fontenelle no dejaba de ser una forma de conocimiento primitiva, para su compatriota

20 DUCH, Lluís, *Mito, interpretación..., op. cit.*, p. 110.

21 GUSDORF, Georges, *La conciencia cristiana en el Siglo de las Luces*, (trad. de Alfonso Ortiz García), Estella, Verbo Divino, 1976, p. 247.

Lafitau toda mitología, ya fuera la grecolatina o la de los indios americanos, cuyas costumbres observó durante su estancia en Canadá como misionero, era una aberración. Sin embargo, no todas las interpretaciones ilustradas suponen la defenestración de esta forma de aprehensión de la realidad. Kant concibe el mito como una «ilusión transcendental», al tratarse de un objeto suprasensible que no puede ser aprehendido por las categorías a través de las que conoce el ser humano. No obstante, la existencia de una ilusión transcendental supone al mismo tiempo para Kant la presencia de algo incondicionado, que no puede reducirse al intelecto puro y que, por tanto, no puede ser comprendido pero sí pensado. En consecuencia, Kant entiende que pueden adquirir algún sentido, principalmente ético, si se vinculan con lo incondicionado, es decir, con lo que puede ser ideado. Todo esto significa que, desde el punto de vista del filósofo alemán, los mitos no tienen razón de ser en el ámbito especulativo, pero sí en el práctico, donde pueden contribuir a fomentar y realizar la libertad humana. Por su parte, Hegel también introduce un enfoque novedoso en el marco de rechazo casi generalizado que impone la Ilustración; desde su punto de vista, el mito es una etapa más en el desarrollo del espíritu absoluto, de manera que no lo concibe como una superstición abominable o una ilusión, si bien reconoce que se esconde tras representaciones reprobables. Consisten, según él, en representaciones sin un contenido real que sólo pueden ser captadas por una forma inferior de conocimiento como lo es la intuición. A pesar de ello, Hegel admira el mito como elemento que ha desempeñado un papel decisivo a lo largo del tiempo en la formación del ser humano, aunque considera que en la sociedad moderna ha perdido la función social e institucional que desempeñaba durante la Antigüedad.

De otro lado, la época romántica supuso una inversión total en la concepción de la realidad que se tenía durante la Ilustración, de tal manera que la relación racional con el mundo queda relegada a un segundo plano por otra de carácter espiritual. El Romanticismo significa, efectivamente, una búsqueda de la interioridad, considerada como infinita. Por esta razón, la conciencia romántica cree en su capacidad para sobrepasar los límites del conocimiento empírico. La noche, lo onírico, la naturaleza estremecedora o los mitos se revelan frente al espíritu romántico como elementos que permiten, por una parte, liberar el sentimiento y la imaginación de la represión a la que habían sido confinados por la razón ilustrada y, por otra, trascender a aquellos ámbitos hasta los que entonces no había llegado el conocimiento humano. El mito, por tanto, pasa de ser un elemento objeto de desconsideración a ser uno de los centros de atención de la sensibilidad romántica; ya no se aborda como una deformación que la filosofía debe desenmascarar, sino como aquello que es primordial e incondicional y como fuente de sabiduría que desvela los conocimientos de un tiempo pasado que se considera más sabio y creador que el presente. De esta manera, la misión que los románticos encomiendan al filósofo no consiste en desprestigiar el conocimiento mítico, sino en traducir su lenguaje misterioso en otro más asequible.

La sensibilidad romántica asocia lo mítico con valores estéticos y, más concretamente, con los de la poesía. Para Herder, la poesía, junto con el arte y el mito –que era la obra suprema de los poetas– es una de las tres vías por las que el ser humano puede tener acceso a lo absolutamente real, y no a través de la investigación histórica, que, como toda operación racional, opera de forma apática. El mito representa, desde esta perspectiva, una operación poética que tiene la virtualidad de trasmitir valores infinitos por medio de representaciones concretas. Junto con el enfoque poético que Herder, entre otros –Schlegel, por ejemplo–, ofrece del mito, deben considerarse dentro del Romanticismo la interpretación transcendental del mito ofrecida por Schelling. La mitología ocupa un lugar de especial relevancia en el pensamiento de este autor; no en vano, sus aportaciones de índole filosófica y religiosa han sido consideradas como el primer intento filosófico serio de dilucidar la verdadera esencia del pensamiento mítico. El propio Schelling[22] aporta los motivos por los que el filósofo debe acercarse al estudio de los mitos:

22 Citado en: TILLIETE, Xavier, *Schelling, une philosophie en devenir*, vol. II, Paris, Jean Vrin, 1970, p. 395.

> Escrutar el origen y significado de la mitología es una labor importante y digna de nuestro tiempo. No es el azar ni la intención de lanzarse a una disciplina nueva, aparentemente extraña a mis anteriores trabajos, lo que me ha incitado a tratar esta materia en público. Lo que me ha hecho decidir es sobre todo la relación natural que esta investigación (sobre la mitología) mantiene con las exigencias más auténticas, con los requerimientos más profundos de nuestro tiempo, que, aunque no se conozcan perfectamente, se sienten con claridad.

La concepción que Schelling tiene de la mitología, que para él es, en esencia, una teodicea y una historia de los dioses, es diametralmente opuesta a la de Hegel. Este último comprendía el arte, la religión y la mitología como manifestaciones parciales e incompletas del saber absoluto, de manera que el mito se correspondía con una forma de pensamiento inacabada, válida, tan sólo, como una herramienta pedagógica para alcanzar el saber completo en el concepto. El mito representa, por tanto, dentro de la cosmovisión hegeliana, un recurso que, llegado a un punto, debe ser abandonado, al revelarse como un «pedagogo incompetente»[23]. Por el contrario, Schelling afirma que el arte, la religión y la mitología nunca son superados por el concepto, sino que, en realidad, constituyen su necesario e indisoluble complemento, de manera que el mito y el concepto son dos caras diferentes del saber supremo, del absoluto. Asimismo, Schelling no contempla la posibilidad de que el individuo pueda deshacerse del pensamiento mítico al llegar al final de una determinada fase en su evolución hacia el saber completo, dado que, para él, la mitología no es un producto extrínseco al ser humano, sino que se ha generado en su conciencia. Este autor tampoco considera la mitología desde una perspectiva temporal, ya que se trata de un proceso cuyos orígenes se encuentran en una dimensión suprahistórica; la mitología se corresponde con un «continuum» en el que participan todos sus momen-

23 DUCH, Lluís, *Mito, interpretación..., op. cit.*, p. 384.

tos, indisolublemente unidos unos a otros, de forma que todo instante de la mitología considerado aisladamente carece de sentido.

De otro lado, Schelling es uno de los principales impulsadores de la «nueva mitología» romántica que, adoptando como referente la figura de Dionisos y su carácter liberador y desalienante, exaltó la dimensión instintiva y emocional del ser humano, y sentaría las bases para que, posteriormente, se resaltara la importancia de lo mítico, aunque con unos fines ciertamente distintos de la mera subversión de unos valores heredados de épocas pasadas. Un claro ejemplo de esto lo constituyen los regímenes totalitaristas surgidos a lo largo del siglo XX, que procedieron a la construcción de mitos para alcanzar y legitimar su poder, aunque fuera a costa de recurrir a la mentira. En consecuencia, lo mítico ha jugado un papel muy relevante en la falsificación de la Historia por parte de este tipo de regímenes, quienes no han dudado en ungir a sus protagonistas triunfantes con el aceite de la mitificación gloriosa.

Ya en el siglo XX, se asiste a una nueva revalorización del mito después de la Gran Guerra. Hasta entonces, el mito, debido a la influencia del Positivismo decimonónico, había sido considerado de nuevo como un concepto carente de sentido. Sin embargo, a partir de aquel momento, comenzó a percibirse como un contrapeso de la inteligencia científica, como una realidad que debía estar «ahí» para poder explicar todo aquello que escapaba del pensamiento científico. Coincidiendo con la primera conflagración mundial, Bronislaw Malinowski, principal exponente del funcionalismo antropológico, aportó la primera aproximación relevante al mito desde el ámbito de la Antropología. Para el investigador anglo-polaco[24], quien realizó buena parte de sus investigaciones en las islas Trobriand (Melanesia) y que posteriormente recogió en *Argonauts of the Western Pacific* (*Los argonautas del Pacífico Occidental*, 1922), el mito no tiene por función el responder a interrogantes de

24 MALINOWSKI, Bronislaw, *Magia, ciencia, religión*, (trad. de Antonio Pérez Ramos), Barcelona, Ariel, 1994, p. 114.

tipo filosófico, científico o literario, sino el actuar como elemento que da un sentido y refuerza las creencias y las prácticas sobre las que se articula la vida social. El mito es, por tanto, también, una narración, pero no una narración cualquiera, ya que responde a una realidad primordial que determina la vida, el destino y las actividades presentes, e informa al hombre sobre por qué y cómo han de tener lugar sus rituales y sus acciones morales[25]. De este modo, el mito no es una construcción cultural que sólo se narre, sino que también debe vivirse como elemento transmisor de la tradición que rige y justifica la vida social de la comunidad.

Durante el período de entreguerras, dos de las interpretaciones más representativas del mito fueron las de Carl G. Jung y Ernst Cassirer. Resulta prácticamente inevitable no poner en relación la teoría de Jung con la de su maestro Sigmund Freud, quien veía en el mito, más concretamente en el de Edipo, la concreción del impulso inconsciente que el hijo tiene de matar al padre a causa de los celos que siente por la madre. En cambio, Jung no vincula el mito a ningún instinto sexual; antes bien, para él, constituye la expresión de una estructura mental que él denomina «arquetipo». Desde su punto de vista, esta configuración mental es una imagen que posee una carga emotiva; de estar desposeído de emoción, el estereotipo sería, en palabras de Jung[26], «sólo una imagen de escasa importancia». Precisamente por estar vinculado al individuo a través de sus emociones particulares, no son susceptibles de una definición universal, sino que deben ser considerados en el marco de las circunstancias personales de cada sujeto. Según el psicólogo suizo, los arquetipos, que residen en el inconsciente, aparecen de forma recurrente en todas las culturas –los hermanos enemigos, la lucha entre un animal maligno y el héroe, el descenso a las tinieblas...–, se manifiestan a través de «imágenes» simbólicas entre las que se encuentra el mito, que integran el inconsciente colectivo. Si se tiene en cuenta la función que Jung atribuye a

25 *ibid.*, p. 123
26 JUNG, Carl G.; *El hombre y sus símbolos, op. cit.*, p. 94.

los símbolos, comentada con anterioridad, los arquetipos y las representaciones simbólicas a través de las que se manifiestan permiten al individuo seguir en contacto con aquellas formas de pensamiento que ha intentado, conscientemente, dejar atrás por medio del desarrollo científico, y cuya antigüedad motiva que, en ocasiones, no pueda comprenderlas de manera consciente y directa.

Por su parte, Cassirer, al igual que Jung, concibe el mito como una representación simbólica, cuya principal diferencia respecto al pensamiento científico no sólo radica en el contenido, sino también en el punto de vista que se adopta frente a aquella; así, en tanto que el primero analiza exhaustivamente su objeto, en el caso del pensamiento mítico es el objeto el que toma la iniciativa, ejerciendo un efecto subyugador sobre aquél. No obstante, el pensador alemán no se detuvo sólo en la contrastación entre estas dos formas de relacionarse con la realidad y de expresarla, sino que, además, halló una serie de interesantes vínculos entre ellas. Originariamente, en las primeras etapas del pensamiento humano, el mito no era simplemente una falsificación de la realidad o una fantasía, puesto que ya contenía en sí los presupuestos básicos de la actividad científica. Los conceptos ya estaban inmersos en el mito, aunque ocultos tras un conjunto de representaciones concretas. Conforme el pensamiento humano fue evolucionando, el concepto comenzó a ser iluminado paulatinamente por el análisis lógico hasta alcanzar la más absoluta transparencia gnoseológica. En este sentido, Cassirer no sitúa el mito dentro del ámbito de lo ilusorio o de lo banal, ya que, desde su punto de vista, contiene algunas condiciones transcendentales necesarias para conocer la verdad. La alta estima en que Cassirer tiene el mito no le impide afirmar, al mismo tiempo, la inferioridad del pensamiento mítico frente al científico, en el sentido de que confunde el concepto con el objeto, la imagen o representación con la verdad. Su certeza tan sólo reside en lo aparente, de modo que la visión mítica responde a una reconstrucción de la realidad en la que únicamente participan imágenes y símbolos. En sus últimos años, Cassirer prestó especial atención, a raíz del auge del nacionalsocialismo, al mito forjado por los regímenes totalitaristas. Las observaciones que realizó al respecto, recogidas en su obra póstuma *El mito del estado* (1946), introducen algunas modificaciones respecto a sus elaboraciones anteriores, siendo la más significativa la afirmación de que es la sociedad, y no la naturaleza, la que sirve de modelo para la construcción de los mitos.

El legado destructivo que dejó la segunda conflagración mundial se concibió como un abismo en el que la sociedad occidental había sido precipitada por la Razón ilustrada. Este hecho motivó una revalorización del mito hasta tal punto que, desde entonces, se está evidenciando cada vez más su carácter alternativo respecto al sistema científico-tecnológico para orientar el pensamiento y la acción. Se asiste, por lo tanto, en la segunda mitad del siglo XX, al resurgimiento de una actitud romántica frente al mito; esta nueva postura evidencia la insatisfacción que el hombre moderno siente ante la labor de la razón ilustrada que, a pesar de contribuir notablemente al progreso material del mundo occidental, ha provocado un alejamiento del individuo respecto a sí mismo y a los demás. Probablemente, Mircea Eliade sea la figura que haya realizado las aportaciones más significativas en torno al mito a lo largo del siglo pasado. El mito es para el autor de origen rumano una realidad compleja, al aparecer en contextos culturales muy diferentes que no permiten lecturas unívocas. Su complejidad se manifiesta, por ejemplo, en las múltiples definiciones que ofrece de él; no obstante, todas ellas coinciden en atribuir al mito el papel de «factor fundacional de la existencia humana»[27], de elemento que no desvela tanto las funciones que desempeñan los elementos que configuran el mundo como su génesis a partir de un caos original.

Otra de las aportaciones relevantes al estudio de los mitos durante el pasado siglo fue la efectuada por el antropólogo Claude Lévi-Strauss, uno de los máximos exponentes de la escuela estructuralista. Pese a las originales y sugerentes perspectivas que contiene su modelo de análisis de los mitos, éste no llegó a

---

27 DUCH, Lluís, *Mito, interpretación…, op. cit.*, p. 424.

tener la misma repercusión de algunas teorías coetáneas como las de Jung o Eliade. El principal motivo de esta desigual recepción parece estribar en el hecho de que, al considerar al mito como una mera estructura, el análisis del autor galo carecía de los niveles de emocionalidad y del desarrollo imaginativo que poseían los modelos de sus contemporáneos. La concepción del mito presente en el pensamiento de Lévi-Strauss se sustenta, básicamente, en la teoría durkhemiana y en las propuestas de la lingüística estructuralista, sin olvidar la influencia que también tiene en sus teorías la filosofía de Kant, el marxismo, el psicoanálisis y la obras de los antropólogos norteamericanos Robert H. Lowie y Franz Boas.

Los modelos interpretativos de Émile Durkheim y de sus discípulos Mauss, Hebert y, en general, de los investigadores agrupados en torno a «l'Année Sociologique», constituyen un punto de referencia fundamental para Lévi-Strauss, ya que, entablando con estas propuestas una relación dialéctica, extrae de ellas los que, para él, son algunos rasgos definidores del mito. Así, mientras la escuela durkheimiana considera los mitos como esencialmente religiosos y vinculados de manera estrecha con los ritos, Lévi-Strauss[28] lo interpreta como una forma autónoma de representación, desprovista de cualquier connotación mística o sagrada. Su estudio, por consiguiente, está condicionado por la premisa de la secularización y de la desocialización, es decir, del distanciamiento respecto de la vida social y del culto. Por esta razón, una de las premisas más importantes en la metodología empleada por este autor para analizar los mitos es la disolución del individuo. Es precisamente en este principio metodológico donde mejor se aprecia una de las influencias más importantes y decisivas recibidas por Lévi-Strauss, como fue la de Roman Jakobson, quien lo introdujo en la lingüística estructural elaborada por Saussare, Hjelmslev, la escuela de Praga y los formalistas rusos, que consideraba el sistema lingüístico como un conjunto cerrado en sí mismo, sin referencias ni a la psicología ni a la situación sociológica del sujeto. Su método

28 LÉVI-STRAUSS, Claude, *Mito y significado*, Madrid, Alianza, 1987, pp. 44-46.

vuelve a mostrar las estrechas relaciones que mantiene con la lingüística estructural, al considerar que las operaciones ejecutadas por las estructuras gramaticales son muy parecidas a las efectuadas por las estructuras míticas. La metodología a la que recurre Lévi-Strauss para interpretar los mitos parte del presupuesto de que todos ellos poseen unas características comunes, más allá de las arbitrariedades y de las diferencias formales que pueden observarse entre ellos. Estas variaciones, que aparentemente alejan unos mitos de otros, proceden de las interpretaciones y de las reelaboraciones que los individuos particulares han ido realizando de ellos a lo largo del tiempo, de ahí que, para acceder a las estructuras míticas en su forma más pura, haya que prescindir, como se acaba de señalar, del sujeto. Al dejar al margen la subjetividad que accede a los relatos míticos para después transmitirlos y, en algunos casos, reelaborarlos, Lévi-Strauss[29] considera que es en el lenguaje donde, de forma menos equívoca, pueden identificarse los rasgos específicos del pensamiento mítico. Lévi-Strauss va aún más lejos cuando afirma que los mitos no sólo se hallan presentes en el lenguaje, sino que construyen por sí mismos un lenguaje, una forma eminente de comunicación humana, cuyo significado viene determinado por su propia estructura. Para este autor, el mito es lenguaje o, más bien, un «metalenguaje» integrado por unidades constitutivas mínimas denominadas «mitemas».

Al considerar el mito desde una perspectiva diacrónica, Lévi-Strauss extrae la conclusión de que el universo mítico es, en suma, un mundo plagado de continuas remisiones, de manera que no puede llegar a saberse con exactitud qué narración constituye el origen de un mito y cuál la versión cerrada y definitiva del mismo. Esta apreciación se encuentra en la base de las tres reglas en las que este autor[30] resumiría su método para analizar los mitos:

---

29 LÉVI-STRAUSS, Claude, *Anthropologie structurale*, vol. I, Paris, Plon, 1958, p. 230.

30 LÉVI-STRAUSS, *Antropología estructural*, vol. II, México, Siglo XXI, p. 66.

> 1) Un mito nunca debe interpretarse en un solo nivel. No existe una explicación privilegiada, ya que todo mito consiste en un establecimiento de relaciones entre diversos niveles de explicación. 2) Un mito nunca debería interpretarse en solitario, sino en relación con otros mitos (...). 3) Un grupo de mitos no ha de interpretarse sino en referencia a: a) otros grupos de mitos; b) la etnografía de las sociedades de donde proceden.

Ese carácter intemporal del mito, que recuerda, por ejemplo, a la perenne actualidad que Herder le confería por ser siempre actuales los desafíos existenciales a los que se halla enfrentado el ser humano, ha inducido a autores como Durand a pensar que, al elevarse por encima de las culturas y de las vidas particulares de los individuos, son las narraciones míticas las que forjan un momento histórico dado, las que moldean el alma de una época determinada, y no al revés, como sostienen las tesis evemeristas[31]. Para fundamentar estas afirmaciones, Durand recurre a ejemplos como la revalorización de los símbolos a finales del siglo XVIII y comienzos del XIX, que condujo a la reactivación ideológica y literaria del mito de Prometeo y a su encarnación histórica en la figura de Napoleón, o a la convicción unamuniana de que los mitos de una época no desaparecen con el final de dicha época, de manera que, como afirmara en su *Vida de don Quijote y Sancho* (1904), el quijotismo no había necesitado de una encarnación histórica en el hidalgo manchego, ya que se trataba de una actitud ante la vida que, según el intelectual bilbaíno, aún persistía en el siglo pasado, tan alejado de la proeza caballeresca.

31 Evemerismo: teoría que recibe el nombre del filósofo griego Evemero (s. IV a.C). Aunque ya fue formulada por algunos presocráticos –Jenófanes– y sofistas –Critias–, Evemero fue el primero en exponer de manera amplia y sistemática esta doctrina, que establece que los dioses populares fueron hombres divinizados en tiempos remotos por su poder y su sabiduría. Posteriormente, el evemerismo pasó a designar una corriente interpretativa que defiende la historicidad del mito; en este caso, es un período histórico dado el que imprime sus particularidades a un relato mítico, y no al contrario. FERRATER MORA, José, *Diccionario de filosofía*, vol. 2, Madrid, Alianza, 1979, pp. 1070-1071.

El carácter polifacético y proteico del mito no ha sido óbice para el planteamiento de algunas propuestas que persiguen una sistematización de los diversos métodos desde los que se ha abordado el análisis de las narraciones míticas. Uno de los intentos más sobresalientes en este sentido ha sido el de la denominada «mitocrítica» que, desde los años setenta, ha pretendido fundar un método de crítica literaria o artística que centra su atención en el relato mítico inherente a la significación de todo el relato. Este «modus operandi», inspirado en el modelo de «psicocrítica» creado en 1949 por Charles Mauron, pretende conciliar las distintas corrientes críticas, tanto literarias como artísticas, que, hasta entonces, habían polemizado sin obtener ningún resultado satisfactorio. Según Gilbert Durand[32], estas diversas tendencias críticas integran tres conjuntos bien diferenciados: un primer grupo lo integrarían aquellas corrientes clásicas que, desde el positivismo de Taine hasta el marxismo de Lukács, basan la interpretación del mito en factores como la raza, el entorno y el momento; un segundo conjunto estaría formado por aquellas teorías que, como la crítica psicológica y psicoanalítica, reducen la explicación del mito a la biografía del autor; finalmente, un tercer grupo incluiría corrientes como el estructuralismo, que fundamenta su interpretación en el mismo texto, en las relaciones formales entre lo escrito y sus estructuras. En consecuencia, si se consideran las distintas variables a las que la mitocrítica recurre al interpretar los relatos míticos, puede afirmarse que este método trata de identificar los mitos predominantes en un autor y en un contexto determinados, muestra cómo las circunstancias vitales de aquél se encuentran detrás de la transformación o de la ratificación del mito y relaciona el relato mítico con factores sociales, históricos y culturales. A fin de llevar a cabo tan vastos cometidos, la mitocrítica recurre al «mitoanálisis», un modelo de análisis científico que no sólo pretender extraer de los mitos su sentido psicológico, sino también sus implicaciones sociológicas.

32 DURAND, Gilbert, *De la mitocrítica..., op. cit.*, pp. 341-342.

2.2. El asedio del Alcázar y la defensa de Madrid: dos mitos de la guerra civil

Como ya hemos apuntado, el mito sobrepasa los límites cronológicos, y ello no es menos cierto en el caso de la guerra de España, cuya memoria ha sido proclive a mezclar los sucesos históricos con mitos que, hoy en día, son objeto de una abundante producción literaria. Probablemente, el asedio del Alcázar de Toledo y la defensa de Madrid frente al asedio de las columnas rebeldes constituyen dos de los mitos más representativos de la guerra civil. En ambos casos, como ya se sabe, la Historia fue distorsionada tanto por un bando como por otro; la defensa de la capital española frente a las embestidas de las tropas franquistas fue elevada a la categoría de mito por la República, al tiempo que los sublevados hicieron lo propio con el asedio del Alcázar. De este modo, se entiende la afirmación de Aldo Garosci[33] de que los mitos no es que oculten hechos falsos, sino que fueron manipulados por la pasión de la guerra para convertirlos en modelos sentimentales y de actuación. Conviene tener en cuenta en este punto que la contienda civil, al igual que tantas otras, no sólo se libró en las trincheras, sino también en el plano ideológico. Como se ha visto anteriormente, la existencia del mito es consustancial a la condición humana. Experimenta una serie de fluctuaciones en virtud de las cuales en unas épocas se resalta su valor, mientras que, en otras, se intenta ocultarlo en los lugares más recónditos del inconsciente colectivo como elemento antitético del pensamiento racional. Puede afirmarse que el conflicto de 1936 constituye uno de esos momentos en los que el valor del mito gana enteros, dada su capacidad para mantener y fortalecer la cohesión y la estabilidad del grupo, en este caso de cada uno de los dos bandos enfrentados. Las comunidades ideológicas y políticas precisan, en situaciones tan críticas como las de una contienda civil, de héroes y de gestas que refuercen sus lazos con un supuesto ori-

---

33 GAROSCI, Aldo, *Los intelectuales y la guerra de España*, Madrid, Júcar, 1981, p. 235.

gen, que justifiquen su situación en el presente y que desvelen su futuro. El mito satisface notablemente estas necesidades ideológicas, dada su maleabilidad para adaptarse a los moldes que imponen las circunstancias de cada momento y su capacidad para sobredimensionar la realidad. La función política del mito ha devenido actualmente en una faceta que ha despertado el interés de numerosos investigadores, debido principalmente a su condición de víctima propiciatoria en el siglo XX de las más nefastas falsificaciones que han tenido lugar en la Historia; así, Lucas Verdú[34] sintetiza la función política del mito de la siguiente manera:

—Fundamenta al orden político, en la medida que colma los requerimientos no racionales de las masas.
—Prestigia al orden político, en virtud de las cualidades legendarias del mito.
—Ejerce atracción y seguimiento sobre las masas, manifestándose a través de los símbolos (banderas, escudos, himnos…).

Por su parte, André Reszler ha señalado como principales rasgos diferenciadores entre los mitos políticos antiguos y los modernos: el predominio de los mitos revolucionarios sobre los fundacionales, la identificación del mito como elemento legitimador del poder y su inclusión en un discurso sociológico o científico de carácter teórico, la «colectivización» del mito, y el perfeccionamiento de las técnicas de manipulación del mismo[35].

Probablemente, más que el asalto al santuario de Santa María de la Cabeza en Jaén o el del cuartel de Simancas en Gijón, la resistencia de los militares y civiles que se hicieron fuertes en el Alcázar de Toledo entre el 21 de julio y el 27 de septiembre de 1936 frente al asedio de las milicias y el ejército republica-

34 VERDÚ, Lucas, *Principios de ciencia política*, tomo I, Madrid, Tecnos, [1967], 1977, p. 223.

35 Citado en: *ibid.*, p. 150.

no fue el mito por antonomasia del franquismo. Las razones que explican la importancia de la recreación fantasiosa de este episodio de la guerra civil son varias: el triunfo de su defensa numantina, el hecho de que allí se refugiara el jefe del 2° Tercio de la Guardia Civil con todos sus efectivos –circunstancia que resaltaba las virtudes castrenses por las que la ideología franquista sentía una especial inclinación–, o bien la identificación que, precipitadamente, se llevó a cabo entre Moscardó y Guzmán el Bueno[36], al preferir «sacrificar» a su hijo antes que rendir la fortaleza. El mito del Alcázar, como tantos otros mitos políticos, no ha dudado en violar los límites que separan verdad y mentira para, de un lado, enterrar en el olvido aquellos acontecimientos que pudieran desestabilizar al bando de pertenencia y, por otro, para ensalzar, a través del falseamiento, aquellos otros que contribuyen a prestigiarlo y a perpetuarlo en la memoria colectiva. Entre los primeros, pueden citarse: las 35 deserciones que se produjeron a lo largo del asedio; el fusilamiento de los rehenes republicanos; la brutal represión que las tropas franquistas ejercieron al ocupar Toledo; la defensa de la fortaleza no por unos pocos cadetes de la Academia de Infantería –la mayoría estaba de vacaciones–, sino por 1.197 hombres, de los cuales 800 eran guardias civiles, o el ataque por 2.320 antifascistas, y no por «25.000 fieras marxistas», tal y como asguraba la historiografía franquista[37]. Por su parte, la propaganda afecta a los sublevados se apresuró a convertir al coronel Moscardó en el héroe del mito del Alcázar. En realidad, Moscardó fue una creación de la propaganda rebelde, que no dudó en exaltar una actitud heróica en la defensa de la fortaleza toledana. Este oficial que había sido ascendido a coronel durante la dictadura de Primo de Rivera, y quien hasta aquel momento no había destacado por ningún acto de singular importancia, tuvo

36 Guzmán el Bueno, capitán castellano que prestó sus servicios a Alfonso X y a Sancho IV. Durante el sitio de Tarifa en 1294, prefirió que su hijo muriese en manos de los asaltantes, partidarios de su hermano don Juan y sus aliados benimerines, que entregar la plaza.

37 REIG TAPIA, Alberto, *Memoria de la guerra civi: los mitos de la tribu*, Madrid, Alianza, 1999., p. 185.

la «fortuna» de encontrarse en el lugar idóneo en el momento adecuado. Moscardó se convirtió, de pronto, en la máxima autoridad militar de Toledo por ausencia del titular. El alto cargo que ocupaba temporalmente y su antirrepublicanismo fueron suficientes para erigirlo en el hombre fuerte de los amotinados. Se sumó, además, otro ingrediente que el franquismo no dudó en utilizar con el fin de edulcorar con resonancias míticas la defensa del Alcázar: el fusilamiento a manos de las milicias de Luis Moscardó, hijo del coronel. Hasta fechas no muy lejanas, se ha hablado sin ningún rigor histórico de la conversación telefónica que supuestamente Moscardó mantuvo con su hijo poco antes de que éste fuera ejecutado; la historiografía franquista se encargaría, desde un primer momento, de realzar el valor del coronel al aceptar el fusilamiento de Luis antes que entregar el Alcázar. Éste es, sin embargo, el terreno mítico que ha ido abonando el falseamiento de la Historia. Al margen de que la conversación hubiera tenido lugar o no[38], lo cierto es que Luis Moscardó no fue ejecutado inmediatamente después de la conversación, sino durante el trascurso de una «saca» llevada a cabo como represalia por un bombardeo. Además, el joven murió no por ser el hijo del coronel o por relacionársele con las ideas de su padre; fue una más de las víctimas inocentes y circunstanciales que eran asesinadas al margen de que estuvieran más o menos implicadas en el conflicto. La muerte de Luis Moscardó fue un episodio magníficamente aprovechado por la causa franquista para enfatizar la prevalencia del honor militar sobre el amor paterno del general y, especialmente, para entroncar la defensa de la fortaleza con el pasado glorioso de España. No se tardó en hallar numerosos paralelismos histó-

38 La conversación telefónica entre Moscardó y su hijo fue divulgada por historiadores franquistas como Aznar, Palomino y Risco entre otros, quienes no sólo confirmaban su existencia, sino que también llegaron a precisar el contenido de la misma. Por el contrario, cronistas como Matthews o Herreros han insistido en la imposibilidad de el coronel hubiera podido hablar con su hijo por teléfono, aduciendo que las líneas con el Alcázar habían sido cortadas. TRANCHE RAFAEL R.; SÁNCHEZ-BIOSCA, Vicente, *NO-DO. El tiempo y la memoria*, Madrid, Cátedra, 2001, p. 474.

ricos para la «gesta» del Alcázar; ya se ha mencionado las pretendidas analogías que se establecieron entre Moscardó y Guzmán el Bueno, pero éstas no fueron las únicas. De este modo, también se establecieron una serie de vínculos más simbólicos que reales con el cerco de Numancia o con la España imperial. Las connotaciones numantinas que se quisieron dar a la lucha mantenida en el Alcázar desempeñaron un papel clave desde el punto de vista narrativo en la construcción de este mito del franquismo; buena prueba de ello la tenemos en el libro del padre Alberto Risco[39] *La epopeya del Alcázar de Toledo* (1940), donde declara:

> Los recuerdos gloriosos de Guzmán el Bueno, de Numancia (...) han reverdecido en la memoria de Castilla madre, y las naciones extranjeras, que han tenido sus ojos clavados en las torres de aquel coloso de piedra, en cuyas entrañas se defendía por salvar el honor de su Patria un puñado de héroes, han tenido que confesar una vez más que España vive; y cuando ellas la creían ya envejecida y decrépita en poder de las lacras inyectadas por influencias marxistas venidas de Rusia, la han visto alzarse entre las ruinas de la Numancia contemporánea...

Por otra parte, las resonancias históricas del edificio del Alcázar se prestaban a retrotraer la «gesta» de los asediados a los tiempos de la España de Carlos V, tal y como demuestra el guión escrito por Eduardo Marquina *El Alcázar de Toledo* (1939), que no llegó a llevarse a las pantallas. En él, se intentaba enlazar los sucesos de 1936 con una casi interminable historia que se remontaba a los tiempos del emperador; comenzando con la entrega de una lanza por parte de Carlos V a su paje, de nombre Diego Martínez, que pasaría de una generación a otra hasta llegar a la década de los treinta del siglo XX. En este momento, la emoción se apodera de Diego Martínez, descendiente

39 RISCO, Alberto, *La epopeya del Alcázar de Toledo*, San Sebastián, Editorial Española, [1940], 1941, pp. 14-15.

del paje de Carlos V, al saber que su hijo desea convertirse en cadete. El joven recibirá la lanza, pero esta vez en nombre de Franco. Algunos escritores extranjeros cultivaron esta literatura propagandística; así, por ejemplo, H. R. Knickerbocker, en su libro *The siege of the Alcázar* (*El asedio del Alcázar*, 1937), rechaza la leyenda de que los «rojos» eran unos cobardes, atribuyendo un mayor mérito a la defensa de la fortaleza, mientras que H. Massis y R. Brasillach narraron la epopeya del Alcázar en *Les cadets de l'Alcazar* (*Los cadetes del Alcázar*, 1936).

A pesar de la falta de correspondencia entre los hechos narrados por la propaganda franquista y aquellos otros desvelados por la rigurosa investigación científica, el mito del Alcázar gozó durante décadas de un sólido afianzamiento en el seno de la memoria colectiva, no sólo gracias a los relatos periodísticos y novelados, sino también al poder evocativo de la imagen. Si sobresalen algunas imágenes sobre el asedio, ésas son las de la coproducción hispano-italiana *Sin novedad en el Alcázar* (1940), en la que el contraste entre los planos que muestran un Alcázar en su integridad y otros donde aparece destruido se combinan hábilmente para ofrecer una idea de la barbarie de los sitiadores y de la resistencia y arrojo de los sitiados.

El gran mito del bando republicano fue la defensa de Madrid. El avance inexorable de las tropas franquistas desde Andalucía, y posteriormente desde Extremadura, hacia la capital, junto con la concentración de las fuerzas republicanas en la sierra de Guadarrama para contener a las columnas sublevadas que se aproximaban a la ciudad por el norte, situaron Madrid en la primera línea de fuego en la lucha contra el fascismo. El asedio al que fue sometida la población madrileña sembró en la urbe un horror casi indescriptible. Éste constituyó, al mismo tiempo, el material épico necesario para realizar una llamada de atención hacia la «amenaza fascista» en el seno de un bando republicano, que asistía conmocionado al fugaz avance de los sublevados; así, las imágenes de la población siendo objeto de bombardeos indiscriminados, junto con el subsiguiente rastro de sangre y cuerpos mutilados, la defensa de la ciudad en cruentos combates, o el miedo y la muerte que azotaban la retaguardia, eran las noticias con las que se desayunaba cotidianamente una España que comenzaba a ser víctima de la guerra. Se trataba en conjunto de sucesos impactantes que despertaron las conciencias no sólo en la zona republicana, sino también en el extranjero, ya fuera para ratificar el impulso romántico que trajo al país a muchos idealistas, o para incomodar a aquellos que apoyaron la no intervención de las potencias occidentales. La imagen de una ciudad que contenía en sus mismas puertas al hasta entonces imparable Ejército de África, convirtió Madrid en el símbolo político de la batalla decisiva en la lucha contra el fascismo. Esta representación épica del asedio de la capital incitaba a la población a resistir ya no sólo frente al ataque de las columnas rebeldes, sino también frente a las calamidades humanas y materiales que acontecían en el interior de la ciudad. A la construcción del mito de Madrid también contribuyeron, aunque de manera bien distinta, la presencia en la ciudad de las Brigadas Internacionales y de aquellos que no simpatizaban con la causa republicana, como eran los «desafectos» y los «quintacolumnistas». Las primeras realzaban, en suma, valores tan necesarios cuando se hacía frente a un enemigo técnicamente superior como la solidaridad y el voluntarismo internacionales. Por su parte, la denominada «quinta columna» expresión acuñada por el general franquista Mola al afirmar que, además de las cuatro columnas que avanzaban sobre Madrid, existía una quinta en su interior integrada por filofascistas– alteró la convivencia en la urbe sitiada; la existencia de un enemigo interior instigó a los sectores más radicales a emprender una represión descontrolada a la que las mismas autoridades republicanas intentaron poner fin. El caos, el desorden y, en algunos casos, la sed de venganza, coadyuvaron en la muerte de numerosas víctimas que, a veces por su mera apariencia o sus tendencias ideológicas, eran acusadas de pertenecer al movimiento quintacolumnista; esta clase de situaciones invitan a concebir la «quinta columna» como otro mito, en tanto que respondía a una imagen sobredimensionada por el temor y la desconfianza en las mentes de los más radicales de una realidad concreta. Como muchos mitos de la guerra civil, el de Madrid no pasó desapercibido a los escritores foráneos; la mayor parte de las crónicas enviadas por los corresponsales extranjeros en la capital de España –Hemingway y Delmer para el «Daily Express», Buckley para el «Daily Telegraph», Martha Gellhorn para el «Collier's», Dos Passos para «Esquire»...– abordaban la resistencia de la ciudad y su defensa por las Brigadas Internacionales. Igualmente, el mito de la «quinta columna» quedó plasmado en las páginas de algunos autores, como es el caso del propio Hemingway, quien lo emplearía como trasfondo sobre el que se desarrolla la acción principal de su única pieza teatral, *The Fifth Column* (*La quinta columna*, 1938).

Una vez expuestas, a grandes líneas, algunas de las interpretaciones más relevantes ofrecidas en torno a la imagen, el estereotipo y el mito, así como el papel desempeñado por este último durante la guerra civil, es momento de precisar las principales concomitancias y diferencias existentes entre ellos; de este modo, estaremos en condiciones de definir los límites conceptuales de cada uno de estos términos y, por tanto, de emplearlos con propiedad al aproximarnos a las visiones que Malraux, Orwell y Hemingway ofrecen del conflicto. Teniendo en cuenta las distintas interpretaciones que se han abordado en el presente capítulo, podemos considerar como un rasgo común a los conceptos aquí tratados su naturaleza simbólica. La imagen, entendida como representación de la alteridad, brota de una toma de conciencia del Yo con relación al Otro, para convertirse en manifestación del distanciamiento que una realidad cultural concreta establece respecto a aquellas que le son ajenas. Al mismo tiempo, la imagen constituye, como ya advertíamos anteriormente, el soporte simbólico donde el individuo o la colectividad que la elabora reflejan el espacio cultural e ideológico en el que viven.

Estas mismas apreciaciones pueden aplicarse, desde nuestro punto de vista, al estereotipo y al mito, pues ambos no dejan de ser dos manifestaciones particulares de la imagen. El primero de ellos remite a un modo elemental y básico, casi caricaturesco, de la imagen, en la que ésta, en lugar de actuar como generadora de distintas significaciones, queda reducida a una comunicación unívoca, portadora de un mensaje que no cambia sustancialmente con el paso del tiempo. Esta durabilidad del estereotipo obedece, fundamentalmente, al interés que despierta en cada etapa histórica, ya que su elaboración responde a un proceso muy sencillo, consistente, tal y como ha señalado Pageaux[40], en identificar como esencia lo que es, en realidad, un mero atributo. Mediante esta equiparación, el estereotipo apela al consenso social y cultural más amplio posible, convirtiéndose, de este modo, en la expresión de un saber colectivo que, pese a estar fundamentado sobre una falacia, es considerado válido en cualquier momento histórico; encontramos aquí otro rasgo del estereotipo que conviene tener en cuenta, como es su carácter policontextual, que hace referencia a su capacidad para ser reutilizado en cada época. Las visiones estereotipadas resisten, sin apenas experimentar variación alguna, el paso del tiempo, gracias al atractivo que toda sociedad o cultura encuentra en la simplicidad de su mensaje, que se corresponde, a menudo, con una visión parcial y sesgada de la alteridad. Pageaux[41] ha puesto de manifiesto este interés que despierta la economía comunicativa del estereotipo; la mínima cantidad de información que aquél transmite participa, en muchas ocasiones, de una jerarquía o dicotomía que establece el Yo en relación con el Otro. Así, por ejemplo, afirmar que el francés es, esencialmente, bebedor de vino es un estereotipo en la medida en que esta definición se contrapone a la imagen del inglés como consumidor de té, o a la del alemán como bebedor empedernido de cerveza. La oposición establecida por el estereotipo tiene un efecto jerarquizante, de modo que, siguiendo las dicotomías planteadas en el caso anterior, podemos afirmar que éstas situarán al inglés por encima de los otros dos si se establecen en el seno de la cultura británica, o al alemán si aquéllas se entablan dentro de la cultura germánica, y así sucesivamente.

40 Pageaux, Daniel-Henri, «De l'imagerie culturelle à l'imaginaire», op. cit., p. 139.

41 *ibid.*, p. 140.

Por último, y pese a ser casi inarbacable una definición única de mito, dadas las numerosas y heterogéneas interpretaciones que se han ofrecido en torno a él, sí diremos que el mito guarda una estrecha relación con el estereotipo, pues es en este último donde hunde sus raíces. Sin embargo, no pretendemos con ello afirmar que ambos se hallan al mismo nivel; el mito trasciende el mensaje básico y confuso del estereotipo para convertirse en fuente de las normas éticas que rigen la vida de un grupo en determinadas circunstancias históricas y culturales. Así pues, lo mitológico goza de una mayor autoridad que el estereotipo, al ser el soporte simbólico sobre el cual se escribe la historia ética de una sociedad o de una cultura. La diferenciación entre estos dos ámbitos puede comprenderse mejor con el ejemplo que, para tal fin, propone Pageaux[42]: la imagen de don Quijote, hidalgo pobre y temerario, luchando contra los molinos de viento, puede ser considerada como un estereotipo, en el sentido de que contribuye a la difusión de una determinada forma de recrear el espacio hispánico en otras culturas. Ahora bien, esta visión estereotipada podrá convertirse en mito a partir del momento en que sea susceptible de interpretaciones éticas.

42 Pageaux, Daniel-Henri, «De l'imagerie culturelle à l'imaginaire», op. cit., p. 150.

3. España bajo la mirada francesa y anglosajona: un recorrido histórico desde el siglo XVI hasta el estallido de la guerra civil

EL ANÁLISIS DE la imagen del Otro quedaría incompleto si no se tuviera en cuenta el imaginario social que la rodea. Junto a los condicionantes de orden ideológico y psicológico que intervienen en la representación de la alteridad, las visiones que se han afianzado en el seno de la cultura «regardant» desempeñan un papel importante en el proceso de elaboración imagológica. Esto se debe a que el «yo» adopta como referencia las imágenes compartidas dentro de su contexto sociocultural, ya sea para rechazarlas, ya para ratificarlas, en cuyo caso la imagen avanza generalmente hacia el estadio de la estereotipificación y, en último término, al de la mitificación. Por lo tanto, con el fin de conocer de manera más exhaustiva el significado imagológico de las obras objeto de este estudio, es necesario considerar aquellas imágenes relativas a nuestro país que han perdurado en los imaginarios tanto europeo —francés y británico especialmente— como norteamericano desde el siglo XVI —momento en el que España nace como estado— hasta el estallido de la guerra civil. Expuestas las principales directrices seguidas por estas diferentes visiones, será más fácil determinar hasta qué punto la mirada de los escritores estudiados se encuentra mediatizada por el legado imagológico de sus respectivas culturas.

3.1 La España de la Leyenda Negra

La formación de las identidades nacionales a partir del siglo XVI tuvo lugar sobre el fondo de un panorama de continuas guerras internacionales, en las que no se dudaba en esgrimir como principales motivos las diferencias religiosas. En realidad, tras la animadversión religiosa que existía entre los estados europeos, se encontraba el interés de sus respectivos soberanos por imponer su hegemonía en el Viejo Continente. De este modo, la dinámica que siguió la política europea durante el período moderno consistió, básicamente, en la lucha entre un estado hegemónico y aquellos otros que se convierten en sus áreas de expansión. La nación que ejercía su hegemonía en cada momento —España en el siglo XVI, Francia en el XVII e Inglaterra durante el XVIII— era combatida no sólo en el campo de batalla, sino también a través de campañas propagandísticas a gran escala; los panfletos, las crónicas o los libros de viajes eran los soportes idóneos desde los que desprestigiar la imagen de un país de cara a la comunidad internacional. Nuestro país fue objeto de este tipo de ataques especialmente durante los siglos XVI y XVII, período en el que, como consecuencia de las elevadas cotas de poder que el país alcanzó con Carlos V y Felipe II, comenzó a despertar en Europa numerosos recelos y temores. A modo de mecanismo de defensa contra la desconfianza y la alarma suscitadas en el Viejo Continente por la política expansionista de los soberanos españoles, aparecieron una serie de escritos en los que se denunciaba, entre otros asuntos, los abusos cometidos en las colonias o el fanatismo y la crueldad de la Inquisición, sentando así las bases para la gestación de la denominada «Leyenda Negra». Sorprendentemente, las acusaciones contra la política de los Austrias no siempre procedieron del exterior, sino que también tuvieron su origen en España. De este modo, historiadores como Ricardo García Cárcel[1] han considerado que la Leyenda Negra no sólo tuvo su origen en ciertas obras escritas en el extranjero —*The Book of Martyrs* (*El libro de los mártires*, 1522), de John Foxe, y *Apologie ou Défense du très ilustre Prince Guillaume* (*Apología o defensa del muy ilustre Príncipe Guillermo,* 1580), de Guillermo de Orange—, sino también en algunos tratados españoles, como la *Brevísma relación de la destrucción de las Indias* (1578), de Fray Bartolomé de Las Casas, y las *Relaciones* (1594), de Antonio Pérez.

Estos escritores fueron los continuadores de una corriente autocrítica inaugurada por los primeros erasmistas españoles, como Luis Vives, quien denunciaba la incultura propia de los españoles, o Huarte de San Juan, que dudaba de la aptitud de aquellos para aprender la lengua italiana. La historiografía también adoptó una actitud crítica frente a algunos aspectos de la vida en nuestro país, en particular aquellos relacionados con el gobierno. Historiadores como Zurita o Pedro Vallés denunciaron, por ejemplo, los abusos cometidos por las tropas españolas en Italia. Igualmente, no faltarían los comentarios dirigidos contra la política de los Austrias, ya criticada por Alonso de Castrillo al rechazar, tras la crisis de las Germanías y las Comunidades, el modelo imperial establecido por Carlos V. Asimismo, este monarca vería finalizar su reinado en 1556 con la publicación de las obras de Furio Ceriol, Fox Morcillo y Felipe de la Torre, quienes cuestionaban el modelo político carolino. El reinado de Felipe II tampoco estuvo exento de duras críticas, relativas muchas de ellas a aspectos inherentes al sistema monárquico —así sucede con las vertidas por Fray Luis de León en *Los nombres de Cristo* (1583)— y a acontecimientos

1 García Cárcel, Ricardo, *La Leyenda Negra. Historia y opinión*, Madrid, Alianza, 1998, p. 34.

como la guerra de Flandes o la anexión de Portugal, denunciada esta última por el padre Rivadeneyra, al considerar la guerra contra el país vecino como un gran mal, pues suponía combatir contra un estado donde la religión se mantenía en toda su puridad. Pero, sin duda, dos de las plumas más incisivas con el reinado de Felipe II fueron la de Ibáñez de Santa Cruz, que tachó al monarca de mal gobernante y pusilánime, y la del padre Mariana (*Historia de España*, 1592). Los continuos descalabros militares y la crisis económica sufridos a lo largo del siglo XVII motivaron que, de la mano de los arbitristas, existiera una mayor conciencia crítica; de este modo, tratadistas como Martín de Cellórigo, Damián de Olivares, Pedro de Valencia, Rojas de Villalpando o Sancho de Moncada, entre otros, atribuyeron la decadencia hispana, en líneas generales, al excesivo gasto público —lastrado por una costosa política exterior— y a la sobreabundancia de parásitos que se habían instalado en torno a la Corona. En contra de lo que en un principio se pueda pensar, los escritos de los arbitristas no se limitaban a denunciar las principales lacras del país, sino que, por el contrario, aportaban soluciones para poder superarlas; de este modo, con el fin de terminar con la delicada situación económica, muchos de ellos demandaban medidas para estimular el crecimiento de la población y una política económica de protección de la agricultura y de la industria autóctonas, que acervó tanto las actitudes xenófobas como la obsesión por «el problema de España».

Por lo expuesto hasta ahora, puede concluirse que la gestación de la Leyenda Negra fue, en parte, el resultado de un proceso de autocrítica dirigido contra los desmanes y abusos de algunas instituciones —la Corona y la Inquisición esencialmente—, y también en contra de determinados aspectos de la idiosincrasia del pueblo como, por ejemplo, la falta de cultura. Ahora bien, más que las voces disidentes del siglo XVI o los arbitristas del XVII, fueron las naciones rivales de España las que desempeñaron un papel decisivo en la aparición de la Leyenda Negra. Las imágenes que de nuestro país se forjaron en el extranjero respondían principalmente a la intervención de variables como la proximidad geográfica o al estado de las relaciones diplomáticas, sin olvidar otros factores que operaban a un nivel más particular, como eran el interés personal o el nivel cultural. Atendiendo a la vecindad de Francia y a la cercanía de Inglaterra, así como a los turbios vínculos diplomáticos que mantienen en esta época con España, no es de extrañar que fueran estas dos naciones el lugar de partida de buena parte de las imágenes que de nuestro país se difundieron en el resto de Europa, cuyas connotaciones solían ser más negativas que positivas. A menudo, muchas de estas representaciones tenían su origen en tratados y en libelos de corte propagandístico, siendo poco comunes aquellos testimonios que brotaban de un conocimiento directo de la realidad española.

Los constantes enfrentamientos mantenidos entre Carlos V y Francisco I no impidieron que, durante la primera mitad de siglo XVI, las relaciones entre España y Francia estuvieran presididas por la cordialidad y la admiración recíprocas, aunque fundamentadas estas últimas sobre argumentos que no se ajustaban a la realidad; así, por ejemplo, España significaba para nuestros vecinos la tierra de la opulencia y de las oportunidades, mientras que Francia representaba para los intelectuales hispanos el país donde era posible la libertad de pensamiento. No obstante, la casi permanente situación de confrontación bélica en la que vivían ambos países motivó la aparición de piezas teatrales y de textos que, con referencias a hechos como el Tratado de Madrid (1526) y el saco de Roma (1527), acusaban al Emperador de esconder su ambición y vanidad tras la máscara de la religión y la santidad; en este sentido, destacan panfletos como *Apologie contre les calomnies des Imperiaux* (*Apología contra las calumnias de los imperialistas*, 1553) y *Defense pour le roi de France* (*Defensa del rey de Francia*, 1554). Las críticas no cesarían durante el reinado de Felipe II. La firma del tratado de Cateau-Cambresis (1559) —uno de los muchos acuerdos de paz firmados con Francia a lo largo del siglo XVI— y el matrimonio del monarca español con Isabel de Valois no fueron suficientes para detener el paulatino deterioro de las relaciones entre las dos naciones. Las guerras de religión francesas y la consideración del país vecino como una alternativa ideológica que podía poner en peligro la ortodoxia religiosa defendida por la monarquía hispánica, reacia a mantener cualquier tipo de contacto con el exterior, lo que supuso la «devastación» científica y cultural de España, imposibilitaron el buen entendimiento con Francia. Al mismo tiempo, nuestro país era objeto de severas críticas al otro lado de los Pirineos. De entre ellas, llaman especialmente la atención aquellas que denigraban la imagen del español recurriendo a argumentaciones de carácter antropológico, como sucede en el libelo escrito por Arnauld[2] en 1590 bajo el significativo título de *Antiespañol*:

> ...insaciable avaricia (de los españoles), su crueldad mayor que la del tigre, su repugnante, monstruoso y abominable lujo (...) la inhumana y lujuriosa desfloración de matronas, esposas e hijas, su incomparable y sodomítica violación de muchachos, que los semibárbaros españoles habían cometido en presencia de burgueses entrados en años que eran padres, esposos o parientes de aquellas atormentadas víctimas...

Sin embargo, no siempre se juzgaba a todos los españoles por igual, al asegurar algunos panfletistas que vascos, asturianos y gallegos no podían seguir soportando la arrogancia castellana, y que las Cortes de Aragón se oponían al rey. Ya entrado el siglo XVII, en concreto una vez transcurrida la tregua vivida entre 1598 y 1618, los ataques lanzados contra España recurrían a los argumentos y a los tópicos abordados en el siglo anterior, aunque, en esta ocasión, podía advertirse en ellos una mayor belicosidad. De este modo, se continuó insistiendo en los abusos militares de los españoles, como demuestra las cinco ediciones que en veinte años tuvo la obra de Baltasar *Tratado de las usurpaciones de los reyes de España sobre la Corona de Francia desde Carlos VII* (1625). Igualmente, se retomó la antigua acusación de la hipocresía hispana a raíz de

2 Citado en: *ibid.*, p. 55.

la expulsión de los judíos que, según los panfletistas franceses, tenía unas motivaciones más económicas que religiosas; se denunciaron los fines poco honestos de la Inquisición, que, en lugar de velar por la ortodoxia católica, estaba al servicio de la tiranía y de la crueldad de los más poderosos, y se tildaron de falsas las propuestas de paz hechas por España. No menos inquietud generaba en Francia la legitimación del tiranicidio por parte de Suárez y Mariana, quien había aprobado el asesinato de Enrique III por Jacques Clement. Al mismo tiempo, España no permanecería impasible frente a los constantes ataques que recibía del otro lado de los Pirineos, a juzgar por los textos que, en los albores del siglo XVII, escribieron Jaime Valdés o Barrientos[3], quien desconfiaba del Tratado de Vervins (1598) «por la envidia que (los franceses) nos tienen por la grandeza pasada y por la presente». Sería, no obstante, a partir de 1635, una vez reanudada la guerra con Francia, cuando las críticas contra el país vecino alcanzarían su máximo apogeo, lo que no impidió la introducción de algunos comentarios favorables, como los de Quevedo y Pellicer, que valoraban positivamente a Luis XIII en perjuicio de Richelieu, o los de Saavedra Fajardo, que admiraba a Francia por su homogeneidad y su entidad histórica. La firma del Tratado de los Pirineos (1659) significaría la atenuación de la polémica franco-española, dados los evidentes síntomas de desgaste y decadencia que comenzaba a mostrar nuestro país.

La visión de España que se propagó por Inglaterra a lo largo del siglo XVI fue la de una nación que era sede de la violencia, del sangriento imperialismo puesto en práctica tanto en el Viejo Continente como en las colonias, y de la intolerancia y del fanatismo religiosos. La pugna por conseguir el dominio sobre el suculento mercado americano, por ostentar la hegemonía europea, sin olvidar las diferencias religiosas y el temor y los recelos frente al Imperio hispano, que había lanzado su Armada Invencible contra las costas británicas en 1588, convertían España en objeto de un buen número de acusaciones. Muchas de ellas iban dirigidas contra la Inquisición y contra los desmanes

3 Citado en: GARCÍA CÁRCEL, Ricardo, *La Leyenda Negra...*, *op. cit.*, p. 60.

cometidos durante la conquista de América, pero fueron, sobre todo, la política española en los Países Bajos y el proyecto de la Armada Invencible los temas que más rechazo suscitaron entre los panfletistas británicos. Los abusos protagonizados por las tropas españolas en los Países Bajos, entre los que tristemente destacaría el saqueo de Amberes de 1576, desataron duras críticas provenientes de libelistas como George Gascoigne y Thomas Deloney, quienes centraron sus ataques en la figura del duque de Alba, y de historiadores como Camden y Baker. El fracaso de la Armada Invencible en su intento de conquistar Inglaterra abrió un amplio abanico de comentarios descalificadores, que iban desde el desprecio al monarca español, como son los casos de Thomas Nashe y John Lyly, quienes vieron en el proyecto de invadir Inglaterra una evidente muestra de la ambición y la codicia de Felipe II, hasta la consideración del carácter español como sinónimo de incompetencia y fragilidad.

Al igual que en Francia, la hispanofobia arreció durante el siglo XVII, pese a las buenas relaciones con la Ingleterra de Jacobo I y la nula intervención de España en la caída de Carlos I durante la revolución inglesa. La instauración de un nuevo régimen político tras la derrota de Carlos I por las tropas de Cromwell en la guerra civil (1642-1649), no vino acompañada de cambios sustanciales en la visión inglesa; si hubo variaciones, fue para peor. España continuó siendo una amenaza, el enemigo natural por antonomasia, cuyas señas de identidad ya no eran la Inquisición y la intolerancia religiosa que esta institución simbolizaba, sino las constantes rapiñas que cometía en las colonias. Cromwell[4], haciendo gala de una nula memoria histórica, señalaba: «Los españoles han invadido continuamente y de manera hostil nuestras colonias, acuchillando a nuestros compatriotas, tomando a nuestras naves y nuestros bienes, destruido nuestras plantaciones, hecho prisioneros y esclavos a nuestros hombres...». La hispanofobia inglesa de los siglos XVI y XVII llegó a personificarse en figuras como el tenebroso inquisidor, el conquistador ávido de sangre y destrucción o el clérigo impío. Todas

4 Citado en: *ibid.*, p. 100.

ellas sintetizaban en tipos particulares los vicios y males más significativos de los españoles. En este sentido, resulta llamativa la creación de un personaje literario que encarnaba los aspectos más deplorables de la sociedad hispana: el «dago», carente de escrúpulos, vengativo, cruel, servil con los que son más fuertes que él y despiadado con los más débiles. A partir de la segunda mitad del Seiscientos, a tenor de la paulatina conciencia que en Europa se va tomando de la decadencia del Imperio español, el antiespañolismo inglés de épocas pasadas iría desapareciendo. Así, la hostilidad y desconfianza que suscitaba lo hispano en la sociedad británica fueron sustituidos bien por la más absoluta indiferencia bien, en aquellos casos en los que España despertaba algún interés, por una mirada paternalista y condescendiente no exenta de ironía. El español dejó de ser el conquistador sanguinolento, el fanático inquisidor o el hidalgo orgulloso y altanero, para convertirse en un individuo inculto y abúlico, imagen esta que pervivirá hasta finales del siglo XVIII y comienzos del XIX.

Por otra parte, la anglofobia española fue, durante los siglos XVI y XVII, equiparable a la hispanofobia inglesa. En su *Historia eclesiástica del cisma de Inglaterra* (1596), el padre Rivadeneyra[5] definía a este país como una «cueva de bestias fieras, refugio de traidores, puesto de corsarios, espelunca de ladrones, madriguera de serpientes, madre de impiedad...». No obstante, a raíz del fracaso de la Armada Invencible, este mismo autor, en su obra *Tratado de la tribulación* (1589), atribuyó tal fiasco no sólo a las adversas condiciones meteorológicas a las que tuvieron que hacer frente los navíos españoles, sino también a los graves pecados cometidos por los estamentos más altos de la sociedad hispana, como eran la lujuria y la deshonestidad. El estallido de la guerra inglesa de 1640 motivó que los comentarios críticos contra Inglaterra pasaran del desprecio a una abierta hostilidad, dirigida, principalmente, contra la figura de Cromwell, quien fue tachado de engañador, astuto e hipócrita.

Como una forma más de combatir la política expansionista

5 GÓMEZ-CENTURIÓN, Carlos, *La Invencible y la empresa de Inglaterra*, Madrid, Nerea, 1988, p. 65.

de los Austrias, Inglaterra incitó a muchos tratadistas flamencos y holandeses a que escribieran contra España. La presencia de los españoles en los Países Bajos y, sobre todo, los abusos y saqueos cometidos por los Tercios bajo el reinado de Felipe II, convirtieron a este monarca en el principal objetivo de numerosos folletos propagandísticos, entre los que destaca *La colmena de las santas abejas de la Iglesia Romana* (1596), de Marnix de Saint-Aldegonde. La contundencia con la que se trató de terminar con la sublevación política y religiosa iniciada en 1566 en los Países Bajos, levantó una oleada de duras críticas, ya no sólo contra el rey español, sino también contra sus gobernadores y su ejército. El duque de Alba, gobernador de los Países Bajos y brazo ejecutor de la dura represión llevada a cabo contra los sublevados, fue llamado «perro de presa», «tirano», «chusma», «marrano», entre otros insultos. Por extensión, el conjunto de los españoles tampoco quedaba exento de descalificativos, como puede apreciarse en la obra de Josepho Scaligero, *Scaligerana*, escrita en la segunda mitad el siglo XVI, donde se les juzga de ignorantes y bárbaros. Junto con la monarquía de Felipe II, los holandeses, en especial los judíos, arremetieron severamente contra la Inquisición. En *Esperanza de Israel* (1650), el rabino de origen portugués Menasseh ben Israel, basándose en el último canto del Deuteronomio, donde se dice que Jesús vengará la sangre de su pueblo derramada, interpretó las desgracias sufridas por los gobernantes españoles como un castigo divino por haber atentado contra la comunidad judía; de este modo, la muerte del príncipe heredero Baltasar Carlos en 1632, habría que atribuirla al proceso seguido en España contra diecinueve judaizantes, seis de los cuales fueron quemados en el auto de fe celebrado en Madrid el 4 de julio de aquel mismo año y que contó con la presencia del monarca.

A lo largo de los siglos XVI y XVII, España fue visitada por numerosos viajeros extranjeros, quienes, en su mayoría, procedían de Italia y se dedicaban a la diplomacia o a la carrera militar. Su visión del país insistía en algunos aspectos como la suciedad y la escasa inclinación por el trabajo. Estos testimonios personales aparecen corroborados por la encuesta demográfica y económica realizada en 1561, bajo el reinado de Felipe II, en la que muy pocas ciudades, como sucedía con Segovia, superaban el 70 % de cabezas de familia empleadas en profesiones reconocidas. En opinión del historiador francés Bartolomé Bennassar, el escaso atractivo que para el español tenía el trabajo respondía a la total ausencia de incitación a la actividad, una observación que llegaría a efectuar el ilustrado inglés Swinburne[6]:

> El español pobre no trabaja, a menos que se vea obligado a ello por alguna necesidad perentoria, ya que no saca provecho de la actividad. Y como puede alimentarse y vestirse con muy poco gasto, sólo dedica al trabajo el tiempo mínimo imprescindible.

A ello hay que añadir que las ocasiones de fiesta y diversión eran tan frecuentes que quedaban muy pocos días para trabajar y que, incluso cuando se trabajaba, se pretendía reducir al máximo el número de horas para dedicar el mayor tiempo posible al ocio. Esta afirmación del historiador francés se entiende mejor al considerar que el trabajo era visto por el español como un medio para subsistir, y no como un fin que otorgaba sentido a su existencia, aunque conviene matizar que no todas las profesiones fueron igualmente denostadas: las funciones públicas, el estudio de las letras o la navegación reportaban un cierto prestigio, o al menos no lo socavaban, mientras que los oficios mecánicos, el tráfico de dinero o el trabajo de la tierra —sobre todo en el Noroeste y en las dos Castillas— eran objeto de desprecio. La escasa inclinación que el español mostraba hacia el trabajo reflejaba una clara aversión hacia los valores y virtudes burgueses, ya que la fiesta suponía la ausencia del trabajo, el despilfarro, el paroxismo en el consumo y el olvido de toda previsión. La fiesta conllevaba, en suma, una serie de valores y comportamientos por los que el español sentía una gran afini-

6 Citado en: BENNASSAR, Bartolomé, *Los españoles*, Barcelona, Argos Vergara, 1978, p. 116.

dad, circunstancia que explica también su secular apego por el catolicismo que, al menos en la Península Ibérica, ha sido un auténtico benefactor de la fiesta.

A pesar de criticar aspectos como la falta de higiene o la pereza, la visión del país ofrecida por los visitantes extranjeros durante el siglo XVI resulta más favorable que la elaborada por aquellos que recorrieron España en la centuria siguiente. Fueron especialmente los viajeros franceses los que ensombrecieron la imagen del país, tachando a los españoles de incultos, orgullosos, violentos e indolentes; los testimonios de Joly (1604), Bertaut (1664), Brunel (1665) y Mme. D'Aulnoy (1691) contribuyeron de manera decisiva a forjar esta imagen desfavorable de los españoles. Sin embargo, España también tuvo acérrimos defensores en el extranjero, particularmente en Italia y los Países Bajos. Destaca, en este sentido, la obra de Campanella *Monarquía Hispánica*, escrita a finales del siglo XVI, en la que el dominico trasalpino[7] afirma: «Los españoles convienen con nosotros por el clima y, en consecuencia (...) convienen también por las costumbres, aunque los españoles sean un tanto más astutos que nosotros». Las semejanzas entre ambos países no terminan aquí pues, tal como asegura Campanella, sus habitantes son soberbios, ceremoniosos, certeros, limpios y atildados.

En opinión de García Cárcel, la Leyenda Negra no puede entenderse sin lo que él denomina la «Leyenda Rosa», es decir, la exaltación de los valores hispánicos que se lleva a cabo desde España. La monarquía, la lengua y la cultura nacionales, así como el narcisismo hispánico, constituían los principales motivos en torno a los que se articulaban los testimonios que intentaban defender el país de los ataques del exterior. Buena prueba de ello la podemos encontrar en la interpretación política que Lope de Vega hace del monarca español como el último alcalde y representante supremo de la justicia en obras como la *Dragontea*, *Los españoles en Flandes* y *D. Juan de Austria en Flandes*, en las alusiones a Lepanto o a la anexión de Portugal

---

7 Citado en: GARCÍA CÁRCEL, Ricardo, *La Leyenda Negra...*, *op. cit.*, pp. 118-119.

que incluyen en sus poemas Alonso de Ercilla y Fernando de Herrera, o en la apología que Quevedo efectúa en obras como *España defendida* (1609), en la que muestra una obsesión, casi paranoica, sobre las relaciones que nuestro país mantenía fuera de sus fronteras. No obstante, otro gran escritor del Siglo de Oro, Baltasar Gracián[8], adoptaría una postura más ecuánime al poner de manifiesto que las virtudes y los defectos de los españoles se hallan por igual:

> Son muy juiciosos, no tan ingeniosos. Son valientes, pero tardos. Son leones, más con cuartana. Muy generosos y aún perdidos. Parcos en el comer y sobrios en el beber, pero superfluos en el vestir. Abrazan todo lo extranjero, pero no estiman lo propio. No son muy crecidos de cuerpo, pero de grande ánimo. Son poco apasionados de su patria y trasplantados son mejores. Son allegados a la razón, pero arrimados a su dictamen. No son devotos, pero tenaces de su religión. Y absolutamente es la primera nación de Europa: odiada porque envidiada.

3.2 España como antítesis de la Razón ilustrada

La imagen de España en el extranjero durante el Siglo de las Luces no varió sustancialmente respecto a épocas pasadas. Aunque la pérdida de protagonismo en el concierto internacional y la llegada al trono de los Borbones podían haber propiciado un cambio significativo en la visión de nuestro país, España continuó siendo el centro de numerosas críticas. Desde los nuevos referentes ilustrados —Razón, Progreso, Libertad...—, se trató de sepultar en el olvido la sinrazón, la barbarie y el odio que no sólo se habían adueñado de la monarquía de los Austrias, sino también de otros reinos europeos, igualmente dominados por la intolerancia, la violencia y el ansia de conquista. Sin embargo, fue España el principal objetivo de las críticas ilustradas, que

8 Citado en: *ibid.*, p. 129.

insistían continuamente en el atraso material e intelectual del país. A menudo, este tipo de afirmaciones se fundamentaban en los testimonios de falsos viajeros o de impostores literarios, como sucedió, por ejemplo, con el *Manuscrit trouvé à Saragosse* (*Manuscrito encontrado en Zaragoza*, 1805) del polaco Jon Potocki. Pero más llamativo resulta el hecho de que algunos de estos escritos llegaron a recurrir a argumentos de carácter psicológico; Montesquieu[9], en sus *Lettres persanes* (*Cartas Persas*, 1721), afirma:

> Porque se ha de saber que cuando goza uno de cierta prerrogativa en España, por ejemplo, cuando con las prendas que acabo de circunstanciar junta la de ser poseedor de una espada ancha, o haber aprendido de su padre la habilidad de rascar una disonante guitarra, ya no trabaja, interesándose su pundonor en el sosiego de sus miembros. Quien se está sentado diez horas al día, consigue cabalmente doble aprecio que quien no lo está más que cinco, porque se granjea la nobleza repantigándose en ella.

La visión del país como un lugar dominado por el atraso y el extremismo religioso no era arbitraria, ya que respondía a un sangrante estigma asociado a la imagen de España en el exterior: el Santo Oficio. Significativa resulta, en este sentido, la aseveración volteriana de que la Inquisición había impuesto el silencio en una nación que había nacido con toda la alegría y viveza que da un clima cálido. Esta institución constituía, junto con otras señas de identidad peninsulares como el Despotismo oscurantista o la Contrarreforma, uno de los elementos que hacían de España una nación diferenciada del resto del Viejo Continente. Una Europa que abrazaba unos nuevos ideales con el fin de olvidar su reciente historia de sempiternas guerras y persecuciones religiosas vió en la Península, aparte del recuerdo de un turbulento pasado, la más absoluta antítesis de todo aquello que an-

9 MONTESQUIEAU, Charles de Secondat, barón de, *Cartas Persas*, (trad. de José Marchena), Madrid, Tecnos, 2000, p. 116.

helaba ser. Aunque nuestro país no difirió mucho de otras monarquías católicas durante los siglos XVI y XVII, lo cierto es que a partir del reinado de Felipe II, la interpretación del catolicismo en nuestro país comenzó a apartarse de la efectuada en el resto del Continente: el radicalismo propagado por los frailes de las Órdenes mendicantes, la severidad de la Inquisición o la desagradable impresión que produjeron en Felipe II las guerras de religión en Francia, identificaron a España con el brazo secular del catolicismo más integrista e intransigente. No obstante, la Iglesia española aún conservaba algunas facetas dignas de encomio, como la relacionada con el auxilio social, circunstancia que alabaría en el siglo XIX el conde de Laborde, autor de *Itinéraire descriptif de l'Espagne* (*Itinerario descriptivo por las provincias de España*, 1826), quien, con una evidente resolución por desmentir los tópicos negativos vertidos sobre el país, encomiaba la labor del alto clero español al invertir en fundaciones y en limosnas todos sus beneficios. Pese a que, bajo la influencia ilustrada, la fe dieciochochesca experimentó una merma importante en sus contenidos, la religiosidad continuó teniendo una presencia importante en la vida social del país, como quedaría demostrado en episodios de épocas posteriores —la guerra de Independencia o la «Cruzada franquista» durante la guerra civil.

El ilustrado extranjero en general, y el francés en particular, frecuentemente cargaba las tintas contra España no desde la experiencia de un viaje, sino desde los más rancios y correosos estereotipos. Así, por ejemplo, del mismo modo en que se criticaba la intransigencia religiosa de nuestro país —especialmente tras el proceso de Olavide (1776-1778)—, se ignoraban unas actitudes anticlericales cada vez más frecuentes entre la población y las esferas del poder, como lo atestigua la política regalista emprendida por Carlos III, por la que los eclesiásticos fueron excluidos de los órganos de gobierno, la Inquisición vio restringidos sus poderes y los jesuitas fueron expulsados del país. En realidad, el anticlericalismo no había dejado de estar presente en España a lo largo de toda la Edad Moderna, como demuestra, por ejemplo, la amplia aceptación que el erasmismo tuvo en el país, las prohibiciones que impedían a los clérigos incorporarse a las cofradías o aquellas otras que vetaban a los titulares de los mayorazgos para que legaran bienes a la Iglesia.

Durante el siglo XVIII, España no formaba parte de los itinerarios ilustrados; el mal estado de sus caminos y los frecuentes asaltos que tenían lugar en ellos eran razones más que suficientes para no visitar el país. Transitar la Península era una idea tan inconcebible dentro de la cosmovisión ilustrada que, en una guía de viajes de 1783, se aseguraba a los intrépidos viajeros que era una idiotez viajar por España por mera curiosidad, a menos que se pretendiera publicar las memorias de la extravagancia de la naturaleza humana. No obstante, hubo excepciones a este «modus operandi» general. A pesar de la imagen negativa que se tenía de España en Europa, especialmente en Francia e Inglaterra, desde donde se procuró mantener vivo el fuego de la Leyenda Negra, fueron varios los viajeros que decidieron visitar la Península durante la segunda mitad del siglo XVIII. El viaje se fue revelando paulatinamente como el medio más idóneo para conocer la realidad de un país al margen de la influencia perniciosa de los estereotipos. Sin embargo, muchos de aquellos que decidieron adentrarse en España no llegaron a desprenderse de los clichés adquiridos en sus respectivos entornos culturales: de este modo, la Leyenda Negra o testimonios como el de Mme. D'Aulnoy, cuya influencia en el Continente era equiparable a su escasa veracidad y al perjuicio que ocasionó a la imagen de España fuera de sus fronteras, continuaban condicionando la visión del viajero ilustrado. No importaba que España comenzara a evidenciar síntomas de mejoría durante el reinado de Carlos III —a juzgar por los profundos cambios administrativos, demográficos, económicos e ideológicos que tuvieron lugar durante este período. Los «curiosos impertinentes» —como también eran conocidos los viajeros ilustrados— seguían viendo en nuestro país una nación decrépita, situada aún bajo el yugo de la Inquisición, habitada por gentes orgullosas y violentas que vivían aferradas a la superstición y a un pasado glorioso.

La revolución encabezada por Cromwell en la segunda mitad del siglo XVII, que supuso la caída de la última monarquía absoluta inglesa —la de Carlos I— y la instauración de la monarquía parlamentaria, tuvo una incidencia notable en la visión inglesa de España durante el Siglo de las Luces. La desaparición de un sistema de gobierno totalitario en Inglaterra trajo consigo la exaltación de las libertades y de los derechos civiles. No es de extrañar, por tanto, que uno de los aspectos más criticados por los viajeros ingleses fuera la total ausencia de libertades, cuyas manifestaciones más evidentes eran la estricta ortodoxia religiosa y el despotismo borbónico. Desde su óptica liberal, los ilustrados británicos veían en el gobierno al principal responsable de muchos de los males de España, incluyendo la holgazanería de sus habitantes, quienes no habían sido educados en la importancia del trabajo como clave para impulsar el desarrollo del país. El mal gobierno, la nefasta gestión de los órganos de poder, que infectaba y corrompía con su incompetencia la nobleza del pueblo español, se convirtió, a partir de entonces, en una idea recurrente dentro de la visión de España fuera de sus fronteras. Jardine[10], cónsul británico en La Coruña, sintetizó este tópico aseverando que «los españoles son el mejor tipo de gente bajo el peor tipo de gobierno». Al no desprenderse por completo de los prejuicios del pasado, nuestro país despertaba en el viajero inglés sentimientos encontrados, como puede apreciarse, por ejemplo, en la consideración de los españoles como un pueblo noble y honrado pero, al mismo tiempo, fanático. Esta visión ambivalente contribuyó a fomentar la imagen de una España de contrastes y singularidades que no tardaría en atraer la atención del emergente Romanticismo. Una de las particularidades subrayadas por la visión ilustrada era la falsa religiosidad, rasgo que no pasa desapercibido para Smollet[11] en *The Present State of all Nations* (*Estado de los diversos países de Europa*, 1768):

10 Citado en: GARCÍA DE CORTÁZAR, Fernando, *Los mitos de la Historia de España*, Barcelona, Planeta, 2002, p. 191.

11 Citado en: JUDERÍAS, Julián, *La Leyenda Negra*, Madrid, Swan, 1986, p. 183.

> En ninguna parte hay más pompa, farsa y aparato en punto a religión y en ninguna parte hay menos cristianos (...) Dios y Cristo son respetados allí mucho menos que la Virgen María y otros santos; pero esto no debe causar asombro: en todo país donde no se permite el uso de la razón y la lectura de las Escrituras la religión tiene que ser por fuerza una farsa ridícula...

La intelectualidad española del siglo XVIII no se mostró, por lo general, indiferente ante los comentarios vertidos desde Europa sobre nuestro país. Muchos adoptaron una actitud beligerante frente a las críticas procedentes del extranjero, como demuestra, por ejemplo, José Cadalso[12], quien responde irónicamente a Montesquieu en su obra *Los eruditos a la violeta* (1782):

> Que la Nobleza en España se adquiera en la ociosidad de una silla, es una contradicción de la historia, no sólo de España, sino de Roma, de Francia, de Alemania y de otros muchos países. Todas las casas de consideración en España se han formado sobre un terreno de que fueron echados a lanzadas los moros, durante ocho siglos de guerras continuas y sangrientas, aunque con la disparidad de tener los moros toda África a su socorro y no tener nuestros abuelos más amparo que el que les daba el amor a su religión y patria.

Algunos autores extranjeros, como el francés Masson de Morvilliers, suscitaron un rechazo generalizado. El primero en responder al escritor del país vecino fue el botánico valenciano Cavanilles en sus *Observations sur l'article Espagne* (*Observaciones sobre el artículo España*, 1784). Dos años más tarde, el abate piamontés Carlo Denina leía en la Real Academia de las Ciencias *Mémoire servante de réponse à la question: que doit-on à l'Espagne?* (*Memoria que sirve de respuesta a la pregunta:*

12 CADALSO, José, *Los eruditos a la violeta*, (edición facsímil), México, Miguel Ángel Porrúa, 1991, pp. 127-128.

¿Qué le debemos a España?), en la que resaltaba, entre otros aspectos, las obras de los cronistas medievales, los descubrimientos de la ciencia hispanoárabe y el Renacimiento de Nebrija y Vives. El artículo tampoco pasó desapercibido para las instancias oficiales; el embajador en París, Aranda[13], preveía a raíz del escrito de este autor que sería «muy difícil disipar el resto de antipatía que nuestra nación tuvo a la francesa». En otras ocasiones, la crítica contra una obra en concreto daba paso a la exaltación de la Historia y la cultura españolas, empleada como mecanismo de defensa frente a las calumnias procedentes del exterior. Destaca, en este sentido, la obra de Juan Pablo Forner *Oración apologética por la España y su mérito literario* (1786), en la que, además de calificar a Rousseau y Voltaire de «sofistas ultramontanos» y realiza un balance positivo de la cultura hispana desde los tiempos de los romanos hasta el reinado de Carlos III.

No todos los escritores españoles del siglo XVIII mostraron la misma actitud de rechazo hacia las ideas ilustradas procedentes de Europa, sino que, por el contrario, las convirtieron en un importante punto de referencia dentro de sus respectivas obras. Uno de los ejemplos más notorios de esta postura fue el padre Feijoo, quien insistía en la concordia que debía existir entre los estados del Viejo Continente. Su discurso *Mapa intelectual y cotejo de naciones* (1778) constituye una crítica contra el afán comparatista que había surgido entre los países europeos, sobre todo a partir del siglo XVII. Para el religioso, ninguna nación era superior a las demás, de modo que las comparaciones entre ellas —muy frecuentes entonces— carecían de sentido. Feijoo llegó incluso a rechazar la aseveración aristotélica por la que los climas húmedos y nebulosos producían «espíritus groseros»; si fuera así, dice el padre benedictino[14], los holandeses y los venecianos deberían ser muy rudos, pues viven «metidos en charcos». Otros ilustrados españoles insistieron en la necesidad de aprender del extranjero, como

13 Citado en: GARCÍA CÁRCEL, Ricardo, *La Leyenda Negra…*, *op. cit.*, p. 159.
14 Citado en: *ibid.*, p. 167.

fue el caso de Martín Sarmiento, quien subrayaba la importancia de conocer las lenguas foráneas.

La penetración de las ideas europeas en la Península se efectuó a través de diversos cauces. Uno de ellos fue el contacto directo con la realidad del exterior, ya fuera por medio de las estancias en Europa de individuos pertenecientes a la minoría culta española, como el conde de Aranda y Cadalso, o de los numerosos extranjeros que visitaron el país durante el siglo XVIII. Otra vía de acceso al pensamiento europeo fueron los libros publicados fuera de nuestras fronteras, cuyas traducciones proliferaron a lo largo de la centuria. Bernardo María de la Calzada tradujo autores entonces prohibidos como Condillac, Voltaire y Diderot, mientras que José Alonso Ortiz y Carlos Martínez de Irujo hicieron lo propio con Hume y Adam Smith. A pesar de que la influencia de la cultura francesa fue, posiblemente, la predominante —no en vano, Cadalso se inspiró en Montesquieu cuando escribió *Cartas marruecas* (1789), y Pedro Montengón en Rousseau al difundir sus ideas educativas—, no deben olvidarse las aportaciones efectuadas desde otras naciones europeas. Así, Italia dejó sentir su influjo en las letras y artes españolas por medio del teatro de Alfieri, Metastasio y Goldoni, mientras que la ópera del país trasalpino tuvo un gran éxito gracias a cantantes como Farinelli. Igualmente, Inglaterra influyó en la intelectualidad española a través de la economía política —publicándose, por ejemplo, amplios resúmenes de los planteamientos de Malthus— y de la literatura —en particular, Pope y Young—. Fueron ingleses, precisamente, los viajeros que, como Swinburne o Joseph Townsend, contribuyeron a fijar el tópico romántico de España, exaltando su pasado árabe, la altivez de sus habitantes, la belleza femenina, la afición a las corridas de toros y su religiosidad supersticiosa, entre otros aspectos.

3.3 España: el «vergel» romántico

A comienzos del siglo XIX, España vivió uno de los episodios más importantes de su historia: la guerra de Independencia. Al margen de los efectos políticos, sociales y económicos ocasionados por este acontecimiento, resulta de gran interés observar cómo dicho conflicto supuso un importante punto de inflexión en la imagen de España fuera de sus fronteras. Si antes de estallar la contienda el viajero solía retratar el país como un claro ejemplo de falta de progreso y de libertad, a partir del enfrentamiento con la «Grand Armée», el visitante no encontraría en él nada más que motivos dignos de admiración como el carácter indómito y belicoso que sus habitantes habían mostrado durante la guerra. Una de las naciones donde mejor se apreció este cambio fue Inglaterra; hasta la denominada «Peninsular War», el ciudadano medio inglés relacionaba lo hispánico con la Leyenda Negra, de modo que no veía en España más que un lugar inhóspito carente de interés habitado por bárbaros. Sin embargo, a partir del segundo decenio del siglo XIX, el país, sin llegar a desprenderse de los efectos perniciosos de las imágenes difundidas a lo largo de los siglos anteriores, comenzó a ser visto, sobre todo entre las clases más acomodadas de la sociedad británica, como un lugar cuyo pintoresquismo era su principal atractivo, y esto hasta tal punto, que aquellos que decidían visitar España, como asegura Juan Antonio Díaz[15], «se hubieran sentido profundamente decepcionados de haber encontrado la supuesta calidad de vida de su país de origen, pues su meta era experimentar en carne propia lo diferente, lo imprevisto, lo poco usual y lo anecdótico».

A raíz de lo que hasta ahora se ha dicho, podría pensarse que el país experimentó una transformación radical en el trascurso de la guerra, de modo que el visitante, en cuestión de unos años,

15 DÍAZ LÓPEZ, Juan Antonio, «Modelos literarios y estéticos de los viajeros románticos ingleses. De la teoría a la praxis», en GALÁN, Eva; NAVARRO LABRAT, Carmen; DE LA TORRE, Purificación, et al. (coords.), *La imagen romántica del legado andalusí*, Barcelona, Lunwerg, 1995, p. 85.

encontraría una realidad totalmente distinta a la existente poco tiempo atrás. Sin embargo, la situación en la Península continuó siendo, en líneas generales, muy similar a la vivida antes de 1808, o incluso peor, si se tiene en cuenta la grave situación económica en la que el conflicto dejó sumida a España, o la recuperación del trono por parte de Fernando VII, quien, a partir de entonces, inauguraría una de las etapas más oscuras de nuestra historia. Por consiguiente, no fue tanto la realidad nacional la que cambió, sino más bien los valores predominantes en la mirada del visitante quien, provisto de una voluntad y un deseo de transformar su visión de España, cubría de un nuevo prestigio a realidades antes denigradas. Pero ¿de dónde surgen esos nuevos valores? ¿Cuál era el fundamento sobre el que se sustentaba esa nueva mirada? La respuesta debe localizarse, principalmente, en la eclosión en Europa de la sensibilidad y de la estética románticas que, en buena medida, suscitaron esa nueva lectura de la realidad en la que España, y más concretamente algunas regiones como Andalucía, ocupaban un lugar privilegiado, al satisfacer, con sus gentes, sus tradiciones y sus rincones detenidos en el tiempo, las principales pretensiones del espíritu romántico; de este modo, por ejemplo, la necesidad que dentro de la nueva estética se sentía por revalorizar lo oriental[16], como medio de restituir los valores religiosos más primitivos, y de aislarse de unas culturas contaminadas por el maquinismo y por las implicaciones éticas, políticas y religiosas de la Restauración, podía ser satisfecha en emplazamientos no excesivamente lejanos, como la Europa meridional y, especialmente, España.

---

16 Desde la perspectiva romántica, las culturas orientales y, más en concreto, la cultura islámica, que habían sido ignoradas sistemáticamente en Europa desde el Renacimiento, pasaron a ser consideradas focos en los que todavía se conservaban los valores propios de la religión primitiva. Esta cualidad las equiparaba al cristianismo de los orígenes, al que los románticos deseaban regresar como forma de ensalzar una nueva espiritualidad, basada en la valoración de lo original y en un sentimiento elegíaco. La herencia cultural y arqueológica que el Islam había dejado en la Península convertía España en el destino predilecto de una suerte de viaje iniciático hacia los valores religiosos primitivos.

La inclinación que el movimiento romántico sentía por la búsqueda de lo auténtico y lo pintoresco se tradujo en un intenso ejercicio de evasión, tanto espacial como temporal. La nueva sensibilidad buscaba el alejamiento respecto de unas sociedades que, por efecto de los profundos procesos de modernización a los que estaban siendo sometidas, resultaban cada vez más aburguesadas y anodinas. Por este motivo, fueron aquellas zonas que se hallaban al margen de tales cambios y que habían sido excluidas del «Grand Tour» ilustrado —como es el caso de gran parte de España—, las que se convirtieron en los destinos favoritos de los viajeros románticos; en el caso de nuestro país, el visitante hallaba en el carácter primario, brutal y apasionado de sus habitantes aquello que no encontraba en su lugar de origen. España constituía, además, un reducto cuya riqueza arqueológica permitía al viajero retrotraerse en el tiempo, reviviendo, frecuentemente, episodios pertenecientes al período medieval. La historiografía romántica, muy influenciada por las tesis nacionalistas, no sólo transformaba en mitos aquellos acontecimientos que habían sucedido en tiempos lejanos —la Edad Media, por ejemplo—, sino que también lo hacía con episodios recientes como la guerra de 1808. En opinión de José Álvarez Junco[17], puede observarse cómo este conflicto resultó ya mitificado en su propia denominación; si por «guerra de Independencia» se entiende una contienda en la que un pueblo lucha por liberarse de una fuerza invasora extranjera, la de 1808 no puede considerarse como tal, sino más bien un conflicto con dos dimensiones claramente diferenciadas: una internacional y otra civil —guardando así un llamativo paralelismo con la de 1936—. La denominada «guerra de la Independencia» fue, principalmente, un conflicto con unas manifiestas dimensiones internacionales, sobre todo si se tiene en cuenta que, salvo la batalla de Bailén, todas las demás consistieron en un enfrentamiento entre un ejército francés y otro anglo-hispano-portugués, comandado por Wellington. Al

17 ÁLVAREZ JUNCO, José, *Mater Dolorosa. La idea de España en el siglo XIX*, Madrid, Taurus, 2001, pp. 119-149.

mismo tiempo, esta contienda fue un enfrentamiento civil en el sentido de que las élites mostraron una profunda división a la hora de mostrar su lealtad hacia la monarquía expulsada del trono —la Borbónica— o hacia la impuesta por Napoleón en la persona de su hermano José Bonaparte.

La escisión que afectaba a los estamentos más altos de la sociedad española no tuvo continuiudad entre las masas populares; éstas, por el contrario, compartían un mismo sentimiento de odio hacia lo francés, que fue el verdadero motor de la guerra y no, por más que se empeñaran en postular los historiadores nacionalistas, la lucha por la libertad del pueblo español o la existencia de un sentimiento de identidad española, debido al predominio del patriotismo local sobre la unidad nacional. Precisamente, fue el pueblo quien proveyó a la nueva estética de uno de los mitos más relevantes de esta guerra: el de la lucha heroica que las clases populares llevaron a cabo contra el invasor extranjero por la libertad del país, una imagen que enardecía el espíritu romántico. No hubo que esperar mucho tiempo para que los emergentes movimientos nacionalistas —tanto de Europa como de América— colaboraran en la construcción de este mito, ya que las élites liberales comenzaron a fomentarlo durante el trascurso del conflicto. Ignorado y denigrado secularmente, el pueblo se convertía ahora, de manera inesperada, en el protagonista de un mito, tras el cual se encontraban unas claras intenciones de rentabilizar políticamente el conflicto. La exaltación de lo popular por parte de los liberales constituía el paso previo a la instauración en España de la soberanía nacional, es decir, del reconocimiento de su derecho a participar en la adopción de decisiones que afectasen a la colectividad. Por su parte, los conservadores presentaron la encomiable lucha del pueblo como una adhesión a ultranza de los valores tradicionales. Sin embargo, es poco probable que la colectividad tuviera asimilado —al menos en la misma medida en que pretendían las élites— el concepto de unidad nacional. Más bien debe pensarse que, si el pueblo combatía, era por sus intereses particulares, y que, de existir algún atisbo de patriotismo en su pugna, posiblemente fuera más de corte local o regional que nacional. Por consiguiente, las élites inventaron un mito en el que, si bien el pueblo era el protagonista, no llegó a ser asimilado por las clases populares. Una de las últimas ocasiones en las que este mito populista engendrado durante la Guerra de Independencia reapareció fue en 1936, cuando republicanos y nacionales no dudaron en afirmar que luchaban contra una fuerza extranjera —Hitler y Mussolini en un caso, y el comunismo soviético en el otro—, de manera que ambos bandos concebían aquella guerra no como una contienda civil, sino como una lucha por la supervivencia frente a una agresión externa. No resulta extraño, por tanto, encontrar en los periódicos de la época algunas resonancias del conflicto de 1808; así, en 1936, el diario anarquista «Solidaridad Obrera» aludía a la «lucha épica por la independencia nacional», al igual que cuando «las tropas francesas llegaron a creerse dueñas de la Península», siendo derrotadas merced a «la fe suprema que el pueblo ibérico sabe poner en la defensa de sus libertades»[18].

En definitiva, la defensa enconada y espontánea de la libertad nacional que los románticos creyeron ver en la lucha del pueblo español contra el ejército napoleónico, junto con otros factores —la riqueza del patrimonio arqueológico, un pasado proclive a la recreación mítica, unas tradiciones y costumbres propias de otros tiempos— convirtieron España en un obligado lugar de referencia dentro de la cosmovisión de los escritores y aventureros románticos. La nueva mirada, inmersa en la categoría de lo sublime, no se escandalizaba ni cargaba las tintas contra un pueblo que padecía un profundo atraso económico e intelectual, sino que, por el contrario, se congratulaba al descubrir uno de los «últimos buenos países». Los viajeros románticos salían en busca de valores presentes en el carácter hispano, como el honor, la desmesura, el valor y el idealismo. No importaba que el viaje a España supusiera recorrer caminos en mal estado por los que merodeaban numerosas bandas de malhechores. Los peligros e inconvenientes de los itinerarios, lejos de amedrentar a aquellos que los recorrían, eran una valiosa fuente de historias y aventu-

18 Citado en: *ibid.*, p. 146.

ras que, aderezadas con la imaginación del viajero, fascinaban, al regresar de la Península, a sus conciudadanos. Pero la realidad era otra; la lamentable situación de las vías de comunicación y la inseguridad, sobre todo en las áreas rurales, eran dos de los graves problemas que arrastraba un país con serias deficiencias estructurales. En 1786, Townsend invirtió doce jornadas para cubrir el trayecto entre Madrid y Hendaya, es decir, lo mismo que se tardaba durante el siglo XVI. Asimismo, la seguridad de las rutas no se restablecería hasta el último tercio del siglo XIX, de ahí que el viajero inglés[19] recomendara que, al visitar España, se debía ir provisto de una escopeta, y que, cuando se atravesara alguna zona infestada de bandidos, se viajara con arrieros o junto al correo real, como hicieron Borrow en 1857, al trasladarse de Lugo a La Coruña, o Gautier para recorrer La Mancha en 1842.

España era el paraíso perdido que el romántico construía desde su subjetividad. Influenciada a menudo por las emergentes tesis liberales y nacionalistas, la mirada romántica revistió de connotaciones positivas aquellos rasgos por los que nuestro país había sido denostado hasta entonces; de este modo, el fanatismo pasó a ser una faceta más del carácter apasionado de los españoles, su conducta anárquica y soberbia se interpretó como una manifestación de su orgullo patriótico y el dogma católico, lejos de representar una amenaza para la razón, era parte integrante de una larga tradición secular. Nuestro país llegó a ser tan diferente para el viajero de comienzos del siglo XIX, con sus contrastes, sus gentes apasionadas y con la viva presencia de un pasado legendario, que, con frecuencia, lo percibía como una prolongación de Oriente situada a las puertas de Europa. En este punto, viene a la memoria la afirmación realizada por Dumas, según la cual África comenzaba en los Pirineos, o la convicción de Richard Ford[20] de que quienes:

---

19 TOWNSEND, Joseph, *Viaje por España en la época de Carlos III (1786-1787)*, (trad. de Javier Portus), Madrid, Turner, 1988, p. 17

20 FORD, Richard, *Manual para viajeros por España y lectores en casa*, (trad. de Jesús Pardo), Madrid, Turner, [1980], 1988, p. 171.

> ...aspiran a lo romántico, lo poético, lo sentimental, lo artístico, lo antiguo, lo clásico, en una palabra, a cualquier tema sublime y bello, encontrarán en el actual y antiguo estado de España material suficiente si vagan con lápiz y cuaderno en ristre por este curioso país, que oscila entre Europa y África, entre la civilización y la barbarie.

La mentalidad romántica se turbaba ante cualquier posibilidad de que el progreso, el cientificismo y, en general, todo aquello de lo que deseaba escapar, se inmiscuyesen en aquel reducto donde aún pervivía el atraso y lo más instintivo y primario del ser humano. Muy reveladoras resultan en este sentido las palabras de Washington Irving[21] cuando decía:

> Que otros echen de menos los caminos bien cuidados. Los hoteles suntuosos y todas las comodidades de países que se tornan vulgares a fuerza de cultura (...). Dejadme gozar de rudos descensos por las montaña, de jornadas hacia lo imprevisto y de las costumbres francas, hospitalarias, aunque medio salvajes que dan singular encanto a la romántica España.

Ahora bien, en este punto conviene matizar que la recreación de lo español no se extendió homogéneamente por todas las clases de las sociedades extranjeras. Esta particular percepción de España se restringió, al menos en principio, a las élites europeas, quienes fueron las primeras en conocer los testimonios de un reducido número de literatos, aventureros, artistas y militares. A comienzos del siglo XIX, las clases media y popular europeas, en especial las inglesas, continuaban viendo en el español a un personaje del Siglo de Oro. En esta percepción influyeron notablemente la popularidad con la que contaban en aquel tiempo obras clásicas como el *Quijote* —recomendado como libro de cabecera por Richard Ford—, así como las novelas góticas, muchas de las cuales trataban de ofrecer la visión más oscura del catolicismo, recreándose en los horrores del

21 Citado en: GARCÍA DE CORTÁZAR, Fernando, *Los mitos...*, *op. cit.*, p. 171.

Santo Oficio o describiendo la atmósfera lúgubre de conventos y monasterios. Algunos títulos dentro de este género gozaron de una gran popularidad como fueron, entre otros, *The Monk* (*El monje*, 1796), de M.G. Lewis, o *Gondor the Monk* (*Gondor el Monje*, 1805), de William Henry Ireland. Además, conviene tener en cuenta que los estereotipos relacionados con la Leyenda Negra no desaparecieron por completo, sino que fueron objeto de continuas reelaboraciones. La confluencia de todas estas circunstancias explica por qué la imagen oscurantista de la España moderna no llegó a ser extirpada totalmente, ya no sólo por la visión romántica, sino por las sensibilidades de épocas posteriores; así, durante el siglo XIX y buena parte del XX, junto con las cualidades que la mirada romántica vislumbraba en el español —nobleza, hospitalidad, lealtad—, el inglés medio lo vincularía, al mismo tiempo, a la ineficiencia, la crueldad, la pereza, la arrogancia, la violencia...

La visión romántica de España comenzó a forjarse a finales del siglo XVIII, a raíz de los relatos efectuados por viajeros como Joseph Townsend. Provisto de una prosa distante y casi aséptica, su *Viaje a España (1786-1787)* constituye la culminación del análisis escudriñador propio del Siglo de las Luces. Aunque Townsend mostró un profundo interés por datos particulares concernientes a las estructuras económicas del país, sus comentarios también se refirieron al pueblo español, destacando su honradez y su sencillez, sin olvidar, a la vez, la situación de miseria y decadencia en la que vivía. Estos males que debía soportar el pueblo eran, según el autor inglés[22], consecuencia de la mala gestión de un gobierno ineficaz y corrupto, contrariamente a lo que sucedía en Inglaterra, donde la principal razón de la riqueza radicaba en su gobierno. La imagen tópica del «buen pueblo» dirigido por un «mal gobierno», forjada por la Ilustración, fue heredada por la mirada romántica. El testimonio aportado por Townsend constituye una buena prueba de la continuidad existente entre las visiones vertidas sobre España durante los siglos XVIII y XIX; de este modo, aunque el viaje-

22 TOWNSEND, Joseph, *Viaje por España...*, *op. cit.*, p. 97.

ro ilustrado centraba más su atención en el atraso material del país y el romántico en la idiosincrasia nacional y en su pasado histórico, ambos iban en busca de rasgos específicos —el pasado árabe, las corridas de toros o el carácter apasionado del español. Pero fue sobre todo a partir del siglo XIX cuando, debido a la presencia de los ejércitos ingleses durante la guerra de 1808 y al exilio de numerosos españoles liberales en las Islas, lo hispano comenzó a gozar de una presencia y una vigencia considerables en las letras británicas; buena prueba es la relevancia adquirida por los estudios de hispanismo que, si bien antes ya habían proliferado con relación a la obra de clásicos como Cervantes, Lope de Vega, los místicos o Calderón, era ahora cuando llegaron a institucionalizarse en las universidades inglesas. Los primeros años del siglo XIX fueron una época de transición entre las sensibilidades ilustrada y romántica. De este modo, a la vez que viajeros como Charles Richard Vaughan[23] elogiaba la valentía, la generosidad y la integridad de los aragoneses durante el sitio de Zaragoza en 1808, no dudaban en recurrir a la tradición ilustrada para subrayar la tozudez del español y la insultante decadencia del país.

El primer visitante que llegó a la Península con una clara cosmovisión romántica, muy desligada de los presupuestos ilustrados, fue lord Byron, quien, siguiendo la tipología propuesta por Juan Antonio Díaz López[24] de intelectuales ingleses que recorrieron nuestro país en el siglo XIX, respondería al modelo de viajero puro que visitaba otros lugares por placer o por mera curiosidad. Acompañado de su amigo Hobhouse, recorrió en 1809 una España asolada por la guerra. Como buen romántico, Byron se sintió atraído por el pueblo español que, inmerso en una enconada lucha por su tierra y su identidad, reflejaba unos valores que comenzaban a estar en peligro de extinción en el

23 VAUGHAN, Charles Richard, *Viaje por España*, (trad. de Manuel Rodríguez Alonso), Madrid, Ediciones de la Universidad Autónoma de Madrid, 1987, p. 175.

24 DÍAZ LÓPEZ, Juan Antonio, «Modelos literarios y estéticos...», op. cit, pp. 86-87.

Continente ante el paulatino aburguesamiento de la sociedad europea —idealismo, honor, honradez...— España era, a ojos del poeta inglés, un país colmado de rasgos positivos, del que elogiaba desde sus caminos, mejores que los ingleses, hasta la belleza y la seductora desvergüenza de sus mujeres, lo que no era óbice para que Byron se mostrara partícipe de una de las ideas más comunes y persistentes en la percepción británica desde la centuria anterior: la de un pueblo que, por sus valores, era digno de admiración, pero que, a la vez, estaba sometido a unos gobernantes despreciables.

La aproximación que los románticos ingleses efectuaron en torno al tema de España no surgió, como por ejemplo en el caso de Alemania, del deseo de encontrar unos valores que sirvieran de referente a un movimiento nacionalista, o de la pretensión de evadirse de las sociedades burguesas. El viajero británico, a menudo debatiéndose entre un arraigado complejo de superioridad y una cierta compasión por los que eran «inferiores» a él, se vio atraído por rasgos considerados específicamente hispanos como lo pintoresco, lo imprevisible y, en definitiva, por todo aquello que aumentaba unas distancias culturales prácticamente insalvables entre los dos países. Junto a los escritos de Byron, uno de los libros de viajes sobre España más influyentes en Inglaterra durante la primera mitad de siglo fue *Spain in 1830* (*España en 1830*, 1831), de Henry D. Inglis. En un intento de plasmar objetivamente la realidad del país, el escritor británico va desmintiendo muchos mitos relacionados con España. Lejos de la visión ensoñadora de sus coetáneos, Inglis ofrece la imagen de una nación que, habitada por un pueblo abúlico e indolente, se halla sumida en una profunda decadencia material, intelectual y moral. Sin embargo, su análisis escudriñador le lleva también a resaltar algunas cualidades de los españoles, como su vitalidad y su hospitalidad, virtud de la que, no obstante, desconfía, ya que, en ocasiones, puede ser una forma de desatar la vanidad y la ostentación tan consustanciales al español. Continuando con la tradición ilustrada, Inglis no dudó en culpar de los males de la nación a las autoridades. Dentro de su visión de España, la Iglesia es la institución más criticada; no en vano, es, desde su punto de vista, la principal responsable de la decadencia de la moral pública, aspecto de la sociedad hispana que más le obsesiona.

Uno de los referentes más importantes de la visión decimonónica de España en Inglaterra en particular, y en Europa en general, es el *Handbook for Travellers in Spain* (*Manual para viajeros por España*) de Richard Ford, publicado en 1845. La influencia de Ford, tanto en los hispanistas como en los viajeros posteriores, resultó decisiva, merced a la prolija actividad bibliográfica y articulista que desarrolló en torno a nuestro país. El interés de este escritor por todo lo relacionado con España fue creciendo paulatinamente, lo que le valió para convertirse en una de las máximas autoridades en temas españoles. Su obra incitaría a muchos a visitar aquel rincón exótico e inhóspito de Europa que era la Península. Pese a describir de manera fría y distante, al uso de un viajero ilustrado, la cara menos amable del país —suciedad, incultura, brutalidad, superstición—, Ford se muestra más proclive a ofrecer la vertiente folclórica de una nación en la que todavía pervivían tipos tan del gusto romántico como los bandoleros —concretamente muestra un interés notable por José María «el Tempranillo». Al mismo tiempo, el *Handbook* no ofrece atisbo alguno de una nación que, tímidamente, comenzaba a vislumbrar el horizonte de la modernidad; es más, Ford, como tantos otros románticos, percibía la modernización como una amenaza que acechaba la esencia del país, el más romántico, típico y característico de Europa. No comprendía, por tanto, la insistencia de los reformistas españoles en imitar a los burgueses franceses en la urbanización, las costumbres o la indumentaria, cuando el principal atractivo del país radicaba en las diferencias que guardaba con el resto de Europa. El viajero que visitaba la Península en aquellos momentos no solía percibir los beneficios que el desarrollo económico y cultural podían tener en el conjunto de la nación, ya que, con frecuencia, su mirada era obnubilada por el impulso de crear, para sí y para sus conciudadanos, la «España de pandereta», en la que podían proyectar sus ensoñaciones al margen de la anodina sociedad burguesa. ¿Para qué vejar la esencia de España, por ejemplo, con la construcción del ferrocarril si se podía seguir viajando en correos, diligencias y mulas?

Esta persistencia de Ford en particular, y de los románticos en general, de convertir España, o mejor dicho, «su» España, en un fortín frente al impetuoso asedio de la modernización, legó una imagen del país que a veces resultaba grotesca. Así, por ejemplo, el escritor británico, al hablar de la variedad física y de caracteres de las gentes de España, establece una rígida distinción entre el «rudo agricultor gallego»[25], el «industrioso artesano fabril de Barcelona»[26], el castellano honrado y austero[27] y el anadaluz elegante y violento[28]. La variedad de paisajes y caracteres que Ford encuentra en España no distrae su mirada de los peligros que acechan en el país, de ahí que advierta a otros viajeros contra la «mala gente»[29]. Este tipo de advertencias arraigaron hasta tal punto en Europa durante el siglo XIX, que Alejandro Dumas atravesó el país armado con dos pistolones para acabar atemorizando a venteros y campesinos pensando que se trataba de bandoleros[30]. Pese a sus abusivas generalizaciones, el autor del *Handbook* también combate algunos tópicos empleados hasta el paroxismo por muchos visitantes extranjeros, desmintiendo, por ejemplo, la supuesta escasa disposición que el campesino castellano tenía para el trabajo[31].

Uno de los rasgos persistentes que Ford aprecia en la idiosincrasia hispana es la poca estima por la vida y el gusto por el derramamiento de sangre. No era, por tanto, extraño que la diversión por antonomasia en España fueran las corridas de toros, donde la solidaridad comunitaria, promovida por una misma

25 FORD, Richard, *Manual para viajeros por España, op. cit*, p. 17.

26 *ibid.*

27 FORD, Richard, *Manual para viajeros por Castilla y lectores en casa*, (trad. de Jesús Pardo), Madrid, Turner, 1988, p. 14.

28 FORD, Richard, *Manual para viajeros por Andalucía y lectores en casa*, (trad. de Jesús Pardo), Madrid, Turner, [1980], 1988, pp. 9-15.

29 FORD, Richard, *Manual para viajeros por España..., op. cit.*, p. 92.

30 GARCÍA DE CORTÁZAR, Fernando, *Los mitos..., op. cit.*, p. 176.

31 FORD, Richard, *Manual para viajeros por Castilla..., op. cit.*, p. 13.

pasión, difuminaba, por unos instantes, las diferencias sociales. Al valorar la fiesta nacional, Ford no se decanta ni a favor ni en contra, sino que muestra, en una fecha tan temprana, una sorprendente toma de conciencia de un fenómeno tan ampliamente conocido hoy como el relativismo cultural: «Los extranjeros no tienen derecho a aducir que los efectos producidos por el toreo en los españoles son exactamente los mismos que ese deporte les produce a ellos, o que se imaginan que pueden producir a sus lectores.»[32] En suma, los toros en particular, y la fiesta en general, constituyen el medio principal por el que el español encauza los rasgos que le son más consustanciales, como la espontaneidad, la desmesura, la alegría o la sensualidad.

La obra de Ford, junto con las de otros ilustres viajeros coetáneos que recorrieron la Península, como Víctor Hugo o Prosper Mérimée, contribuyó a forjar la imagen de España como el refugio oriental de Occidente. Esta visión del país como territorio intermedio entre Europa y Oriente no sólo comportaba la exaltación de lo exótico y lo pintoresco, sino también la crítica de determinados aspectos; así, para Ford, lo mismo que la tradición oriental había instaurado en el país la costumbre de respetar a los más ancianos, también había convertido a las familias en núcleos aislados que ignoraban a sus vecinos[33]. Los paralelismos recurrentes entre España y Oriente también contenían, a veces de manera explícita, un complejo de superioridad por parte del escritor británico, al pensar que tanto el español como el oriental se hallan en un estrato cultural inferior, marcado por la pereza, la pasividad, la superstición o el fatalismo. Al igual que otros viajeros ingleses, Ford atribuía muchos de estos males a la nefasta gestión de sus dirigentes, tanto civiles como religiosos.

Aunque se trata de su obra más conocida, el *Handbook* no fue el único libro que Ford dedicó al tema de España, ya que en 1846 publicaría *Gatherings from Spain* (*Memorias de España*), que contenía el material que no había podido incluir en su

32 FORD, Richard, *Manual para viajeros por Andalucía...*, *op. cit.*, pp. 85-86.
33 *ibid.*, p. 53.

obra más célebre. A esta labor bibliográfica, hay que añadir una serie de artículos publicados en revistas de la época, como la «Quarterly Review» y la «Edinburgh Review», que, con cierta frecuencia, incluían temas relacionados con nuestro país, sin olvidar el prólogo y las notas que escribió en 1852 para el libro *Tauromachia or the Bullfights in Spain* (*Tauromaquia o las corridas de toros en España*).

Otro colaborador habitual de la «Quarterly Review» fue George Borrow, autor de libros como *The Zincali* (*Los cíngaros,* 1841) y de varias traducciones de romances españoles publicados en 1824 en el «Monthly Magazine». Sin embargo, fue *The Bible in Spain* (*La Biblia en España,* 1843) su obra más conocida, donde recoge, resultado de sus andanzas como predicador protestante por la Península (1836-1840), una visión de España casi idéntica, en lo esencial, a la ofrecida por Ford. No obstante, las diferencias entre ambos autores son evidentes; aunque llegara a seguir algunos consejos dados por el autor del *Hand book,* Borrow procuró estar siempre alejado del carácter aristocrático, erudito, flemático y autosuficiente de su compatriota, y manifestar su predilección por lo pintoresco y lo populista; como señalaría más tarde Manuel Azaña, traductor español de Borrow, «lo que le importaba era el carácter de los hombres, y no de todos, sino los de la clase popular, donde los rasgos nacionales se conservan más puros»[34].

Si bien tanto Ford como Borrow sabían que la imagen que estaban ofreciendo de España no se ajustaba a la realidad de una nación inmersa en un proceso de profundos cambios —extensión del trazado del ferrocarril, reformas urbanísticas, entre otros—, eran conscientes, al mismo tiempo, de que resultaba un negocio rentable seguir exportando una visión pintoresca del país. Esta imagen de España, donde lo andaluz gozaba de un notable protagonismo, no fue recibida de la misma manera por sus habitantes; de este modo, mientras el pueblo sentía, en líneas generales, una cierta complaciencia al ver retratado su es-

34 Citado en: DÍAZ LÓPEZ, Juan Antonio, «Modelos literarios y estéticos...», op. cit, p. 88.

tilo de vida en libros de viajes y cuadros —y esto hasta tal punto que algunos habitantes del Mediodía peninsular llegarían a condicionar sus comportamientos en función de la imagen que de ellos se proyectaba desde el exterior[35]— no pocos escritores españoles de la época heredaron el desprecio ilustrado hacia los ambientes castizos que los románticos extranjeros se afanaban por inmortalizar en sus obras. No es de extrañar, por tanto, que autores como Mesonero Romanos o Fernán Caballero declararan que lo que les llevaba a coger la pluma era «corregir la mala imagen que los libros de viajes han impuesto en el extranjero de España o de Andalucía»[36]. Estos escritores reaccionaron contra lo que Ricardo García Cárcel ha denominado como la «leyenda amarilla», es decir, la exaltación del diferencialismo hispánico basado en aspectos castizos y raciales[37]. Sin embargo, al mismo tiempo, no faltaron casos de autores que, como Estébanez Calderón, compartían con los viajeros foráneos un mismo entusiasmo por lo castizo y lo pintoresco, aunque ello supusiera aceptar unos clichés que perpetuaban unas imágenes más superficiales que reales.

La imagen que Borrow proyecta de las gentes de Andalucía participa de una serie de rasgos presentes en la imagen de España dentro del contexto europeo desde el siglo XVI, como eran el interés por los asuntos amorosos y sexuales, o el gusto por la ostentación, tan denostada ya en 1517 por el flamenco Laurent Vital, al cerciorarse de la pasión que las mujeres españolas profesaban por los adornos y los afeites[38]. También intenta Borrow distanciarse de los estereotipos románticos al tratar de temas que, mientras para la mayoría resultaban fuente de frenesí y excitación —los caminos tortuosos, el riesgo de ser asaltado por bandoleros…—, el escritor británico los contempla como lo que realmente son, es decir, como peligros e impedimentos; no es

35 GONZÁLEZ TROYANO, Alberto, «Los viajeros románticos y la literatura costumbrista», en GALÁN Eva, NAVARRO LARRAT, Carmen; DE LA TORRE, Purificación, et al. (coords.), *La imagen romantica, op. cit.*, p. 43.

36 ibid.

37 GARCÍA CÁRCEL, Ricardo, *La Leyenda Negra…, op. cit.*, pp. 220-221.

38 BENNASSAR, Bartolomé, *Los españoles, op. cit.*,, p. 159

extraño, por tanto que para Borrow[39] los bandidos no tuvieran nada de caballeros ni sus asaltos nada de románticos:

> Hicimos todo el viaje sin el menor accidente: una vez más me acompañó mi prodigiosa buena suerte. Con razón la llamo prodigiosa, pues iba recorriendo la madriguera de un león; toda la Mancha, con excepción de unos pocos lugares fortificados, estaba una vez más en manos de Palillos y de sus forajidos, quienes, cuando lo tenían a bien, detenían el correo, quemaban el coche y las cartas, asesinaban a la mezquina escolta, y si por casualidad iba algún viajero, se lo llevaban al monte, poniéndole luego en la alternativa de rescatarse por un precio enorme o de pegarle un tiro en la cabeza, como dicen los españoles.

Ahora bien, Borrow no quebrantaría, por lo demás, la esencia de la España imaginada por sus coetáneos, sino que, por el contrario, afianzaría en la mente de la burguesía europea, especialmente la inglesa, el mito romántico de España[40]. De este modo, para el autor de *The Bible in Spain*, la Península es el lugar donde el progreso tiene vetado su paso, el «locus amoenus» de aquellos que iban «en busca de lo romántico, lo poético, lo sentimental, lo artístico (...), en suma, de todo lo que es sublime y bello...»[41].

Si existe un país cuyo papel resultó decisivo en la construcción de la imagen romántica de España, ése fue Francia. La principal razón que explica esta circunstancia es que ambas naciones, para bien o para mal, no se habían desentendido la una de la otra, de ahí que, en momentos de máxima rivalidad —que fueron los más—, se dedicasen toda suerte de caricaturas. En el caso del país vecino, los comentarios críticos de la condesa d'Aulney, Montesquieu y del Abate Masson de Morvilliers

39 Borrow, George, *La Biblia en España*, (trad. de Manuel Azaña), Madrid, Cid, 1967, p. 477-478.

40 García de Cortázar, Fernando, *Los mitos..., op. cit.*, p. 174.

41 Núñez Florencio, Rafael, *Sol y sangre, op. cit.*, p. 118.

no sólo ejercerían una notable influencia en la visión negativa que, antes de la llegada del Romanticismo, se tenía de España en Francia, sino que también determinaría, posteriormente, el modo de pensarse los propios españoles. Aunque en la configuración de dicha imagen participaron, antes que el país vecino, naciones como Alemania o Inglaterra, es la mediación francesa la que resulta definitiva a la hora de plantear la visión de España en términos de leyenda, que son, como apunta Calvo Serraller[42], los más interesantes cuando se trata la imagen romántica de nuestro país. En consecuencia, el romántico francés no pretende obtener un conocimiento directo de España, sino que, por el contrario, recrea diferentes aspectos del país a partir de la lectura de relatos de viajes escritos antes de 1823. De este modo, al igual que ocurriera en otras naciones, la literatura se perfila como la materia prima a partir de la cual se puede reinventar una realidad extranjera, hispana en este caso, convirtiéndose el lector en una suerte de viajero imaginario. Esta actitud pasiva, en la que la recepción de lo español no se efectuaba de manera directa recorriendo el país, sino a través de los libros, resultó muy perjudicial para la imagen de España, especialmente en la segunda mitad del siglo XIX, puesto que el país aparecía vinculado a una serie de realidades que se encontraban ya petrificadas en el pasado, pero que persistían vivamente en la visión francesa en particular, y en la europea en general, gracias a la credibilidad otorgada durante decenios a los mitos románticos. Pero fueron las traducciones de los clásicos españoles las que contribuyeron a confinar la imagen de España al más absoluto inmovilismo material e intelectual, al perpetuar los prejuicios de épocas anteriores. En suma, la imagen de nuestro país en Francia sería, al igual que en otros estados europeos, en especial Inglaterra, la de una nación sujeta a los estereotipos del pasado, cuyos habitantes no se contemplaban como miembros de una población que comenzaba a experimentar un tímido

42 CALVO SERRALLER, Francisco, «Los viajeros franceses y el mito de España», en GALÁN, Eva; NAVARRO LABRAT, Carmen; DE LA TORRE, Purificación, et al. (coords.), *La imagen romántica..., op. cit.*, p. 139.

proceso de modernización, sino como los descendientes de los héroes medievales o de los conquistadores de América.

La persistencia de estereotipos vinculados a la Leyenda Negra y la difícil situación de España a comienzos del siglo XIX —economía castigada por los efectos de la guerra de Independencia, régimen absolutista de Fernando VII, intentos fracasados de modernización política y económica—, no impidieron que la cultura hispana irrumpiera en Francia como una moda. Paulatinamente, se fue implantando en el país vecino el gusto por los términos castellanos, por la indumentaria tradicional y por productos autóctonos como el vino y el tabaco, a la vez que el viaje por la Península pasó a considerarse un símbolo de prestigio y distinción. El hundimiento y la debilitación sufridos por España tras la guerra contra Napoleón no borraron del imaginario colectivo francés la imagen de un país que, gracias a su espíritu individualista y combativo, había doblegado a la que, probablemente, era la mayor potencia militar del momento. El interés, hasta entonces inusitado, que despertó nuestro país en Francia, tuvo como una de sus principales consecuencias la aparición de los primeros hispanistas galos, muy influenciados, a su vez, por los estudios de Tieck y Schlegel sobre Cervantes y el drama español. Antonio Niño[43] ha distinguido dos generaciones de hispanistas franceses entre 1830 y 1875. La primera de ellas comprendería el período entre 1830 y 1850, y a ella pertenecen nombres como los de Mignet, Merimée y Romey, entre otros. Todos ellos compartían un enfoque liberal y una preocupación por cuestiones sociales al estudiar la literatura española. Probablemente, la figura más relevante de esta primera generación sea Mignet, autor de un libro sobre Antonio Pérez y Felipe II en 1845. Merimée, al margen de su faceta literaria, escribió una obra sobre Pedro I en 1848, mientras que Romey publicaría en francés y en castellano una *Historia de España* entre 1839 y 1850. La segunda generación, caracterizada por obras de un corte más divulgativo y por su talante más conservador, la formaban escritores como: Antoine de Latour, exiliado a España

43 NIÑO, Antonio, *Cultura y diplomacia. Los hispanista franceses y España (1875-1931)*, Madrid, CSTC, 1988.

tras la revolución de 1848; Puymagre, que llegó a formar parte de la Real Academia de la Historia, y Baret, autor de la primera historia general de la literatura española publicada en Francia. Esta hispanofilia motivó que numerosos escritores galos, que solían atesorar un escaso conocimiento directo del país, se inspirasen en símbolos y tipos españoles, como fueron los casos de Gautier, Merimée, Víctor Hugo, Alfred de Musset y sus *Contes d'Espagne et d'Italie* (*Cuentos de España e Italia*, 1829), o del propio Stendhal, cuya breve estancia en la Península —apenas unas cuantas horas en Barcelona—, fue suficiente para poder identificar lo específicamente hispano con la dignidad, el honor y la nobleza[44].

Al igual que sucediera en países como Inglaterra, fue la guerra de Independencia el acontecimiento histórico que permitió conocer mejor España y, por lo tanto, sentar las bases para suscitar un mayor interés por lo hispano. En este sentido, fueron miembros de la «Grand Armée» los primeros en «descubrir» España a comienzos del siglo XIX; Pierre Base, Brandt, Bourogne, Castellane, Marbot y Bapts, entre otros, plasmarían las impresiones que les había causado el conflicto en una serie de relaciones y memorias que, por otra parte, no atesoraban una gran calidad literaria. Junto con estos escritos de carácter bélico, la visión romántica de lo hispano también comenzó a fraguarse a raíz del descubrimiento del arte español a través de las rapiñas cometidas durante la guerra. Los botines acumulados por oficiales franceses como Murat, Dupont, Soult o Desolle, entre otros, constituirían el primer lote de cuadros que daría a conocer la pintura española por toda Europa. Precisamente, fue la compra de obras de arte españolas por encargo del monarca francés Luis Felipe de Orleans lo que trajo a España al Barón Taylor, cuyos viajes a la Península —1820, 1823 y 1835— son considerados, junto con los de Chateaubriand, los más reseñables

44 De gran interés para estudiar el españolismo en Stendhal es el artículo: BRAVO CASTILLO, Juan, «Stendhal et l'Espagne à l'époque romantique», en *Stendhal et le Romanticisme, Actes du XVe Congrès International Stendhalien*, mayo de 1982, Maguncia, Aran, Editions du Grand-Chene, 1984, pp. 125-133.

entre los emprendididos por viajeros franceses antes de 1830[45]. Gracias a las sucesivas estancias que había realizado en España, Taylor adquirió un profundo conocimiento del país, tal y como demuestra en *Voyage pittoresque en Espagne, en Portugal et sur la Côte d'Afrique de Tánger à Tetouan* (*Viaje pintoresco por España, Portugal y la costa de África de Tánger a Tetuán*, 1826), libro en el que, haciendo honor a su título, ofrece una visión pintoresca de los lugares que recorre, constituyendo así un claro antecedente de la imagen que de España se proyectará en viajes posteriores.

Otro de los pioneros franceses en «descubrir» España a comienzos del siglo XIX fue Alexandre de Laborde, a pesar de que los dos libros que se le atribuyen, *Voyage pittoresque et artistique de l'Espagne* (*Viaje pintoresco y artístico por España*, 1806-1820) y el *Itinéraire descriptif de l'Espagne* (*Itinerario descriptivo de España*, 1808), fueron obras colectivas en las que tan sólo añadió algunos retoques. Probablemente, imitando el comportamiento de algunos de sus coetáneos, Laborde reprodujo lo ya escrito por los auténticos viajeros del siglo XVIII como fue, por ejemplo, Antonio Ponz. La edición española del *Itinéraire* omitió aspectos que podían contrariar a las autoridades de nuestro país lo que, junto con el carácter meramente descriptivo de la obra, hace difícil ver en ella una valoración de conjunto de España, tratándose más bien de una guía de viajes. No obstante, muchos viajeros galos copiaron literalmente las descripciones de Laborde hasta tal punto que algunos de ellos, como Quétin, incurrieron en los mismos errores ortográficos al referirse, por ejemplo, al pueblo aragonés de Bujaraloz como «Buralagos»[46].

Uno de los testimonios más relevantes sobre la España decimonónica fue el aportado por Chateubriand, cuya obra *Le dernier Abencérage* (*El último Abencerraje*, 1814), es el legado literario de sus andanzas por el país. La acción principal de la novela, que narra la historia de amor entre el último vástago de la familia de los

45 CALVO SERRALLER, «Los viajeros franceses y el mito de España», op. cit., p. 142.

46 NÚÑEZ FLORENCIO, Rafael, *Sol y sangre, op. cit.*, p. 134.

Abencerrajes y una descendiente del Cid, apenas encubre la imagen que el diplomático y escritor francés tenía de España, tanto de sus rincones genuinos como del pintoresquismo de sus gentes. Chateaubriand[47] perfila los principales rasgos del carácter español —nobleza, valor, coraje, honor, religiosidad, pasión—, recurriendo a personajes como el de Blanca, cuyo amor por Aben-Hamet no le impide proteger celosamente su fe cristiana: «¿Me amas pues? —prosiguió Blanca juntando sus dos hermosas manos y levantando su mirada hacia el cielo. ¿No os dais cuenta que sois un infiel, un moro, un enemigo, y que yo soy cristiana y española?». A pesar de las evidentes connotaciones románticas presentes en su visión del país, España no siempre apareció ante la mirada de Chateaubriand como un lugar de ensueño, a juzgar por las duras críticas políticas que lanzó contra el país a raíz del denominado «Trienio liberal» (1820-1823). A modo de estrategia política para legitimar la intervención en España de los Cien Mil Hijos de San Luis[48], el autor galo[49] sostuvo que el pueblo español, sometido a una «doble tiranía demagógica y soldadesca», necesitaba ser salvado. La crítica situación que describe Chateaubriand en 1823 para hacer más apremiante la restauración del absolutismo en la persona de Fernando VII, tuvo un efecto muy perjudicial sobre la imagen del pueblo español, al entender que, si se había llegado a una coyuntura de anarquía total —caracterizada por la pérdida de buena parte de las colonias y la represión contra los sectores más conservadores—, era debido a la extravagancia, a la violencia y al individualismo de los españoles.

La eclosión de lo hispánico dentro de la cultura francesa y

47 CHATEAUBRIAND, Vizconde de, *Les aventures du dernier Abencérage*, en BERCHET, Jean-Claude (ed.), *Atala, René, Les aventures du dernier Abencérage*, Paris, Flammarion, 1996, p. 220.

48 Fuerza de intervención extranjera compuesta por cuatro cuerpos de ejército encabezados por el duque de Angulema que, con la participación de 35.000 voluntarios españoles, restauraron el régimen absolutista de Fernando VII en 1823, poniendo así fin al período conocido como «Trienio constitucional» (1820-1823), que marcó un paréntesis liberal dentro del reinado totalitario de Fernando VII.

49 NÚÑEZ FLORENCIO, Rafael, *Sol y sangre*, *op. cit.*, p. 136.

la proliferación de los viajes por España[50] no siempre redundaron en beneficio de nuestro país. De este modo, fueron varios los testimonios que ligaron la imagen del país a ideas como la muerte, la crueldad y la violencia. Uno de estos relatos fue *Un année en Espagne* (*Un año en España*, 1837), de Charles Didier, quien visitó el país durante la primera guerra carlista. Didier retrata una nación cuyas vicisitudes — la guerra y las continuas disputas políticas— no variaban ni los hábitos ni las actitudes de sus habitantes —la siesta, la indolencia, la pereza y la desorganización—. Didier, al igual que los viajeros ilustrados, arremete contra los grupos dirigentes de la nación, sede de la corrupción y de la degradación moral. La mezquindad de las clases superiores resulta, a ojos del escritor francés, aún más evidente cuando se contrasta con la vitalidad y la autenticidad del pueblo que gobiernan, del que Didier espera que impulse la regeneración que precisa el país. Pero no sólo son la incompetencia y la mezquindad de las élites gobernantes las lacras que han de sufrir las clases populares, ya que, según este autor, existen otras dos: la miseria, tanto moral como material, y el fanatismo, que alcanza su punto álgido en la religiosidad «primitiva» de la Semana Santa de Sevilla. En suma, aquella España sumida en una cruenta guerra civil, lastrada por las grandes diferencias sociales y por la particular idiosincrasia de sus habitantes, distaba mucho de la que Didier[51] esperaba encontrar al asegurar que: «no es esta la España que yo había soñado, la España de Pelayo o del Cid, la España del Romancero; no es siquiera la de Carlos V o incluso la de 1808. Lo que yo acababa de ver no era más que una fría masacre».

Frente a las lecturas peyorativas que Chateaubriand o Di-

50 Entre 1830 y 1850, tienen lugar los viajes de Merimée (1830. 1831, 1840 y 1846), Delacroix (1832), Stendhal (1837), Georges Sand (1838), T. Gautier (1840), Dembowski (1840), Victor Hugo (1843), Edgard Quinet (1843), Dumas (1846) y Antoine de Latour (1848), entre otros. Tras 1850, los viajes emprendidos por figuras de renombre literario y artístico disminuye, a excepción de Gustave Doré (1862), E. Manet (1868), H. Regnault (1868) y Amicis (1871).

51 Citado en: Núñez Florencio, Rafael, *Sol y sangre*, *op. cit.*, p. 143.

dier efectuaron de lo español, surgieron visiones más favorables, como las aportadas por viajeros como, por ejemplo, Edgard Quinet. Este escritor, que llegó al país en 1843, trató de ofrecer una imagen de España lo más ajustada posible a la realidad, desmontando muchos de los tópicos con los que se había relacionado la Península —bandoleros, miseria, la Castilla adusta y yerma... Sin embargo, del mismo modo que la pretensión de plasmar una visión objetiva del país suponía combatir contra los estereotipos más correosos que habían desprestigiado su imagen en el exterior, también implicaba, al mismo tiempo, reconocer la existencia de una serie de lacras, entre las que sobresalía la intolerancia religiosa. Sin embargo, la idiosincrasia hispana, sintetizada en las gentes de Sevilla, resulta favorecida por el viajero francés al compararla con las de otras naciones; así, por ejemplo, mientras Quinet señalaba que los vicios de España eran externos, bajo los cuales pervivían los vestigios de un gran pueblo, los estados alemanes presentaban una superficie feliz, pero bajo la cual se podía percibir el frío de una filosofía muerta. Más allá de sus connotaciones positivas, la imagen que proyecta Quinet de nuestro país sobresale por sus agudas observaciones —propias de su profesión de historiador—, hasta el punto que ha llegado a ser considerado como «uno de los pocos viajeros que supo valorar tanto el presente español como el pasado»[52].

Por otra parte, Francia, como gran parte de Europa, no fue ajena a la visión romántica de España que, desde finales del siglo XVIII, se había comenzado a fraguar en Inglaterra. Un buen ejemplo de este hecho lo constituyen los testimonios de Prosper Mérimée y Théophile Gautier. Mérimée, buen conocedor de la literatura española, profesaba una admiración hacia España, tanto en su vertiente popular como aristocrática, que se fue gestando a lo largo de toda su vida. En su viaje de 1830 a tierras hispanas, el escritor galo ya advirtió algunos elementos característicos del país, como eran la fiesta nacional, cuyas descrip-

52 CALVO SERRALLER, Francisco, «Los viajeros románticos franceses y el mito de España», op. cit., p. 141.

ciones efectuadas a modo de crónica ocultaban el entusiasmo que el escritor sentía por la tauromaquia; los ajusticiamientos públicos, diferenciados de aquellos que se ejecutaban en otros países por la aureola místico-religiosa bajo los que tenían lugar, o los bandoleros que, dentro de la cosmovisión romántica, eran verdaderos héroes populares, quienes personificaban la lucha de un pueblo sin recursos contra unas leyes injustas y un implacable autoritarismo. Mérimée[53] llegaría a manifestar su pesadumbre por no haberse encontrado con ninguno de ellos:

> ...después de haber recorrido durante varios meses, y en todas direcciones, Andalucía, esa tierra clásica de los ladrones, sin haber encontrado ninguno. Casi me da vergüenza. Me había preparado para un ataque de ladrones, no para defenderme, sino para conversar con ellos y preguntarles con gran cortesía acerca de su género de vida. Al mirar mi frac gastado por los codos y mi escaso equipaje, lamento haberme perdido un encuentro con esos señores.

En los seis viajes que realizaría posteriormente a España, el literato francés se encontró con una nación cada vez más modernizada, desvaneciéndose paulatinamente de su vista aquel país auténtico y original que había inmortalizado en *Carmen* (1845). Por tanto, la España que Mérimée anhelaba existía a mediados del siglo XIX tan sólo en la ficción, con sus bandoleros, sus lúgubres posadas, sus festejos taurinos o sus mujeres fatales, una imagen que perduraría hasta la misma guerra civil. A su vez, la España de *Carmen* confirmaba la perpetuación de ciertos clichés heredados de épocas anteriores, de modo que no aportaba realmente nada nuevo respecto a la visión ofrecida por Mme. D'Aulnoy en el siglo XVIII. La España vista por Merimée respondía, en definitiva, a una imagen petrificada en el tiempo, cuya continuidad se explicaba por el interés que había suscitado dentro del imaginario colectivo francés. En este sen-

53 MÉRIMÉE, Prosper, *Viajes a España*, (trad. de Gabino Ramos), Madrid, Aguilar, 1988,), p. 78.

tido, resulta significativo que, en ninguna de las aproximadamente 800 novelas que se publicaron en Francia sobre el tema de España entre 1800 y 1850, apareciera la nación que comenzaba a modernizarse, sino aquel otro dominado, «sine die», por lo instintivo y lo auténtico, para deleite de la mirada romántica.

Uno de los viajes a la Península más conocidos al otro lado de los Pirineos durante el siglo XIX fue el realizado por Théophile Gautier, dada la notable repercusión que tuvo en el país vecino su libro *Voyage en Espagne* (*Viaje a España*, 1843). La imagen frívola y vulgar de España que el escritor francés ofrece al comienzo del relato apenas enmascara su determinación por mostrar la esencia del país con todo rigor. Al igual que Quinet, su análisis objetivo de la realidad española le conduce a resaltar aspectos tanto negativos —por ejemplo, la costumbre de dormir en los bajos de los edificios[54]—, como positivos, aunque son estos últimos los que predominan, en especial cuando se refiere a las clases populares. Para Gautier, los españoles encarnan, como ninguna otra nación europea, el impulso vitalista a la vez que, con su carácter indómito y visceral, permanecen a salvo del encorsetamiento que imponen las costumbres civilizadas. La simpatía que el autor galo llega a sentir por el pueblo español alcanza tal punto que aprueba el caso omiso que hace a la cultura. Si el vulgo prefiere las corridas de toros en lugar de la lectura, el teatro o las divagaciones filosóficas, bien está:

> Se ha dicho y se ha repetido por todas partes que el gusto por las corridas se estaba perdiendo en España y que la civilización las haría desaparece pronto. Si la civilización lo consigue, peor para ella, porque una corrida de toros es uno de los más bellos espectáculos que pueda observar el hombre[55].

Estados Unidos fue una de las naciones en las que, de una manera clara, los relatos de viajes influyeron en el imaginario

---

54 GAUTIER, Théophile, *Viaje a España*, (trad. de Jesús Cantera Ortiz de Urbina), Madrid, Cátedra, 1998, p. 158.

55 *ibid.*, p. 129.

de este país, merced a la amplia aceptación de este género en todas las clases sociales. Tal era la demanda de este tipo de literatura, que no podía ser cubierta únicamente por los relatos de escritores norteamericanos, de ahí que se acogiera con el mismo entusiasmo las obras de autores extranjeros. España no contaba con un puesto de privilegio en la mirada estadounidense, al ser considerada como la antítesis del progreso. La principal conclusión que los viajeros estadounidenses extraían de sus numerosas incursiones por la Península —entre 1836 y el final de la guerra de Secesión aparecieron más de veinte libros sobre nuestro país—[56], era, generalmente, la de haber visitado una nación lastrada por el inmovilismo político, económico y religioso. Ahora bien, el rechazo de la imagen romántica de lo español al otro lado del Atlántico, especialmente a finales del siglo XIX, a raíz de la última guerra de Cuba, no impidió que autores como Washington Irving recogieran en sus páginas una visión exótica y legendaria del país. Aunque fue un claro partícipe de la visión romántica de España, tal y como puede apreciarse en *Tales of the Alhambra* (*Cuentos de la Alhambra*, 1832), Irving no siempre ofreció una visión favorable de España, resaltando la aridez y la melancolía de sus campos —que participaban del carácter salvaje y solitario de África—, la arrogancia y la severidad de los españoles, y su excesiva fascinación por lo fantástico. Fueron varios los escritores que siguieron los pasos de Irving. Uno de ellos fue Alexander Slidell Mackenzie, autor de *A Year in Spain* (*Un año en España*, 1829), el libro de viajes más leído en Estados Unidos durante veinticinco años, y *Spain Revisited* (*España visitada de nuevo*, 1836). En sendos libros, Mackenzie recurre a los estereotipos románticos para construir su visión de España, lo que no le impide reconocer la existencia de problemas como la mendicidad, la ausencia de libertad, el mal gobierno o el mal aprovechamiento de los recursos. Otro escritor sobre el que Irving ejerció una notable influencia fue Henry Wadsworth Longfellow, quien recrea en *Outre-Mer: A Pilmigrage beyond the Sea (Ultramar,* 1835) una

56 NÚÑEZ FLORENCIO, Rafael, *Sol y sangre*, *op. cit.*, p. 238.

España legendaria y misteriosa, cubierta, en ocasiones, de tintes dramáticos.

3.4 La imagen de España desde la segunda mitad del siglo XIX hasta la guerra civil: agotamiento y reelaboración de la visión romántica

A partir de la segunda mitad del siglo XIX, la imagen romántica de España comenzó a evidenciar síntomas de agotamiento. El viaje a la Península dejó de ser una experiencia que saciaba la sed de aventuras de aquellos que huían del tedio de la sociedad burguesa. La idea de recorrer España ya no suscitaba en el viajero la misma emoción que había embargado a sus antecesores, pues todo en nuestro país ya se había descubierto. Sin embargo, esto no supuso en modo alguno el abandono de los estereotipos románticos, cuya presencia en la mirada del visitante foráneo se prolongaría hasta bien entrado el siglo XX; por tanto, no es extraño que la España de *Carmen* continuara teniendo vigencia entre los franceses en 1936 —como sucedía en Inglaterra con el *Handbook* de Richard Ford—, o que al otro lado del Atlántico, autores como James Russell Lowell, Severn Tackle Wallis o Edward Everett Hale, no aportaran nada nuevo a la imagen perfilada por Irving o Longfellow.

En Francia, los autores que escribían sobre España, sabedores de que la imagen romántica del país se encontraba sobreexplotada, orientaron su producción literaria a la publicación de verdaderas guías turísticas. En ocasiones, algunos escritores, conscientes de que la imagen exótica del país ya no resultaba atractiva, optaron por deformarla. Un claro ejemplo de esto fue Alexandre Dumas padre, cuya obra *De Paris à Cádix. Impressions de voyage* (*De París a Cadiz. Impresiones de viaje*, 1848), constituye un testimonio donde la protagonista no es tanto la visión pintoresca que ofrece de España, sino él mismo. Además de transformarse en un personaje propio de la novela de aventuras —como bien ha señalado Juan Bravo Castillo[57]—, el escritor francés recurre a otras estrategias para impactar al lector, como son, por ejemplo, la estructura epistolar de su relato —algo más propio del siglo XVIII que del XIX—, o su visión caricaturesca de la realidad. Dumas, por tanto, retrata el país empleando un estilo cómico y ligero que refuerza la imagen tópica de nuestro país, con sus corridas de toros, sus bellas mujeres y los contrastes entre la sobriedad meseteña y el colorido de Andalucía.

Ya fuera para resaltar sus virtudes o sus defectos, España no dejó de atraer la atención de numerosos escritores y artistas galos; así lo evidencian, por ejemplo, el testimonio de la condesa de Gasparin en *Promenade à travers l'Espagne* (*Paseo por España,*1875), donde rememora el pasado heroico del país, o del pintor Henri Regnault, quien, a la vez que exaltaba el arte español, reconocía que aquella España necesitaba de un gobierno totalitario que la situáse a la altura de las demás naciones europeas. La actitud mostrada por Regnault resulta sintomática de los cambios producidos en la visión que se tenía de nuestro país en Francia, donde España dejó de contemplarse como un destino exótico para convertirse en una nación que arrastraba unas graves deficiencias estructurales. Muy significativos son, en este sentido, los testimonios de Jacques Boucher de Perthes sobre la España meridional —marcada por la desidia, la suciedad y la holgazanería—, de Cenac Moncaut para la septentrional —árida, salvaje, peligrosa y supersticiosa— y del vizconde de Gázenloz, en cuyas *Mémoirs d'un voyage à l'intérieur d'Espagne* (*Memorias de un viaje al interior de España,* 1867) lleva a cabo un análisis irónico y mordaz de la realidad española del momento.

Si en Inglaterra estaba todo dicho acerca de la España romántica tras el relato de Ford, lo mismo sucedía en Francia

57 BRAVO CASTILLO, Juan, «Toledo visto a través de Dumas y Barrès», en *Actas del Col.loqui Internacional Alexandre Dumas et Victor Hugo, Voyages des textes et textes de voyages,* Universidad de Lérida, Lérida, noviembre de 2002 (en prensa).

con *L'Espagne* (*Viaje por España,* 1874), libro escrito por Charles Davillier e ilustrado por Gustave Doré. El literato francés, pese a su pretensión de mostrar con suma objetividad la realidad del país, participa, en ocasiones, de la España descrita por Mme.d'Aulnoy en el siglo XVIII. En consecuencia, Davillier reincide en una visión tópica, en especial cuando se refiere a la generosidad y al orgullo de los españoles o a una Mancha quijotesca, de áridas llanuras sin fin. Las ilustraciones de Doré, por su parte, constituyen la prolongación gráfica de la España intemporal narrada por su compañero de viaje. A menudo, con la intención de despertar el morbo y la imaginación de sus conciudadanos, el dibujante galo ilustra el libro con una rica colección de motivos románticos —paisajes misteriosos, valles desiertos, caminos serpenteantes...—, inspirados, en su mayor parte, en las pinturas negras de Goya.

El creciente interés que la cultura española suscitó en el país vecino desembocó en la creación de las primeras cátedras de estudios hispánicos. En 1866, Toulouse contaría con la primera cátedra de lengua y literatura española, ocupada por Ernest Merimée, primo de Prosper; Burdeos en 1898, Montpellier en 1900 y París en 1906 seguirían los pasos de Tolouse. Al mismo tiempo, se publicaron las primeras revistas de estudios hispánicos, como fueron la «Revue Hispanique», fundada en 1894, y el «Bulletin Hispanique», creado en 1899 y subvencionado por el magnate americano Huntington, fundador en 1904 de la «Hispanic Society of America». Esta especie de alianza cultural hispanofrancesa fue aprovechada por los historiadores galos en los años de la Primera Guerra Mundial para romper la neutralidad española, recurriendo a un programa historiográfico cuyos principales ejes eran: la insistencia en los numerosos testimonios de colaboraciones que se habían producido entre las dos naciones en el pasado —así se constataba, por ejemplo, a través de la ayuda ofrecida por el país vecino durante la Reconquista—, la demostración de que Francia tenía más motivos para sentirse agraviada respecto a España —la intromisión de Felipe II en los asuntos internos franceses era buena prueba de ello—, prueba de que nuestro país no salió de la decadencia hasta el reinado de Felipe V y la necesidad de olvidar la guerra de Independencia. No obstante, a pesar de adoptar un mismo posicionamiento frente a España al estallar la guerra de 1914, el hispanismo francés mostró actitudes muy heterogéneas hacia nuestra cultura; por un lado, estaban los que se interesaban por la literatura —Morel Fatio, Cirot y sus seguidores—, por otro, los que exaltaban el esencialismo católico —Jaurès, Bertrand, Lamy o Legendre—, y, finalmente, aquellos que se sentían atraídos por la España presente, la del regeneracionismo de la generación del 98 —en especial Marvaud—. No fue hasta el fin de la primera conflagración mundial, cuando se llevaron a cabo los mayores esfuerzos por conseguir una aproximación cultural franco-española; la creación de comités permanentes —«Comité de Rapprochement»— y la celebración de encuentros periódicos —Semana Española de 1919 y la Semana Francesa de 1920— constituyen una buena muestra del interés que, especialmente desde Francia, se tenía por conseguir un acercamiento entre las dos naciones. Sin embargo, este intento de hermanamiento cultural no fructificó, pese a la francofilia de gran parte de los intelectuales españoles del momento —Azaña, Altamira, Menéndez Pidal, Américo Castro, Galdós, Azorín, Unamuno...—. En opinión de Antonio Niño[58], la principal causa de este fracaso estriba en la forma desigual en la que, desde un principio, se entablaron las relaciones y en la falta de colaboración española; las directrices ideológicas conservadoras que regían la tentativa francesa no fueron suficientes para que la derecha católica española, que había alejado a los sectores liberales del proyecto, dejara de recelar del anticlericalismo y la subversión que asociaba con Francia.

Mientras tanto, al otro lado del Atlántico, los magnates del periodismo norteamericano, Hearst y Pullitzer, promovieron, a raíz de la última guerra de Cuba, una campaña propagandística de amplia repercusión contra España. Las páginas de diarios como «The World» o «The Journal» revivieron los tópicos más

58 NIÑO, Antonio, *Cultura y diplomacia*, Madrid, *op. cit.*, pp. 235-237.

hirientes de la «Leyenda Negra». Como resultado de esto, el país aparecía retratado como una nación miserable, corrupta y cruel, cobarde a la hora de enfrentarse con sus iguales y despiadado a la hora de castigar a sus inferiores. Como suele ocurrir con toda imagen trazada con rotundidad, la mirada estadounidense partía de un absoluto desconocimiento de España que, salvo algunas excepciones, no aparecía entre aquellas naciones europeas que provocaban la fascinación de la emergente potencia americana, como eran, por ejemplo, Italia, Francia, Alemania o Inglaterra.

La derrota del 98 afectó gravemente a la imagen de la nación en el exterior, no tanto por sus consecuencias como por el modo fulminante en que se produjo. La pérdida de las últimas colonias ratificó la percepción que entonces se tenía de que las naciones anglosajonas se estaban repartiendo el mundo a costa de las naciones latinas[59]. Son numerosos los tratados de la época que abordan esta cuestión político-cultural, de la que España no sale muy bien parada, al ser continuamente estigmatizada con el tópico, reavivado por los últimos acontecimientos, de la decadencia. Por esta razón, Baroja[60] afirmaría años más tarde que: «El ser español no era una recomendación. Era una época de desprestigio absoluto de España, de su vida, de su política, de sus costumbres, de su moneda, y aquel desprestigio acompañaba con la sombra a cada español en el extranjero». La derrota militar sumió a los españoles, o al menos a parte de su intelectualidad —en concreto la generación del 98—, en una profunda crisis de identidad. Ahora bien, lejos de limitarse a ofrecer una visión oscura y decadente del país, muchos escritores de la época transformaron su pesimismo en el punto de partida de una contundente denuncia política y social. Así, por ejemplo, Baroja, en su trilogía *La lucha por la vida* —*La busca* (1904), *Mala hierba* (1904) y *Aurora roja* (1905) —, refleja las condiciones en las que vivían las clases populares madrileñas. Del mismo

59 NÚÑEZ FLORENCIO, Rafael, *Sol y sangre*, *op. cit.*, p. 256.
60 Citado en: GIBSON, Ian, *Ligero de equipaje. La vida de Antonio Machado*, Madrid, Aguilar, 2006, p. 113.

modo, Azorín denuncia la miseria sufrida en Andalucía —concretamente en la zona de Lebrija y Arcos de la Frontera— en su artículo «La Andalucía trágica» (1905). Aunque perteneciente a la generación anterior, también resulta sintomático observar cómo Blasco Ibáñez publica por los mismos años —concretamente entre 1903 y 1905— sus novelas de contenido social: *La catedral* (1903), que versa sobre el poder de la Iglesia; *El intruso* (1904), donde refleja las luchas obreras mantenidas en Bilbao a comienzos del siglo XX; *La bodega* (1905), novela que desarrolla el tema del anarquismo agrario andaluz de finales del siglo XIX, y *La horda* (1906), obras en la que ofrece una pintura de los barrios más humildes de Madrid.

El 98 también supuso un intenso examen de conciencia, una reflexión sobre el «alma» del país y sobre su significación en la Historia. Este nuevo interés derivó en la recuperación de una España intemporal, patente, por ejemplo, en la admiración que sentía Azorín por los vetustos pueblos, por el paisaje y por autores como Berceo, el Arcipreste de Hita, el Marqués de Santillana, Góngora o Larra[61]. De este modo, los noventayochistas, más allá del panorama desolador que observaban en el presente, no dejaban a la vez de contemplar una España eterna, cuya esencia se conservaba, desde su punto de vista, en Castilla. No resulta extraño que los escritores del 98 eligieran esta región como quintaesencia de aquel país varado en el tiempo y, por extensión, de la nacionalidad española, si se tiene en cuenta, de un lado, que a Castilla aparecían ligadas muchas de las grandes figuras del pasado y, de otro, que eran sus poblaciones las que mejor reflejaban los valores propios de aquella España intemporal, como eran la monotonía, la tristeza y el sedentarismo. Ésta, sin embargo, no fue la única faceta que la generación del 98 resaltó al abordar el tema de Castilla en sus obras; Menéndez Pidal, en sus estudios sobre el Cid y la poesía épica, subrayó el espíritu guerrero y austero de sus habitantes; Azorín y Unamuno, en *La ruta de don Quijote* (1905) y en *Vida de don Quijote y*

61 FUSI, Juan Pablo, *Un siglo de España. La cultura*, Madrid, Marcial Pons, 1999, p. 25.

Sancho (1905) respectivamente, reflejaron una Castilla idealista y quijotesca; el escritor alicantino, además, retrataría a esta región en *Castilla* (1912) como una tierra de hidalgos, casas blasonadas, calles silenciosas y antiguas ciudades; no debe olvidarse tampoco la región de paisajes desolados y fríos, tristes y nobles, campos yermos y ciudades decrépitas que Antonio Machado retratara en *Campos de Castilla* (1912-1917).

Dentro del contexto de convulsiones políticas y sociales que azotaba la Europa de finales del siglo XIX —piénsese en «el malestar italiano del 96» o en la división de la sociedad francesa ante el «affaire Dreyfus»—, los intelectuales noventayochistas reflexionaron sobre un sentimiento de decadencia y postración alimentado por la autocrítica a la que se sometía una parte de la sociedad española. Esta autoimagen peyorativa que prevalecía en el país durante el cambio de siglo respondía, en último término, a un proceso de asimilación y refuerzo de una serie de estereotipos procedentes del Viejo Continente como, por ejemplo, el concerniente al fanatismo del pueblo español. No obstante, algunos escritores vieron en Europa la solución para el «problema de España». Este fue el caso, entre otros, de Unamuno —en su etapa de juventud— y de Joaquín Costa, máximo representante del movimiento regeneracionista.

Los postulados de Costa en *Oligarquía y caciquismo* (1901) constituyeron un obligado punto de referencia para varios escritores. Uno de ellos fue Lucas Mallada, quien, en su obra *Los males de la patria* (1890), hace extensible el sentimiento de inferioridad de lo hispano hasta aspectos puramente físicos: «Físicamente considerada, no es la raza latina la más vigorosa de las que pueblan la tierra; y sin salirnos de Europa, es a todas luces evidente que las razas anglosajonas y eslava están dotadas de mayor energía vital»[62]. Sin embargo, no todos los escritores del 98 comulgaron con el europeísmo de los regeneracionistas. Algunos de ellos optaron por resaltar los rasgos de un supuesto carácter nacional —misticismo, fanatismo...—, que aparecían frecuentemente asociados a personajes históricos como

62 MALLADA, Lucas, *Los males de la patria*, Madrid, Alianza, 1969, pp. 37-38.

Felipe II. Ángel Ganivet, en su *Idearium español* (1897), defendía la figura del monarca comparándola con las de otros gobernantes. Al mismo tiempo, algunos autores partidarios en un principio del europeísmo, derivaron más tarde hacia la defensa de los valores nacionales. Tal fue el caso de Unamuno. En sus *Ensayos en torno al casticismo* (1897), el intelectual vasco no sólo contempló la necesidad de europeizar España, sino también el principio de que había que españolizar a Europa: «Y cuando me pongo a escudriñar lo que llaman Europa nuestros europeizantes, paréceme a las veces que queda fuera de ella mucho de lo periférico, España desde luego (...), y que se reduce a lo central, a Franco-Alemania...»[63]. Igualmente, Azorín también abandonaría sus posturas europeístas de comienzos de siglo para escribir, ya en sus últimos días, ensayos como «La seca España» (1942), donde aseguraba que el país «tenía su fisonomía legendaria secular y no podía perderla»[64]. Esta clase de afirmaciones son las que han sustentado una imagen de España como un lugar en el que, para bien o para mal, todo resulta distinto al resto del mundo occidental. La frecuencia con la que la mirada foránea ha recurrido a esta imagen, y la complacencia con la que los propios españoles han reaccionado al ser considerados como «distintos», son dos factores decisivos al explicar la vigencia que esta representación de lo español ha tenido hasta fechas relativamente recientes; basta recordar la proliferación del eslogan «Spain is different», que pretendía atraer a los turistas extranjeros a nuestras costas durante los años sesenta, o aseveraciones como la de Francisco Ayala[65] cuando afirmaba en 1986 que la peculiar idiosincrasia nacional motiva una relación con el exterior muy particular, de forma que el español es totalmente extraño para el extranjero.

La exaltación que los noventayochistas llevaron a cabo del «alma de España» y de su pasado histórico estuvo presente en muchos de los libros escritos sobre nuestro país a comienzos del

63 Citado en: *ibid.*, p. 231.

64 Citado en: García Cárcel, Ricardo, *La Leyenda Negra...*, *op. cit.*, p. 233.

65 Ayala, Francisco, *La imagen de España*, Madrid, Alianza, 1986, pp. 19-25.

siglo XX. Waldo Frank, en *Virgin Spain* (*España virgen,* 1926), establecía una analogía, cuando menos curiosa, entre Isabel la Católica y la forma de ser del pueblo español. Gerald Brenan y Robert Graves fueron en busca de una nación detenida en el tiempo, de ahí que vieran en las Alpujarras y en Mallorca, respectivamente, los reductos de una España decimonónica, en los que la vida había trascurrido sin ser corrompida por la civilización. Igualmente, la identificación que el 98 estableció entre el carácter melancólico y adusto castellano y la personalidad española también influyó en la mirada exterior. Los testimonios aportados por algunos escritores extranjeros asimismo incidieron en esta nueva visión de España. Uno de los más conocidos a comienzos del siglo XX fue el del autor norteamericano August F. Jaccaci, quien inmortalizó en sus páginas una Mancha varada en el tiempo, de paisajes desolados y de gentes generosas a la vez que fanáticas. El pasado histórico y la personalidad exacerbada de los españoles también fueron motivos recurrentes en la visión inglesa; significativo resulta en este sentido el libro de Havelock Ellis *The Soul of Spain* (*El alma de España,* 1908), donde retrata a un país que conserva unos valores propios de otras épocas, habitado por un pueblo que, dadas sus afinidades con la idiosincrasia norteafricana, conserva en su fondo «una pureza salvaje»[66]. Uno de los rasgos que diferencia la mirada estadounidense de la británica es su posicionamiento más crítico frente a la imagen pintoresca ofrecida por los románticos, o frente a la esencialidad castellana de los noventayochistas. Lejos, por tanto, de contentarse con ver en España un lugar exótico estancado en el pasado, o de desentrañar cuál era su verdadera esencia, los autores norteamericanos centraron su interés en la realidad de la sociedad española a principios de siglo. La miseria, la corrupción política o el atraso generalizado del país solían constituir el centro de las críticas vertidas por los viajeros estadounidenses, quienes, al mismo tiempo, denunciaban las nefastas consecuencias que toda esta problemática tenía sobre un pueblo generoso y hospitalario. Esta visión más sensible hacia la realidad social del momento es

66 ELLIS, Havelock, *El alma de España*, Barcelona, Araluce, 1928, p. 53.

la que, por ejemplo, ofrece John Dos Passos durante su viaje por Andalucía a comienzos del siglo XX, en el que más que exaltar el tipismo de sus habitantes y el exotismo de sus rincones, denuncia las pésimas condiciones de vida de los jornaleros.

La repercusión internacional que tuvo la guerra civil volvió a situar a España en el centro de atención de la comunidad internacional. Tras la imagen de una nación sumida en un doloroso conflicto interno, la mirada foránea continuaba viendo un país que, al menos en lo esencial, no había cambiado respecto al que habían descrito los viajeros románticos. No resulta extraño, por tanto, que numerosos voluntarios extranjeros acudieran a la Península con la intención de combatir en la última guerra romántica o de «redescubrir» la España de los libros de viajes del siglo XIX. Más que un exhaustivo conocimiento de la situación política interna, fue la sed de aventuras lo que atrajo a muchos combatientes foráneos. Gran parte de ellos vieron en la contienda civil la oportunidad de materializar unos ideales que poco se diferenciaban de aquellos con los que Byron luchó en Grecia; la defensa acérrima de la libertad frente a un poder totalitario. En el caso de España, se trataba de situar las conquistas políticas y sociales de la República a salvo del sistema dictatorial que encarnaban los militares sublevados. Resulta sintomático, en este sentido, la novela escrita por André Malraux tras su estancia en España; su título, *L'espoir*, evoca la esperanza de que la justicia, la igualdad y la libertad prevalecieran no sólo sobre el totalitarismo representado por Franco, sino también sobre aquellos otros que comenzaban a proliferar en el resto de Europa. Sin embargo, muchos voluntarios extranjeros que tomaron partido por la República vieron cómo sus aspiraciones se disiparon, al comprobar la superioridad militar de los sublevados y las disputas internas que asolaban el bando republicano —como las descritas por George Orwell en *Homage to Catalonia*.

La visión de España dentro del entorno europeo y norteamericano es el resultado, en buena medida, de las representaciones difundidas por los imaginarios francés y anglosajón.

El siglo XVI inauguró una época en la que los emergentes estados nacionales europeos luchaban entre sí por imponer su hegemonía dentro de un panorama internacional marcado por numerosos conflictos bélicos. Las alianzas matrimoniales y la política expansionista llevada a cabo por los Reyes Católicos convirtieron a España en una potencia mundial. Esta circunstancia situó a nuestro país en el punto de mira de aquellas naciones que se sentían más amenazadas por la hegemonía hispánica, como fueron Francia e Inglaterra. Al no disponer de una capacidad militar que pudiera terminar con el poder de los Austrias, vieron en la propaganda un arma eficaz para desgastar el prestigio de España. Los abusos cometidos durante la conquista de América y la intolerancia religiosa que representaba la Inquisición constituyeron el punto de partida de esta campaña difamatoria llevada a cabo contra la monarquía hispana, dando lugar así al nacimiento de la denominada «Leyenda Negra». Ésta fue el germen de la imagen negativa de España que Francia e Inglaterra propagaron por todo el Continente y cuya vigencia se mantendría hasta bien entrado el siglo XX. La decadencia del Imperio español suavizaría la visión anglo-francesa, y por extensión, europea; el descalabro sufrido durante el Seiscientos por la que fuera una potencia mundial de primer orden despertó la conmiseración de sus grandes rivales; de este modo, los españoles ya no sólo eran considerados seres orgullosos, fanáticos y crueles, sino que comenzaron a ser vistos como un pueblo que sufría la incompetencia y la corrupción de sus gobernantes. No obstante, fieles a su vocación de permanecer en la memoria colectiva, los arquetipos engendrados durante el siglo XVI no desaparecieron totalmente, sino que, por el contrario, coexistieron con esta nueva visión de España.

La imagen de nuestro país en el exterior experimentó uno de sus cambios más importantes a lo largo del siglo XIX, debido, fundamentalmente, a dos razones. En primer lugar, el estallido de la guerra de Independencia, que brindó la posibilidad a miles de combatientes extranjeros —ingleses y franceses en especial— de formarse una imagen del país a partir de la experiencia directa con sus gentes y costumbres. De este modo, ya fuera combatiendo junto a los españoles o ya luchando contra ellos, los militares foráneos no tardaron en admirar su arrojo y valentía. En segundo lugar, la eclosión del Romanticismo convirtió España en uno de los grandes focos de atención dentro de Europa. No en vano, nuestro país colmaba todas las aspiraciones de la sensibilidad romántica por medio del pintoresquismo de sus gentes y paisajes y del exotismo que residía en sus patrimonios arqueológico y etnológico milenarios. Por consiguiente, el viajero romántico ofrecía por lo general una imagen de España donde los defectos eran ensombrecidos por virtudes como, por ejemplo, la nobleza de sus habitantes o la conservación de un estilo de vida propio de otras épocas que resistía frente a las grandes transformaciones socioeconómicas que estaban aconteciendo en el Viejo Continente. Sin embargo, la visión romántica de España como uno de los pocos lugares donde todavía era posible abstraerse en el tiempo —dada la situación de atraso en la que vivía inmersa— resultó muy perjudicial para la imagen de nuestro país en decenios posteriores. De este modo, la paulatina apertura de España hacia el desarrollo económico todavía no era un argumento suficiente como para desterrar de la memoria colectiva europea y norteamericana la imagen de una nación detenida en el tiempo. Escritores que vistaron la Península a comienzos del siglo pasado como Brenan, Graves o Ellis se limitaron a seguir las directrices impuestas por viajeros románticos como Ford, Borrow, Chateubriand o Irving. Igualmente cierta es la contribución de algunos escritores españoles —Rojas, Quevedo, Blanco White, Larra, Mesonero Romanos...— a la formación de la denominada «España de pandereta». El vigor con el que los arquetipos de épocas pasadas llegaron al siglo XX constituye una buena razón para pensar que ocupan un lugar muy importante en la imagen que se refleja de nuestro país en los discursos literarios tratados. La consideración de la contienda civil como la última guerra romántica reforzó, de un lado, la asociación de España con su pasado y, de otro, su singularidad dentro del entorno europeo.

Aunque ello suponga una transgresión momentánea de los límites cronológicos aquí planteados, no es descabellado preguntarse sobre qué ha llegado hasta nuestros días de esas imágenes perfiladas a lo largo de varios siglos. Obviamente, de la España descrita por los viajeros decimonónicos queda poco o nada, pero no es menos cierto que los mitos forjados por ellos distorsionan aún hoy, y de manera harto caprichosa, la visión que de nuestro país se tiene en el extranjero. Por tanto, no resulta extraño que las nociones de atraso, fanatismo, integrismo religioso, gobierno corrupto, crueles conquistadores, toreros, bandoleros y gitanillas, todavía empañen la mirada del viajero cuando rememora la Historia de España.

4. El escenario político y social: guerra y vida cotidiana durante el primer año de contienda civil (1936-1937)

UNA VEZ DESCRITA la evolución seguida por los imaginarios que mediatizan de alguna forma la visión ofrecida por Malraux, Orwell y Hemingway, es preciso hacer referencia en este punto al contexto histórico y social en el que sitúan sus respectivas obras. El conocimiento de este aspecto resulta indispensable a la hora de determinar en qué medida la imagen analizada se ajusta a la realidad del país durante la guerra o, si bien, por el contrario, se aleja de ella. El análisis del grado de fidelidad de la imagen respecto al escenario sociohistórico que la circunda debe servir como medio para el conocimiento de una serie de factores que influyen en la visión que un autor ofrece de una cultura extranjera –en este caso la española–, como son su ideología, las fobias y filias que en su visión suscita el recuerdo del Otro o la presencia de modelos culturales preexistentes en forma de estereotipos y de mitos.

4.1 El contexto histórico: la guerra civil española en *L'espoir, Homage to Catalonia* y *For Whom the Bell Tolls*

La contienda iniciada en 1936 constituye el telón de fondo de las tres obras que aquí nos ocupan. Ya sea con vistas a dotar de una mayor verosimilitud los hechos narrados –como sucede con las novelas de Malraux y Hemingway–, o bien con la intención de plasmar una experiencia personal vivida durante la guerra – tal es el caso de Orwell–, estos autores introducen, en mayor o menor medida, referencias a sucesos acaecidos durante la guerra. Muchos de estos acontecimientos se corresponden con episodios bien conocidos dentro de la contienda civil. Esta circunstancia, junto con las indicaciones temporales que aparecen a lo largo de los tres libros –especialmente en *L'espoir* y *Homage to Catalonia*–' facilitan la ubicación cronológica del trasfondo histórico sobre el que se desarrollan sus respectivas acciones, que abarcan el período comprendido entre el estallido de la guerra en julio de 1936 hasta mayo de 1937.

Ya en las primeras páginas de *L'espoir* Malraux refleja vívidamente los momentos de nerviosismo e incertidumbre que se vivieron durante las primeras horas de la sublevación el 18 de julio de 1936. El escritor francés comienza su novela con una escena en la que un sindicalista, de nombre Ramos, efectúa varias llamadas telefónicas desde la Estación del Norte de Madrid para comprobar si algunas capitales de la España septentrional estaban o no bajo el control de los sublevados:

> —¿Oiga, Huesca?
> —¿Quién habla?
> —El Comité obrero de Madrid.
> —¡Ya no más, basuras! ¡Arriba España! (...)
> —¿Oiga, Ávila? ¿Cómo estáis? Habla la estación[1]

---

1 Sigo la traducción de José Bianco: MALRAUX, André, *La esperanza*, Madrid, Cátedra, 1995, pp. 88-89. Las referencias a este texto se harán a partir de ahora mediante las siglas *LE*.

Conversaciones muy similares a ésta se sucedieron a lo largo de aquella jornada, de modo que el teléfono jugó un papel decisivo para conocer qué zonas continuaban siendo leales a la República y cuáles no. En mitad de la confusión de los primeros días del conflicto, los partidarios de uno y otro bando siguieron un mismo patrón de actuación. Dentro de la España rebelde, las guarniciones militares se sumaron, con el apoyo de Falange y de la Guardia Civil, a la sublevación iniciada en Marruecos. Mientras tanto, los gobernadores civiles que no sabían cómo actuar intentaban ponerse en contacto con Madrid para recibir instrucciones. La oposición a los sublevados la conformaban los guardias de asalto y los sindicatos –sobre todo la UGT (Unión General de Trabajadores) y la CNT (Confederación Nacional del Trabajo)–, quienes, ante el cariz que estaban adquiriendo los acontecimientos, se apresuraron a proclamar la huelga general y a levantar barricadas con todo aquello que estuviera a mano –adoquines, sacos de arena, maderas... En la España republicana, el gobierno no pudo recurrir a las fuerzas del orden para frenar el alzamiento, ya que gran parte de ellas estaban con los sublevados. Por consiguiente, el ejecutivo sólo podía apoyarse en las organizaciones obreras para sofocar cualquier intento de sumarse a la causa rebelde dentro de la zona leal. A partir de aquel momento, las masas populares tuvieron un notable protagonismo a la hora de abortar muchos de los conatos de sublevación en la zona republicana. En el primer capítulo de *L'espoir*, Malraux muestra cómo la intervención de las clases populares resultó decisiva para terminar con los focos rebeldes en Madrid y Barcelona durante los primeros días del conflicto. En la Ciudad Condal, los obreros, los guardias de asalto y los guardias civiles impidieron que los militares sublevados ocuparan la plaza de Cataluña –centro neurálgico de la capital catalana–, tras mantener intensos combates con los rebeldes en las calles de la ciudad. El novelista francés también incluye en las primeras páginas de su novela el asalto por las masas populares del cuartel de la Montaña en Madrid, donde el general Fanjul se había hecho fuerte al mando de 2.000 soldados y 500 monárquicos y falangistas. Como se puede observar en *L'espoir*, los ataques de la artillería y de la aviación, junto con las acometidas que la multitud realizaba contra las portadas del cuartel –Malraux alude a cincuenta hombres que utilizaban una viga a modo de ariete–, terminaron con la resistencia de los que se encontraban en su interior. Aquella misma jornada del 20 de julio, el entusiasmo popular llegó a su punto más álgido, cuando en la capital de España se conoció la noticia de que el alzamiento también había sido sofocado en Barcelona, tras el asalto encabezado por los anarquistas Ascaso y Durruti al cuartel de las Atarazanas, acontecimiento que Malraux recoge en las primeras páginas de su novela:

> *Continúa la rendición de los cuarteles en Barcelona.*
> *El cuartel de las Atarazanas ha sido tomado por los sindicalistas encabezados por Ascaso y Durruti. Ascaso murió en el asalto al cuartel (...)*
> El bar gritó de entusiasmo[2].

La victoria sobre los sublevados en Madrid y Barcelona significó el comienzo de una revolución impulsada por las organizaciones obreras en toda la España republicana. Instantes después de ocupar el cuartel de la Montaña, numerosos grupos de milicianos, armados de forma improvisada, comenzaron a partir, junto con miembros de las fuerzas de seguridad y del ejército leales a la República, hacia la sierra de Guadarrama, Guadalajara y Toledo. Fue en la sierra madrileña donde se produjeron los primeros enfrentamientos de cierta entidad. En el Alto del León y Somosierra, se libraron enconados combates, en los que el bando republicano, pese a su superioridad táctica, sufrió numerosas bajas, debido, principalmente, a la indisciplina y la desorganización de las milicias que luchaban junto con los militares regulares. Aunque la acción de *For Whom the Bell Tolls* transcurre en los últimos días de mayo de 1937, la falta de organización y la escasa preparación para el comba-

2 *ibid.*, p. 117.

te continuaban siendo entonces la tónica entre los milicianos que operaban en las montañas cercanas a Madrid, a juzgar por la imagen que Hemingway proyecta de los guerrilleros con los que convive Robert Jordan. Entre las milicias que combatieron a las tropas rebeldes en la sierra de Guadarrama, sobresalió el Quinto Regimiento. A las filas de esta unidad creada por el Partido Comunista pertencieron tres jefes militares de renombre, como fueron Juan Modesto, Valentín González, más conocido como «el Campesino», y Líster. Hemingway se refiere a estos tres líderes en el capítulo 18 de su novela; en él, el autor norteamericano alaba la figura de Modesto, a quien considera «un verdadero hombre de partido»[3]. Por lo que respecta a «el Campesino», critica su apariencia, sus malos modales y su egoísmo, a la vez que retrata a Líster como un fanático de la disciplina: «Lister era de una disciplina terrible. Era un auténtico fanático y tenía la completa falta de respeto por la vida propia de los españoles»[4].

También cerca de Madrid, en este caso en Toledo, tendría lugar uno de los episodios más célebres de la guerra civil, como fue el asedio del Alcázar. Abordada ya su dimensión mítica, conviene ahora conocer algunos datos históricos concernientes a este suceso, así como su plasmación literaria en algunas de las obras que son objeto de esta investigación. La superioridad numérica de las tropas leales en la Ciudad Imperial, comandadas por el general Riquelme, obligó a un grupo de rebeldes, dirigidos por el general Moscardó, a refugiarse en el Alcázar[5]. La

3 Traduzco de la edición en inglés: HEMINGWAY, Ernest, *For Whom the Bell Tolls*, London, Penguin, [1955], 1967, p. 221. A partir de ahora, las referencias a esta edición se realizarán mediantes las siglas *FWBT.*

4 *ibid.*, p. 225.

5 En opinión de Hugh Thomas, Moscardó resistió en el Alcázar junto con 1300 hombres, de los que 800 eran guardias civiles, 100 oficiales y 200 falangistas o militantes de derecha y seis cadetes de la Academia de Infantería. El coronel también se llevó consigo a 550 mujeres y 50 niños, la mayoría familiares de los defensores. Junto a todos ellos también se encontraban varios rehenes, quienes, probablemente, terminarían siendo fusilados. THOMAS, Hugh, *La guerra civil española*, 2 vols., Barcelona, Debolsillo, 2003, p. 272.

fortaleza permanecería sitiada durante más de tres meses, en concreto hasta el 27 de septiembre de 1936. Durante todo este tiempo, el Alcázar soportó los ataques de los milicianos y soldados republicanos, cuyo número variaba entre los 1000 y los 5000, algunos de los cuales eran «turistas de guerra» que acudían desde Madrid para pasar una tarde tiroteando[6]; en *L'espoir*, uno de los personajes, García, conversa con un miliciano que disparaba contra el Alcázar sin criterio alguno, probablemente por diversión. La buena preparación militar de los defensores y la indisciplina e incompetencia de los que sitiaban la fortaleza –Malraux resalta este aspecto al referirse a los milicianos que allí se encontraban– propició que el asedio al Alcázar se prolongara a lo largo de aquel primer verano de la guerra. Esta circunstancia, junto con la escasez de alimentos que se padecía en el interior, obligó a los sitiados a recurrir a medidas de urgencia como consumir la carne de los caballos que se encontraban dentro del Alcázar; un episodio que *L'espoir* recoge en sus páginas: «Aquí las personas dicen que no hay nada de comer en el Alcázar. No lo crea, señor comandante. Carne de caballo y pan malo, pero hay de comer...»[7]. Mientras, en el exterior, los disparos eran interrumpidos, en ocasiones, por insultos e improperios, que debieron ser muy similares a los que Malraux reproduce en su novela:

> Separados por diez metros como por un espacio sagrado, haciendo ademanes tanto más singulares cuanto que no, se lanzaban argumentos con los brazos.
> —...porque nosotros al menos combatimos por un ideal, cornudos de mierda, decían los fascistas (...).
> —¿Y nosotros? ¿Es que nosotros combatimos por las cajas de caudales, hijos de puta?[8]

El 20 de septiembre, las tropas republicanas, tras compro-

6 *ibid.*, p. 354.
7 *LE*, p. 223
8 *ibid.*, p. 263.

bar que los dos meses de asedio no habían hecho deponer las armas a los sitiados, intentaron destruir el Alcázar mediante la provocación de incendios y la colocación de minas, sin que los cimientos de la fortaleza recibieran daños de importancia. Mientras las tropas republicanas trataban de terminar con el asedio destruyendo el Alcázar, el denominado «Ejército de África», encabezado por Yagüe y formado por legionarios españoles y marroquíes, se hallaba cada vez más cerca de Toledo. La columna franquista había partido de Sevilla en el mes de julio con la intención de conquistar Madrid en una operación de convergencia junto con otras unidades de sublevados procedentes de distintos puntos de la geografía española. En su avance hacia la capital por Extremadura y el valle del Tajo, el Ejército de África, además de ocupar diversas localidades, protagonizó episodios marcados por la barbarie y la vesania, como el sucedido en la plaza de toros de Badajoz –que será abordado en el siguiente epígrafe. Fue precisamente la columna de Yagüe el primer objetivo que tuvo la escuadrilla comandada por Malraux –la «Escadrille Espagne»– en el trascurso de la guerra civil, al lanzar un ataque contra aquélla en las inmediaciones de Medellín (Badajoz)[9]. En *L'espoir* se menciona esta operación, que apenas detuvo el avance de la columna rebelde, dada la superioridad que en tierra tenían los legionarios sobre los milicianos y la precariedad de medios de la aviación republicana. Aunque el novelista francés trata de resaltar el hecho de que su escuadrilla no sufrió bajas durante el ataque, no oculta al mismo tiempo estas dificultades a las que se debían enfrentar los combatientes antifranquistas: «Sin jefes, sin armas, los milicianos de Extremadura trataban de resistir (...) algunos miles de hombres entre los más miserables de España partían con sus escopetas contra los fusiles-ametralladora de la infantería

9 Algunos historiadores sitúan la fecha del ataque el 17 de agosto de 1936, mientras que otros sustentan la hipótesis de que se trató de dos ataques efectuados los días 16 y 20 de agosto respectivamente. Malraux ofrece en *L'espoir* una fecha más temprana, el 14 de agosto. FERNÁNDEZ CARDO, J. Mª, «Introducción» a *La esperanza, op. cit.*, p. 44.

mora»[10]. Toledo se convirtió en un motivo de discrepancia entre los altos mandos rebeldes. Yagüe priorizaba la ocupación de Madrid frente al rescate de aquellos que se encontraban sitiados en el Alcázar. Sin embargo, confiado de que la capital no tardaría en caer una vez que fuese asediada por las columnas rebeldes, Franco vio en el asedio de la fortaleza toledana un episodio que se prestaba, como pocos, a la gestación de una epopeya, de un mito, que reforzaría su liderazgo y la moral de sus tropas. Por esta razón, el general decidió desviar el Ejército de África –al frente del cual se encontraba ahora Varela– hacia Toledo, donde el Alcázar sería liberado el 28 de septiembre.

Esta maniobra permitió al gobierno republicano reorganizar la defensa de Madrid ante el ataque inminente de los rebeldes y ganar tiempo para obtener ayuda del exterior. Con el fin de dotar al ejército de una mayor eficacia, las milicias urbanas pasaron a estar dirigidas por un estado mayor central. La influencia rusa en este proceso fue notable. El modelo soviético pronto se convirtió en un referente dentro del bando leal, a juzgar por aspectos tan diversos como las estrellas rojas que comenzó a incorporar la indumentaria de los milicianos, o por la aparición de los comisarios políticos, cuya figura se inspiraba en la de los comisarios del «Ejército Rojo». Su misión era la de «mantener la fe política de los milicianos tras la desaparición de sus propios partidos y atenuar los recelos que éstos sentían frente a los oficiales del Ejército Popular»[11]. Entretanto, las columnas franquistas tenían previsto ocupar la ciudad la madrugada del 8 de noviembre. El plan consistía, a grandes rasgos, en penetrar en Madrid por la zona comprendida entre la Ciudad Universitaria y la plaza de España. Ante el temor de caer en manos de los sublevados, el gobierno de Largo Caballero optó por abandonar la capital para refugiarse en Valencia, decisión duramente criticada por Hemingway en *For Whom the Bell Tolls*. En otras ocasiones, los ataques van dirigidos contra determinados miembros del ejecutivo republicano: «El clásico movimien-

10 *LE.*, p. 173.

11 THOMAS, Hugh, *La guerra civil española, op. cit.*, p. 469.

to de la izquierda a la derecha; como el viejo Lerroux. Prieto era igual. Pablo y Prieto tenían la misma fe en la vistoria final. Todos ellos practicaban la política de los ladrones de caballos»[12]. La retirada del gobierno a Valencia permitió a los comunistas alcanzar mayores cotas de poder. Aunque la organización de la resistencia recayó en los oficiales Rojo y Miaja, sus decisiones estaban a menudo mediatizadas por la opinión de los asesores rusos que se encontraban en aquel momento en la capital. Algunos de los consejeros soviéticos más influyentes fueron el general Goriev y el periodista y escritor Mikhail Koltzov, a quien Hemingway conoció en el hotel «Gaylord's» –verdadero centro de operaciones del contingente ruso que entonces se encontraba en Madrid–, y en quien se inspiró para crear el personaje de Karkov en *For Whom the Bell Tolls.* Al mismo tiempo, la entrada en acción de las Brigadas Internacionales resultó decisiva para la defensa de la capital, hasta tal punto que se ha llegado a decir que fueron ellas las que salvaron la ciudad[13]. Ciertamente, este tipo de afirmaciones tienen más su origen en la recreación mítica que en la realidad, ya que la aportación de las tropas republicanas fue igualmente decisiva. A pesar de las connotaciones propagandísticas que pronto rodearon el asedio de Madrid, no se cuestionaba la veracidad de las informaciones enviadas por los corresponsales extranjeros que se hospedaban en los hoteles «Gran Vía» y «Florida» –entre ellos el propio Hemingway y su amante, Martha Gellhorn–. Pese a que no pudieron evitar la caída de Madrid en manos rebeldes, los miles de brigadistas que combatieron en sus calles lograron que la ciudad no se rindiese en un primer momento. Durante el mes de noviembre de 1936, los voluntarios extranjeros, agrupados en diferentes batallones –«Edgar André», «Thaelmann», «Garibaldi», «Comuna de París»...– entablaron duros combates con las tropas franquistas. La Ciudad Universitaria, la Casa de Campo, el Parque del Oeste o Carabanchel fueron algunos de los escenarios donde tuvieron lugar estos enfrentamientos, que no

12 *FWBT,* p. 159.

13 THOMAS, Hugh, *La guerra civil española, op. cit.*, p. 526.

pasaron inadvertidos ni para Malraux ni para Hemingway; en la segunda parte de *L'espoir*, «Le Manzanarès», el escritor francés representa al batallón «Edgar André» intentando contener el avance de las tropas del Ejército de África hacia la otra orilla del Manzanares, mientras que en *For Whom the Bell Tolls*, el narrador hace saber al lector que Robert Jordan había luchado en los barrios de Carabanchel y Usera antes de marchar a la sierra madrileña. Fue en el marco de estos combates donde algunos oficiales brigadistas pronto alcanzaron una gran fama, como fueron los comandantes de las 11ª y 12ª brigadas, Hans y Lukacz, con el que Hemingway mantuvo una estrecha amistad. Precisamente, el personaje histórico más relevante que aparece en la novela del escritor americano –Golz, inspirado en la figura del oficial polaco Karol Swierczweski[14], más conocido como «Walter»– está vinculado a las Brigadas Internacionales. Frente a la resistencia presentada por los voluntarios extranjeros, las tropas franquistas debieron renunciar a tomar la ciudad en aquel primer invierno de la guerra. La estrategia rebelde recurriría, a partir de entonces, a los bombardeos aéreos contra la ciudad sitiada, siendo los primeros que se llevaban a cabo de manera indiscriminada contra la población civil. En *L'espoir*, se suceden las imágenes de bombas que no diferenciaban entre hombres, niños y mujeres, entre los sanos y los enfermos ingresados en hospitales como el de San Carlos. En enero de 1937, las posiciones en torno a Madrid se habían estabilizado, al igual que lo habían hecho en el resto del frente, bien porque ninguno de los dos bandos disponía de armamento suficiente para emprender dos batallas simultáneamente, bien por la escasa preparación de sus hombres. George Orwell, durante su estancia en el frente de Aragón entre enero y abril de 1937, ofrece una descripción detallada de la vida en las trincheras en *Homage to Catalonia*; el frío, la falta de higiene, pero, sobre todo, la inactividad, la indisciplina y la falta de entrenamiento

14 MEYERS, Jeffrey, «*For Whom the Bell Tolls* as Contemporary History», in AYCOCK, W.; PÉREZ, J. (eds.), *The Spanish Civil War in Literature*, Lubbock, Texas University Press, 1990, p. 97.

de sus compañeros –muchos de ellos adolescentes– eran los principales peligros en aquellos momentos. Parapetados en angostas trincheras cavadas en la roca, los soldados de uno y otro bando practicaban más la guerra psicológica que la estrictamente militar[15]; Orwell recuerda, en este sentido, cómo, con el fin de desmoralizar al enemigo, los milicianos recurrían a proclamas propagandísticas e, incluso, se jactaban de contar con más víveres que el enemigo. En ocasiones, esta clase de mensajes surtían efecto al otro lado de las trincheras, siendo numerosos los casos de deserción. Sin embargo, otras veces, los desertores eran hombres que habían sido sorprendidos por el estallido de la guerra en un bando que no era el suyo; fingían pertencer entonces al bando por el que combatían para salvar sus vidas, aunque lo que de verdad esperaban era una mínima oportunidad para cruzar las líneas, una realidad que advertiría Orwell a los pocos días de su llegada al frente: «Muchas de las tropas que se encontraban frente a nosotros no eran Fascistas (...), sino reclutas que tuvieron la desgracia de estar prestando el servicio militar cuando estalló la guerra y que se morían por salir de allí»[16].

Homage to Catalonia, más que un libro sobre la guerra civil española, es un testimonio donde el autor ofrece su visión de las denominadas «jornadas de mayo», que él mismo vivió en primera persona dentro de las filas del POUM –Partido Obrero de Unificación Marxista–, integrado por comunistas antiestalinistas. El enfrentamiento en las calles de Barcelona entre comunistas y socialistas prietistas –ala conservadora del PSOE– de un lado, y anarquistas, socialistas caballeristas –sector más progresista del PSOE– y poumistas de otro, fue la culminación de una crisis producida en el seno de la República. Entretanto, la situación económica empeoraba por momentos;

15 El escritor inglés señala, a este respecto, que, al abandonar la posición de Monte Pocero, se percató de que sólo había realizado tres disparos en el trascurso de tres semanas..

16 Traduzco de la edición inglesa: ORWELL, George, *Homage to Catalonia*, DAVISON, Peter (ed.), *Orwell in Spain*, London, Penguin, 2001, p. 41. Referencias posteriores a esta obra se efectuarán mediantes las iniciales *HC*.

en mayo de 1937, los precios de los alimentos en Barcelona se habían duplicado desde el comienzo de la contienda[17]. Orwell recuerda, durante la primera vez que llegó a la Ciudad Condal, el aspecto lamentable que presentaban los comercios –«pobres y destartalados»[18]– y cómo, meses más tarde, los obreros anarquistas tuvieron que abandonar las barricadas por falta de alimentos: «...la gente empezaba a retirarse de las barricadas. No tengo la menor duda de que era debido a la escasez de comida. Por todas partes oías lo mismo: 'Ya no tenemos más comida, debemos volver al trabajo'»[19]. La crisis de mayo también tuvo importantes implicaciones políticas, ya que supuso, por un lado, una mayor influencia de los comunistas en el gobierno republicano, al ser sustituido Largo Caballero por Prieto, y, por otro, la detención y desaparición de numerosos militantes y simpatizantes del POUM –entre ellos su principal dirigente, Andreu Nin–. Precisamente, fue la persecución contra los miembros de esta formación lo que precipitó la salida de Orwell de España, mientras algunos compañeros y amigos suyos, como Georges Kopp, vivieron la dura experiencia de estar recluidos en las cárceles clandestinas comunistas.

Mientras, la guerra continuaba. Durante los primeros meses de 1937, se libraron tres batallas de importancia en el desarrollo de la contienda, como fueron las de Málaga, el Jarama y Guadalajara. En enero, el litoral malacitano fue objeto de una ofensiva nacionalista dirigida por Queipo de Llano, cuyo fin último era la ocupación de la capital. Con la colaboración de los «camisas negras» italianos enviados por Mussolini, las fuerzas rebeldes avanzaban de manera inexorable hacia Málaga, donde buscaba refugio la población de localidades cercanas que habían caído en manos de las tropas franquistas. La llegada a los suburbios de Málaga de los voluntarios italianos el 7 de febrero precipitó la salida masiva de aquellos que huían de los rebeldes. La muchedumbre se agolpaba en la carretera hacia Motril

17 THOMAS, Hugh, *La guerra civil española, op. cit.*, p. 700.
18 *HC*, p. 97.
19 *ibid.*, p. 120.

y Almería, la única vía que conducía a territorio republicano, a la vez que era bombardeada por la aviación y los navíos rebeldes «Canarias», «Baleares» y «Velasco». La escuadrilla de Malraux llevó a cabo una de sus últimas operaciones en la costa malacitana, donde colaboró con las fuerzas gubernamentales en el intento de frenar el avance de las tropas italianas afectas a los rebeldes. La «Escadrille Espagne» –que desde el mes de noviembre de 1936 pasó a llamarse «Escadrille André Malraux»– ya estaba entonces muy mermada tras haber sufrido algunas bajas y tener varios aparatos fuera de combate. En *L'espoir*, el escritor francés relata cómo uno de los aviones de la escuadrilla cae al Mediterráneo después de ser derribado por un avión italiano. Pese al fuerte impacto, dos pilotos logran salvarse. Uno de ellos es Attignies, personaje inspirado en el voluntario belga Paul Nothomb, a través de cuya mirada Malraux ofrece algunas estampas de la muchedumbre campesina y obrera –donde se encontraban niños, mujeres y ancianos– que huía de Málaga a pie, en carros, a los lomos de mulas y, las menos de las ocasiones, en vehículos motorizados. Mientras, Franco lanzaba una nueva ofensiva contra Madrid que desencadenaría las batallas del Jarama y de Guadalajara, convertida esta última en el escenario que pone fin a *L'espoir*. Deseosos de poner en marcha una maquinaria militar de última generación, los voluntarios italianos encabezaron el ataque. Aunque hicieron retroceder a las fuerzas republicanas en un principio, ocupando algunos enclaves estratégicos como Brihuega, pronto comenzaron las vicisitudes para ellos. El exceso de confianza de los rebeldes en su superioridad militar y las inclemencias meteorológicas facilitaron la reacción de las tropas gubernamentales, quienes, finalmente, repelieron la ofensiva.

Tras los fallidos intentos de tomar la capital en las batallas del Jarama y de Guadalajara, Franco se convenció de que la guerra no se podía ganar en torno a Madrid. Fue entonces cuando decidió trasladar el «epicentro» de la guerra al norte. Entre marzo y octubre de 1937, las fuerzas sublevadas conquistaron sucesivamente Vizcaya, Cantabria y Asturias, circunstancia que marcaría un punto de inflexión en el desarrollo de la contienda. El primer objetivo de las tropas franquistas en la campaña del norte fue Bilbao. Consciente de la importancia estratégica de esta ciudad, el gobierno republicano lanzó dos ofensivas para alejar a los nacionales de la capital vizcaína. La primera de ellas tuvo como fin ocupar Huesca. A pesar del mayor número de efectivos republicanos que rodeaban la ciudad –entre los que se encontraba Orwell hasta el momento de ser herido–, la operación, dirigida por el general Pozas, fue un fracaso para el bando gubernamental, saldándose con 1000 bajas entre sus filas. La segunda de estas ofensivas tuvo lugar en el frente de Segovia. En su avance hacia la ciudad castellana, tres divisiones republicanas, comandadas por Galán, Walter y Barceló respectivamente, cruzaron las líneas franquistas en San Idelfonso y llegaron hasta La Granja, donde fueron detenidas por las tropas de Varela. La operación, además de constituir otro duro revés para los intereses gubernamentales, suscitó una agria polémica debido a la falta de entendimiento entre el general Walter y un subordinado suyo, el coronel Dumont. Esta misma ofensiva es la que Hemingway describe en su novela *For Whom the Bell Tolls.* En ella, el autor norteamericano sugiere que fue la traición lo que condenó el ataque republicano al fracaso. La obstinación de Marty por continuar con la operación –en el trascurso de la cual se enmarca la destrucción del puente en el que muere Robert Jordan– terminó con cualquier posibilidad de que la ofensiva diera los resultados esperados. El fracaso de estas dos operaciones sellaría el destino de Bilbao, cuya rendición supondría la caída del norte en manos franquistas. A partir de aquel momento, la esperanza de ganar la guerra se iría desvaneciendo entre las filas republicanas.

4.2 La vida cotidiana en el marco de la contienda

El estallido de la guerra supuso, dentro de la zona republicana, el comienzo de profundos cambios políticos, sociales y económicos. La España leal no sería únicamente asediada por el avance de los rebeldes, sino también por el enconado debate abierto dentro de la izquierda en torno a la necesidad de proprizar la revolución frente a la guerra –tal como pretendían los anarquistas, socialistas caballeristas y por el POUM– o, por el contrario, de plantear la victoria sobre Franco como condición necesaria para impulsar la revolución –postura sostenida por los comunistas y socialistas prietistas. La manifestación más evidente y violenta de estas disensiones fueron los enfrentamientos acaecidos en Barcelona en mayo de 1937. Uno de los testigos más relevantes de este episodio de la contienda civil fue George Orwell, quien ofreció una visión particular de los hechos en *Homage to Catalonia*. La presencia del novelista y ensayista británico en Barcelona es un claro ejemplo de cómo numerosos extranjeros fueron atraídos por un acontecimiento tan poco habitual en Europa desde el siglo XIX como lo era una transformación súbita de la vida pública y privada en todos sus órdenes político, económico, social y cultural. Al igual que Orwell, muchos acudieron a España con la idea de que iban a contemplar un «nuevo 1848», una revolución romántica que defendiera los ideales de igualdad y libertad, circunstancia que les llevó a ofrecer en algunos casos una visión idílica y pintoresca que ocultaba las miserias existentes tras el entusiasmo y el ímpetu revolucionarios. En otras ocasiones, sin embargo, aquéllas despojaron de su velo de idealismo a muchas conciencias foráneas, sumiéndolas en una profunda indignación y desolación.

El proceso de cambio tuvo así nefastas consecuencias en los ámbitos político, social y económico. Dentro de una dimensión estrictamente política, la principal transformación consistió en la transferencia de una parte del poder gubernamental a formaciones políticas y sindicales heterogéneas, lo que supuso una profunda fragmentación del mismo. Aunque, «de iure», la dirección de la zona republicana estaba en manos del gobierno de Giral, el control del territorio leal lo tuvieron «de facto» hasta la primavera de 1937 las milicias de los diferentes partidos y sindicatos. Una extraña simbiosis de miedo y entusiasmo movilizó al pueblo, y con él a las milicias y a militares desprovistos de sus mandos naturales, a hacer realidad en la calle sus sueños de igualdad y justicia social. La oportunidad de intervenir en la política nacional sin intromisiones burguesas sumergió a las masas en un frenesí revolucionario que devino en numerosos actos violentos y descontrolados. La convicción en la zona republicana de que había que terminar con los enemigos del pueblo originó una oleada de violencia contra todos aquellos que eran considerados desafectos de la causa popular; la supervivencia se convirtió para estas gentes en una verdadera aventura cuyo mejor desenlace era el de terminar en la cárcel, pues la inseguridad entre rejas solía ser mayor que en libertad.

Ambos bandos recurrieron al terror para extinguir cualquier foco de desafección que pudiera aparecer en sus respectivas retaguardias. De este modo, el 18 de julio de 1936 significó el «pistoletazo» de salida, tanto en un bando como en otro, para el desorden público y para un tipo de violencia que respondía más a móviles personales, intereses de clase o simplemente al deseo de matar, que a razones políticas. Los lugares más significados dentro de la geografía de la represión republicana fueron Madrid, Barcelona y Valencia. En la capital de España, la violencia adquirió una especial crudeza al fracasar el intento de pronunciamiento militar con el asalto al cuartel de la Montaña, descrito por Malraux en las primeras páginas de *L'espoir*. Después de esta fallida tentativa, Madrid asistió a lo que se ha denominado la «justicia por consenso»[20] que, en el caso de la retaguardia, consistía en la realización de saqueos, registros, «paseos», detenciones y requisas. Se trataba de una forma de justicia consensuada porque gran parte de los madrileños antifranquistas la aprobaban como medio para saldar cuentas pendientes. Uno de los símbolos más representativos de esta «justicia» popular fueron las «checas»[21], es decir, las cárceles que las organizacio-

20 Cervera, Javier, *Madrid en guerra. La ciudad clandestina 1936-1939*, Madrid, Alianza, [1998], 1999, p. 56.

21 «Checa» es la abreviatura rusa de «Comisión extraordinaria panrusa para la supresión de la contrarrevolución y del sabotaje».

nes políticas y sindicales habilitaron en sus respectivos locales. Al recordar el encarcelamiento de uno de sus mejores amigos en una de estas prisiones, Orwell describe las condiciones extremas en las que debían vivir los que allí se encontraban recluidos: «Pero cuando veías cómo eran las cárceles españolas –las celdas improvisadas para presos políticos– te dabas cuenta de las pocas posibilidades de que un hombre enfermo recibiera la atención adecuada»[22]. Dentro de estos penales clandestinos, un «tribunal» procedía a la lectura de los motivos por los que el sujeto en cuestión era detenido. Si la denuncia procedía de una persona particular, el detenido no estaba presente y no tenía opción de defensa. Al final, sólo se podían adoptar dos decisiones sobre su destino: dejarlo en libertad o matarlo. Una de las maneras de ejecutar la pena capital era la del paseo, que consistía en llevar al detenido a algún lugar retirado donde se le dejaba caminar unos metros sin mirar a sus ejecutores hasta que estos decidían dispararle; empresarios, sacerdotes, burgueses y católicos, considerados todos ellos fascistas, eran las principales víctimas de esta violencia incontrolada.

Las cárceles también conocieron actos de barbarie, como el cometido en la cárcel Modelo de Madrid el 22 de agosto de 1936. Aquel día, se inició en el penal un motín en la que los reclusos simpatizantes de la izquierda exigían su libertad bajo la amenaza de matar a los presos que eran de derechas. La cárcel fue asaltada por fuerzas de seguridad y por milicianos quienes, tras consultar los ficheros de los presos, seleccionaron a aquellos cuyos nombres les resultaba más conocidos para posteriormente fusilarlos. Entre los ejecutados figuraban Melquíades Álvarez, antiguo colaborador de Azaña; Pedro Durruti, falangista y hermano del líder anarquista Buenaventura Durruti y Fernando Primo de Rivera, hermano de José Antonio, entre otros. Todos ellos fueron víctimas del visceral odio antifranquista que inundó la zona republicana a raíz de acontecimientos como la represión que las tropas nacionales llevaron a cabo en Galicia y Badajoz o los bombardeos que la aviación fascista comenzó

22 *HC*, p. 156.

a realizar sobre Madrid en el mes de agosto. Esta situación de violencia en el interior de las cárceles tuvo principalmente dos consecuencias: por un lado, la liberación de numerosos presos comunes que pasaron a engrosar las milicias y comenzaron a perseguir a funcionarios penitenciarios para saldar cuentas pendientes y a cometer actos de bandidaje y, por otro, el comienzo de una de las prácticas más luctuosas de la guerra civil: las sacas de presos, consistentes en la extracción masiva de los penales de los reclusos para proceder posteriormente a su asesinato. Estas ejecuciones masivas, que resultaron especialmente cruentas en los meses de noviembre y diciembre de 1936, tuvieron como trágicos escenarios dos localidades cercanas a la capital de España: Paracuellos del Jarama y Torrejón de Ardoz. Los presos salían de las cárceles con el convencimiento de que iban a ser puestos en libertad o trasladados a otros penales como los de Alcalá de Henares y Chinchilla de Monteaarágón (Albacete). Las víctimas de estas matanzas no eran escogidas arbitrariamente, sino que respondían a unos perfiles determinados; por lo general, se trataba de militares, religiosos, falangistas e intelectuales, como el escritor Pedro Muñoz Seca, ejecutado en Paracuellos. Los esfuerzos por detener la oleada de violencia descontrolada no sólo procedieron del Ejecutivo republicano, sino también de responsables políticos que podían tener una cierta influencia sobre aquellas masas populares atrapadas en una vorágine de vesania y terror.

Por su parte, los anarquistas dieron a conocer su intención de fusilar a todo aquel que llevase a cabo actos que atentasen contra el derecho de gentes, mientras que desde las instancias gubernamentales se autorizaba a los gobernadores civiles a que decretaran la ejecución de aquellos que realizasen acciones contra la vida o la propiedad ajena. Al mismo tiempo, el Ministerio de la Guerra prohibía la circulación de vehículos y personas armadas. No obstante, todos estos intentos por restablecer la normalidad no tuvieron los efectos esperados; las matanzas sólo descendieron a finales de 1936, cuando el número de víctimas potenciales para los verdugos disminuyó, bien porque ya estuvieran muertos, bien porque ya habían huido a zonas más seguras. Además, debe tenerse en cuenta que en el mes de diciembre tuvieron lugar los combates más duros durante el asedio que sufre Madrid, por lo que los autores de los asesinatos estaban más preocupados por defender la ciudad con todo su empeño.

Una de las formas de resistencia clandestina más genuinas y contundentes frente al régimen republicano y las milicias populares fue la denominada «quinta columna», expresión acuñada por el general Mola al afirmar, durante el asedio de Madrid, que la ciudad, aunque atacada por cuatro columnas, sería ocupada finalmente por una quinta, la formada por partidarios del alzamiento que permanecían ocultos en la capital. Las palabras de Mola no hicieron ningún favor a estos grupos, que se dedicaban a actividades tales como el espionaje y el sabotaje del normal desarrollo de la vida o del abastecimiento de la población, puesto que exasperaron todavía más a un pueblo ya de por sí nervioso por la proximidad del enemigo. De este modo, temerosos de verse sorprendidos por un levantamiento en el interior de la ciudad, los madrileños afectos a la República iniciaron numerosas acciones represivas contra los quintacolumnistas que, en muchas ocasiones, resultaron infructuosas.

Durante los primeros días de la guerra, los mismos sindicatos y partidos que habían abortado el intento de sublevación militar en Barcelona extendieron su entusiasmo revolucionario y sus aspiraciones de igualdad y justicia por la Ciudad Condal, como bien reflejan Orwell y Malraux al comienzo de sus respectivas obras. Las organizaciones que en aquellos momentos controlaban la situación eran los anarquistas de la CNT –Confederación Nacional del Trabajo– y de la FAI –Federación Anarquista Ibérica –, los socialistas del PSUC –Partido Socialista Unificado de Cataluña– y los comunistas disidentes del POUM y el Comité de Milicias Antifascistas, que era un gobierno paralelo al de la Generalidad, el cual, arrastrado por la marea proletaria, se limitaba tan sólo a dictar medidas sociales que le pudieran granjear el apoyo de las masas obreras. La actividad de estas organizaciones era arrolladora y se difundía por medio de incesantes discursos y de una sugerente propaganda. La capital catalana había caído en manos de una muchedumbre de la que brotaban arengas, aclamaciones espontáneas y puños en alto, que festejaba un triunfo conseguido a costa del derramamiento de sangre trabajadora. La exaltación y el radicalismo que se instalaron en Barcelona lanzaron al pueblo a cometer actos vandálicos tales como la quema de iglesias y conventos, la exhumación de los cadáveres de religiosas, el saqueo de almacenes y viviendas, detenciones arbitrarias así como la requisa de automóviles que, en sus frenéticas carreras por las calles barcelonesas, solían sufrir espectaculares accidentes. Poco después de que los sublevados fueran derrotados en la Ciudad Condal, comenzaron a aparecer disputas entre las organizaciones que ahora controlaban la situación surgidas en torno a la prioridad que se debía otorgar a la culminación de la guerra. Aunque, según Orwell, los enfrentamientos entre las formaciones políticas y sindicales no llegaban al frente, esta pugna sorda repercutía sobre la moral de los que estaban en las trincheras, además de desestabilizar la vida cotidiana en la retaguardia republicana. La escalada de violencia entre estas formaciones de izquierda culminaría con los combates acontecidos en Barcelona en mayo de 1937, que se saldaron con 500 muertos y más de un millar de heridos. Las principales repercusiones políticas de aquella primavera sangrienta fueron la salida del gobierno de Largo Caballero y su sustitución por el también socialista Juan Negrín, llevado al poder por el PCE, que vio incrementada su influencia sobre el nuevo gabinete y la persecución contra los miembros del POUM, cuyo líder, Andréu Nin, desapareció en extrañas circunstancias.

La dimensión social de la revolución impulsaba a la clase obrera hacia la eliminación de cualquier rastro oligárquico, capitalista o explotador vinculado a la idea de la propiedad, pieza clave del orden burgués. Junto a la propiedad, la Iglesia era el otro objetivo que debía destruirse por sus afinidades ideológicas con el enemigo, de ahí que se procediera al asesinato de clérigos y al saqueo y a la destrucción de numerosos templos y conventos –en torno a 20.000– que, en ocasiones, eran aprovechados para albergar almacenes, hospitales, escuelas o guarderías infantiles. Esta inquina de las clases populares contra el clero y la burguesía no pasó desapercibida para autores como Malraux o Hemingway. Uno de los campesinos que aparecen en *L'espoir* recrimina a la Iglesia que siempre haya estado al lado de los opresores y no de los oprimidos:

> Los campesinos reprochaban a la Iglesia el haber sostenido siempre a los señores, aprobando la represión que siguió a la rebelión de Asturias, aprobando la expoliación de los catalanes, enseñando sin cesar a los pobres la sumisión a la injusticia, en tanto que hoy predicaba la guerra santa contra ellos...[23].

Por su parte, en *For Whom the Bell Tolls*, Pilar recuerda la ejecución del cura y de los terratenientes de un pueblo castellano a manos de los campesinos. El gobierno republicano no adoptó las medidas necesarias para frenar la oleada de violencia antieclesiástica, al considerar que las asociaciones religiosas habían cooperado, en mayor o menor medida, con la insurrección del 18 de julio. A partir de entonces, pertenecer a cualquiera de los estamentos de la Iglesia significaba estar en peligro de muerte o, en el mejor de los casos, ser encarcelado, lo que motivó que las prácticas religiosas tuvieran lugar en la clandestinidad. La magnitud de la persecución contra el clero emprendida en territorio republicano ha llegado a ser considerada la más sangrienta de la Historia de la Humanidad, sólo comparable a la producida en el Imperio Romano o en tiempos de la Revolución Francesa. En varios pasajes de *Homage to Catalonia*, Orwell hace referencia a la violencia antieclesiástica desatada al comienzo de la guerra. Durante sus primeros días en Barcelona, el escritor inglés pudo observar que «casi todas las iglesias habían sido destruidas y sus imágenes quemadas. Por todas partes los templos habían sido sistemáticamente

23 *LE*, p. 179.

arrasados por obreros»[24]. Habría que esperar hasta mayo de 1937 para que el Gobierno, con el fin de transmitir una imagen de cierta normalidad hacia el exterior, reconociera que el ser sacerdote no era un delito si no se había combatido contra la República. No obstante, dentro del territorio gubernamental, las prácticas anticlericales proliferaron en la vida cotidiana; en las casas se eliminó cualquier signo externo de religiosidad para evitar los registros de las milicias, desaparecieron las imágenes y las sotanas, la educación se secularizó e incluso se cambiaron los nombres de poblaciones con alusiones religiosas. Teniendo en cuenta esta clase de situaciones, es comprensible que muchos sacerdotes no apoyaran la causa republicana, sin embargo, hubo quienes, como los religiosos vascos o aquellos que actuaron como mediadores en los asedios del Alcázar de Toledo –retratados por Malraux en *L'espoir*– y del Santuario de Santa María de la Cabeza (Jaén), ofrecieron su colaboración al bando gubernamental. Otro ámbito afectado por la revolución fue el de la Justicia, a la que se acusaba de haber estado hasta entonces al servicio de los intereses burgueses. La creación de tribunales populares constituía la expresión más clara de la politización a la que se sometió el poder judicial, circunstancia que tuvo una nefasta consecuencia: la persecución no tanto de los que cometían actos delictivos como de aquellos que se posicionaban en contra de la causa republicana, como sucede con los ajusticiados en la matanza relatada por Pilar en *For Whom the Bell Tolls*.

La supresión, a efectos laborales, de la clase propietaria tuvo como principal consecuencia la colectivización de tierras y empresas por parte de comités integrados por los antiguos empleados, que constituían verdaderas entidades legislativas, ejecutivas y doctrinales del nuevo orden revolucionario. El fin de esta medida económica era el de crear una comunidad de bienes en la que todo el pueblo pudiera participar por igual. Los sectores que peor encajaron la febril actividad colectivizadora emprendida por los sindicatos fueron los pequeños industriales

24 *ibid.*, p. 32.

y los comerciantes, cuyos intereses fueron defendidos por los comunistas frente al idealismo anarquista. Desde la perspectiva de este último, se criticaba a estos colectivos por su excesivo individualismo, que fomentaba una inútil competencia, y por poner en manos de los trabajadores unos medios de producción precarios que impedían trabajar en condiciones idóneas. A pesar de las protestas comunistas, la colectivización se fue abriendo camino. Pero no sólo las industrias, los comercios y los servicios fueron los únicos sectores afectados en las ciudades por la colectivización, sino que también las actividades lúdicas debieron adaptarse a las reformas económicas que se estaban aplicando en la retaguardia republicana; un ejemplo de esto es el proyecto de socialización de los espectáculos públicos aprobado por la Asamblea General del Sindicato Único de Barcelona en agosto de 1936 que, entre otras medidas, contemplaba la equiparación salarial de los empleados de los cines[25]. Las colectivizaciones en las ciudades tuvieron resultados desiguales; así, mientras en Barcelona tres cuartas partes de la población obrera trabajaban en centros colectivizados, en ciudades como Madrid, Valencia y las capitales vascas fue mucho menor.

En el campo, las súbitas transformaciones económicas propiciaron que las grandes y medianas propiedades cayeran en manos de los antiguos jornaleros quienes, una vez asentadas en ellas, se apresuraban a registrarlas en el Instituto de Reforma Agraria con el fin de dar cobertura legal a aquellas ocupaciones. El trasvase de propiedad de las tierras se produjo de diferentes maneras; en unas ocasiones, los campesinos accedían de forma espontánea a ocupar y repartirse las tierras sobre las que habían trabajado, mientras que en otras tuvieron lugar incautaciones por parte de los comités locales al grito de «¡La tierra es de quien la trabaja!». Durante su estancia en el frente de Huesca, Orwell pudo comprobar la diversidad de formas en las que los campesinos se podían hacer con las tierras de los antiguos pro-

25 ABELLA, Rafael, *La vida cotidiana durante la guerra civil. La España republicana*, Barcelona, Planeta, 1975, p. 84.

pietarios: «Es típico de la absoluta desorganización de la que se encuentra rodeada la revolución agraria en España el que no pudiera saber si la tierra había sido colectivizada o si había sido repartida entre los campesinos»[26]. Una vez ocupadas las antiguas propiedades, se procedía a poner en práctica las ideas más utópicas y sorprendentes del comunismo libertario, que iban desde el cooperativismo agrario hasta la comuna agraria gobernada por sí misma, implantadas, en unos casos, con la anuencia de los colectivizados y en otros por la fuerza.

A diferencia del bando republicano, la España franquista tuvo pronto la convicción de que, para ganar la guerra, se debía preservar la unidad en la retaguardia, puesto que, de lo contrario, se sumarían más problemas a los planteados ya por el frente. Desde el comienzo de la contienda, el territorio controlado por los sublevados estuvo bajo un mando único en manos de los militares, que impuso como primer objetivo, tanto a los soldados que luchaban en primera línea como a aquellos que se encontraban en la retaguardia, obtener la victoria. Las diversas tendencias que acogía la derecha alineada con los sublevados –carlistas, falangistas, monárquicos, católicos y tradicionalistas– se aglutinaron en torno a la figura de Franco, que se haría con el poder absoluto a partir de octubre de 1936. Esta unidad se reforzó con el llamado «Decreto de Unificación», firmado en abril de 1937, por el que el falangismo se convertía «en el cauce integrador de un régimen que aborrecía la pluralidad política y sindical»[27]. Además de obtener el apoyo de las opciones políticas mencionadas, Franco vio cómo su autoridad recibía el referendo del poder espiritual de la Iglesia. El general pensaba que mantener unas estrechas relaciones con la jerarquía eclesiástica era una condición importante para conservar la unidad en la retaguardia. El hecho religioso se convirtió así en un elemento homogeneizador de la España nacional, tanto en el frente, donde era frecuente ver a curas castrenses encargados de administrar los sacramentos a los soldados, de cuidar que sus

26 *HC*, p. 70.

27 CERVERA, Javier, *Madrid en guerra…*, *op. cit.*, p. 122.

lecturas no estuvieran mancilladas por la blasfemia y de insuflarles ánimos si sentían reparos a la hora de matar, como en la retaguardia, en la que los sacerdotes volvían a lucir sus sotanas tras las medidas antieclesiásticas adoptadas por la República. Política y religión se entremezclaban en la España sublevada; los párrocos adquirieron una autoridad tal que un certificado expedido por ellos a favor de una persona sospechosa de ser desafecta era un salvoconducto que tenía la misma validez que vestir la camisa azul de la Falange o que los carnés sindicales en el bando republicano. Del mismo modo, la asistencia a los servicios religiosos era un acto de adhesión al régimen, cometido, en ocasiones, voluntariamente y, en otras, para evitar ser calificado de «rojo peligroso». La Iglesia rescataba, además, la antigua costumbre de acudir obligatoriamente a los servicios religiosos de la Pascua en un claro propósito de hacer resurgir la España tradicional. El escritor católico francés Georges Bernanos, en *Les grands cimetières sous la lune* (*Los grandes cementerios bajo la luna*, 1938) ofrece una detallada descripción de los formularios que tenían que rellenarse para justificar la asistencia a estos ritos religiosos[28]. Probablemente, una de las expresiones más claras de este confuso encuentro entre la política y la religión fue la consideración de la guerra como una «cruzada» contra los ateos marxistas.

Por otra parte, la economía de la España nacional gozaba de una situación más favorable que la de la zona republicana; su peseta se mostraba más fuerte que la gubernamental en los mercados internacionales, especialmente a partir de la aplicación de un control de los precios establecidos por comisiones provinciales; se recibían importantes ayudas de Alemania e Italia; se cobraban impuestos de lujos sobre el vino, el tabaco o sobre rentas superiores a las 60.000 pesetas; a menudo, se apelaba a las conciencias para que realizaran donativos en oro, joyas o dinero, o bien para que participara en campañas como las del «día sin postre», «el día sin cigarro» y «los días de pla-

28 BERNANOS, Georges, *Los grandes cementerios bajo la luna*, (trad. de Juan S. Olmos), Buenos Aires, Ediciones Siglo Veinte, 1964, pp. 104-105.

to único». Aunque no lograron acabar en su totalidad con la inflación, este tipo de medidas sí que se revelaron, al menos, más eficaces que las adoptadas en la retaguardia republicana. Además, a la cierta prosperidad económica que se vivía en la España franquista se sumaban las conquistas de áreas con un gran desarrollo económico por parte del ejército nacional, lo que repercutía positivamente en la psicología colectiva de los sublevados. La unidad de la retaguardia franquista no sólo se alcanzó gracias a la labor de las altas esferas del poder político y religioso o gracias a las medidas económicas que se tomaron para hacer lo más llevadera posible una economía de guerra, sino que también emanó de los testimonios aportados por aquellos que huían de la zona republicana, quienes narraban en los diarios historias de horror y exageraban el número real de víctimas en manos de los frentepopulistas; de este modo, al dar a conocer sus experiencias en territorio enemigo, contribuían a fomentar la cohesión, la unidad común sin fisuras contra los que despectivamente eran calificados de «rojos»[29].

Las familias que vivían a uno y otro lado de las trincheras se encontraban unidas por una tragedia común; hasta el estallido del conflicto muchos hogares se encontraban unidos tanto física como ideológicamente, sin embargo esta unidad siempre desapareció con el inicio de las hostilidades. La unidad física se disolvió, ya que al comenzar la guerra en el mes de julio a muchos les sorprendió cuando disfrutaban de sus vacaciones, lo que suponía estar separados de sus seres queridos, a veces por una distancia de pocos kilómetros, pero que fue alargándose conforme comenzaron a cavarse las primeras trincheras. Igualmente, muchas familias también vieron fragmentada su cohesión espiritual, al seguir cada uno de sus miembros premisas ideológicas antagónicas. A lo largo de la contienda, pueden encontrarse varios ejemplos ilustrativos de esta última circunstancia, como son los de los hermanos Machado, los generales Asensio o los hermanos Laín Entralgo, entre otros. La guerra no sólo dividió a muchas familias, sino que también las desplazó.

29 CERVERA, Javier, *Madrid en guerra...*, *op. cit.*, p. 126.

Como ya se ha señalado antes, el caso del País Vasco fue uno de los más sangrantes; allí, numerosas madres tuvieron que elegir dolorosamente entre Inglaterra, Francia, Méjico, Cataluña o la Unión Soviética como destino en el que sus pequeños estarían a salvo de las bombas y el hambre. El triunfo final de Franco hizo que estas separaciones paterno-filiales duraran varios lustros. Muchos padres intentaban sobrellevar la ausencia de sus hijos convenciéndose de que estos gozarían de una vida mejor lejos de los peligros de la guerra. En otros casos, las separaciones se producían dentro de España, concretamente cuando se tenían familiares en una población ocupada por el bando rival. En definitiva, gran parte de los hogares de aquella nación dividida en dos debían soportar el dolor de alguna ausencia; la del marido, la del padre, la del hermano..., quienes podían haber caído prisioneros o haber muerto a manos del bando rival; en *For Whom the Bell Tolls*, Hemingway representa a través de las tragedias personales de Joaquín y María el descalabro que la guerra supuso para miles de familias. No obstante, la muerte no tenía por qué ser siempre física, ya que era frecuente oír la expresión «ha muerto para mí» cuando algún familiar había abrazado la causa del bando rival.

Como ya se ha mencionado, la cárcel fue el destino de muchos españoles. Por todo el país, centenares de personas pasaron a formar parte de la población reclusa por el mero hecho de estar en desacuerdo con las ideas que prevalecían en el territorio donde se encontraban. Dentro de uno y otro bando, el trato carcelario fue especialmente cruel, pues los funcionarios de los penales no veían en los reclusos a individuos que habían cometido un delito que no afectaba a sus vidas, sino a un enemigo mortal de la España que ellos querían imponer. Por esta razón, los presos estaban desprovistos generalmente de asistencia jurídica, tal y como señala Orwell al recordar la detención de Bob Smillie, un joven voluntario británico alistado en las milicias del POUM. Los procedimientos penales seguidos en la España nacional eran muy similares a los que se practicaban en los presidios republicanos; las incomodidades, la falta de higiene, el hambre, el desprecio hacia los reclusos y la tensa espera para ser ejecutado eran denominadores comunes en las cárceles franquistas. Hubo, no obstante, quienes eludieron la cárcel y las vicisitudes de la guerra refugiándose en las embajadas. La estancia de los refugiados políticos en estos lugares era lógicamente mucho más amena que extramuros; allí, los diplomáticos intentaban hacerles la vida lo más agradable posible, si bien las incomodidades que imponía el hacinamiento y el temor que producía saber que a pocos metros estaban circulando enemigos mortales generaba una tensión origen de muchos incidentes. El desenlace de este tipo de situaciones solía resolverse satisfactoriamente para los refugiados, aunque hubo excepciones como la de la embajada de Finlandia, que fue asaltada por las masas. Sin embargo, a pesar de este tipo de incidentes, el permanecer hacinado durante varias semanas en una embajada era uno de los mejores destinos que entonces se podía tener, ya que la muerte acechaba por cualquier rincón de la España en guerra. La premisa de que había que extirpar de raíz a los enemigos ideológicos se propagó como una epidemia por todo el país, lo que degeneró, como se ha visto, en múltiples formas de violencia –paseos, fusilamientos y sacas. Aunque los motivos esgrimidos para intentar «legitimar» esas deplorables actuaciones eran variados y contradictorios –por ir frecuentemente a la iglesia o por no aparecer por ella, por pertenecer a un partido de derechas o de izquierdas...–, todas presentaban un mismo fin; terminar con cualquier sospechoso de desafección, actitud brutal que sesgó las vidas de muchos inocentes, independientemente de la clase social a la que pertenecieran; así lo corroboran los testimonios como los aportados por el escritor francés Georges Bernanos, quien presenció las matanzas que los falangistas llevaron a cabo en Mallorca, o por el periodista norteamericano Jay Allen, que escribió para el «Chicago Tribune» la crónica de la matanza perpetrada por el ejército de Africa en el coso taurino de Badajoz. Igualmente, el territorio republicano también fue escenario de esta clase de episodios cruentos como los descritos por Arturo Barea en *La forja de un rebelde* (1951):

> ...Detrás de los Mataderos, una larga pared y una avenida con arbolillos. Los curiosos iban de uno a otro con comentarios irónicos; una frase de condolencia bastaba para hacerle a uno sospechoso.
> Anticipaba la visión de los cuerpos y su vista no me emocionó. Eran unos veinte y no parecían desfigurados. Había visto algo peor en Marruecos el día anterior. Pero me impresionaron la brutalidad y la cobardía de los espectadores.
> Unos camiones del Ayuntamiento de Madrid llegaron a recoger los cadáveres. Uno de los conductores dijo: «Ahora regarán la plaza para dejarla a punto para esta noche». Se rió, pero su risa sonó a miedo[30].

Junto a las ausencias, otra tragedia que tuvieron que sufrir numerosas familias españolas fue el hambre que azotó a gran parte de la población. La división política y militar de España motivó que las zonas con mayor producción agrícola y ganadera cayeran en manos de los sublevados, mientras que los grandes núcleos de población, como Madrid, Barcelona y Valencia, permanecieron leales al gobierno republicano. Como resultado, a los pocos meses de haber estallado la guerra, el hambre comenzó a hacer acto de presencia en aquellas regiones en las que existían más consumidores que productores que pudieran aportar los alimentos básicos para subsistir. Esta situación hizo que la figura del campesino, hasta entonces prácticamente olvidada, e incluso despreciada en las grandes ciudades, adquiriera una gran importancia como suministrador de bienes. Los trabajadores del campo fueron pronto conscientes de esta coyuntura y no tardaron en incrementar desmesuradamente los precios de sus productos hasta que dejaron de vender, no tanto por la persecución del gobierno contra el mercado negro o «estraperlo», sino por la galopante devaluación que estaba sufriendo la moneda republicana. La desaparición de la moneda en las trasacciones comerciales, hecho que Orwell recuerda como

30 Barea, Arturo, *La forja de un rebelde*, vol. III, Barcelona, Bibliotex, 2001, p. 157.

uno de los numerosos obstáculos a los que los barceloneses debían hacer frente en mayo de 1937, motivó que se recuperara el antiguo sistema del trueque.

Además de la escasez de alimentos, la población debía enfrentarse a unos comerciantes cuya avaricia les llevaba a aprovecharse de las carencias ajenas. Algunos alimentos, como el azúcar, plantearon serios problemas al ser un producto que no existía en la España republicana, de manera que tuvo que ser restringida al consumo para enfermos. No obstante, las iniciativas para combatir la escasez de alimentos no se hicieron esperar. De este modo, comenzaron a expedirse cartillas de racionamiento y a abrirse comedores populares, medidas que intentaban paliar la hambruna que se cernía sobre las regiones controladas por el gobierno. Como ejemplos significativos de las dramáticas situaciones que sembró el hambre en aquella España, pueden aducirse los casos de Madrid y Barcelona. La capital de España vio cómo a partir del mes de noviembre, coincidiendo con la salida del Ejecutivo hacia Valencia, el problema de la escasez de víveres se agravaba considerablemente, por lo que la Junta de Defensa tuvo que repartir urgentemente cartillas de abastecimiento y fijar los precios máximos, con el fin de evitar la reventa de alimentos. Las raciones mínimas recogidas en las cartillas exigían a la Junta una considerable cantidad de alimentos que no era fácil de llevar a la ciudad[31]. A este problema se sumó el hallazgo de que se estaban repartiendo más raciones diarias que combatientes había. Para el mes de diciembre, los madrileños sólo recibían cerveza, jabón, tabaco, cerillas y café, al tiempo que combatían el intenso frío invernal, empleando para ello la madera procedente de muebles, persianas, vigas y puertas de casas derrumbadas. La llegada del nuevo año endureció aún más la situación; ciertos artículos, como la

31 Una ración diaria en Madrid en noviembre de 1936 constaba de: 100 gramos de lentejas o judías, un cuarto de litro de leche, medio kilo de pan, 100 gramos de carne, 25 gramos de tocino, medio kilo de fruta, 50 gramos de sopa y un cuarto de kilo de patatas. Citado en: MONOTLIÚ, Pedro, *Madrid en la guerra civil*, Madrid, Sílex, p. 253.

carne, el pescado, la leche, o los huevos, sólo podían obtenerse con receta médica y se creó una nueva cartilla que sólo permitía elegir entre 100 gramos de lentejas, 100 de garbanzos, 75 de judías, 150 de arroz o 250 de patatas. La desesperación propiciada por la escasez de víveres hizo que tanto la prensa como las autoridades efectuasen distintos llamamientos de auxilio al resto de la zona republicana. Después de la batalla del Jarama, la situación se complicó todavía más al restringirse las comunicaciones con Valencia. La falta de alimento llegó hasta el punto de que, en marzo de 1937, la ración de pan por persona se redujo a 300 gramos. El panorama de escasez y desolación en el que se encontraba Madrid fue campo abonado para el mercado negro y la picaresca, como demuestran la creación de redes paralelas para el suministro de alimentos y la proliferación de prácticas fraudulentas, como la utilización de cartillas de personas que habían fallecido o el mantenimiento de la cartilla por parte de aquellos que marchaban al frente, de modo que podían así mejorar la alimentación de sus familias.

En la Ciudad Condal, la carestía de alimentos comenzó a dejar sentir sus efectos a comienzos de diciembre de 1936. La carencia de determinados artículos y su consecuente encarecimiento levantó airadas protestas contra la Generalidad y motivó que se publicara una relación de precios en los que se podía ver el margen del que gozaban los detallistas, de manera que los consumidores podían controlar los abusos. Conforme transcurrían los meses, la situación se complicó; productos básicos como el pan o el carbón vegetal comenzaron a escasear, circunstancia que hizo proliferar el estraperlo y la indignación. En *Homage to Catalonia*, Orwell hace mención a la escasez de víveres que padecía la Ciudad Condal en la primavera de 1937:

> La escasez de comida, que fluctuaba en el trascurso de la guerra, había tocado fondo. El pan escaseaba y aquellos que eran de mala calidad se adulteraban con arroz; y el que consumían los soldados en los barracones era algo terrible, como una masilla. La leche y el azúcar eran bienes escasos (...) Muy

acusada era también la escasez de aceite de oliva, que los españoles usan para media docena de fines diferentes[32].

El hambre empujaba a los barceloneses incluso a consumir los gatos y las palomas que vagaban por las calles de la ciudad. El gobierno catalán se limitaba, mientras tanto, a adoptar medidas como las de «la batalla del huevo», consistente en que en cada hogar hubiese una gallina, lo que, según las previsiones de la Generalidad, podía paliar notablemente el hambre de la población. Al igual que en Madrid, lo único que no faltó en Barcelona fueron las lentejas, conocidas popularmente como «las píldoras del doctor Negrín». En la España republicana no sólo se sufría de escasez de alimentos, sino también de la de tabaco, que generaba una desesperación similar a la ocasionada por la de los bienes básicos para la subsistencia. Era frecuente ver cómo los fumadores empedernidos recurrían a cualquier hierba, a colillas e incluso a cáscaras de naranja y cacahuete. La pasión de los españoles por fumar convirtió al tabaco en objeto de trueque, no sólo entre los republicanos sino también con los soldados nacionales; dado que éstos disponían de tabaco pero carecían de papel de fumar, en varias ocasiones, aprovechando la tranquilidad del frente, se llegó a intercambiar un producto por otro.

La coyuntura económica en la zona nacional era completamente distinta. El control de las grandes áreas agrícolas y ganaderas proporcionaba abundancia de alimentos a la España franquista. En *For Whom the Bell Tolls*, Andrés reflexiona sobre la situación más ventajosa del enemigo a la hora de acceder a los víveres: «Las tropas republicanas tuvieron que subir por las empinadas cuestas de Guadarrama todo el heno que crecía más allá de la predera, pero los fascistas no tuvieron que hacerlo (...) disponían de todo el grano que querían...»[33]. No obstante, la copiosa aportación de alimentos de la que gozaban las zonas ocupadas por los sublevados no derivó en un consu-

32 *HC*, pp. 140-141.

33 *FWBT*, p. 344.

mo abusivo de los mismos, ya que, si todo había que sacrificarlo por la «cruzada» y por la victoria, la comida no iba a ser menos. El estado religioso que era la España nacional no consideraba oportuno que la población comiese sin mesura, olvidándose de las circunstancias bélicas en las que se hallaban. De este modo, los banquetes fueron prohibidos a la vez que el mando franquista decidió decretar, como ya hemos visto, una restricción alimenticia dos veces al mes con el nombre de «plato único», medida que tampoco suponía una restricción excesiva; un plato único podía ser una paella, una fabada o un suculento plato de carne o pescado con guarnición servido en un hotel. Además, la cantidad de la comida no desmerecía su calidad.

El papel jugado por los medios de comunicación –prensa y radio– a la hora de movilizar al conjunto de la sociedad de uno y otro bando fue muy relevante. Su importancia no tardó en ser advertida desde un primer momento por los contendientes, con lo que, de manera casi simultánea al estallido de la guerra en las trincheras, comenzó a librarse una pugna paralela en los medios de comunicación. El mero hecho de haberse apoderado de los medios suponía adoptar una posición de superioridad desde la que se podía amedrentar al enemigo. Resulta obvio afirmar que la guerra borró taxativamente la información objetiva de los diarios y de las emisoras de radio en favor de las consignas propagandísticas que servían, por ejemplo, para exaltar con grandes titulares las victorias propias y desprestigiar las ajenas cuando era posible; cuando no lo era, la noticia de una derrota recibía un tratamiento editorial modesto. Las noticias que aparecían en los diarios de la zona republicana no siempre tuvieron como blanco al enemigo franquista. Anarquistas, comunistas, socialistas, nacionalistas y republicanos de izquierda proclamaron desde sus respectivos diarios cuál era la mejor manera de afrontar la guerra, vertiendo ideas que resultaban no sólo diferentes, sino también en ocasiones contradictorias; un claro ejemplo de ello fue la lucha que «Solidaridad Obrera» –diario de la CNT-FAI– y «La Batalla» y «Adelante» –POUM– mantuvieron con la prensa filocomunista del PSUC durante los combates de mayo de 1937 en Barcelona, una disputa que Orwell recoge en su libro sobre la guerra de España. De este modo, las noticias que se daban en los diarios de la zona republicana servían principalmente para exaltar las victorias obtenidas en el frente –las de las derrotas eran censuradas– o bien para desprestigiar al enemigo de la retaguardia. Después de los acontecimientos de mayo, con Negrín al frente del gabinete republicano, la diversidad de opiniones desapareció de los diarios antifranquistas, llegándose a prohibir algo tan frecuente en la prensa anarquista y poumista como las críticas a la Unión Soviética.

Aunque la prensa nacional tenía prácticamente los mismos cometidos que la republicana, su situación no tuvo nada que ver con la de ésta; todos los sectores congregados bajo el bando rebelde estuvieron tutelados por un mando militar que, por medio de sus mecanismos de censura, adiestraron a la prensa nacional no sólo para ofrecer un apoyo y una cobertura ideológicas a la acción desplegada en el frente, sino también para difundir una propaganda que sentara las bases del nuevo Estado. Dentro de la ingente labor propagandística llevada a cabo por las publicaciones periódicas de los dos bandos los intelectuales desempeñaron un papel muy importante, ya fuera movida su pluma por sus convicciones más profundas o bien porque se les pidiera, e incluso a veces exigiera, hacer pública su postura ante la contienda. Por su parte, la radio se reveló como un medio de propaganda más efectivo si cabe que la prensa, pues tenía un mayor alcance y era, por tanto, susceptible de llegar a todos los españoles, tanto a los franquistas como a los republicanos, estuvieran o no alfabetizados. La alta estima en que este medio se tenía para la consecución de fines propagandísticos lo demuestra la utilización que de él hizo el general rebelde Queipo de Llano, quien, poco después de ocupar Sevilla, se dirigió por medio de las ondas de radio a la población hispalense con el fin de transmitirle sus primeras consignas y la sensación de que todo estaba bajo control de los sublevados. La intervención del oficial fue tan de su agrado que desde entonces no dejaría de emplear la radio como medio para propagar las noticias del día, debidamente manipuladas y contaminadas por un patriotismo tan ferviente como grotesco desde el que atacaba al bando enemigo. Algunas de las alocuciones de Queipo aparecen recogidas en testimonios como el del periodista y escritor británico Arthur Koestler en su obra *Spanish Testament* (*Un testamento español*, 1938), donde pone de manifiesto cómo el general daba rienda suelta a su verborrea grandilocuente y virulenta a lo largo de sus intervenciones.

Una vez expuestas las directrices seguidas, de un lado, por la guerra y, de otro, por la vida cotidiana de millones de españoles durante el primer año de la contienda, es evidente que el escenario sociopolítico retratado por Malraux, Orwell y Hemingway en sus respectivas obras es el de una guerra que, como otros conflictos civiles acaecidos en el siglo XX, estuvo marcado por una intensa pasión ideológica, política y moral. Al igual que las guerras civiles acontecidas en Rusia, Finlandia o Grecia, la de España fue un episodio de una crueldad extrema, donde individuos pertenecientes a un mismo pueblo –en ocasiones a una misma familia– trataron de exterminarse mutuamente bajo la creencia de que la guerra era la única solución al enfrentamiento político y social. A pesar de la profunda fractura que la contienda ocasionó entre los españoles, lo cierto es que muchos de ellos –al menos los que formaban parte de las clases populares– estuvieron unidos por el sufrimiento y el horror. El pueblo llano se convirtió, de este modo, en la principal víctima del conflicto, al tener que afrontar no sólo las ausencias de los seres queridos, sino también las restricciones económicas impuestas por la contienda. Ahora bien, conviene matizar que, dentro del drama sufrido a ambos lados de las trincheras, hubo algunas diferencias considerables en la vida cotidiana de las dos retaguardias. De este modo, mientras aquellos que permanecían en territorio republicano debían hacer frente al hambre, a los éxodos motivados por las conquistas del otro bando y a los bombardeos indiscriminados contra la población civil, los españoles que habitaban la zona nacional no sufrieron grandes alteraciones en su dieta ni fueron víctimas de ataques aéreos como los perpetrados por Franco contra Madrid, Barcelona o Guernica, entre otras localidades.

Como se ha podido comprobar, muchas de las facetas de la realidad española durante la guerra encuentran su plasmación correspondiente en alguno de los libros que aquí abordamos. Al reflejar las experiencias de sus respectivos autores en nuestro país, ninguna de las tres obras puede evitar hacer un guiño al escenario político y social en el que, temporalmente, estuvieron inmersos. Ya sea por motivos propagandísticos o meramente afectivos, Malraux, Orwell y Hemingway, al margen de comunicar un discurso político concreto o de desarrollar una historia ficticia, interpretan, condicionados por factores ideológicos y personales, la tragedia colectiva de un pueblo que, de un modo u otro, marcó un hito dentro de sus respectivas carreras literarias. Estos tres autores forman parte del extenso elenco de intelectuales foráneos a los que el conflicto español no dejó indiferentes. El siguiente capítulo ofrece una visión de los diversos posicionamientos y reacciones que la intelectualidad de las principales potencias occidentales adoptó ante el estallido de la contienda, contextualizando así el compromiso de nuestros tres autores dentro de las diversas reacciones que la guerra suscitó en sus respectivos países de origen.

5. El impacto de la guerra civil en la intelectualidad europea y norteamericana

La guerra civil fue un acontecimiento que no sólo extendió su sombra por toda España, sino que también convulsionó a una parte significativa de la intelectualidad foránea en general, y de la europea en particular. El deseo que albergaban los regímenes totalitaristas instaurados en Alemania e Italia de extender su semilla destructiva y dictatorial por todo el Viejo Continente planteó en la Europa de los años 30 un debate político y ético en el que la clase intelectual ya vislumbraba las consecuencias nefastas que tendría la llegada del fascismo al poder, sobre todo a partir de la guerra española. La pugna de ideales vivida en la Europa de entreguerras que enfrentaba a partidarios de la democracia y aquellos otros que alentaban al totalitarismo encontró un nuevo escenario en la contienda que había estallado en España; de este modo, la intelectualidad extranjera no ignoró la dimensión ideológica de la guerra de 1936 ni la contempló como un conflicto interno que no tendría repercusión alguna fuera de sus fronteras. España se había convertido en la trágica antesala de la segunda conflagración mundial. Por esta razón, muchos intelectuales apoyaron enconadamente a cada uno de los bandos en conflicto, bien desde sus respectivos países, bien viajando a la Península, para combatir con su pluma, y a veces, hasta con las armas. Además, aquellos que se erigían en defensores de la libertad vieron en la guerra civil la oportunidad de emular las aventuras vividas por sus antepasados en nuestro país durante el siglo XIX. Sin embargo, una vez en nuestro país, muchos de los intelectuales que tomaron parte activa en la contienda presenciaron un espectáculo dantesco que terminó, en muchos casos, por ensombrecer su visión romántica del conflicto; así puede comprobarse, por ejemplo, en el testimonio que ofrece de la guerra el poeta inglés Stephen Spender, quien, como muchos escritores foráneos de izquierda, no dudó en mostrar su malestar a causa de la indiferencia mostrada por su país hacia la guerra de España, a la que se referiría como «...el peor de los desastres acontecidos en Europa hasta la fecha»[1].

5.1 Los ecos de la guerra civil en Europa y Estados Unidos

Pese a que, como acabamos de señalar, muchos escritores británicos vinculados a la izquierda criticaron la indolencia con la que Inglaterra estaba actuando ante el conflicto español, lo cierto es que éste fue uno de los países donde menos indiferencia suscitó la contienda, sobre todo si se tiene en cuenta los aproximadamente 2.300 ingleses que combatieron en ella y las 730 publicaciones que sobre la guerra civil vieron la luz en las Islas[2]. Entre las razones que explican esta enorme sensibilización hacia el conflicto español pueden aducirse: la especial inclinación que los ingleses habían sentido por la Península a raíz

1 Traduzco de la siguiente obra: SUTHERLAND, John, *Stephen Spender. The Authorized Biography*, London, Viking, 2004, p. 192.

2 SPERBER, Murray A., «Los escritores ingleses», En CORRALES EGEA, J.; TUÑÓN DE LARA, M.; Et al. (eds.), *Los intelectuales y la guerra de España*, Caracas, Monte Ávila, 1977, p. 47.

del conocimiento de los libros de viajes escritos hasta entonces por sus compatriotas, la intensidad con la que la figura de lord Byron había pervivido en la mentalidad británica como paradigma de defensa de causas políticas ajenas, y la situación de la sociedad y economías inglesas a finales de los años 30, muy castigadas por la Gran Depresión. De este modo, España, y más concretamente su guerra, aparecía ante la mirada de muchos jóvenes y simpatizantes de la izquierda británica como una salida para escapar de la maltrecha economía del país, así como para manifestar sus ideas lejos del malestar político que durante varios años venía ocasionando un gobierno conservador caracterizado por su inmovilismo. Por toda esta serie de razones, se entiende que, entre 1936 y 1938, aparecieran publicaciones como *Authors Take Side on the Spanish War* (*Los autores toman partido en la guerra española*), en la que participaron 158 escritores, entre los que se encontraban Shaw, Wells o Pound. No obstante, muchos de ellos veían en España más un motivo de inspiración literaria que un lugar donde se debían denunciar los horrores de la guerra. De este modo, España se convirtió, al igual que en el siglo XIX, en el tema de moda, tal y como lo demuestran la publicación de obras como *The Revenge for Love* (*La venganza por amor*, 1937) de Wyndham Lewis, *Geneva* (*Ginebra*, 1938), de Bernard Shaw o *Scoop* (*Exclusiva*, 1938), de Evelyn Waugh. Este tipo de novelas reflejan, más que un profundo compromiso con la causa republicana, la situación decadente en la que se hallaba la literatura londinense a finales de los años 30. En contraposición a estas obras que recurrían a la guerra de España tan sólo como telón de fondo para sus tramas de dudosa calidad, estaban aquellas otras que, como las escritas por Auden, Spender, Orwell y Koestler, no rehuían la cruda realidad del conflicto para perderse en argumentos más o menos frívolos.

W. H. Auden es el autor de *Spain* (*España*, 1937), uno de los poemas más conocidos escritos en inglés sobre la contienda española. Pese a que nada entendía de política y no estuvo en España durante el conflicto, circunstancia que Orwell le reprochó en su ensayo *Inside the Whale* (*Dentro de la ballena*, 1940), Auden logró persuadir por medio de esta obra a muchos jóvenes para que combatieran a favor de la República. Perteneciente al grupo de Auden, Spender mostró a menudo un deseo de ser el centro de atención por sus ideas. No obstante, su marxismo no sólo obedecía a razones estéticas, sino que también era una clara muestra de rebeldía contra su padre y su tío, miembros del Partido Laborista. La guerra civil española constituyó una magnífica oportunidad para evadirse del entorno familiar y para estar más cerca de los ideales de su recién adoptado comunismo. A estas circunstancias personales e ideológicas, se sumaba la atracción que sentía por nuestro país, del que, como otros compatriotas coetáneos suyos, tenía una imagen marcada por el exotismo y el pintoresquismo. Durante su estancia en España, fue el propio Auden el tema central de sus escritos y no tanto la evolución de la guerra; nuestro país constituyó, en realidad, el escenario que necesitaba para realizar un ejercicio de introspección psicológica que le confirmara en su ruptura ideológica con su entorno más próximo y en su concepción del marxismo como «fuerza creadora moderna»[3]. Probablemente, Spender sea el escritor inglés que, en mayor medida, perpetúa la actitud romántica de ignorar las fronteras a la hora de luchar por las causas que se consideran justas, presente, por ejemplo, en Byron, una postura que le llevó a defender la República.

El novelista de origen húngaro Arthur Koestler viajó a la zona nacional como corresponsal del «London News Chronicle» con el objetivo tanto de plasmar lo que estaba sucediendo en las zonas controladas por los rebeldes como de efectuar labores de espionaje. Tras una primera estancia en el país en la que pasó inadvertido, durante el trascurso de su segundo viaje fue apresado en Málaga. Tras permanecer unos días en el penal malacitano, fue posteriormente trasladado al de Sevilla, donde pudo ver cómo los otros reos con los que compartía galería eran fusilados. Koestler estuvo a punto de ser ejecutado, sin embargo, gracias a las gestiones efectuadas por el gobierno británico

3 *ibid.*, p. 56.

y por el periódico para el que trabajaba, pudo ser liberado al formar parte de un intercambio de prisioneros con la zona republicana. Las experiencias vividas durante su reclusión en las cárceles franquistas, recogidas en *Spanish Testament*, le hicieron cuestionar los vínculos que hasta entonces mantenía con el Partido Comunista, optando en los años posteriores por un profundo individualismo. Ahora bien, si hubo un escritor británico que sobresalió entre todos aquellos que participaron en la guerra de España ése fue George Orwell. Hombre profundamente comprometido con las clases sociales más desfavorecidas, Orwell trató durante toda su vida de mitigar un sentimiento de culpabilidad que tenía su origen tanto en su pertenencia a la clase media británica, como en su contribución a difundir los efectos perniciosos del imperialismo británico durante que había presenciado durante su estancia en Birmania. España, de nuevo, se revelaba como una gran oportunidad para enterrar algunas etapas del pasado; Orwell acudió a nuestro país arrastrado por un socialismo radical que promovía en él un sentimiento de fraternidad hacia toda lucha antifascista, así como por un irrefrenable deseo de expiar aquella culpabilidad que no dejaría de atormentarle hasta su muerte. La guerra civil española supuso uno de los momentos más significativos e intensos de la vida de Orwell, al presenciar en primera persona la guerra en el frente de Aragón y la lucha abierta en las calles de Barcelona entre anarquistas, poumistas y comunistas en mayo de 1937. *Homage to Catalonia* recoge, en un tono que resulta a la vez polémico y descriptivo, todas estas vivencias, cuya exposición tiene, como fin último, resaltar que las principales virtudes humanas son la honestidad y la dignidad, así como la nefasta influencia que sobre éstas puede tener la política. En suma, lo político y lo personal se funden magistralmente en esta obra que, a pesar de referirse a un breve período de una guerra cruenta y compleja, sabe desentrañar sus particularidades así como reflejar nítidamente las intrincadas relaciones entre las diferentes formaciones políticas y sindicales que integraban la izquierda. Por su parte, la derecha en Inglaterra no declaró un entusiasmo tan fervoroso como el mostrado en otras naciones europeas, de manera que sólo una serie de grupúsculos católicos apoyaron la causa nacional. Dentro de la minoría que simpatizaba con los rebeldes destacaron escritores como Graham Greene o Evelyn Waugh[4], quien se mofaba de la legalidad del gobierno de Valencia y declaraba que, de ser español, lucharía en favor de Franco.

En Francia, la obra más relevante inspirada por la guerra civil fue la novela de André Malraux, *L'espoir*. El libro deja entrever, en mitad de la recreación de algunos episodios que su autor vivió durante los primeros meses de la contienda como integrante de una escuadrilla aérea creada por él mismo junto con algunos colaboradores, la admiración que profesa hacia la disciplina y eficacia comunistas, a pesar de que es consciente, al mismo tiempo, de los sacrificios que a nivel individual hay que cometer por subordinarse a una acción colectiva. Sin embargo, no toda la izquierda francesa sentía el mismo entusiasmo que Malraux por la acción bélica; así, en el Comité de Vigilancia de los Intelectuales Antifascistas, celebrado entre el 14 y el 15 de julio de 1937, la guerra española fue un motivo de discrepancia, de modo que mientras se apoyaba con 2026 votos el levantamiento del embargo de armas para la República, un sector más pacifista abogaba con 1250 votos por el mantenimiento de aquél. Además, una parte de la intelectualidad francesa de izquierdas se hallaba convencida de que el POUM mantenía algunos vínculos con el franquismo, al tiempo que autores como André Gide, Paul Rivet, Colette Audry o Daniel Guérin denunciaban la persecución que estaba sufriendo.

De otro lado, la plasmación literaria de la guerra civil en Francia adoleció de un claro favoritismo hacia uno de los bandos. Así, por ejemplo, Marguerite Jouve en su novela *Vu en Espagne* (*Visto en España*, 1937) hace un ejercicio de imparcialidad cuando alude al reaccionario clero español o al fusilamiento de varios curas vascos por parte de los nacionales y, en cambio, despliega el más absoluto silencio con relación a la ejecución

---

4 AVILÉS FARRÉ, Juan, *Pasión y farsa. Franceses y británicos ante la guerra civil*, Madrid, Eudema, 1994, p. 121.

de clérigos por los milicianos. Igualmente, Claude Farrère[5], en *Visite aux espagnols* (*Visita a los españoles*, 1937), no duda en afirmar que Azaña acataba las órdenes procedentes de Moscú y que durante su estancia en territorio sublevado «sólo encontró orden, libertad, abundancia y tranquilidad, sin que se detuviera a nadie por delitos de opinión». No obstante, en mitad de estos testimonios sesgados por la ideología, hubo otros que se ajustaron más a la realidad; tal fue el caso, por ejemplo, de Louis Delaprée, quien en su libro *Mort en Espagne* (*Muerte en España*, 1937), recogió las crónicas que enviaba como corresponsal del «Paris-Soir», primero desde Burgos, y luego desde zona republicana; el denominador común en las visiones que ofrece este autor de uno y otro bando es el horror, presente en el odio enconado que se profesaban las dos Españas, en los bombardeos que sufría Madrid o en los «paseos» que los milicianos daban a sus supuestos rivales ideológicos. Este escenario de violencia y terror también aparece en «Le mur» («El muro», 1939), de Jean-Paul Sartre, si bien, en esta ocasión, lo hace como mero trasfondo sobre el que el autor expone sus ideas en torno al valor de la existencia.

No sólo la izquierda francesa fue un ámbito que evidenció numerosas diferencias en su seno a causa de la guerra civil, ya que el catolicismo fue el foro donde se desarrolló uno de los debates relativos a la contienda de España que mayor interés suscitó en Francia. El bombardeo de Guernica fue el detonante del enfrentamiento ideológico que los católicos galos mantuvieron entre sí. El catolicismo de centro, en el que se incluían François Mauriac y Jacques Maritain, denunció casi unilateralmente la masacre sufrida por la población de esta localidad vizcaína bajo las bombas de la Legión Cóndor. Asimismo, Maritain rechazó la concepción que los sublevados tenían de la guerra como una «cruzada», ya que suponía relacionar a Dios con una lucha apasionada en la que el enemigo era desprovisto de todo respeto y toda piedad. Guernica no fue el único episodio de la guerra hacia el que los católicos franceses mostraron su más completa

5 *ibid.*, p. 122.

repulsa, como bien podemos comprobar en *Les grands cimetières sous la lune* (*Los grandes cementerios bajo la luna*, 1938), obra en la que Georges Bernanos refleja con toda su crudeza los desmanes cometidos por los falangistas en la isla de Mallorca. Las críticas, obviamente, también iban dirigidas contra el bando republicano, como la que Mauriac realizó al referirse al silencio profesado por la izquierda española ante los crímenes cometidos en la zona gubernamental. Al mismo tiempo, la izquierda católica reunida en torno a la revista «Espirit», cuyo mentor fue Emanuel Mounier, optó, a mediados de 1937, por apoyar la causa republicana, a pesar de que, en un principio, había oscilado entre no tomar partido por ninguno de los dos bandos y manifestar una cierta simpatía por la República. En cuanto a las publicaciones de las instituciones católicas francesas, únicamente el semanario «Sept» mostró abiertamente su rechazo hacia el bando nacional. No obstante, la actitud predominante dentro del catolicismo galo hacia el conflicto fue la del apoyo a Franco. Algunos de los representantes de la derecha católica, como el cardenal Verdier, engalanaban con resonancias míticas la guerra civil, al ver en España la lucha entre la civilización cristiana y el ateísmo soviético. También a ello contribuyó Paul Claudel con su poema de pretensiones épicas *Aux martirs d'Espagne* (*A los mártires de España*, 1937).

Por otra parte, y pese a las distancias geográficas y culturales, la guerra de España fue un acontecimiento que tuvo una gran repercusión en Estados Unidos. Una de las consecuencias que tuvo la grave situación económica vivida en la década de los 30 fue la radicalización política del país al abordar cuestiones sociales y económicas. El marxismo se erigió entonces en la ideología que explicaba los males del capitalismo y que mostraba la justicia social, el hermanamiento de los pueblos y la implicación de los intelectuales como claves para evitar una nueva catástrofe socioeconómica. Por esta razón, no es de extrañar que en el momento de estallar el conflicto fueran muchos los intelectuales norteamericanos que se alistaron como voluntarios para luchar contra Franco, a pesar del alineamiento del gobierno de Washington en la política franco-inglesa de no intervención, sin duda alentada por el regusto amargo que la Gran Guerra (1914-1918) dejó a muchos estadounidenses. El apoyo mayoritario que se ofreció desde el otro lado del Atlántico a la República fue resultado también de la sensibilidad que escritores y periodistas como Dos Passos, Steinbeck, Malraux, que pronunció un ciclo de conferencias en Estados Unidos, Jay Allen o Herbert Matthews, entre otros, inculcaron a sus conciudadanos hacia las injusticias sociales y hacia las atrocidades que los nacionales y sus aliados estaban cometiendo en España. Con estos condicionantes ideológicos, se entiende por qué los primeros textos americanos que aparecieron sobre la guerra de España rezumaban un extraordinario partidismo; la guerra se planteaba en ellos como una lucha en la que el bando del que el autor era favorable defendía la dignidad humana frente a la barbarie fascista. En esta línea se encuentran, por ejemplo, *The War in Spain* (*La guerra de España*, 1937), de Louis Fischer, que interpreta la contienda como el primer paso hacia una revolución mundial que terminará con el fascismo, y *Spain in Arms* (*España en armas*, 1937), de Anna L. Strong, quien exalta hasta el grado de epopeya la defensa de Madrid. Asimismo, Dorothy Parker recogió en una serie de artículos para el diario «New Masses» sus experiencias vividas en España durante 1937, en los que no dejó de denunciar la masacre a la que los militares sublevados estaban sometiendo al pueblo español. Por su parte, Upton Sinclair idealizó la causa republicana en las hazañas carentes de credibilidad del protagonista de *They Shall Not Pass* (*¡No pasarán!*, 1937), mientras que William Rollins adoleció de una cierta ingenuidad al dotar al personaje central de su *The Wall of Men* (*El muro de los hombres*, 1937) de unas resonancias románticas que lo convertían en un héroe idealizado, y al creer, como muchos otros intelectuales norteamericanos, que la victoria de la República estaba asegurada por el mero hecho de encontrarse legitimada por el pueblo.

La guerra civil no sólo ocupó las páginas de los escritores estadounidenses en clave política o ideológica, sino que, en ocasiones, se convirtió en el marco de acciones individuales. Este fue el caso de Ernest Hemingway y John Dos Passos. Ambos habían realizado prolongadas estancias en España antes del conflicto, durante las cuales quedaron gratamente impresionados por la vitalidad de sus habitantes, que contrastaba con la rancia clase media de su país de origen. El afecto que los dos autores sintieron por la gente del pueblo fue un factor determinante a la hora de explicar su apoyo a la causa republicana una vez comenzada la guerra. Hemingway se alojó en el hotel Florida de Madrid mientras la ciudad soportaba como podía los embates de Franco; fue allí donde escribió su única pieza teatral y su obra con más connotaciones políticas, *The Fifth Column*. En ella, sin embargo, la guerra no deja de ser, a veces, un mero telón de fondo sobre el que se desarrolla una historia de amor entre dos americanos, un voluntario alistado en las Brigadas Internacionales y una periodista; él, que puede considerarse un desdoblamiento del autor, al final prefiere mantener una relación con una prostituta madrileña en lugar de con su conciudadana, mostrando así, de manera harto curiosa, su predilección por el pueblo. De este modo, aunque de una manera un tanto sutil, las connotaciones políticas nunca dejan de aflorar en esta breve obra. La guerra también se halla presente en *For Whom the Bell Tolls*, probablemente la mejor novela sobre la guerra civil española escrita en Estados Unidos, no porque enfatice más que otras las resonancias políticas del conflicto, sino justamente por lo contrario, por lograr huir de los mitos que el conflicto ha ido construyendo y por concebir la lucha en favor de la República como la mejor manera de ser honesto consigo mismo y con la realidad circundante.

El compromiso que Dos Passos mantuvo con la causa leal tenía, a diferencia de Hemingway, más connotaciones políticas que personales; ello se debía, principalmente, a que ya desde finales de los años 20, Dos Passos había abrazado el credo marxista en medio de las injusticias sociales que, por aquel entonces, proliferaban en Estados Unidos. No obstante, fue paulatinamente perdiendo la esperanza de poder cambiar la realidad social mediante la acción colectiva, un desencanto que llegó a su punto más álgido en España, donde conoció la noticia del fusilamiento por parte de los comunistas del profesor José Robles, íntimo amigo del escritor norteamericano. Este suceso le haría ver que no había diferencias reales entre el comunismo y el fascismo, ya que ambos ejecutaban a los que él consideraba como mejores españoles. Su evolución desde un filocomunismo exacerbado hasta su ruptura con las tesis marxistas aparece plasmada en la novela *Adventures of a Young Man* (*Aventuras de un joven*, 1939).

Por otra parte, la literatura sobre la guerra también fue un género que cultivaron algunos de entre los 2000 ó 3000 voluntarios norteamericanos que se estima que combatieron en las Brigadas Internacionales. Muchos de ellos acudieron a España con la convicción inculcada por el Partido Comunista de que iban a luchar por la construcción de una nueva sociedad; éste fue el caso, por ejemplo, de James Neugass[6], quien en *Before Battle* (*Antes de la batalla, 1937*), habla de «dejar atrás el viejo mundo a la vez que marchamos hacia uno nuevo!», o de Edwin Rolfe, cuyo romanticismo le lleva a retratar a la Pasionaria como una mujer majestuosa y con una voz de sinfonía. No obstante, no todos los jóvenes poetas que combatieron en el frente idealizaron la guerra, tal y como demuestra un poema dejado por Joseph Selingman[7] poco antes de morir en la batalla del Jarama en 1937, donde se refiere a sus esperanzas decepcionadas y a su confianza traicionada.

Aunque en Estados Unidos fueron mayoría los intelectuales que apoyaron la causa republicana, no faltaron quienes, como los católicos y los anticomunistas, vieron en la República un régimen anticlerical que colaboraría con el régimen soviético para la expansión de su poder por todo el mundo; por tanto, la guerra se planteaba, desde su punto de vista, como una «cru-

6 Citado en: BJORNSON, Richard, «Escritos americanos», en CORRALES EGEA, J.; TUÑÓN de LARA, M. (eds.); et al., *Los intelectuales y la guerra..., op. cit.*, p. 115.

7 Citado en: *ibid.*

zada» contra el Mal, una interpretación de la que fueron en buena medida responsables los sectores eclesiásticos afectos a los sublevados. En esta línea se encuentran la novela de Helen Nicholson, *The Painted Bed* (*La cama pintada, 1937*), donde el protagonista queda consolado por una aparición de Cristo después de una incursión en aérea republicana, y la pieza teatral de un acto *Incident* (*Incidente, 1937*), en la que Ruth Burdin caricaturiza a la Pasionaria.

Las noticias sobre la contienda llegaron a la Unión Soviética principalmente por el cauce del periodismo, dado que el ensimismamiento en el que se mantenía el realismo socialista motivaba que la literatura permaneciera al margen de lo acontecido en la Península. La indiferencia que los literatos rusos mostraban hacia la guerra tenía también su origen en unas motivaciones de signo político como, por ejemplo, la negación por parte de las democracias occidentales a asumir su parte de responsabilidad y el agotamiento de las reservas de oro españolas con las que la República podía proveerse de armamento. De este modo, los principales cronistas rusos –y casi los únicos – que informaron sobre la guerra fueron Mikhaïl Koltsov e Ilya Ehrenburg. El primero de ellos, que permaneció en España entre agosto de 1936 y noviembre de 1937 trabajando como corresponsal del diario «Pravda» y actuando, al mismo tiempo, como comisario político, reunió sus artículos en *Diario de la guerra de España* (1938). El mayor peso que la faceta personal de Koltsov tiene en este libro, donde se oculta tras el personaje de Miguel Martínez, en detrimento de una información militar objetiva, lo convierte en una obra de pretensiones más literarias que ideológicas. No obstante, Koltsov no obvia las consideraciones ideológicas, ya que su obra no puede disentir de las directrices políticas marcadas por el régimen de Moscú.

Por su parte, Ilya Ehrenburg presenció la guerra de España como corresponsal de «Izvestia». Probablemente con una faceta literaria más marcada que Koltsov, como demuestran por ejemplo las traducciones que hizo de algunos clásicos españoles –Berceo, el Arcipreste de Hita, Manrique y Quevedo–,

Ehrenburg reunió sus experiencias vividas antes de la guerra en *España: República de trabajadores* (1932). Ya durante la contienda, compiló sus crónicas en *El temple español* (1938) y escribió una novela titulada *Lo que el hombre necesita* (1938). Al contrario de lo que sucede con Koltsov, las obras de Ehrenburg se encuentran más inclinadas a satisfacer unos intereses propagandísticos que a plasmar la experiencia personal. Ehrenburg también recurrió a la poesía para dar una forma literaria a las vivencias de España, aunque emplea el verso con unas pretensiones bien distintas a las de la prosa; el verso es para él un medio que tiene por principales objetivos contrarrestar, de un lado, la desazón y la soledad que le causan la guerra y, de otro, cultivar su idioma.

Como en tantos otros lugares, la guerra de 1936 fue en Italia un motivo de desencuentro entre los movimientos de derecha y de izquierda. Para los primeros, se trataba de un conflicto en el que aquellos que integraban los sectores más miserables de la sociedad escapaban de la pobreza para convertirse en mercenarios. Por el contrario, para los sectores más progresistas, España estaba siendo el escenario de una guerra en la que la esperanza de derrotar a los sublevados pasaba por la intervención del pueblo. El fascismo italiano prácticamente no contó con escritores de renombre, sino con hombres anónimos que, a la vez que eran individuos abocados a la acción, desempeñaban una intensa labor propagandística. Desde su punto de vista, la intervención de Italia en España estaba justificada por argumentos como, por ejemplo, el carácter «pernicioso» del régimen republicano español en particular, y de la democracia en general, o la necesidad de combatir el materialismo y el laicismo. Paradójicamente, uno de los testimonios más significativos que desde las filas fascistas se dejó sobre la guerra de España fue el que, con un sentido tono de arrepentimiento, ofrece Davide Lajolo en *El Veleta* (1938). En esta autobiografía, Lajolo[8] reconoce que se dejó «deslumbrar por la demagogia de

8 PIROUÉ, Georges, «La guerra de España en la obra de algunos escritores italianos», en CORRALES EGEA, J.; TUÑÓN de LARA, M. (eds.); et al., *Los*

Mussolini», de ahí que luchara en España contra la República con la convicción de que así garantizaría un mejor futuro a la humanidad. No obstante, Lajolo, en ocasiones, se aferra, desde su fascismo contestatario, a la idea de que la intervención italiana contribuía a sembrar en España la semilla del triunfo de los pobres sobre los ricos.

Entre los pocos escritores de izquierda italianos que, de un modo u otro, se interesaron por la guerra civil, destacan Francesco Jovine, Leonardo Sciascia y Elio Vittorini. Los tres escritores procedían del deprimido sur de Italia, de ahí que abordaran el tema de la contienda española como pretexto para analizar la situación de su propio país y criticaran un régimen totalitarista absorto en su retórica grandilocuente y violenta, ignorante de los problemas estructurales del país. Para estos autores, Mussolini era, además, el culpable de que en las trincheras de España se enfrentaran gentes unidas no sólo por la patria, sino también por su condición social; así, en *El Antimonio* (1960), Sciascia deja claro que los combatientes que luchaban en Guadalajara junto con los nacionales no eran enemigos, sino compatriotas. La misma idea se había repetido en *Michele en Guadalajara* (1938), donde Jovine insiste en que los verdaderos enemigos del protagonista no se encontraban en el frente, sino en su propia casa, donde se le incitó a que marcharse a la guerra, de la que regresó con un brazo amputado y con la noticia de la infidelidad de su mujer en forma de un niño que nació en su ausencia. Por su parte, en *Conversación en Sicilia* (1939), Vittorini critica la intervención de Mussolini en el conflicto español en particular, y de la guerra en general, mediante la representación de la contienda de España como una lucha fratricida en la que también se han visto abocados los italianos: una vez más, el mal al que realmente hay que combatir no se encuentra en el frente, sino en la tierra natal. Cuando el narrador regresa temporalmente de la guerra para visitar a su madre, que ha sido abandonada por su marido, se percata de la miseria tanto material como humana que azota a su lugar de origen,

intelectuales y la guerra…, *op. cit.*, p. 94.

Sicilia. Al mismo tiempo, el escritor arremete contra la manipulación a la que muchos italianos crédulos han sido sometidos por un régimen dictatorial que, al mirar atrás en la Historia, se cree depositario de una tradición que le une a España como es la del Imperio romano; para Vittorini, se trata de una de las muchas falacias por las que, a lo largo del tiempo, algunos gobiernos han enmascarado el homicidio con la gloria y el heroísmo. El narrador se encuentra con el fantasma de su hermano que, combatiendo junto a los voluntarios fascistas, ha caído «en un campo de nieve y sangre»[9], probablemente en Guadalajara o en Teruel. Él es uno más de los que han sido inducidos por la megalomanía fascista a un sacrificio del que no obtendrán ni beneficio ni explicación.

Las informaciones que sobre la guerra de España se recibían en Alemania no movilizaron a los escritores de esta nación en la misma medida que a los círculos intelectuales de otras naciones. Los lazos que ligaron a este país con el conflicto español fueron más políticos y técnicos que literarios. De este modo, la contienda de España ocupa un lugar muy poco relevante no sólo en la literatura oficial germana de aquellos años, demasiado rancia y crispada, sino incluso en la literatura que cultivaban los emigrados, muchos de ellos comunistas y anarquistas. No obstante, existen relevantes excepciones a esta tónica general, como son los casos de Peter Weiss, que viajó a la España del Frente Popular para, entre otras razones, entender mejor al pueblo español, auténtico protagonista de su trilogía *Die Ästhetik des Widerstands* (*La estética de la resistencia*, 1975-1981) y Willy Brandt, canciller de la futura RFA, quien viajó a Barcelona en 1937 con el doble propósito de desempeñar tareas tanto periodísticas como políticas, al servir de contacto entre el SAP, un partido socialdemócrata revolucionario, y el POUM, formación en la que conocería a George Orwell. Aunque no llegaron a pisar suelo español, escritores como Egon Ewin Kisch y Hermman Kesten también mostraron un profundo interés por el conflicto español; buena prueba de ello son sus obras *Soldaten*

9 Citado en: *ibid.*, p. 103.

an Meeresstrand (*Soldados en la playa*, 1936), de Kisch y *Dir Kinder von Gernika* (*Los niños de Guernica*, 1939), de Kesten, novela que puede considerarse como el primer relato literario alemán sobre la guerra civil.

De otro lado, la guerra de España también llegaría a ocupar un lugar en la obra de uno de los grandes dramaturgos alemanes del siglo XX; en *Die Gewehre der Frau Carrar* (*Los fusiles de la madre Carrar*, 1937), Bertold Brecht denuncia la farsa de la «no intervención». La neutralidad es, para él, una ilusión en todo conflicto bélico que lleva enraizada en su seno una lucha de clases; Teresa Carrar, estigmatizada por la muerte de su marido, un pescador andaluz caído en el frente, decide aislarse de la guerra como medio para evitar que sus dos hijos corran la misma suerte que el padre. Sin embargo, no puede hacer nada por evitarlo y contempla, en la última escena, cómo cae uno de sus dos hijos; es entonces cuando siente la determinación de no ignorar, de una vez por todas, la realidad de la guerra, de convencerse de que no actuar es apoyar al enemigo, y opta por acudir al frente junto con su otro vástago. Otra obra teatral de referencia alemana alusiva a la guerra de España es *Der Spanische Krieg* (*La guerra española*, 1956), escrita por Ludwing Renn. Antiguo militar encarcelado en Berlín por sus ideas comunistas, viajó a España para cumplir su sueño de combatir en un ejército revolucionario. A comienzos de octubre de 1936, llegó a Barcelona, desde donde sería destinado a combatir en el Alto Aragón con la centuria Thälmann –un itinerario muy similar al seguido por Orwell–. Posteriormente, sería destinado a Albacete como integrante de la XII Brigada Internacional. En España, Renn podría observar, al igual que el escritor inglés, la inexperiencia y desorganización de las milicias españolas así como su concepción caduca del heroísmo, consistente más en demostrar individualmente el valor, arriesgando innecesariamente la vida propia, que en salvaguardarla para beneficio del interés colectivo; es precisamente la falta de disciplina, sobre todo por parte de los anarquistas, lo que el escritor germano identifica en una prosa despersonalizada como el principal desencadenante de la derrota de la República. Igualmente significativa es la alegoría moral que Stefan Andres escribió tomando como telón de fondo la guerra de España; *Wir sind Utopia* (*Somos utopía*, 1942) constituye un alegato contra la violencia planteado mediante el conflicto interior que atormenta durante toda la obra al protagonista, Paco, un soldado franquista que cae preso en manos del ejército republicano. Este personaje tiene la posibilidad de poder matar al teniente que lo mantiene confinado en un convento, sin embargo, su condición de antiguo fraile le hace pensar que, tanto él como su adversario, se hallan superados por una voluntad divina contraria a la violencia; esta convicción refrena su impulso asesino, a pesar de que la muerte del teniente supondría la liberación de él y sus compañeros.

La guerra civil también está presente en la poesía alemana de la época como, por ejemplo, la de Becher, quien, en poemas como «La matanza de los niños», «Vuelo hacia el pueblo» o «Madrid», entre otros, incluidos en una antología de 1939; en ellos, Becher, huyendo de cualquier «retoque» estético de sus versos, presenta con toda su crudeza episodios de la guerra como las matanzas que, al igual que si se tratara de una epidemia, se extendieron por toda la geografía española durante la contienda, como las de Badajoz o Buitrago, en las que perecieron numerosas madres y niños, o la contumaz defensa que las Brigadas hicieron de la capital de España.

5.2 André Malraux, George Orwell y Ernest Hemingway frente a la guerra civil española

5.2.1 André Malraux: alas para la República

La misma tarde del 18 de julio de 1936, André Malraux ya tuvo noticia de la insurrección militar que acababa de estallar en España. Durante los dos días siguientes, el escritor francés mantuvo varias entrevistas con Pierre Cot, ministro del Aire, con el fin de convencer al gobierno galo para que ayudase a la

República española; en el trascurso de una de estas entrevistas, Malraux dejó clara su intención de volar hasta Madrid y así esclarecer sobre el terreno las informaciones contradictorias que se estaban divulgando sobre lo acontecido en España. Cot accedió a la petición de Malraux. El 25 de julio, André, acompañado de su esposa Clara y del veterano piloto de guerra Édouard Corniglion-Molinier, partió hacia Madrid en un viaje no exento de adversidades; después de sobrevolar los Pirineos, la brújula del aparato dejó de funcionar. Tras varias horas de vuelo y sin encontrar el menor rastro de la capital de España, divisaron al fin una pequeña población en mitad de la inmensa llanura castellana. Al descender de altitud para poder identificarla, pronto se percataron de que aquélla era la ciudad de Ávila. Fue entonces cuando pudieron poner rumbo hacia el aeródromo madrileño de Barajas. Allí los aguardaba Julio Álvarez del Vayo, escritor socialista que había asistido al Congreso Internacional de Escritores celebrado en junio de 1935. Inquietos por saber cuál era realmente la situación que se estaba viviendo en el país, Álvarez del Vayo se apresuró a calmar a Malraux y sus acompañantes, asegurándoles que la Marina y las principales ciudades españolas estaban en manos del gobierno. Sin embargo, ocultó al mismo tiempo el hecho de que la mayoría de los oficiales del Ejército apoyaban a los rebeldes y que la Guardia Civil se había desintegrado en distintas facciones repartidas entre ambos bandos. Pero estas realidades quedaban, desde el punto de vista de Álvarez del Vayo, en un segundo plano frente a la victoria obtenida recientemente sobre una columna rebelde en el paso de Somosierra y frente al clima de euforia que se vivía en la capital de España; aquí, las armas se habían distribuido entre el pueblo, los altavoces daban las últimas noticias y el tráfico se reducía a los camiones que se dirigían al frente llenos de soldados. Esta imagen de Madrid recordó a Malraux lo que había leído en Michelet y en Taine; sin embargo, la revolución a la que estaba asistiendo el autor de *L'espoir* no se correspondía exactamente con lo descrito en sus lecturas de juventud, pues se encontraba ante lo que Curtis Cate calificara como: «...una revolución latina o, mejor dicho, una revolución esencialmente ibérica –cruel pero alegre, macabra pero jocosa, algo salvaje, anárquico e indómito...»[10].

El 27 de julio, después de ser recibido por Manuel Azaña, Malraux regresó junto con su mujer a París. Las noticias que allí le aguardaban no eran buenas; León Blum, presidente de la Repúbica francesa, aunque era partidario del Frente Popular español, se había visto obligado a declarar la neutralidad de Francia con el fin de contentar a Inglaterra, de cuyo apoyo precisaba para hacer frente a la pujante Alemania. Por lo tanto, la única forma que el gabinete francés tenía de ayudar a la República española era el suministro clandestino de armas. Antes de que André regresase de Madrid, Pierre Cot comenzó a pensar en aquellos pilotos que podían combatir en España. El reclutamiento de éstos se llevó a cabo en el apartamento que Malraux poseía en la parisina Rue du Bac, que se trasnformó, de un día para otro, en un anexo de la Embajada de España y en una oficina informal de reclutamiento. Los primeros pilotos seleccionados fueron hombres con sed de aventuras, atraídos por las generosas sumas de dinero que se ofrecían –50.000 francos al mes–. A ellos se sumaron voluntarios que, más allá de razones meramente económicas, deseaban luchar en España por el sostenimiento de la República. De este modo, el escritor galo, que nunca había pilotado un avión ni tenía grandes concimientos de aeronaútica, se vio al frente de una escuadrilla de bombardeo, integrada en su mayor parte por aparatos ya desfasados, que recibiría el nombre de «Escadrille Espagne».

El 6 de agosto, Malraux y Clara abandonaron de nuevo París para poner rumbo, en esta ocasión, a Barcelona. Allí fueron recibidos por uno de los miembros de la formación aérea, Abel Guidez, quien se había desplazado a la Ciudad Condal para recibir la remesa de bombarderos Potez y de cazas Dewoitine procedentes del país vecino. Al día siguiente, viajaron a Madrid, donde advirtieron que era mucho el trabajo que les restaba

10 Citado y traducido de: CATE, Curtis, *André Malraux: a Biography*, New York, International Publishing Co., 1997, p. 231.

por hacer; la desorganización y la falta de entrenamiento de los voluntarios era casi total y los primeros Dewoitine procedentes de Barcelona carecían de ametralladoras, de modo que tuvieron que ser armados con antiguas ametralladoras en el aeródromo de Cuatro Vientos. A pesar de esta serie de contratiempos, la escuadrilla cosechó su primer éxito el 14 de agosto, cuando dos Breguet 19 pertenecientes al bando nacional fueron derribados sobre la sierra de Guadarrama. Aquel mismo día, el Ministerio de la Guerra encomendaba a Malraux una nueva misión: el ataque contra el denominado ejército de África, que en su avance hacia Madrid, ya había ocupado Mérida y Badajoz. Aunque en *L'espoir* el novelista francés sitúa la misión el mismo día 14 de agosto, lo cierto es que autores como Walter G. Langlois[11] proponen el 17, mientras que otros se inclinan por la hipótesis de que se realizaran dos incursiones, una el día 16 y otra el 20[12]. La operación, que tuvo lugar en las inmediaciones de Medellín, se saldó con la casi completa destrucción de la columna que comandaba Asensio. No obstante, la intervención de la escuadrilla tan sólo sirvió para detener unas pocas horas el avance de los rebeldes hacia la capital de España.

Los últimos días de aquel mes de agosto fueron realmente aciagos para Malraux y sus hombres. El 23 y 27, concretamente, la aviación nacional lanzó sendos ataques contra el aeródromo de Cuatro Vientos, ocasionando importantes daños materiales entre los cazas de la escuadrilla. En la jornada del 26, uno de los aparatos más modernos con los que contaba la formación –un Dewoitine 372– fue derribado por varios aviones rebeldes cuando se disponía a aterrizar en el aeródromo de Getafe. Dos días más tarde, uno de los aparatos de la «Escadrille Espagne» cometió un error fatal; al divisar una patrulla republicana que conducía a un grupo de prisioneros, abrió fuego contra ella, creyendo que los soldados que escoltaban a los reclusos eran rebeldes y que estos últimos pertenecían al bando guner-

11 FERNÁNDEZ CARDO, J. Mª, «Introducción» a *La esperanza*, *op. cit.*, p. 44.
12 CATE, Curtis, *André Malraux...*, *op. cit.*, pp. 238-239.

namental. Según Cate[13], este episodio dañó profundamente la imagen de la escuadrilla, que ya jamás podría deshacerse del recuerdo de tan lamentable suceso.

La suerte de la formación cambiaría, no obstante, al comienzo de septiembre. El día 1, el grupo de Malraux, gracias a la información facilitada por un campesino, destruyó una pista clandestina de los nacionales cerca de Olmedo (Valladolid). El escritor galo trasladó más tarde este episodio tanto a *L'espoir* como a *Sierra de Teruel,* la película que filmó en 1938 sobre la guerra civil española. Durante los primeros días de septiembre, André hizo un viaje relámpago a París para pasar unas jornadas de descanso. A su regreso, recibió la noticia de que Hantz, un piloto alsaciano, se sumaba a la lista de bajas de la escuadrilla. A pesar de este tipo de adversidades, la «Escadrille Espagne» no cesaba en su labor de apoyo a la aviación republicana y continuaba cosechando algunos éxitos como la operación de bombardeo llevada a cabo en Talavera el 4 de septiembre. No obstante, la suerte de la escuadrilla se tornaría definitivamente adversa el día 7, cuando varios Junkers 52 bombardearon el aeródromo de Cuatro Vientos. El ataque de la aviación nacional destruyó muchos de los aparatos con los que entonces contaban Malraux y sus hombres. Esta circunstancia obligó a la escuadrilla a permanecer inactiva durante buena parte de septiembre, mes que concluía con la pérdida de un Potez 54 en la sierra de Guadarrama.

En octubre de 1936, coincidiendo con la evacuación de las bases de Getafe y Cuatro Vientos, se producía la llegada de los primeros brigadistas a España. Malraux se desplazó entonces a Albacete –donde se ubicaba el cuartel general de las Brigadas Internacionales– con la esperanza de encontrar entre los brigadistas algunos obreros con experiencia en las factorías aeronaúticas francesas. Tras varios días en la ciudad manchega, Malraux partió del aeródromo de Los Llanos con dirección a París para comprobar si la intervención de la Unión Soviética en la guerra había hecho cambiar de opinión a Blum. Allí Mal

13 *ibid.*, p. 240.

raux se encontraría con la firme decisión del gobierno galo de seguir optando por la neutralidad ante el conflicto español. Ya de regreso a nuestro país, Malraux y sus hombres fueron trasladados de Alcalá de Henares, convertida entonces en una base soviética, a Albacete, y de ahí a la de Señera-Chiva, en Valencia. A partir de ese momento, por decisión de los consejeros militares soviéticos, la escuadrilla perdió su autonomía y pasó a integrarse en la aviación republicana con el nombre de «Aviación antifascista André Malraux». Encomendada la defensa de Madrid a los escuadrones soviéticos, la «Escadrille Espagne» llevaría a cabo misiones de menor entidad; las operaciones más relevantes de esta etapa fueron las incursiones aéreas sobre Teruel en el marco de la ofensiva lanzada por la XIII Brigada Internacional a mediados de diciembre de 1936. Los ataques perpetrados contra la localidad aragonesa se saldaron con éxito, hasta que el día 27 Malraux perdió dos aviones. Uno de ellos pilotado por Jean Darry, quien se vio obligado a realizar un aterrizaje de emergencia. El segundo de los aparatos fue abatido por un grupo de Heinkel 51 en la zona montañosa de Mora de Rubielos, saldándose con la muerte del piloto de origen argelino Jean Belaïdi y con varios miembros de la tripulación gravemente heridos. El rescate de este último aparato dio lugar posteriormente a una de las escenas centrales de *L'espoir* y también de *Sierra de Teruel*. La pérdida de los dos Potez siniestrados en la sierra turolense mermó de manera considerable la capacidad operativa de la escuadrilla. Aún así, la formación aérea fundada por Malraux realizaría una nueva misión en febrero de 1937: la defensa aérea del éxodo que provocó la caída de Málaga en manos de los rebeldes. Ésta fue la última operación llevada a cabo por la escuadrilla; para entonces, muchos de sus aviones estaban destrozados y la mayoría de sus pilotos muertos o heridos. Frente a esta situación, las autoridades españolas consideraron, en palabras de Cate[14], que el ilustre novelista sirviera a la República española de otro modo que no fuera desde el aire. A partir de entonces, el respaldo ofrecido por Malraux

14 CATE, Curtis, *André Malraux...*, *op. cit.*, p. 252.

al bando gubernamental sería exclusivamente propagandístico. Retirado ya de los combates aéreos, el escritor francés decidió emprender una gira por Estados Unidos: Nueva York, Filadelfia, Los Ángeles y las universidades de Harvard y Princeton fueron algunos de los lugares donde el novelista galo pronunció una serie de conferencias a favor de la causa republicana. Nada más desembarcar en Nueva York, Malraux[15] realizó unas polémicas declaraciones al diario *The Nation* que quebrantaron la estrecha amistad que hasta entonces había mantenido con Trotsky:

> Trotsky es una gran fuerza moral en el mundo, pero Stalin ha devuelto la dignidad a la especie humana. Y, del mismo modo que la Inquisición no menoscaba en modo alguno la dignidad fundamental del cristianismo, así los procesos de Moscú no merman en modo alguno la dignidad fundamental del comunismo.

Trotsky sería de nuevo objeto de las acusaciones de Malraux cuando éste declaró al diario mexicano «El Nacional» que las consideraciones intelectuales debían en aquel momento dejarse a un lado, pues el futuro de la humanidad se estaba jugando en España. Tal y como señala Fernández Cardo[16], estos incidentes constituyeron los episodios más importantes del periplo que llevó al escritor francés por Norteamérica durante la primavera de 1937, ya que, más allá de su carácter anecdótico, ponían de relieve la ambigüedad ideológica de Malraux en aquellos días.

De regreso a Francia, Malraux comienza a escribir su novela sobre la guerra de España, a donde volvería en junio con ocasión del congreso organizado por el Comité de Vigilancia de los Intelectuales Antifascistas. Durante las sesiones itinerantes que tuvieron lugar en Valencia, Madrid y Barcelona, los asistentes mostraron profundas diferencias al abordar diversas cuestiones relativas a la guerra como, por ejemplo, el levanta-

---

15 Citado en: TODD, Olivier, *André Malraux: una vida*, (trad. de Encarna Castejón), Barcelona, Tusquets, 2001, p. 264.

16 FERNÁNDEZ CARDO, J. Mª, «Introducción» a *La esperanza*, *op. cit.*, p. 50.

miento del embargo de armas a la República o la versión de que el POUM hubiera colaborado con el bando franquista. Sin embargo, ninguna de estas cuestiones suscitó una polémica equiparable a la provocada por el libro de André Gide *Retour de l'URSS* (*Regreso de la URSS*, 1936), en el que dirige sus críticas contra el régimen estalinista. Como era de esperar, varios escritores comunistas trataron por todos los medios de desprestigiar el testimonio de Gide; entre ellos, el español José Bergamín[17], quien condenó públicamente al escritor francés ante el congreso «por sus injurias contra el pueblo soviético, solidarizado con el pueblo español en una misma lucha». Ante los continuos enfrentamientos que se producían entre los asistentes al congreso y el aspecto algo circense del mismo –los participantes se paseaban en coches de lujo por una España en ruinas–, Malraux decidió regresar a Francia el 18 de julio para retomar la escritura de su novela sobre la guerra civil, que concluiría a finales de septiembre de 1937. Pocos días después, el escritor viajó nuevamente a nuestro país –primero a Madrid y luego a Barcelona–, con el fin de comprobar personalmente la difícil situación en la que se encontraba el bando gubernamental. A pesar de que, en su opinión, todo estaba perdido –la revolución había fracasado y la República combatía sola a los rebeldes y a sus aliados europeos–, Malraux decidió dar a su último libro el título de *L'espoir*; no importaba que la «esperanza» de derrotar al franquismo se hubiera desvanecido, ya que, como ha señalado Boisdeffre[18], para él no era tan importante una victoria política como una victoria del hombre sobre sí mismo y sobre el destino.

Medio año después de la publicación de la novela, Malraux regresó a España para rodar *Sierra de Teruel*. Aunque la película estaba inspirada en *L'espoir*, el escritor galo nunca pretendió llevar a la pantalla todas las historias que en ella se narraban; antes bien, únicamente seleccionó aquellas escenas que pudie-

17 AVILÉS FARRÉ, J, *Pasión y farsa…, op. cit.*, p. 120.

18 Citado en: BERTRAND DE MUÑOZ, Maryse, *La guerra civil española…, op. cit.*, p. 126.

ran dotar al film de unas marcadas connotaciones dramáticas, como son, por ejemplo, algunas protagonizadas por la escuadrilla con Magnin al frente –que en la película recibe el apellido español de Peña–, el descubrimiento del campo secreto de la aviación enemiga o la tragedia en las montañas de Teruel. Al margen de la inclusión de unas escenas en detrimento de otras, la principal diferencia que el film mantiene respecto a la novela es que, mientras ésta es una obra esencialmente francesa, la película es española: los actores y los personajes que intervienen a lo largo de ella son españoles y los diálogos son en castellano con subtítulos en francés. Antes de que la película llegase a las salas de cine, debió salvar numerosos obstáculos. El rodaje de *Sierra de Teruel* –en el que Malraux contó con la ayuda de Denis Marion y Max Aub– comenzó en Barcelona en junio de 1938. Meses después, en febrero de 1939, debido a la proximidad de las tropas franquistas a la Ciudad Condal, el equipo tuvo que regresar a Francia para continuar con el rodaje. Pero ya antes de su regreso al país vecino, Malraux tuvo que hacer frente a varios contratiempos: las lámparas, los productos de maquillaje y la película había que traerlos de Francia; los negativos debían ser revelados en París; la grabación de la banda creaba múltiples problemas; apenas se contaba con aviones en condiciones para la filmación de las escenas aéreas... Superadas todas estas adversidades, *Sierra de Teruel* –a la que los productores dieron finalmente el título de *L'espoir*– no pudo ser proyectada públicamente hasta 1945, una vez liberada Francia de la ocupación alemana. De este modo, Malraux al fin podía llevar a las pantallas su visión de la guerra de España.

5.2.2 George Orwell: en busca de los ideales perdidos

George Orwell vivió hasta sus últimos días dominado por un sentimiento de culpabilidad que contrajo, en primer lugar, por su pertenencia a una clase media que vivía de espaldas a las grandes diferencias sociales existentes en la Inglaterra de comienzos de siglo y, en segundo término, por su experiencia como policía colonial en Birmania entre 1922 y 1927. Orwell, imbuido en esquemas de raíz romántica aunque traducidos a eficiencias prácticas, viaja a Barcelona en diciembre de 1936 con el fin de tomar partido en la contienda española. Sin embargo, al contemplar el nuevo orden social que la revolución obrera había instaurado en la Ciudad Condal, el escritor decide tomar las armas para combatir por unos ideales que, como la igualdad y la justicia, veía, por primera vez, hechos realidad; de este modo, la guerra de España inaugura una nueva etapa en su vida, al poder defender aquellos valores que, en especial durante su estancia en Birmania, había traicionado. Aunque su intención es la de alistarse en las Brigadas Internacionales con el objeto de combatir en el frente de Madrid, el PC británico lo rechaza por su endeble salud. Finalmente, el autor de *Homage to Catalonia* se alista en las milicias del POUM, gracias a los contactos que el ILP –Independent Labour Party– mantenía con esta formación política. A su llegada a Barcelona, el POUM es para Orwell uno más de los múltiples partidos de siglas casi impronunciables que forman parte del bando republicano. El escritor desconoce por completo los ideales políticos de este partido, al que califica como «una combinación de comunistas antiestalinistas y de trotskystas que se unieron en 1935 para crear un partido de vanguardia bolchevique»[19]. Después de una semana de instrucción en el cuartel Lenin de Barcelona, Orwell es enviado al frente de Aragón para combatir en las posiciones de Alcubierre y Monte Oscuro, en la provincia de Zaragoza. Mientras soporta las duras condiciones propias de la vida en las trincheras –frío, falta de higiene...–, su esposa, Eileen O'Shaughnessy, llega a Barcelona en febrero de 1937 para colaborar en la delegación que el ILP tiene en esta ciudad. A mediados de marzo, visita a su marido en el frente, donde llega a presenciar un ataque del enemigo, que, lejos de horrorizarla, causa en ella una gran excitación. Al mes siguiente, Orwell regresa de

19 MEYERS, Jeffrey, *Orwell, la conciencia de una generación* (trad. de Mª Dulcinea Otero), Barcelona, Vergara, 2002, p. 176.

permiso a la Ciudad Condal, después de estar ingresado en el hospital de Monflorite (Huesca) al infectársele una herida mal curada. A su llegada a la capital barcelonesa, comprueba cómo, a pesar de la guerra, la urbe vive dentro de una normalidad, al menos, aparente. Sin embargo, esta relativa tranquilidad es pronto interrumpida por los enfrentamientos que, a partir del dia tres de mayo, tienen lugar entre anarquistas y poumistas de un lado, y socialistas y comunistas de otro. Esta brecha abierta en el seno de la izquierda española giraba en torno a una cuestión de prioridades; mientras los primeros querían hacer antes la revolución que la guerra, los segundos insistían en que la revolución no era viable si antes no se derrotaba al fascismo. Ya fuera por compañerismo con sus camaradas del POUM, por fervor revolucionario, o bien por inercia, Orwell no duda en tomar parte en los combates que transcurren en las calles barcelonesas. Mientras permanece apostado durante tres días en el techo del cine Poliorama junto con otros milicianos del POUM, el tedio y el desencanto se adueñan de él, al ver cómo la izquierda española, a la que él creía en un principio unida en la lucha contra los rebeldes, se fragmentaba a raíz de las disputas que tenían lugar en su seno.

Tras cinco días de combate, en los que se registran 400 muertos y 1000 heridos[20], la Guardia de Asalto, enviada por el gobierno de Valencia, logra restablecer el orden. El 10 de mayo Orwell regresa al frente y, diez días después, cae herido por el disparo de un francotirador cerca de Huesca. Tras pasar por varios centros sanitarios –Barbastro, Lérida, Tarragona–, es ingresado en el hospital Maurín de Barcelona. Mientras se recupera de su herida, el POUM es perseguido por los agentes de la policía soviética –la NKVD– que entonces operaban en España. Una vez pasado el período de convalecencia, Orwell es declarado no apto para combatir en el frente. El 20 de junio regresa a Barcelona y allí recibe la noticia de que el POUM ha sido ilegalizado. A partir de entonces, todos aquellos que habían mantenido algún tipo de relación con esta formación política

20 MEYERS, Jeffrey, *Orwell, la conciencia..., op. cit.*, p. 176.

serían perseguidos por la policía. Por esta razón, los agentes de la NKVD registran la habitación de Eileen en el Hotel Continental en busca de documentos que probaran la vinculación de Orwell con el POUM Mientras tanto, el escritor británico se ve obligado a llevar una vida semiclandestina; por el día finge ser un turista extranjero y, de noche, debe esconderse entre edificios en ruinas. Finalmente, gracias a gestiones realizadas por el consulado británico y a la impericia de los agentes de la aduana, Orwell y Eileen pueden salir del país con destino a Francia. De este modo, el autor de *Homage to Catalonia* corría mejor suerte que numerosos combatientes extranjeros que habían luchado en las filas del POUM, al ser muchos de ellos torturados y encarcelados en unas condiciones deplorables en las prisiones clandestinas comunistas –las popularmente conocidas como «checas». Éste es el caso de su íntimo amigo Georges Kopp, un antiguo oficial belga que también terminaría recalando en la milicia del POUM. Pese a lograr atravesar la frontera, Orwell llega a Francia profundamente decepcionado, al concluir, según él, aquella experiencia, pretendidamente heróica, como un proscrito perseguido por la justicia. Asimismo, el escritor alberga en esos momentos un sentimiento encontrado hacia los españoles, quienes le han hecho rabiar, indignarse, sentirse racialmente superior, que le han pegado un tiro y le han perseguido, pero a los que admira y quiere por encima de todo. Sin embargo, lo que, desde su punto de vista, le resultó más decepcionante fue el que los comunistas convencieran a los trabajadores para traicionar a sus aliados y difundir mentiras sobre el POUM, que no tardaron en ser creídas por los intelectuales de izquierda tanto de Inglaterra como de Estados Unidos.

El medio año que pasó en España supuso para Orwell una de las experiencias más importantes e influyentes de toda su vida: no en vano, amplió su entendimiento político, agudizó la aversión que sentía hacia católicos y comunistas, intensificó su compromiso con el socialismo y, sobre todo, inspiró uno de sus mejores libros: *Homage to Catalonia*. Ésta es una obra en la que convergen principalmente dos dimensiones: una testimonial y autobiográfica y otra de carácter histórico-político. La primera es la que goza de un mayor protagonismo, pues de los catorce capítulos que en un principio integraban la obra, doce recogen el testimonio personal del autor durante los meses que residió en España. Al mismo tiempo, *Homage to Catalonia* cuenta entre sus páginas con contenidos de índole política, tal y como puede apreciarse en los dos apéndices que cierran el libro. Ha sido, precisamente, su aspecto político el que, en mayor medida, ha atraído la atención de la crítica, suscitando reacciones diversas y, en ocasiones, opuestas; así, mientras estudiosos como John Atkins[21] consideran que las mejores novelas de Orwell son las que tienen un contenido fundamentalmente político –«Orwell era ante todo un escritor político y sus mejores obras tratan directa o indirectamente con problemas políticos y sociales»–, F.R. Karl[22] afirma que los comentarios políticos dañan la calidad del libro. Por su parte, Keith Alldritt[23] ha señalado que lo más interesante del testimonio ofrecido por Orwell es el descubrimiento que, a raíz de su estancia en España, hace de las nuevas posibilidades ofrecidas por la vida humana: «Lo que resulta más valioso de esta obra no es la política, sino la nueva perspectiva que, a raíz de la permanencia en España, le ofreció de las posibilidades existentes en la vida humana». Junto al testimonio personal y al debate ideológico, *Homage to Catalonia* presenta otra faceta que ha sido menos estudiada que las dos anteriores, como es su dimensión literaria. En opinión de Galván Reula, si se hubieran resaltado en mayor medida sus valores literarios de *Homage to Catalonia*, el libro habría sido mucho más leído y, probablemente, hubiera servido de gran ayuda para la izquierda inglesa, ya que la denuncia del estalinismo que Orwell realiza en él constituye un claro precedente de las

---

21 Traduzco de: ATKINS, John, *George Orwell. A Literary Study*, London, John Calder, 1954, p. 181.

22 Citado en: GALVÁN REULA, Juan Fernando, *George Orwell y España*, La Laguna, Secretariado de Publicaciones de la Universidad de La Laguna, 1984, p. 67.

23 Traduzco de: ALLDRIT, Keith, *The Making of George Orwell. An Essay in Literary History*, London, Edward Arnold, 1969, p. 91.

que, posteriormente, se efectuaron contra las purgas perpetradas bajo el régimen de Stalin a finales de los años cincuenta.

Aunque *Homage to Catalonia* es la obra donde el autor británico expone de manera más directa su experiencia en nuestro país, el recuerdo de la guerra española, como ya hemos visto, no deja de estar presente en sus libros más influyentes: *Animal Farm* y *Nineteen Eighty-Four.* Ambos tienen su origen en la aversión que Orwell comenzó a desarrollar, tras su estancia en nuestro país, hacia los regímenes totalitarios en general, y hacia el estalinismo en particular. Por esta razón, es posible observar cómo el comportamiento de algunos personajes de *Animal Farm* recuerda, en ocasiones, al Orwell que conocemos en *Homage to Catalonia*; así, el temor de Clover al observar cómo la corrupción y el autoritarismo se estaban adueñando del nuevo orden impuesto por los animales guarda una cierta similitud con la desvirtuación de los ideales que habían impulsado la revolución en España. Los parecidos con *Animal Farm* no terminan aquí; el estilo de ambos libros desprende una actitud filantrópica, originada en el contacto directo que Orwell mantuvo durante su estancia en España con aquellos individuos que despertaban, dentro de su carácter contradictorio, tanto la admiración y la solidaridad como un cierto menosprecio.

Por su parte, *Nineteen Eighty-Four* muestra algunas semejanzas con *Homage to Catalonia.* De este modo, la intención de Winston Smith de escribir un diario en el que se deje constancia del falseamiento de la Historia llevada a cabo por Big Brother recuerda, en cierto modo, a la determinación de Orwell por ofrecer un testimonio de la contienda civil lo más veraz y objetivo posible, con el que las generaciones posteriores puedan interpretar correctamente el pasado. Otras analogías aparte, es interesante observar cómo el autor concluye las dos obras manifestando un mismo deseo que comienza a albergar precisamente a raíz de su participación en la guerra de España, como es la derrota del totalitarismo a manos de las masas obreras.

5.2.3 Ernest Hemingway: España, una vieja conocida

Uno de los aspectos más llamativos a la hora de estudiar la biografía de Ernest Hemingway es su persistente deseo de abandonar su lugar de origen. Ya fuera porque le traían malos recuerdos familiares –el suicidio de su padre–, ya porque representaban un modo de vida con el que no se identificaba, ni su ciudad natal –Oak Park (Illinois)–, ni por extensión su país –Estados Unidos–, ocuparon un lugar de relevancia en la vida del escritor estadounidense. Italia, Francia o la sabana africana fueron algunos de los múltiples y variados destinos que recorrió Hemingway a lo largo de su vida. Sin embargo, ninguno de estos lugares le sedujo tanto como España, país por el que, desde su primera estancia en 1923 hasta sus últimos días, sentiría una especial predilección. Poco después de que visitara la Península por primera vez, Hemingway[24] declaraba en una carta: «España es el mejor país de todos. Es virgen e increíblemente salvaje y maravilloso». Los atractivos que el autor estadounidense encontraba en la Península eran, por tanto, muy similares a los que reclamaban la atención de los viajeros románticos, quienes, como ya se ha dicho, en un intento de evadirse de sus respectivas sociedades de origen, anhelaban visitar aquellos lugares que aún no habían sido «corrompidos» por la modernización. De este modo, Hemingway es un claro ejemplo de cómo, aun bien entrado el siglo XX, muchos escritores que volvían su mirada hacia España no se habían despojado de los estereotipos románticos. Sin embargo, existe en este autor[25] una determinación expresa por diferenciarse de sus antecesores, cuyo conocimiento del país se limitaba, muchas veces, a visitas ocasionales y esporádicas:

> Los libros sobre España más extensos son los escritos por ale-

24 Traducido de: BAKER, Carlos (ed.), *Ernest Hemingway. Selected Letters (1917-1961)*, New York, Scribner, 1985, p. 107.

25 Traducido de: HEMINGWAY, Ernest, *Death in the Afternoon*, New York, Scribner, 2003, pp. 52-53.

> manes que realizan una sola visita a España para ya no volver jamás. Yo diría que es un buen sistema si uno tiene que escribir libros acerca de España lo más rápidamente posible tras una primera visita, ya que varias sólo distorsionarían las primeras impresiones (...). Asimismo, los libros escritos a raíz de una única visita atesoran una mayor certeza a cerca de todo y tienen más posibilidades de conectar con el público. Libros como los de Richard Ford nunca han gozado de la popularidad del misticismo amable como el de *Virgin Spain*.

Más allá de la belleza de sus rincones, de su vida sencilla o del pintoresquismo de sus gentes y tradiciones, Hemingway descubriría en los españoles una serie de valores con los que se sentía profundamente identificado, como eran, por ejemplo, su visión fatalista de la vida o su rebeldía innata. El conocimiento que el escritor llegó a atesorar de España no fue el resultado de una estancia puntual en nuestro país, sino de una larga relación de casi cuarenta años; en realidad, pocos escritores extranjeros han estado tan estrechamente ligados a nuestro país como Hemingway. En una carta escrita en 1956, declaraba: «Pese a haber tomado parte por la República, soy considerado un escritor español que reside en América»[26]. Al margen de los atractivos que encontró en el carácter español, fue su particular interés por la violencia y la muerte lo que le llevó a visitar en repetidas ocasiones nuestro país. A través de su afición a los toros y de su experiencia en la guerra civil, Hemingway contempló dos facetas muy distintas de esa violencia; la ritualizada y aquella otra que no estaba sujeta a ningún tipo de reglas.

El interés del autor norteamericano por la fiesta nacional data de 1923, cuando asistió por primera vez a una novillada en Madrid. Su concepción inicial de las corridas de toros era muy similar a la que tenían muchos extranjeros, es decir, la de un evento bárbaro y cruel. Sin embargo, conforme fue frecuentando los cosos taurinos, Hemingway comenzó a contemplar la corrida no como un espectáculo sangriento, sino como una au-

26 Traducido de: BAKER, Carlos, *Ernest Hemingway. Selected...*, *op. cit.*, p. 873.

téntica tragedia, donde la proximidad entre la vida y la muerte generaba una tensión que culminaba cuando el torero hundía su estoque en el fornido cuerpo del toro. El escritor estadounidense halló en la afición de los españoles por la tauromaquia una concepción del mundo en la que la vida y la muerte se encontraban estrechamente ligadas; en España, la muerte no se consideraba un tabú, sino una parte consustancial de la vida que, en determinados momentos, se revelaba como una fuente de valor y prestigio. Asimismo, Hemingway vio en las plazas de toros uno de los escasos momentos en los que todavía se podía morir con dignidad –idea esta que se convertiría en una de sus principales obsesiones–, gracias a todo el ritual que rodeaba a los festejos. El escritor no tardó en contrastar esta particular visión de la muerte con las de otras culturas, especialmente la gala y la anglosajona; desde su punto de vista, los franceses consideraban más importante la familia, la estabilidad y el dinero que la muerte, mientras que los ingleses sólo arriegaban sus vidas por dinero o por patriotismo. Al mismo tiempo, sus conciudadanos no quedaban exentos de esta clase de comentarios: «Herederos de la 'ingenuidad yankee', los americanos son especialmente racionales, expertos en solventar problemas e ingeniosos como para 'solucionar' el problema de la muerte mediante el ejercicio de un enjuiciamniento totalmente práctico: clasificarlo como un tema tabú»[27].

La tauromaquia permitió a Hemingway vislumbrar otros valores propios de la idiosincrasia hispana, como son, por ejemplo, aquellos que asocia a la solitaria figura del matador frente al toro –el pundonor, el orgullo o el individualismo–. De este modo, el autor estadounidense se sumaba a una corriente de opinión en la que, personalidades tan dispares como Ortega y Gasset o García Lorca, resaltaban la importancia de la fiesta nacional para comprender la personalidad y la cultura hispanas. Estos intelectuales ya habían reflexionado sobre una serie de rasgos definidores del carácter nacional que Hemingway in-

27 Citado y traducido de: BRENNER, Gerry, *Concealment's in Hemingway's Works*, Columbus, Ohio State University Press, 1983, p. 70.

corporaría a su visión de nuestro país; así, por ejemplo, el filósofo madrileño advirtió que la principal razón por la que el español se negaba a someterse a cualquier forma de autoridad era su orgullo congénito, tesis que suscribiría más tarde el escritor norteamericano. El autor de *For Whom the Bell Tolls* también pudo comprobar las nefastas consecuencias que en el terreno militar tuvo la indisciplina de los soldados republicanos, rasgo que había considerado Ganivet como una clara manifestación del carácter anárquico del país.

Hemingway no tardó en transmitir a sus escritos periodísticos y literarios el entusiasmo que había desarrollado por la fiesta de los toros. En su artículo «Bull Fighting, a Tragedy» («El toreo, una tragedia»), publicado en «The Toronto Star» el 20 de octubre de 1923, aborda por primera vez el tema de la tauromaquia. Escrito después de presenciar su primera novillada, Hemingway ofrece en este artículo una descripción detallada del festejo y demuestra un cierto conocimiento de la jerga taurina. Pero más interesante es, si cabe, su interpretación del toreo como una tragedia que simboliza la lucha entre el hombre y la bestia[28], una idea que desarrollaría en algunas de sus obras posteriores. El autor estadounidense no tardaría en trasladar su fascinación por el ritual de la corrida a su obra literaria. En *In Our Time* (*En nuestro tiempo*, 1924), introduce algunas referencias a los toreros Nicanor Villalta y Manuel García «Maera». Posteriormente, en *The Sun Also Rises*, el mundo del toro aparece representado principalmente por el personaje de Pedro Romero, inspirado al mismo tiempo en la figura de un matador homónimo del siglo XVIII y en la del torero Cayetano Ordóñez, con quien Hemingway mantendría una estrecha relación. El autor norteamericano concentra en Romero aquellos valores que había descubierto tras la fiesta de los toros, como eran la dignidad, el coraje y el pundonor. A diferencia de este joven matador, los demás protagonistas de la novela, un grupo de americanos residentes en París que visitan las fiestas de San Fermín –Cohn, Jake, Brett, Bill y Mike–, per-

28 WHITE, William (ed.), *By-line: E. Hemingway. Selected Articles and Dispatches of Four Decades*, New York, Charles Scribner's Sons, 1967, p. 96.

tenecen a un mundo moralmente corrupto, constituyendo así el contrapunto a esa visión que Hemingway había desarrollado en torno a los toros y a España. Su siguiente libro, una colección de relatos titulada *Men Without Women* (*Hombres sin mujeres*, 1927), también contenía numerosas alusiones a la tauromaquia; la primera de estas historias, «The Undefeated» («El invicto»), considerada en aquel momento por Hemingway como su mejor obra de ficción[29], narra la vida del veterano matador Manuel García, quien, pese a afrontar una carrera profesional llena de obstáculos, no desiste en su empeño de seguir toreando. Otras dos historias de esta colección, «Banal Story» («Historia banal») y «The Killers» («Los asesinos») también poseen una clara orientación española; en la primera de ellas, su autor volvería a hacer referencia a «Maera», mientras que la segunda la concibió en un principio bajo el taurino título de «The Matadors» («Los matadores»). Estos no serían los únicos relatos relacionados con la tauromaquia; años más tarde, en 1938, Hemingway incluiría en *The Fifth Column and the First Forty-nine Stories* (*La quinta columna y los primeros cuarenta y nueve relatos*) una historia titulada «The Capital of the World» («La capital del mundo»); en él, se narra la historia de Paco, un joven camarero que muere cuando un compañero suyo le clava accidentalmente un cuchillo mientras escenificaban una corrida. Su libro taurino por excelencia fue, sin embargo, *Death in the Afternoon*. La crítica española y americana lo han considerado el mejor tratado sobre tauromaquia que jamás se había escrito[30]. Aparte del mundo del toro, una de las ideas centrales de esta obra es el conocimiento que Hemingway adquirió de la cultura y la idiosincrasia españolas a través de la fiesta nacional. Esta misma asociación entre la tauromaquia y la cultura hispana aparece en la novela *For Whom the Bell Tolls*. Uno de los personajes, Pilar, al recordar las relaciones que en su juventud mantuvo con varios matadores, alude a algunos de los iconos culturales de la España de preguerra; aunque menciona

29 LYNN, Kenneth, *Hemingway*, Cambridge, Harvard University Press, 2002, p. 269.
30 *ibid.*, p. 9.

diversas figuras del flamenco –el «Niño Ricardo» o la «Niña de los Peines»–, en sus relatos predominan los nombres de toreros, como los de Joselito, Chicuelo o Ignacio Sánchez Mejías, entre otros. Las referencias al mundo taurino en la que, probablemente, fue la mejor novela de Hemingway, no terminan aquí; de este modo, por ejemplo, la matanza de simpatizantes franquistas en el pueblo de Pablo se lleva a cabo adoptando ciertos elementos del ritual taurino. Asimismo, otro miembro de la banda, Andrés, recuerda, en la parte final de la novela, las capeas que se celebraban en su pueblo antes de la guerra. La tauromaquia no dejaría de estar presente en uno de sus últimos libros, *The Dangerous Summer* (*El verano peligroso*, 1960), donde el autor estadounidense describiría la rivalidad existente entre los matadores Luis Miguel Dominguín y Antonio Ordóñez.

La fiesta de los toros y, por extensión, España, fueron mucho más que el trasfondo de algunas obras de Hemingway; constituyeron un torrente de ideas del que manaron algunos de los valores centrales en su obra como fueron, por ejemplo, el interés por la violencia y la muerte. El autor de *For Whom the Bell Tolls* identificó en la corrida unas pautas de comportamiento orientadas, muchas de ellas, a hacer frente a un mundo irracional y virulento. Estas conductas aflorarían en los últimos héroes de Hemingway, es decir, en aquellos personajes que el escritor creó después de su primera visita a España; mientras los caracteres creados antes de 1932 –año en el que se publica *Death in the Afternoon*– eran, por lo general, individuos que se mostraban vulnerables e indefensos ante las vicisitudes de la vida, los personajes de obras posteriores actuarían con coraje y perseverancia frente a situaciones destinadas al fracaso. No obstante, ya en 1924, Hemingway estableció un claro contraste en *In Our Time* entre su semblanza favorable de algunos matadores y su visión del mundo anglosajón como una cultura estéril e impotente[31]. La visión trágica de la vida, la excelencia moral, la rebeldía, el individualismo o el debatirse continuamente

31 BROER, Lawrence R., *Hemingway's Spanish Tragedy*, Alabama, University of Alabama Press, 1974, p. 46.

entre impulsos violentos y solidarios –aspecto ya advertido por Unamuno en *Vida de don Quijote y Sancho*–, fueron rasgos que Hemingway también adoptó del carácter español para incorporarlos a sus personajes. Lejos de circunscribir estos valores y actitudes a sus protagonistas españoles –Manuel García en «The Undefeated» o Robert Jordan en *For Whom the Bell Tolls*–, Hemingway los extrapolaría también a aquellas historias que, aparentemente, nada tenían que ver con España; de este modo, la rígida conducta de Harry Morgan, protagonista de *To Have And Have Not* (*Tener y no tener*, 1937), derivaba de la fascinación que su creador sentía por el comportamiento inflexible, poco abierto a la improvisación, que el matador exhibía durante la ejecución de su faena. Igualmente, caracteres como el coronel Cantwell –*Across the River and into the Trees* (*Al otro lado del río y entre los árboles*, 1950)– o Santiago –*The Old Man and the Sea* (*El viejo y el mar*, 1952)– personificarían esa lucha interna que acontece en el carácter español entre impulsos destructivos e impulsos conservadores.

Los estrechos vínculos que Hemingway había establecido con España le impidieron permanecer indiferente ante el estallido de la guerra civil. Al margen de los lazos afectivos que desarrolló en los años anteriores con el pueblo español y con su cultura, otra de las razones que llevaron a Hemingway a vivir en primera persona la contienda fue el deseo de aventura. Durante los primeros meses del conflicto, el escritor estadounidense empleó gran parte de sus energías en la compra de ambulancias y de material médico para la República. Asimismo, en enero de 1937, ya encabezaba asociaciones como la «Ambulance Committee» y la «American Friends of Spanish Democracy». Pese a tomar partido por uno de los dos bandos –el republicano–, los ideales que llevaron a Hemingway a vivir de cerca la guerra fueron más humanitarios que políticos. De este modo, dentro de su visión del conflicto, lo individual y lo anecdótico gozaban de un mayor protagonismo que las teorías políticas; en sus crónicas de guerra, Hemingway se mostraba más propenso a narrar las historias de pequeñas unidades de combate o de personas anónimas que las acciones colectivas. La ausencia de un firme compromiso político en Hemingway respondía, por un lado, a su filosofía literaria; según él, el escritor que se vendía a la propaganda política cometía una estafa, pues su principal cometido debía ser el escribir una prosa clara y sincera que versara, por encima de todo, sobre los seres humanos[32]. Por otra parte, el posicionamiento apolítico de Hemingway frente a la guerra civil derivaba de su experiencia como conductor de ambulancias en Italia durante la Primera Guerra Mundial; fue entonces cuando, además de comprobar los efectos devastadores de la guerra moderna, el autor norteamericano sintió una profunda desconfianza hacia las utopías de las tendencias políticas dominantes en los años veinte y treinta. Inicialmente, rechazó el fascismo como una ideología que, tras su defensa de la eficiencia y el orden, ocultaba un claro desprecio por la libertad; algunos de sus escritos evidencian esta postura de repulsa hacia lo que significaba el fascismo; en su relato «Che Ti Dice la Patria» («Qué te dice la patria», 1927), Hemingway critica abiertamente la figura de Mussolini y sus ambiciones políticas. Por unas razones muy similares, el autor de *For Whom the Bell Tolls* no tardaría en rechazar los postulados comunistas; en una carta escrita en 1935, confesaba al crítico ruso Iván Kashkeen: «Ahora no puedo ser comunista, porque sólo creo en una cosa: la libertad»[33]. Al igual que Orwell, Hemingway concibió la ortodoxia comunista como una amenaza para las libertades individuales. Pero su desconfianza hacia los comunistas, en especial los no españoles, no le impidió sentir un profundo interés por la República. Como muchos otros intelectuales antifranquistas, el escritor norteamericano creyó que la causa leal representaba no sólo una serie de ideales en los que creía –libertad, igualdad, justicia–, sino también al pueblo, por el que sentía un gran afecto: «Los rojos pueden ser tan mala gente como dicen, pero ellos

32 Benson, Frederick, «Ernest Hemingway», en Corrales Egea, J.; Tuñón De Lara, M.; et al. (eds.), *Los intelectuales y la guerra de España, op. cit.*, p. 280.

33 Citado y traducido de: Baker, Carlos, *Ernest Hemingway, Selected…, op. cit.*, p. 418.

son el pueblo que lucha contra los terratenientes absentistas, los moros, los italianos y los alemanes»[34].

Aunque la evolución seguida por los gabinetes republicanos le decepcionó –en especial entre 1933 y 1936, con la radicalización del panorama político durante los gobiernos de la CEDA y del Frente Popular–, Hemingway colaboró activamente con la República al estallar la guerra. A lo largo de todo el conflicto, el autor trabajó para la causa leal, ya fuera recabando fondos en su país o trabajando como reportero en la Península. Entre 1937 y 1938, Hemingway viajó a España en cuatro ocasiones como corresponsal de la «North American Newspaper Alliance» (NANA). Durante su primer viaje, visitó los frentes que se extendían en los alrededores de Madrid: la Casa de Campo, Brihuega y la Sierra de Guadarrama fueron algunos de los escenarios que Hemingway recorrió infatigablemente. Muchas de sus crónicas tuvieron por protagonistas a la 11ª y 12ª Brigadas Internacionales, con cuyos comandantes, Hans y Lukacz, entablaría una estrecha relación. Uno de los lugares más frecuentados por Hemingway fuera de las trincheras fue el hotel «Gaylord's», considerado el centro social de operaciones del contingente ruso durante la contienda. Gracias a la amistad que le unía a uno de los asesores soviéticos más influyentes en Madrid, el escritor y periodista ruso Mikhail Koltsov, el autor estadounidense pudo conocer allí de manera precisa cuál estaba siendo la evolución de la guerra.

Pese a su pretensión de posicionarse frente a la guerra sin tomar partido por ninguna tendencia política, la figura de Hemingway fue pronto asociada al comunismo. Sus posturas antifascistas y su estrecha relación con miembros de las Brigadas Internacionales y con representantes del poder soviético –Koltsov– fueron interpretadas como un indicio que probaba sus tendencias comunistas. Sin embargo, al igual que otros escritores como André Malraux o Gustav Regler, Hemingway

34 Citado y traducido de: BENSON, Frederick, *Writers in Arms: The Literary Impact of the Spanish Civil War*, New York, New York University Press, 1967, p. 458.

apoyó el comunismo más por razones prácticas que ideológicas; pese a que ninguno de ellos llegó a militar en el Partido Comunista, consideraron que esta formación disponía de la organización y la eficacia necesarias para derrotar al fascismo. Aunque la disciplina comunista comportaba la eliminación de cualquier elemento considerado subversivo o sospechoso –como denuncia Orwell en *Homage to Catalonia*–, al escritor norteamericano no pareció importarle esta represión, al considerarla una parte desagradable, pero a la vez necesaria, de la lucha contra Franco. Uno de los episodios que mejor evidencia el posicionamiento de Hemingway frente a los discutibles medios empleados por las fuerzas de seguridad soviéticas fue su desencuentro con John Dos Passos, con quien le había unido una estrecha amistad hasta aquel momento. Durante el rodaje de *The Spanish Earth* (*Tierra española*, 1937) –el documental que ambos escritores realizaron sobre la guerra junto con el director Joris Ivens–, José Robles, traductor y amigo de Dos Passos, fue ejecutado al ser acusado de traidor. Si bien Dos Passos defendió hasta el final la inocencia de Robles, Hemingway no dudó de su culpabilidad, debido, probablemente, a las frecuentes conversaciones que mantenía con José Quintanilla, máximo responsable del Departamento de Justicia. Sin embargo, el novelista, fiel a su pretensión de no comprometerse con ninguna opción política, vertió al mismo tiempo duras críticas contra determinados dirigentes comunistas; así, por ejemplo, en *For Whom the Bell Tolls*, Hemingway no escatima comentarios desfavorables cuando se refiere a las figuras de André Marty y Dolores Ibárruri, «La Pasionaria». En el capítulo 42, el autor estadounidense describe al dirigente de las Brigadas Internacionales como un sujeto paranoico e incompetente. Por su parte, frente a la imagen idealizada que Malraux ofrece de Dolores Ibárruri en *L'espoir*, Hemingway ve en ella el reflejo de una clase política alejada de la realidad de la guerra. Tras escuchar, por boca de Joaquín, varias proclamas de «La Pasionaria» durante el ataque a la banda de «El Sordo», un compañero suyo le contesta: «Si crees tanto en la Pasionaria, pídele que nos saque de esta colina»[35]. Precisamente, por la representación de estos dos personajes, y por relegar a un segundo plano consideraciones políticas y sociales frente a la exaltación del coraje individual del protagonista, la novela decepcionó a buena parte de la crítica afín al PC. La publicación de *For Whom the Bell Tolls* suscitó un profundo malestar entre muchos críticos de izquierda, quienes habían especulado sobre una hipotética conversión al comunismo de Hemingway tras su libro *To Have and Have Not* –donde aún prima la acción colectiva frente a la individual– y su militancia en el Frente Popular, acontecimientos que, como ya se ha visto, nunca llegaron a hacerse realidad.

El escritor norteamericano regresaría a su país en mayo de 1937, con el fin de preparar la banda sonora de *The Spanish Earth* e intervenir en el «American Writers' Congress», celebrado en Nueva York el 4 de junio; considerado el acto de mayor calado político de su vida[36], el discurso pronunciado por Hemingway, además de intentar sensibilizar a los intelectuales allí reunidos sobre la necesidad de ayudar a la República española, también abordaba cuestiones como la dificultad de escribir sobre la guerra sin tratar asuntos de índole política. Tras su breve estancia en Estados Unidos, Hemingway regresaría por segunda vez a la España en guerra en agosto de aquel mismo año. El panorama que encontró al volver a Madrid fue desolador; a la situación crítica de la ciudad, castigada por los bombardeos y el hambre, se sumaba el fallecimiento de Lukacz y el control que Franco ya tenía sobre tres cuartas partes del país. Todo este cúmulo de adversidades no fue un impedimento para que Hemingway continuara con su labor periodística y literaria. Acompañado en muchas ocasiones por los cronistas norteamericanos Herbert Matthews y Martha Gellhorn, acudió a los escenarios donde se libraron algunas de las batallas decisivas de la guerra, como fueron Brunete, Teruel y Belchite. Durante la visita a esta última localidad, Hemingway conoció a Robert Merriman, vo-

35 *FWBT*, p. 292.

36 COOPER, Stephen, *The Politics of Ernest Hemingway*, Ann Arbor, UMI, 1987, p. 84.

luntario norteamericano de la 15ª Brigada Internacional en el que se inspiraría más tarde para crear el personaje de Robert Jordan, protagonista de *For Whom the Bell Tolls.* Mientras se hospedaba en el hotel Florida de Madrid, expuesto a la artillería franquista que se había instalado en las colinas cercanas a la capital, el autor estadounidense escribió su única obra dramática, *The Fifth Column.* En ella, Hemingway narra la historia de Philip Rawlings, un voluntario norteamericano que renuncia a vivir una historia de amor con la corresponsal de guerra Dorothy Bridges para no quebrantar su compromiso con la causa republicana. Al margen de la visión que ofrece de las condiciones de vida en Madrid durante el asedio franquista en el otoño de 1936–bombardeos casi diarios que mataban a civiles, carencia de víveres...–, *The Fifth Column* se caracteriza por su marcado carácter propagandístico, sobre todo si se compara con obras como *Homage to Catalonia,* de George Orwell, o *For Whom the Bell Tolls*; John Raeburn[37] señala a este respecto:

> ...el libro de Orwell desenmascara las maquinaciones egoístas y cínicas existentes dentro de la República por la que vino a luchar a España, mientras que la obra de Hemingway disimula tales conflictos atribuyendo un propósito virtuoso a la formación política que emergería, triunfante, de ellos (...) *For Whom the Bell Tolls,* publicada tres años después de haber escrito la obra teatral, se encuentra entre los documentos más sagaces de la guerra, dejando al descubierto en ocasiones los conflictos políticos internos de la República que la obra de teatro había ocultado.

Tras abandonar nuestro país en diciembre de 1937, Hemingway regresaría a la España en guerra en dos ocasiones más. La primera de ellas fue en marzo de 1938, cuando, pese a que aún creía –al menos públicamente– en la victoria republicana, llegó

37 Traducido de: RAEBURN, John, «Hemingway on Stage: *The Fifth Column,* Politics, and Biography», in *The Hemingway Review,* vol. 18, no. 1, Fall 1998, p. 15.

a admitir en privado que la derrota gubernamental sería inevitable[38]; no en vano, Franco ya controlaba por entonces buena parte del territorio, a la vez que Alemania e Italia continuaban suministrando sin cesar al bando nacionalista hombres y material bélico. La cuarta y última visita de Hemingway a España durante la contienda tuvo lugar en septiembre de 1938. El escritor permanecería en el país hasta las últimas fases de la lucha, asistiendo primero a la caída de Barcelona en enero de 1939, y posteriormente a la de Madrid, en marzo de aquel mismo año.

Al regresar a Estados Unidos, Hemingway trabajó intensamente en su novela *For Whom the Bell Tolls*. En ella, narra la historia de Robert Jordan, un voluntario americano que recibe la misión de volar un puente en la sierra de Guadarrama en el marco de la ofensiva republicana contra la localidad segoviana de La Granja. Para ello, Jordan debe entrar en contacto con un grupo de milicianos que viven detrás de las líneas enemigas. Finalmente, la falta de cooperación del jefe de la banda, Pablo, y la incompetencia de los altos mandos –personificada en la novela por André Marty–, abocan la operación al fracaso. Baker[39] ha señalado que, al escribir su novela sobre la guerra de España, Hemingway trataba, por un lado, de contar una historia de amor creíble y, por otro, abordar el tema de cómo muchas personas sacrificaron sus vidas durante la contienda por una causa. Aparte de estas pretensiones, el autor intenta también reflejar –sobre todo a través de la muerte de Jordan– su convicción de que la derrota republicana se debió tanto a la intervención en la guerra de elementos extranjeros como a ciertas particularidades del carácter español, entre las que sobresalen su incorregible falta de cohesión, su individualismo o su tendencia a la insubordinación y a la traición. De este modo, la visión romántica que, en un principio, tenía el escritor estadounidense acerca de la irreprochabilidad del carácter español se vino abajo.

38 BAKER, Carlos, *Hemingway: The Writer as Artist*, New Jersey, Princeton University Press, 1956, p. 236.

39 Citado en: NAHAL, Chaman, *The Narrative Pattern in Ernest Hemingway's Fiction*, New Jersey, Associated University Press, 1971, p. 123.

Al margen de *The Fifth Column* y de *For Whom the Bell Tolls*, la guerra de España también constituye el escenario de varios relatos de Hemingway como son, entre otros, «Under the Ridge» («Bajo la colina»), «The Denunciation» («La denuncia») y «The Old Man at the Bridge» («El anciano en el puente»), publicados en 1938. Al igual que sucediera más tarde en su gran novela sobre la guerra de España, es en estos relatos donde mejor se evidencia la mirada objetiva que Hemingway intentó adoptar frente a la contienda; aunque algunas de sus obras tienen un marcado tono propagandístico –*The Fifth Column* o «Nobody Ever Dies» («Nadie muere nunca», 1939)– el autor norteamericano trató, en muchas ocasiones, de eludir una visión maniquea del conflicto para mostrar las tragedias personales que la guerra causó en ambos bandos.

A pesar de que la victoria de Franco en la guerra le obligó a permanecer alejado de la Península durante catorce años, Hemingway no perdió contacto ni con sus amigos españoles ni con la cultura de nuestro país. Finalmente, en el verano de 1953, con el pretexto de recopilar materiales para añadir un apéndice a *Death in the Afternoon*, el escritor pudo regresar a España con la condición de que se abstuviera de hablar de política. Hemingway consideró su retorno al país durante la dictadura franquista una aventura cuyos riesgos, lejos de amedrentarle, incrementaron sus deseos de visitar otra vez nuestro país: «Requirió tener muchos cojones [sic] volver a la España de Franco»[40]. Tras su vuelta después de la guerra, Hemingway entabló una estrecha amistad con el torero Antonio Ordóñez y pudo enseñarle a su esposa Mary el escenario en el que se había inspirado para escribir *For Whom the Bell Tolls*, mostrándose muy satisfecho de haber descrito los paisajes de la sierra madrileña tal como eran. El autor norteamericano regresaría a nuestro país en posteriores ocasiones, siendo la última de ellas en 1960, cuando, inmerso en una profunda depresión que le abocaría al suicidio al año siguiente, se aferraba a la idea de viajar a España como una buena razón para seguir viviendo.

El estallido de la guerra civil española fue un hito que, por di-

40 Citado y traducido de: BAKER, Carlos, *Ernest Hemingway...*, *op. cit.*, p. 511.

versas motivaciones, no pasó desapercibido dentro de los círculos intelectuales tanto nacionales como extranjeros; ya fuera porque enterrara las esperanzas de alcanzar un futuro de progreso y libertad cada vez más cercano, gracias a la labor de la República, ya fuera porque confirmó los temores que comenzaban a aflorar en una Europa inquieta ante el auge de los totalitarismos, o bien porque representó la posibilidad para los escritores fascistas de exaltar, por medio de la cultura, una simbiosis anacrónica e irracional entre lo político y lo religioso. La contienda logró cernir su sombra sobre los intelectuales españoles y foráneos, suscitando en ellos reacciones tan diversas como el apoyo apasionado a uno de los dos bandos, el análisis escrupuloso de la nueva situación y de las razones que habían conducido a ella, o el más absoluto rechazo de aquel enfrentamiento fraticida. El conflicto, en definitiva, no dejaría indiferente a pocos escritores y pensadores, de ahí que, como señala Aldo Garosci[41], la guerra española no fue un acontecimiento que pasaría a ser recordado, entre otras razones, por «las fuerzas espirituales comprometidas con ella». El impacto generalizado que la contienda tuvo entre los círculos intelectuales propició la aparición de una producción literaria que atesoraría una mayor calidad y continuidad que la surgida a raíz de la Segunda Guerra Mundial; así, cada episodio del conflicto de 1936 suscitó temas relativos a la moral, al totalitarismo, a la política, a las masas, a las élites, mientras que, en el caso de la literatura deudora de la última conflagración mundial, alcanza momentos de brillantez en ocasiones puntuales, suscitados por la angustia que provocan, por ejemplo, las matanzas masivas en los campos de concentración. La de España fue la última guerra romántica, donde la acción todavía primaba sobre los mecanismos de destrucción masiva de la guerra iniciada en 1939; desde un punto de vista estético y literario, la primera resultaba más atractiva que la segunda. El impulso que sienten muchos de los escritores que arriban a España entre 1936 y 1939 es suscitado por la creencia de que, al modo de Byron, «el Destino todavía está

41 GAROSCI, Aldo, *Los intelectuales y la guerra de España*, Madrid, Júcar, 1981, p. 13.

obligado a contar con él y que su acción individual, deliberada, es apreciable, con precisión, en sus resultados»[42]. En suma, ya fuera por motivaciones de índole política –deseo de evitar la propagación de los totalitarismos en Europa– o espiritual – la pretensión romántica de influir, por medio de la individualidad, en la suerte de una lucha mantenida entre dos Españas–, la guerra civil no pasó desapercibida para muchas de las conciencias que, bien dentro o fuera del país, convirtieron el conflicto en uno de los puntos de inflexión de sus respectivas vidas y obras.

42 Pichois, Claude, «Una problemática literaria de la guerra de España», en Corrales Egea, J.; Tuñón de Lara, M. (eds.); et al., *Los intelectuales y la guerra de España*, *op. cit.*, p. 19.

6. La imagen de España en *L'espoir*

> «Il y a une chose curieuse, dit Scali: aucun pays n'a, comme celui-ci, le don du style» [1]
> «Hay algo curioso, dijo Scali: ningún país como éste tiene el don del estilo»

6.1 España vista a través de los principales aspectos estructurales, narrativos y temáticos de *L'espoir*

La estructura externa de *L'espoir* consta de tres partes, tituladas, respectivamente, «L'illusion lyrique», «Le Manzanarès» y «L'espoir»:

<table>
<tr><td rowspan="5">1ª parte:
La ilusión lírica</td><td rowspan="3">1.a:
La ilusión lírica</td><td>Sección I</td><td>4 capítulos</td></tr>
<tr><td>Sección II</td><td>4 capítulos</td></tr>
<tr><td>Sección III</td><td>3 capítulos</td></tr>
<tr><td rowspan="2">1.b:
Ejercicio de Apocalipsis</td><td>Sección I</td><td>5 capítulos</td></tr>
<tr><td>Sección II</td><td>9 capítulos</td></tr>
<tr><td>2ª parte:
El Manzanares</td><td>2.a:
Ser y hacer</td><td></td><td>9 capítulos</td></tr>
<tr><td></td><td>2.b:
Sangre de izquierda</td><td></td><td>17 capítulos</td></tr>
</table>

1 *LE*, p. 427.

3ª parte: *La esperanza*			6 capítulos

Dentro de la parte que abre *L'espoir*, «La ilusión lírica», Malraux ofrece una descripción de los primeros días de la guerra en Madrid y Barcelona. El autor recurre a estos entornos para representar, de un lado, los combates encarnizados que tienen lugar entre las milicias y los militares sublevados y, de otro, el entusiasmo y el fervor revolucionarios que invaden las calles de estas dos ciudades al comienzo de la contienda. Las milicias, sin embargo, debido a su desorganización e indisciplina, son incapaces de frenar por sí solas el avance de las fuerzas rebeldes, tal y como puede observarse, por ejemplo, en la caída de Toledo en manos del Ejército de África. Es a partir de ese momento cuando, frente a la creciente dificultad para aplacar la sublevación franquista, surge entre los dirigentes comunistas la necesidad de terminar con el «Apocalipsis», es decir, con la improvisación y el caos que hasta entonces habían caracterizado a la revolución obrera y campesina, para así poder combatir más eficazmente a los militares sublevados. Las palabras pronunciadas por Magnin al final de «L'illusion lyrique» son premonitorias del cambio de rumbo que adoptará la lucha antifranquista:

> El Apocalipsis quiere todo, todo en seguida; la revolución obtiene poco –lenta y duramente–. El peligro es que todo hombre lleva en sí el deseo de un Apocalipsis. Y que, en la lucha, ese deseo, pasado un tiempo bastante corto, es una derrota cierta por una razón muy simple: por su misma naturaleza, el Apocalipsis *no tiene futuro*[2].

En la segunda sección de la novela, «El Manzanares», la organización y la disciplina comunistas terminan por imponerse dentro del bando gubernamental, circunstancia que hace posible la resistencia de Madrid frente al cerco rebelde al que está sometida la ciudad. Paralelamante al dominio comunista sobre otras tendencias antifranquistas –consolidado por la victoria

2 *ibid.*, pp. 192-193.

momentánea obtenida sobre los nacionales en Madrid–, los éxitos se suceden en las filas republicanas. No obstante, en la tercera y última parte de la novela, «La esperanza», Malraux muestra también alguno de los duros reveses sufridos por los gubernamentales, como fue, por ejemplo, la ocupación de Málaga por los rebeldes. Pese a no poder evitar esta derrota, la consolidación de la disciplina comunista resulta decisiva para que las fuerzas republicanas sigan obteniendo algunos triunfos; la novela concluye, precisamente, con una de ellas –la obtenida en Guadalajara sobre las tropas italianas fascistas–, hecho que, en aquel momento, aún permitía albergar la esperanza de que la victoria sobre los sublevados era todavía posible.

La estructuración externa de la novela ofrece dos aspectos que resultan interesantes desde el punto de vista del análisis de la imagen de España en ella reflejada, como son, de un lado, los títulos que reciben algunas de sus partes y, de otro, la extensión decreciente que presentan las tres divisiones principales en las que se estructura externamente la novela. El título de «Ejercicio de Apocalipsis» tiene su origen en una de las intervenciones de García, quien habla de «transformar nuestro Apocalipsis en ejército o reventar»[3]; las palabras de este dirigente comunista prefiguran una España republicana maniatada por las numerosas corrientes ideológicas que en ella confluyen y que, con sus tesis abocadas a no entenderse, generan un auténtico caos, un verdadero Apocalipsis que merma la eficacia de la lucha antifranquista. El ejercicio de Apocalipsis consiste, por tanto, en encauzar la fuerza con la que cada una de esas tendencias realiza sus proclamas ideológicas hacia una lucha común encabezada por el comunismo contra el bando nacional. El título que recibe la primera sección de la segunda parte, «Ser y hacer», también guarda relación con una de las máximas pronunciadas por García: «Los comunistas quieren *hacer* algo. Vosotros, los anarquistas, por razones diferentes, queréis *ser* algo...»[4]. Con estas palabras, Malraux-García insiste en la descoordinación y

3 *LE*, p. 282.
4 *ibid.*

la falta de entendimiento existentes entre las diversas fuerzas progubernamentales y que, en esta ocasión, sintetiza en el binomio ser/hacer. A través de estos dos conceptos, el narrador pretende poner de manifiesto el enfrentamiento que dividía al bando republicano en relación con cuál debía ser el modo más idóneo para combatir al franquismo. Así pues, Malraux asocia el «hacer» con la acción eficaz y contundente que la disciplina comunista pretende imponer dentro de la izquierda como forma más adecuada para derrotar a los rebeldes. En cambio, el «ser» representa el idealismo y la infructífera especulación ideológica de otras opciones políticas de izquierda que, según el autor, sólo sirvieron para entorpecer la lucha contra los rebeldes. Por su parte, «Sangre de izquierda» hace referencia a un episodio narrado en el capítulo cuarto de «Ejercicio de Apocalipsis»; en él, López, uno de los integrantes de las milicias que asedian el Alcázar de Toledo, está a punto de pisar el charco de sangre dejado por el cuerpo de un anarquista muerto. Entonces, un compañero del miliciano que yace en el suelo se dirige a él: «Cuidado hombre –dijo. Y respetuosamente–: Es sangre de izquierda»[5]. En esta ocasión, Malraux pretende resaltar la importancia que el individuo tiene no sólo para el credo anarquista, sino también para un espíritu tan propenso a lo romántico como lo es, desde el punto de vista del autor, el español. Finalmente, por lo que concierne a la progresión decreciente que se aprecia en la extensión de las tres grandes unidades en las que se estructura la obra, José Mª. Fernández Cardo[6] ha señalado que «no puede ser tenida por insignificante (...) para el estudio de la significación acabada de la misma»; en este sentido, cabe pensar en la existencia de algún vínculo entre esta característica formal de *L'espoir* y la representación de España como lugar en el que, si bien se resiste aún frente al avance de un poder filofascista, la esperanza de poder doblegarlo es cada vez menor.

La diversidad de entornos y sucesos que aparecen en el trancurso de la novela, junto con el elevado número de personajes

5 *LE*, p. 225.

6 Fernández Cardo, J. Mª, «Introducción» a *La esperanza*, op. cit., p. 65.

–en torno a sesenta–, la convierten en un texto fragmentado, que no fragmentario; así, lejos de ser un relato desestructurado donde se acumulan, aparentemente sin orden, los acontecimientos, *L'espoir* conserva una cierta unidad interna gracias al planteamiento de determinados temas y a la presencia de los personajes más importantes en los episodios centrales de la novela. La disposición del material narrativo en escenas que apenas guardan entre sí una unidad espacial y actorial, el carácter inconcluso de muchas de ellas y los súbitos cambios de entornos y personajes confieren a *L'espoir* unas evidentes connotaciones cinematográficas. Sin embargo, más allá de la intención del autor de escribir una obra que pudiera llevar a la pantalla, la estructura fragmentada es indiciativa de la visión panorámica que Malraux desea ofrecer de la guerra de España. A diferencia de relatos como *Le temps du mépris* (*El tiempo del desprecio*, 1935), donde Malraux focaliza su atención en un único personaje, en *L'espoir* el escritor galo opta por ofrecer una visión más amplia; en este último caso, las diversas partes en las que se organiza externa e internamente el texto son representadas como las piezas de un gran mural. A lo largo de él, Malraux refleja, sobre el trasfondo de la guerra de España, el sacrificio de unos valores individuales, propios de épocas pasadas y muy arraigados dentro de nuestro país, en beneficio de los intereses colectivos suscitados por un conflicto moderno. Acorde con esta imagen panorámica de la guerra civil, el autor adopta la denominada «visión desde arriba» u omnisciente, desde la que puede abarcar el extenso paisaje que conforma la amplia variedad de personajes, entornos y situaciones representados en el trascurso de la novela. No obstante, Malraux alterna este punto de vista con la visión desde el interior de los personajes o «visión restringida», desde la que trata de ofrecer una imagen más viva e inmediata del conflicto con la que poder impactar ya no sólo al lector particular, sino también, y sobre todo, a las democracias occidentales, que habían optado por permanecer neutrales ante la guerra de España.

Por otra parte, teniendo en cuenta que uno de los móviles

que llevaron a Malraux a escribir sus novelas más conocidas era la intención de transmitir un mensaje ideológico con posibles aplicaciones prácticas, no es extraño que uno de los temas más vertebradores de la novela tenga unas evidentes connotaciones políticas: la necesidad de recurrir a la acción efectiva y organizada desplegada por los comunistas para poder derrotar al fascismo. España es, para Malraux, uno de esos lugares donde, de una forma más apremiante, el comunismo debe dirigir la lucha antifranquista; según el escritor francés, la guerra había desatado el carácter idealista y apasionado del pueblo español, circunstancia que podía precipitar la derrota republicana y, con ella, alentar el auge del fascismo en Europa.

Malraux muestra la ortodoxia comunista en oposición a las tesis anarquistas, como puede observarse en los numerosos debates que representantes de ambas tendencias mantienen a lo largo de la novela. Al igual que en *Les conquérants* (*Los conquistadores*, 1928) y *La condition humaine* (*La condición humana*, 1933), en *L'espoir* el autor vuelve a plantear el debate sobre si la revolución debía ser encauzada a través del orden y la disciplina, o bien por medio del espontáneo ímpetu de las clases populares. En su novela sobre la guerra de España, Malraux sitúa esta dialéctica no en el plano de las ideas políticas –como sucede en sus obras anteriores–, sino dentro de una dimensión histórica y psicológica; más allá de ser una opción política, el anarquismo hispano es para el novelista la expresión de distintas cualidades asociadas secularmente a la personalidad española, como son la desorganización, la indisciplina y el individualismo. Por tanto, además de constituir uno de los temas centrales de la novela, la oposición comunismo-anarquismo es uno de los principales ejes vertebradores de la imagen de España en *L'espoir*. Detrás de la fuerte raigambre que las tesis anarquistas tienen en nuestro país, Malraux encuentra un carácter rebelde y apasionado que convierte la contienda civil en la última guerra romántica. Ahora bien, si el autor busca incorporar a su visión de España ese viejo romanticismo al que secularmente ha estado aparejada la imagen de nuestro país en Europa, es para señalar la futilidad de los ideales románticos dentro de un conflicto moderno. Las masas obreras y campesinas que, lideradas por los anarquistas, se hacen con las calles de Madrid y Barcelona al comienzo de la contienda, encarnan la ingenua esperanza de que la victoria puede lograrse por medio de actos heróicos aislados. Muy pronto, sin embargo, la pasión y el individualismo se revelan como armas insuficientes para derrotar a un enemigo más organizado y mejor preparado táctica y armamentísticamente. Influido por las tesis marxistas, Malraux vio en la contienda civil un claro ejemplo de cómo el conflicto propiciaba un cambio histórico por el que la guerra ya no podía ganarse a través del coraje individual, sino a través del esfuerzo colectivo que el autor identifica con la disciplina comunista. La necesidad de que el comunismo suplantara al anarquismo en España como condición para derrotar a los rebeldes constituye el tema central de algunas de las principales escenas de *L'espoir*. Así ocurre, por ejemplo, con el asalto al cuartel de la Montaña en Madrid y la derrota de los rebeldes atrincherados en el Hotel Colón de Barcelona. Estos sucesos, protagonizados por las masas populares, constituyen dos momentos clave dentro de la dinámica seguida por la novela; al margen de representar la derrota de los rebeldes en las dos ciudades más importantes de España, ambas escenas insisten en lo perjudicial que podía ser el anarquismo para los intereses de la República. Tanto en Madrid como en la Ciudad Condal, los militares sublevados finalmente se rinden, pero a costa de numerosas muertes causadas por la imprudencia de idealistas que, como el líder anarquista Puig, se muestran más preocupados por morir de una forma digna y valerosa que por derrotar al enemigo.

La condena del idealismo, que, a juicio de Malraux, entorpecía la lucha antifascista en España, vuelve a aparecer en otras escenas significativas a lo largo de la novela. El ataque que la escuadrilla encabezada por Magnin lanza contra la columna de Yagüe cerca de Medellín supone el primer triunfo de la aviación extranjera. Sin embargo, al igual que ocurre con las escenas de Madrid y Barcelona, se trata de una victoria parcial, pues la intervención de la «Escadrille Espagne» en modo alguno detiene el avance del Ejército de África hacia la capital de España. No es casual que esta escena cierre la primera sección de la novela –«La ilusión lírica»–; una vez que los rebeldes dominan toda la España occidental, los voluntarios extranjeros comprueban que la esperanza de derrotar al fascismo sólo desde la creencia en unos ideales –igualdad, justicia, libertad– es, en realidad, una mera ilusión. En «Ejercicio de Apocalipsis», sobre el telón de fondo del asedio al Alcázar, Malraux introduce varias escenas en las que aparecen el capitán Hernández y el general comunista García discutiendo sobre cuál debe ser el camino que conduzca a la victoria sobre Franco; ante la fragmentación existente entre las milicias que asedian el Alcázar, Hernández alberga escasas esperanzas de que los rebeldes rindan la fortaleza. Sin embargo, para él, una eventual derrota militar no es tan grave como el hecho de dejar de combatir al bando contrario desde la justicia y el honor. García, en cambio, ve en los ideales de Hernández un vestigio de épocas pasadas; no en vano, según el oficial comunista, este último personaje refleja la mentalidad decimonónica que inspirara la revolucion rusa y, aún más, la exaltación del sacrificio personal propia de los primeros mártires cristianos. El código moral de este «semicristiano» que es, en palabras de García, Hernández, no tiene cabida dentro de un conflicto moderno como es la guerra civil. Sus ideales pertenecen a una fase primigenia de la revolución que el conflicto español ya ha superado; por tanto, el sistema de valores de Hernández, debido a su carácter desfasado, carece de sentido y utilidad dentro de la realidad política y militar impuesta por la guerra. Más allá del anacronismo que los ideales del oficial republicano tienen en el marco de una confrontación bélica del siglo XX, lo más indignante para Malraux-García es que ponen en peligro la causa republicana. Dos son las escenas que resaltan especialmente lo perjudicial que pueden ser para los intereses leales conductas como las de Hernández: la ocupación de Toledo por las tropas rebeldes y el posterior fusilamiento del capitán.

Junto a la desorganización de los anarquistas y el idealismo trasnochado de personajes como Hernández, la fraternidad es otro de los temas que Malraux opone a la racionalidad y a la disciplina comunistas. El autor desarrolla este eje temático principalmente a través de la figura de Magnin. Al igual que hiciera el autor en la vida real, este personaje comanda un escuadrón aéreo integrado por voluntarios extranjeros. En un principio, Magnin se muestra comprensivo con las limitaciones evidenciadas por aquellos que ingresan en el grupo. Sin embargo, conforme avanza la guerra, su deseo cada vez mayor de conseguir la victoria hace que se comporte de manera menos condescendiente con sus compañeros. De este modo, Magnin no duda en excluir a varios hombres de la escuadrilla; por consejo de los comisarios comunistas, se deshace primero de tres voluntarios alemanes y, poco después, decide expulsar a un mercenario francés a causa de su cobardía. Al igual que sucede con Manuel, Malraux recurre a Magnin para resaltar uno de los aspectos de la contienda española que más le llaman la atención; la transformación de lo que en un principio es una guerra con unas evidentes connotaciones románticas, debido a la exaltación de valores afines a la idiosincrasia española, como son la fraternidad y el individualismo, en un conflicto moderno donde la organización, la disciplina y los avances técnicos son más decisivos que las buenas intenciones a la hora de alcanzar la victoria. La deshumanización que Magnin va experimentando conforme trascurre la guerra no le impide, sin embargo, percatarse de que la fraternidad no es incompatible con el éxito militar. Durante el rescate de la tripulación del «Canard Déchâiné» en la sierra de Teruel –la escena ininterrumpida más larga de la novela–, Magnin recibe la ayuda de varios campesinos del cercano pueblo de Valdelinares, sin cuya colaboración ninguno de los pilotos se habría salvado. La solidaridad, por tanto, es vista en ese momento por Magnin como un valor que, siempre que sea encauzado a través del orden y la disciplina, no debe subestimarse en el trascurso de la contienda. Pero más allá de sus posibles implicaciones en el conflicto, la fraternidad aparece ante los ojos de este personaje como una cualidad propia de la condición humana; gracias a ella, el hombre puede conservar su dignidad en mitad de la devastación y la deshumanización ocasionadas por la guerra.

Otro de los ejes temáticos que vertebran la visión malrauxiana de la contienda civil es el paulatino dominio que los comunistas fueron ejerciendo sobre otras opciones políticas dentro del bando republicano. El autor francés representa este hecho mediante la evolución que Manuel, uno de los protagonistas de *L'espoir*, experimenta a lo largo de la novela. Bajo la tutela de la disciplina comunista, Manuel pasa de ser un intelectual jovial y optimista, cuyos conocimientos sobre la guerra derivaban únicamente de la lectura de manuales como el de von Clausewitz[7], a convertirse en un líder militar experimentado. Algunas de las escenas centrales de la novela guardan relación con esta transformación, que sucede en un período de tiempo demasiado corto como para que resulte verosímil. Ya en las primeras páginas de *L'espoir*, el lector asiste al nacimiento del compromiso que Manuel mantiene con el triunfo de la causa republicana; tras recibir la noticia de que los sublevados se habían hecho con el control de varias ciudades, Ramos, el camarada que le acompaña en la Estación del Norte, decide que es hora de participar activamente en los combates contra los rebeldes. Ambos parten en el coche de Manuel con la intención de repartir entre los milicianos la dinamita necesaria para volar los puentes por los que los rebeldes podrían acceder a Madrid. En un principio, Manuel se siente preoucupado por lo que pueda sucederle a su automóvil, sin embargo, conforme se contagia de la camaradería que impregna los primeros días de la revolución, decide, finalmente, centrar toda su atención en la lucha contra los militares sublevados. A partir de este momento, se produce un cambio en la escala de valores de este personaje, ya que, en ese instante, el individualismo propio de

7 General prusiano (1780-1831), autor del tratado *Vom Kriege* (*De la guerra*, 1816), una de las obras más influeyentes en el ámbito de las tácticas militares.

la clase burguesa a la que pertenece pasa a un segundo plano frente al interés por el éxito de la revolución obrera. Desde entonces, el compromiso de Manuel con la causa republicana y, más concretamente, con el comunismo, se convierte en un proceso irreversible. A lo largo del mismo, el protagonista es cada vez más consciente de que la organización y la disciplina son cualidades indispensables en la lucha contra los rebeldes. Dos escenas plantean este tema que Malraux asocia tan frecuentemente a los personajes comunistas, a los que representa como individuos que se consideran dotados de una especial sabiduría política[8]. Una de ellas tiene lugar en una pequeña localidad de la sierra madrileña arrebatada a los rebeldes. Allí son fusilados dos guardias civiles que, por error, habían llegado al pueblo creyendo que todavía estaba bajo control de los sublevados. Tras ser ejecutados, un joven campesino impregna sus dedos en la sangre de uno de los cadáveres y escribe «Muera el fascismo». Después de presenciar esta escena, Manuel no muestra compasión ni hacia los guardias muertos ni hacia el muchacho que manifiesta su odio sobre una pared; por el contrario, sus pensamientos se concentran entonces en la necesidad de que su partido combata con el orden y la disciplina toda la vesania que había contemplado en el gesto del campesino. También entonces el protagonista se percata de que ha perdido lo que él denomina «le pucelage du commandement», es decir, la pureza moral que conservaba al comienzo de la guerra y que, a diferencia de personajes como Hernández, está dispuesto a sacrificar en favor de la victoria republicana. Manuel ha aprendido de la mano de los comunistas que, sólo dejando a un lado los sentimientos y los escrúpulos morales, se pueden obtener resultados satisfactorios en el trascurso de la contienda; así lo comprueba en la segunda de las escenas, donde el protagonista se dirige a una muchedumbre de milicianos que se agolpan en la estación de Aranjuez tras escapar de Toledo. Presa del caos, del miedo y de la desmoralización, los milicianos tratan

8 Raymond, Gino, *André Malraux: Politics and the Temptation of Myth*, Vermont, Ashgate, 1995, p. 154.

de huir a Madrid. En lugar de sentir conmiseración hacia ellos y permitir su retirada a la capital de España, Manuel logra disuadirlos apelando a la consigna de disciplina militar absoluta que habían dado el gobierno y el Partido Comunista y, sobre todo, garantizándoles víveres y armamento. Malraux muestra entonces cómo, una vez adoptada la decisión de permanecer en Aranjuez, los milicianos se convierten, gracias a la organización y la diligencia de las autoridades comunistas, en un grupo de soldados disciplinados y debidamente aprovisionados, listos para volver a las trincheras.

A pesar del carácter propagandístico de escenas como la anteriormente comentada, no puede afirmarse que la visión de la guerra contenida en *L'espoir* sea totalmente procomunista. Al igual que Hemingway, Malraux vio en la disciplina y en la capacidad de organización de los comunistas dos poderosas armas a la hora de combatir el fascismo. No obstante, esta circunstancia no impidió que ambos escritores incorporaran a sus respectivas visiones del conflicto español una crítica contra la intervención comunista en nuestro país. Influido por las ideas de Trotsky, el escritor francés estaba convencido de que el éxito de la revolución permitiría al individuo tomar una nueva conciencia de sí mismo y de la realidad que le rodea. Sin embargo, del mismo modo que sucede en *La condition humaine*, el comunismo aparece representado en *L'espoir* como una ideología incapaz de satisfacer los requerimientos morales del hombre y de reconocer su lugar en el mundo. Por el contrario, el seguimiento estricto de la ortodoxia comunista implica la anulación de la dimensión individual del sujeto. En consecuencia, Malraux encuentra en la eficacia y en el orden de los comunistas la clave que podía llevar a la República hasta la victoria, pero, al mismo tiempo, el narrador no obvia los efectos contraproducentes que podían tener sobre las personas a título particular. Como ya hemos visto, Manuel renuncia paulatinamente a sus sentimientos conforme se va convirtiendo en un líder militar cada vez más experimentado. En una de las escenas más emotivas de la novela, puede observarse hasta qué punto ha llegado la deshumanización sufrida por el protagonista; en ella, el joven oficial contempla cómo varios soldados de su regimiento van a ser fusilados tras haber sido condenados por deserción. Las desesperadas súplicas de sus compañeros no sirven para que detenga el fusilamiento. Por el contrario, Manuel muestra una actitud fría y distante ante la tragedia que está presenciando. No obstante, su imperturbabilidad no impide que se quede mirando fijamente al rostro de uno de los soldados que van a ser ejecutados, percatándose, de ese modo, de lo necesario que en esta guerra es sacrificar las emociones personales para poder conseguir la victoria. El comportamiento de Manuel en esta escena marca la transición del personaje de una moral basada en valores individuales a otra fundamentada sobre valores colectivos; influida su visión de la realidad por esta última –que se corresponde con la ortodoxia comunista–, el protagonista contempla el fusilamiento como un medio que puede conducir al triunfo en la contienda, y no como la muerte poco honrosa de unos compañeros. La transformación experimentada por Manuel es igualmente apreciable en una de las escenas situadas al final de la novela. En esta ocasión, Malraux representa al protagonista tocando el «Kyrie» de Palestrina en el órgano en una iglesia de Brihuega mientras acompaña a algunos miembros del Comité Estético Revolucionario. Al ejecutar la pieza, Manuel no encuentra en la música un significado religioso, sino el recuerdo de un pasado que para él carece de sentido. En ese momento, el joven se percata una vez más de que su experiencia en la guerra bajo la disciplina comunista le ha transformado en un nuevo hombre; desde ese instante, ni la religión ni cualquier otro tipo de sentimiento significan nada para él: «Creo que otra vida ha comenzado para mí en el combate; tan absoluta como la que comencé cuando me acosté por primera vez con una mujer... La guerra lo hace a uno casto...»[9].

9 *LE*, p. 541.

6.2 El paisaje humano de un país en guerra

En su novela sobre la guerra de España, Malraux ofrece una visión del conflicto que, lejos de estar monopolizada por la doctrina estalinista, incluye las diferentes corrientes ideológicas que coexisten dentro del bando republicano. Cada una de ellas aparece reflejada en *L'espoir* a través de los principales personajes de la novela. Al ser meros representantes de los colectivos que protagonizan la lucha antifranquista, estos caracteres adolecen, como bien ha señalado Goldmman[10], de una verdadera dimensión individual. Acorde con la visión panorámica de la guerra que está presente a lo largo de la novela, Malraux dibuja un paisaje humano donde el protagonismo no recae sobre figuras particulares, sino sobre los colectivos de los que forman parte. Los caracteres asumen los rasgos distintivos que, desde el punto de vista del autor, mejor definen sus respectivos grupos de pertenencia. No existe, de este modo, margen para lo particular, circunstancia que, por otra parte, invita en muchas ocasiones a ofrecer una imagen estereotipada de los colectivos representados; así, por ejemplo, no es casual que todos los personajes comunistas muestren una devoción casi religiosa por la organización y la disciplina o que los anarquistas aparezcan aferrados a la improvisación y al individualismo.

Entre los caracteres que se encuentran bajo la disciplina comunista, Manuel y García cobran especial protagonismo. Su educación política dentro de la ortodoxia estalinista les lleva a sentir una profunda veneración por la organización y la eficacia, aunque sus respectivas relaciones con el comunismo sean diferentes. Como ya se ha tenido ocasión de ver, Manuel se convierte en un experimentado líder militar que, después de haber visto en la espontaneidad y el entusiasmo de los milicianos una fuerza capaz de derrotar al franquismo, sacrifica su vida personal en favor de la disciplina impuesta por el Partido. En cambio, García no lleva su compromiso político hasta tal extremo,

10 GOLDMMAN, Lucien, *Towards a Sociology of the Novel*, (trad. de Alan Sheridan), London, Lavistock, p. 94.

aunque sus simpatías por el comunismo son evidentes desde un primer momento. Más allá del discurso político del que se erigen portavoces, estos dos personajes son, al mismo tiempo, portadores del discurso imagológico que Malraux elabora en torno a la España en guerra. Ya al comienzo de la novela puede apreciarse la importante función imagológica desempeñada por Manuel; en mitad del clima de confusión y solidaridad que reina durante las primeras horas de la sublevación, el joven transita por las calles de Madrid en un automóvil vetusto y destartalado que solía utilizar para ir a esquiar a la sierra y que ahora había reconvertido en automóvil de propaganda. En esta escena protagonizada por Manuel, los debates políticos y los mensajes propagandísticos quedan en un segundo plano frente a una visión de la realidad marcada por la precariedad de medios existente dentro del bando republicano. De manera similar, Malraux recurre a Manuel para convertir a las filas gubernamentales, dentro de su visión del conflicto, en sede de unos valores éticos de los que carecen los rebeldes. En su conversación con Alba, un desertor franquista, Manuel le pregunta qué diferencia radical encuentra entre los dos bandos en lucha, a lo que su interlocutor responde: «Ante todo, que las tres cuartas partes de los fascistas españoles no sueñan con la autoridad, sino con hacer lo que les plazca»[11]. La excelencia ética del joven comunista queda también de manifiesto cuando muestra su rechazo al contemplar la escena –ya referida anteriormente– en la que un campesino escribe, tras impregnar sus dedos con la sangre de un guardia civil asesinado, la inscripción «Muera el fascismo». Este cuadro es interesante por cuanto que deja entrever el tópico de la España cruel y sanguinolenta. Asimismo, también realza la figura de Manuel como el héroe que debe cambiar de raíz su propia tierra, no sólo del totalitarismo, sino también de la barbarie con la que ha convivido secularmente nuestro país: «Manuel miraba el cadáver, el tricornio allí, a pocos pasos, el campesino inclinado sobre el agua, y la inscripción todavía roja. 'Hay que hacer la nueva España, contra los unos y

11 *LE*, p. 242.

contra los otros', pensaba. «Y la nueva no será más fácil que la antigua»[12]. No obstante, estos actos de barbarie no le impiden ensalzar a un pueblo que Malraux, al igual que sus antecesores, convierte en depositarios de valores como la nobleza y el honor; cuando Manuel intenta convencer en Aranjuez a los milicianos que habían sido derrotados en Toledo para que no prosiguieran su huida, se vale del hecho de que «con los españoles el compromiso personal es algo que cuenta»[13].

Por otra parte, Malraux ofrece a través de García una imagen de los combatientes antifranquistas que, a diferencia de la reflejada por Manuel, resalta las «fobias» que el autor francés desarrolló hacia el bando gubernamental. Aunque Malraux-García encuentra dentro del ejército republicano algunos aspectos dignos de encomio –como, por ejemplo, sus valores éticos –, descubre al mismo tiempo una serie de comportamientos que, promovidos por el individulismo y un idealismo exacerbado, no hacen sino entorpecer la lucha contra los rebeldes. García encuentra ese idealismo tan propio de los españoles en personajes como Hernández o Jiménez, quienes están dispuestos a sacrificar su vida a cambio de nada. Según él, prefieren, e incluso anhelan, el martirio a emprender una lucha organizada que puede resultar más satisfactoria que el sacrificio personal. Al desaprobar la conducta de Hernández, Malraux-García dirige sus palabras contra una España que, aferrada a unos valores propios de épocas pasadas, es incapaz de encontrar por sí sola las claves para triunfar en una contienda moderna. *L'espoir* es la historia de una revelación: aquélla en la que el comunismo intenta demostrar a un país inmerso en la guerra que la derrota del fascismo no sólo pasaba por la utilización de un armamento moderno, sino también por un cambio en la mentalidad de los combatientes. No obstante, el orden, la disciplina, el sacrificio de lo individual en beneficio de lo colectivo eran conceptos demasiado ajenos y antitéticos al carácter español como para que, en unos pocos meses, pudieran calar dentro del bando re-

12 *ibid.*, p. 162.

13 *LE*, p. 334.

publicano. En un claro gesto propagandístico, Malraux muestra cómo sólo los españoles comunistas son capaces de llevar a cabo esta inversión de valores; el resto, en cambio, opta por refugiarse en un idealismo tan ingenuo como trasnochado que no surte efecto alguno en la lucha contra los rebeldes.

Esta postura aparece representada a lo largo de la novela en caracteres que, pese a sus convicciones religiosas, luchan a favor de la República, como son Guernico, Jiménez y Hernández. Inspirado en la figura del escritor José Bergamín, el primero de estos personajes trata de conciliar en todo momento sus creencias personales con los ideales del bando leal; de este modo, aunque se siente profundamente católico, el fuerte compromiso que ha contraído con el pueblo le impide respetar a una institución eclesiástica que, según él, ha abandonado a sus fieles desde los tiempos de la invasión napoleónica. Sin embargo, Guernico-Bergamín no pierde la esperanza de que la Iglesia española vuelva a defender a sus fieles cuando contempla, por ejemplo, a los sacerdotes sin alzacuellos que administran la extremaunción en las trincheras de Madrid. Jiménez también representa a un hombre comprometido con dos credos antagónicos: el comunismo y el catolicismo. A la vez que evidencia la diversidad ideológica existente entre las filas republicanas, este veterano oficial comunista es imagen de ese espíritu español que, al margen de sus ideales políticos, siempre ha participado, en mayor o menor medida, del sentimiento religioso. Sin embargo, a través de personajes como Guernico o del propio Jiménez, Malraux resalta al mismo tiempo que la religiosidad en España no era excluyente de actitudes anticlericales que tenían su origen en el papel represor desempeñado por la Iglesia durante siglos; en una de las conversaciones que mantiene con Manuel, Jiménez declara a este respecto: «¿Por qué será necesario que los hombres siempre confundan la causa sagrada de Aquél que nos está mirando en este momento con la de sus ministros indignos?»[14]. Por su parte, Hernández, un joven capitán republicano, representa al prototipo de hombre que no en-

14 *ibid.*, pp. 248-249.

cuentra su verdadero sitio en la guerra, ya que sus ideales, más cercanos al bando republicano que al franquista, no terminan por hallar un lugar en el que realizarse. La inclusión de este personaje en la novela evidencia que, dentro de la visión que Malraux tiene del conflicto, no sólo participan las dos Españas enfrentadas, sino que existe una tercera integrada por aquellos que no se sienten verdaderamente identificados con ninguno de los dos bandos en lucha.

El propio Hernández pertenece a esta España que, sobrecogida y desconcertada por el conflicto, se ve inmersa en una guerra que en realidad no es la suya. El joven capitán constituye un caso análogo al de Jiménez –católico que congenia con el republicanismo más por odio a los rebeldes que por convicción–, sin embargo, en este caso, el conflicto ideológico se representa con unas connotaciones más dramáticas. A través de Hernández, Malraux arroja luz sobre la dimensión humana e idealista de la revolución, ya que ésta, según el capitán, debe tener por objetivo hacer mejores a los hombres. Sin embargo, este proyecto, más moral que político, resulta un fracaso de antemano, al menos desde la perspectiva de Malraux, al intentar plantear la guerra desde el ámbito de la especulación moral y no desde la acción. Su proyecto vital nada tiene que ver con el proletariado o la lucha de clases, términos que por sí le resultan vacíos, sino más bien con el perfeccionamiento moral o la nobleza, conceptos que para los comunistas se hallan muy alejados de la revolución. Es precisamente en esta imposibilidad de conciliar la ética con la pragmática impuesta por la guerra donde cobra sentido la muerte de Hernández, dado que su fusilamiento representa el sacrificio propiciatorio para ligar esos dos ámbitos; Malraux-García sintetiza el que, desde su punto de vista, es el drama de Hernández mediante unas palabras premonitorias:

> Hernández, pensar en lo que debería ser en vez de pensar en lo que puede hacerse, aún si nada realmente bueno puede hacerse, es una peste (...) Esa partida está perdida de antemano para cada hombre. Es una partida desesperada, mi querido

amigo. El perfeccionamiento moral, la nobleza son problemas individuales, con los cuales la revolución está muy lejos de hallarse comprometida directamente. El único puente entre los dos, para usted, es la idea de su sacrificio[15].

La muerte de este personaje, es decir, la de un hombre que desaparece aferrado a sus convicciones morales, enfatiza la imagen romántica de España como uno de los pocos lugares en los que todavía era posible morir por unos ideales. De camino al lugar donde van a ser ejecutados, Hernández y el resto de prisioneros se cruzan con dos campesinas, quienes, a pesar de los riesgos que ello comportaba, no dudan en mostrar su simpatía por los reos. Al margen de su valor temerario, Malraux ve en ellas otros rasgos que resultan indicativos de su visión del pueblo español. Uno de ellos es el atraso material en el que vivían en pleno siglo XX las clases más humildes, evidenciado en esta escena por el cántaro de agua que lleva una de las mujeres y por el asno sobre el que va montada su acompañante. El otro se corresponde con las vestimentas de color negro que llevan las dos campesinas; este tipo de indumentaria alude a una obvia y triste realidad de la guerra, como es la del luto que tuvieron que llevar muchas mujeres por la pérdida de algún ser querido. Ahora bien, con la reiterada alusión a las prendas negras, podría interpretarse que Malraux ofrece, al mismo tiempo, una visión de nuestro país como lugar abonado secularmente a la tragedia: «Una vez más, en ese país de mujeres de negro, se alza el pueblo milenario de las viudas»[16]. Esta imagen que el autor proyecta a partir de las indumentarias de color negro recuerda a la España recreada por Hemingway en *For Whom the Bell Tolls.* Los parecidos que guarda *L'espoir* con esta última novela no terminan aquí, pues Malraux, al igual que el escritor norteamericano, observa en los españoles una actitud frente a la muerte firme y orgullosa. Así puede apreciarse, por ejemplo, en los prisioneros que acompañan a Hernández, quienes, momentos antes de ser

15 *LE*, p. 283.
16 *ibid.*, p. 322.

fusilados, se resisten a morir de una forma tan poco honrosa como aquélla, prefiriendo algunos de ellos encontrar la muerte en el suicidio que en los disparos efectuados por el enemigo.

Por otra parte, Malraux introduce a lo largo de la novela a caracteres que se corresponden con individuos que, en la vida real, participaron en la guerra; algunos de los ejemplos más significativos a este respecto son los de Guernico, personaje inspirado en la figura del poeta José Bergamín, Jiménez, novelización del coronel Escobar, o el propio Manuel, en el que puede reconocerse la figura de Líster. Esta enumeración quedaría incompleta si no se incluyesen dos figuras sobre los que el narrador proyecta dos facetas distintas de su personalidad: el hombre de acción y el intelectual. El primero de ellos aparece representado por Magnin, quien recuerda al Malraux idealista y ávido de acción que promueve la creación de la «Escadrille Espagne» en las primeras semanas de la guerra. Si personajes como García ofrecen una visión deshumanizada de la contienda basada en la organización y la disciplina, Magnin tiene una concepción romántica del conflicto donde los sentimientos suscitados por el pueblo gozan de un notable protagonismo; frente a la incapacidad de las clases populares para combatir a los nacionales señalada por García y Vargas, el piloto francés afirma que «es el pueblo el que ha defendido la Sierra»[17]. Es en este punto cuando García introduce una apreciación muy interesante desde el punto de vista imagológico, ya que atribuye la postura mantenida por Magnin a la influencia de dos mitos: el de la Revolución Francesa, en la que según él es el pueblo el ejecutor de la misma, y el de la Revolución Rusa, en la que las masas se hicieron con el poder utilizando armamento del siglo XIX. La imagen romántica que proyecta Magnin se encontraría así alimentada por unos mitos que, de acuerdo con su propia naturaleza, estarían deformando la realidad, ya que el pueblo no podría derrotar a la aviación franquista por muchas barricadas que se levantase, imagen que resalta, una vez más, la precariedad de medios que existía entre las filas republicanas.

17 *LE*, p. 188.

Asimismo, España aparece ligada, por medio de este personaje, a una tarea moral que transciende lo meramente político, circunstancia que, como ya se ha señalado, confiere al combatiente republicano unas cualidades éticas y heroicas relevantes: «El sueño de la libertad total, el poder al más noble, o algo por el estilo (...), todo eso es por lo que estoy aquí»[18]. Aunque las connotaciones propagandísticas presentes en las motivaciones de Magnin son obvias, aquéllas resultan más evidentes si se comparan con los escasos testimonios ofrecidos desde el otro bando, donde, lejos de entrar en disquisiciones éticas y morales, la única motivación es la de terminar con el enemigo al considerarlo inferior y digno de desprecio.

Por su parte, Scali representa la otra vertiente del autor, la del Malraux intelectual entregado al estudio del arte. Como ha señalado Thornberry[19], el novelista introduce a través de esta figura el espinoso debate entre intelectualidad y acción; así, por un lado, Scali está plenamente convencido de que hay que combatir y terminar con el fascismo, pero, al mismo tiempo, no deja de pensar en que, para tal fin, deben emplearse los medios más «éticos»; así lo ponen de manifiesto los reparos que siente, en el trascurso de un ataque aéreo contra el Ejército de África en las inmediaciones de Medellín (Badajoz), al hacer la guerra mediante el uso de la aviación, a la que, pese a su potencial para infligir graves daños al enemigo, considera un arma nauseabunda. De nuevo, Malraux no duda en atribuir al bando republicano una excelencia ética que resulta poco creíble en tiempos de guerra. En el mismo ataque contra los sublevados procedentes de Marruecos, los reparos éticos no sólo se apoderan de Scali, sino también de otros miembros de la escuadrilla, como Sembrano quien, con el fin de calmar su conciencia, bombardeaba desde poca altura:

18 *ibid.*, p. 190.

19 THORNBERRY, Robert S., *André Malraux et L'Espagne*, Géneve, Droz, 1977, p. 85.

> Demasiado pacifista en su corazón, bombardeaba con más eficacia que ningún otro piloto español; simplemente, con el fin de calmar sus escrúpulos, cuando bombardeaba, bombardeaba desde muy bajo: el peligro que corría, que se empeñaba en correr, resolvía sus problemas éticos[20].

Mediante este tipo de manifestaciones éticas, el autor pretende, una vez más, poner de relieve la existencia en el bando republicano de individuos incapaces de actuar dejando al margen sus valores morales. Dentro de su forma de entender la guerra, la organización y la eficacia propugnadas por los comunistas como condiciones indispensables para alcanzar la victoria ocupan un lugar secundario frente a los dictados de la conciencia. Scali es otro de los personajes de los que se vale Malraux para representar estas dos formas opuestas de concebir la contienda, como bien puede observarse en la interpretación que ofrece de la revolución; en lugar de aplazarla para el final de la guerra –como pretendían los comunistas–, este personaje la concibe como un proceso irreversible, que no deja más elección que sumarse a ella con todas las consecuencias. A través de esta visión del proceso revolucionario, Scali, al igual que otros intelectuales como Alvear o el propio Unamuno, se desmarca de las pretensiones que los comunistas perseguían en España, anticipando así, en cierto modo, el antiestalinismo de Orwell[21]. Si para Scali la revolución tiene algún fin, éste no es otro que el de salvar al campesinado del yugo de miseria e injusticia al que secularmente ha estado sometido por gobiernos corruptos e ineficaces. El tópico del buen pueblo regido por malos gobiernos no aparece en la novela como patrimonio exclusivo de la mirada foránea, pues algunos personajes españoles –por ejemplo, Jaime– comparten esta misma visión: «De las organizaciones obreras, en las que ponía tanta más esperanza cuanto que no ponía ninguna en aquellos que desde hacía siglos habían go-

20 *LE*, p. 178.

21 Greenlee, James W., *Malraux's Heroes and History*, Illinois, Northern Illinois University Press, 1975, p. 137.

bernado el país...»[22]. El profundo afecto que Scali siente hacia el pueblo español le lleva a enaltecer diversos aspectos, destacando entre ellos su capacidad para imprimir un estilo particular a todas sus acciones, a pesar de que se ejecuten muchas veces con una incompetencia o una ineficacia también inigualables:

> Hay una cosa curiosa, dijo Scali : ningún país como éste tiene el don del estilo Se toma a un campesino, a un periodista, a un intelectual; se le da una función y la ejecuta bien o mal, pero casi siempre con un estilo como para dar lecciones a toda Europa[23].

Jiménez, Guernico, Magnin, Manuel o Scali no son los únicos personajes de *L'espoir* que se corresponden con algunas de las principales figuras que participaron en la guerra, ya que, dentro de su visión panorámica del conflicto, Malraux también incluye a dos personajes –Shade y Golovkin– que representan a la intelectualidad extranjera que permaneció en España durante la contienda. El interés que suscitan desde nuestro punto de vista estos dos caracteres radica, principalmente, en la imagen del país que Malraux proyecta a través de ellos. Shade, un cronista norteamericano inspirado en las figuras de Herbert Matthews y Ernest Hemingway, resalta, entre otros rasgos distintivos de los españoles, su afición por el aceite de oliva, de ahí que se sorprenda cuando observa cómo el Negus no prueba un guiso de carne cocinado con este condimento. Por su parte, el cronista ruso Golovkin, personaje basado en Ilya Ehrenburg y Mikhail Koltsov, pone de relieve el «españolismo» presente en la actitud de Hernández cuando accede a la petición de Moscardó de enviar una carta a su esposa, que, en el momento de ser asediado el Alcázar, permanecía convaleciente en un hospital de Madrid. Esta forma de referirse al particular carácter español pone de manifiesto la influencia que la visión romántica de España ejerce en la imagen que Malraux ofrece de nuestro

22 *LE*, p. 119.
23 *ibid.*, p. 476.

país en su novela, sobre todo si se considera que uno de los principales exponentes del Romanticismo francés, Stendhal, ya empleaba reiteradamente este término en su autobiografía, la *Vie de Henri Brulard* (*Vida de Henri Brulard*, 1836), para aludir a la pasión y a la vitalidad que encontraba en su tía Elisabet Gagnon[24].

No resultan, en cambio, tan positivas las connotaciones que rodean la imagen que Malraux ofrece de los milicianos anarquistas. Debido principalmente a motivaciones de índole política, el escritor francés encuentra en el anarquismo uno de los grandes obstáculos que impedía afrontar con garantías la lucha contra los rebeldes. En un nuevo gesto propagandístico, el autor plantea la necesidad de que sea el comunismo, y no el anarquismo, quien deba tomar las riendas de la lucha antifranquista, tarea nada fácil si se tiene en cuenta la afinidad que el carácter español guarda con los ideales anarquistas, como son, entre otros, la libertad y el individualismo. Aferrado a estos valores, el Negus, al igual que muchos otros defensores de las tesis anarquistas, desconfía de la organización y de la eficacia propugnadas por los comunistas, al considerar que no conducen más que a la deshumanización del individuo. De este modo, Malraux plantea, una vez más, el dilema relativo a cuál debía ser el factor decisivo en la guerra contra los rebeldes: una disciplina que sólo velara por el interés colectivo o, por el contrario, un idealismo basado en valores individuales. La presencia de personajes que, como el Negus, tratan desesperadamente de hacer triunfar esta última postura, más propia de los conflictos decimonónicos, frente a aquellos que abogan por una lucha basada en la técnica y en la disciplina, resalta la percepción que Malraux, del mismo modo que muchos intelectuales extranjeros, tuvo de la contienda civil como el último conflicto romántico. Fueron, sin duda, algunas facetas ligadas secularmente a

---

24 Con el fin de comprobar más detenidamente este aspecto, véase: STENDHAL, *Vida de Henri Brulard*, (trad. de Juan Bravo Castillo) en BRAVO CASTILLO, Juan (ed.), *Novelas y relatos*, Madrid, Espasa Calpe, 2002, pp. 1159-1560.

la imagen de los españoles las que alimentaron esta visión de la contienda, como el carácter apasionado y temerario, la indisciplina y el individualismo, aspecto este último apreciable, por ejemplo, en la predilección que siente el Negus por un tipo de combate en el que el protagonista no es el grupo, sino un individuo ligado irresolublemente a un destino fatal.

Esta clase de impulsos también están presentes en otros personajes anarquistas, como Puig, quien exalta el heroísmo de aquellos que morían por unos ideales. Sin embargo, Malraux desea mostrar que, avanzada la guerra, el entusiasmo idealista de los milicianos en particular, y de las clases populares en general, termina por diluirse frente a un enemigo cuya derrota requería algo más que valor y determinación. De este modo, el Negus pierde toda convicción de que es posible terminar con el fascismo tan sólo por medio de la «ilusión lírica» que albergaban las clases más humildes al comienzo de la contienda. A pesar de ello, opta, al igual que Tchen en *La condition humaine*, por seguir luchando solo y sin ninguna esperanza contra los rebeldes: «Desde hace un mes ya no cree más en la Revolución. El Apocalipsis ha terminado. Queda la lucha contra el Fascismo»[25]. Malraux, partidario de encauzar la guerra a través de las tesis comunistas, representa la incompetencia y la desorganización de los milicianos como consecuencias prácticas que el individualismo defendido por los anarquistas tiene sobre el campo de batalla. Estos rasgos, que, como se verá, tampoco pasan inadvertidos para Orwell y Hemingway, ya aparecen en las primeras páginas de la novela; así, en mitad del fervor revolucionario que invade las calles de Madrid, Manuel observa a unos milicianos que se encuentran fumando junto a unas cajas de explosivos. Instantes después, el protagonista comprueba cómo puede pasar uno de los muchos controles organizados por las milicias simplemente por su fisonomía de proletario. La imagen desfavorable que Malraux ofrece de los milicianos a lo largo de *L'espoir* adquiere sus connotaciones más negativas cuando los convierte en protagonistas de una serie de actos ex-

25 *LE*, p. 465.

tremadamente violentos; así, por ejemplo, el Negus era uno de los dirigentes anarquistas más relevantes no porque ocupara un cargo de importancia dentro de la CNT, sino por haber lanzado desde el Tibidabo varios tranvías incendiados contra el centro de Barcelona en el trascurso de una huelga. Del mismo modo, durante el éxodo de Málaga, un anarquista no duda en matar al conductor de un camión que llevaba a varios pilotos heridos:

> «¡Alto!», gritó un miliciano. El chófer no paró. El miliciano apuntó al automóvil. «¡Aviadores heridos!», gritó el chófer. El miliciano saltó del estribo. «¡Alto, de una vez por todas! –«¡Aviadores heridos, te digo, imbécil! ¿No lo estás viendo?» (...) El miliciano disparó y el chófer se desplomó sobre el volante...[26]

Junto al individualismo, otro de los rasgos que Malraux convierte en una de las principales señas de identidad de los milicianos es su aspecto pintoresco. Éste recuerda al escritor francés a aquellos bandoleros que, a lo largo del siglo XIX, fueron admirados por tantos viajeros extranjeros: «Puig entró. Llevaba una chaqueta de cuero y un gran revólver,–atuendo que no dejaba de ser romántico bajo su turbante sucio y ensangrentado»[27]. El armamento obsoleto empleado por los milicianos refuerza esta imagen en la que afloran los estereotipos heredados del pasado: así, por ejemplo, es posible observar cómo hacen su entrada en una comisaría de Madrid seis combatientes anarquistas armados con trabucos. En otras ocasiones, la imagen que Malraux ofrece de ellos no parece corresponderse con la de auténticos combatientes, dado su aspecto extremadamente desaliñado, que, a veces, raya en lo grotesco; así, Pujol, un miliciano anarquista, luce una barba afeitada por un solo lado y un sombrero de jardinero decorado con unas plumas escarlatas. A raíz de estos ejemplos, puede concluirse que la visión romántica de

---

26 *ibid.*, pp. 488-489.

27 *LE*, p. 110.

los milicianos ofrecida por Malraux en *L'espoir* deriva de una situación de precariedad de medios técnicos y materiales que despierta en la mirada foránea la imagen estereotipada de una España atávica y pintoresca.

Igualmente, algunos rasgos relativos a la fisonomía de los milicianos contribuyen a resaltar esta visión del país; su reducida estatura o su tez morena los asemejan, desde el punto de vista de Malraux en particular, y de la cultura occidental en general, a pueblos y razas exóticos, como bien puede apreciarse en las descripciones de Jaime –«un piel roja con mechones negros»[28]–, Vargas –«un pequeño piel roja carmesí»[29]– y Pujol –«un pequeño guerrero sarraceno»[30]. Otra imagen recurrente que Malraux ofrece en relación con el aspecto externo de los milicianos es aquella en la que aparecen con los torsos y los brazos descubiertos mientras combaten, en mitad de la muchedumbre, contra los sublevados. Este tipo de instantáneas, donde las clases populares luchan con todos los medios a su disposición contra los defensores de un poder totalitario, mantiene, desde el punto de vista del autor, una relación estética con algunos procesos revolucionarios del pasado: «¿Hay un estilo en las revoluciones? Por la noche, pasaban milicnaos que se parecían a la vez a los de las revoluciones mejicanas y a los de la Comuna de París...»[31]. Imágenes como la protagonizada por aquellos que arremeten contra la puerta del cuartel de la Montaña con una viga a modo de ariete, sobre la cual llevan el cuerpo de un compañero muerto, mientras caen bajo las balas enemigas, remiten a un tipo de enfrentamiento propio de épocas pasadas, donde la pasión, el odio y el deseo de venganza juegan un papel más decisivo que la técnica, quedando así patente, de nuevo, la visión que el narrador proyecta de la guerra, una vez más, como el último conflicto romántico.

Por otra parte, Malraux incluye en su visión panorámica de

28 *ibid.*, p. 120.
29 *LE*, p. 148.
30 *ibid.*, p. 519.
31 *LE*, p. 156

la guerra civil a los voluntarios y mercenarios pertenecientes a la «Escadrille Espagne». La presencia de estos últimos dentro de la formación aérea encabezada por Magnin es sintomática de cómo la guerra de España aparece representada en *L'espoir* como un conflicto en el que se no se luchaba únicamente por unos ideales, sino también por razones como la expuesta por Sibirsky, quien asegura combatir en España por motivos contractuales. El contundente pragmatismo presente en las motivaciones expuestas por algunos de los mercenarios contrasta con el ferviente idealismo que manifiestan otros miembros de la escuadrilla; Mercery, por ejemplo, afirma su disposición de estar al servicio de la España republicana, independientemente de la misión que se le encomiende. Muy esclarecedora resulta también en este sentido la declaración que varios voluntarios –como Attignies y Bardet– realizan a la prensa: *«No hemos venido aquí en busca de aventuras. Revolucionarios sin partido, socialistas o comunistas resueltos a defender a España, combatiremos en las condiciones más eficaces, sean cuales fueren. ¡Viva la libertad del pueblo español!»*[32]. Otros, como Darras, van más allá, al concebir el conflicto desde una dimensión más universal y trascendental, en la que «ni siquiera» en España se había evitado que penetrase el fascismo, ofreciendo, de este modo, una visión del país como un lugar que, hasta el estallido de la contienda, había permanecido aislado del exterior. Algunos de los españoles que forman parte de la escuadrilla –como Sembrano y Vallado– refuerzan esta imagen al achacar el atraso en el que vivía inmersa España a las fuerzas conservadoras del país.

Malraux ve en el entusiasmo mostrado por algunos integrantes de la «Escadrille Espagne» el desconocimiento que tanto ellos, como muchos otros voluntarios extranjeros que participaron en la guerra, tenían de la verdadera situación política del país; a juzgar por las razones que les traen a España, ninguno de los voluntarios parece tener noticia de la fragmentación que ya sufría la izquierda española durante los primeros meses

32 *ibid.*, p. 349.

de la contienda. Sin embargo, a diferencia de Orwell, el enfoque ofrecido por el autor francés resulta más propagandístico, pues no entra a analizar las profundas diferencias que asolaban al bando republicano, sino que, por el contrario, muestra tan sólo el entusiasmo con el que muchos voluntarios comenzaron a luchar contra los rebeldes. El desengaño, la impotencia o la frustración que embargan a Orwell en *Homage to Catalonia* son sentimientos aún lejanos para los combatientes que aparecen en *L'espoir*, cuya sed de aventuras convertían la guerra de España en una suerte de destino turístico. No obstante, Malraux pone de relieve, una vez más, el hecho de que el idealismo, el entusiasmo y las buenas intenciones no podían garantizar, por sí solos, el triunfo de la República; cualquier esperanza de derrotar a los franquistas pasaba por la disciplina y la eficacia, cualidades de las que carecían los voluntarios que colaboraban con la escuadrilla.

Junto a la falta de experiencia militar de los voluntarios, Malraux también hace referencia a otro de los grandes obstáculos que debió salvar en la vida real para crear la «Escadrille Espagne», como fue la escasez de recursos técnicos y materiales. Muchos de los aviones con los que contaba esta formación aérea eran aparatos que, o bien estaban ya desfasados, o bien no estaban diseñados para la guerra. La entrada en combate de estas aeronaves, apenas preparadas para el uso militar, obligaba a los miembros de la escuadrilla a efectuar los bombardeos de una manera harto rudimentaria, cuando no grotesca; así puede observarse, por ejemplo, durante el ataque a la columna de Yagüe cerca de Medellín, en el transcurso del cual uno de los aparatos, al carecer de lanza-bombas, arrojaba los proyectiles por el agujero de una letrina.

Frente a los personajes hasta ahora analizados, los cuales participan en mayor o menor medida en las diferentes acciones desarrolladas a lo largo de la novela, se encuentran aquellos que, por el contrario, quedan relegados a un segundo plano, al actuar como meros figurantes. Así sucede con los personajes femeninos, cuyo número en *L'espoir* es muy reducido en proporción al vasto elenco de caracteres que intervienen en el trascurso de la obra. Paul Gaillard[33] considera que el papel secundario que desempeña la mujer en *L'espoir* se debe a que su autor pudo prescindir de ella a la hora de plasmar su visión de la guerra de España. Por su parte, James W. Greenlee[34] atribuye las escasas apariciones de personajes femeninos a lo largo de la novela al descrédito del que son objeto las expresiones de afecto en *L'espoir.* Al margen de estas interpretaciones, es evidente que las mujeres retratadas por Malraux son, consecuencia de su nulo protagonismo, personajes anónimos, siendo la única excepción al respecto Dolores Ibárruri, la Pasionaria, cuya imagen en esta novela dista mucho de la que Hemingway plasmará en *For Whom the Bell Tolls*; de este modo, lejos de cuestionar a esta figura clave de la guerra civil –tal y como hace el escritor norteamericano–, Malraux ofrece una visión idealizada de ella, haciéndose así eco de las resonancias casi míticas que este personaje ya tenía al comienzo de la contienda: «negra, austera, viuda de todos los muertos de Asturias»[35].

Los personajes femeninos de *L'espoir* aparecen estrechamente ligados al terror y la desgracia; así puede apreciarse en las primeras páginas de la novela, cuando las esposas de los soldados que se encuentran en el interior del cuartel de la Montaña aguardan enmudecidas por el miedo y la incertidumbre la liberación de sus maridos. Esta condición de la mujer como rostro trágico del pueblo que sufre la guerra no sólo está presente en esta ocasión, sino que aparece en diferentes escenas de la novela, como la protagonizada por un grupo de mujeres vestidas de negro que, horrorizadas al contemplar sus casas convertidas en escombros por los bombardeos que asolaban la capital de España, aguardaban para recuperar los cuerpos sin vida de sus seres queridos y los escasos víveres que se habían salvado del impacto de las bombas. Es interesante observar cómo en esta escena, al igual que sucede en muchas otras pro-

33 GAILLARD, Paul, *L'espoir. Profil d'une œuvre,* Paris, Hatier, 1970, p. 60.

34 GREENLEE, James W., *Malraux's Heroes...,* op. cit, p. 134.

35 *LE,* p. 144.

tagonizadas por caracteres femeninos, el color negro que los envuelve refuerza simbólicamente la estrecha vinculación que mantienen con lo trágico.

Junto a la imagen de la mujer ligada irresolublemente al dolor y al luto de la guerra, Malraux también dirige su mirada hacia aquellos personajes femeninos que abandonan su rol de figuras subordinadas a los personajes masculinos, como sucede, por ejemplo, con una joven miliciana que combate en el frente: en este caso, Malraux insiste más en resaltar el desprecio aparente que sufre la joven por parte del resto de milicianos que en plantear, por ejemplo, las razones que la empujan a la lucha. Ella, con esa voz teatral que, según el autor, era un rasgo distintivo de las españolas, se hace escuchar entre sus compañeros:

> –¡Camaradas! Gritó una voz femenina.
> Todos se volvieron, estupefactos: una miliciana acababa de llegar.
> –Éste es un lugar para tí, dijo Barca, sin convicción porque todos le estaban agradecidos de que estuviera allí.[36]

En otra ocasión, una mujer muestra una actitud belicosa y desafiante hacia algunos de los soldados que asediaban el Alcázar, al no atreverse éstos a lanzar un ataque en el que pudieran morir las esposas de los sitiados: «¡Pero qué os pasa a vosotros, los hombres, que tenéis tanto miedo a tocar a las mujeres! ¡No todas son vuestras madres! (...) ¡Pero si tenéis miedo de las mujeres, dadnos las bombas a nosotras!»[37].

Gran parte de los personajes que aparecen a lo largo de *L'espoir* pertenecen a las clases populares de las ciudades o bien al campesinado. La imagen de conjunto que Malraux ofrece del primer colectivo es, en un principio, la de un pueblo entusiasmado por la posibilidad de invertir, al fin, un orden social que le ha reportado más injusticias que satisfacciones, esperanza que dibuja en su rostro una alegría tan ingenua y sincera como la de un niño:

36 *ibid.*, p. 140.
37 *LE*, p. 223.

> Mira todos los chiquillos que pasan, dijo Shade, están llenos de orgullo. Hay algo que me gusta de aquí: los hombres son como chiquillos (...) Míralos: todos sacan el niño que por lo común ocultan: los milicianos hacen aquí orgías con lo que fuere, y otros mueren en la Sierra, y es la misma cosa... En América, uno se figura la revolución como una explosión de cólera. Aquí, en todo momento, domina el buen humor[38].

Sin embargo, conforme transcurre la guerra, el júbilo inicial cede frente al terror impuesto por los ataques aéreos que los sublevados lanzan de manera indiscriminada contra la población civil. En Madrid, los impactos de la aviación y de la artillería destruyen el paisaje material y humano de la ciudad; edificios derruidos –incluyendo asilos y hospitales–, mujeres enlutadas y niños huérfanos se convierten, avanzada la novela, en el rostro de un pueblo cuyo entusiasmo inicial se ve enmudecido por las bombas. El éxodo de Málaga constituye otro episodio en el que Malraux representa a ese mismo pueblo aterrado y huérfano de toda esperanza. La aviación italiana y la marina franquista disparan contra una muchedumbre de hombres, mujeres, jóvenes y ancianos que, pertrechados con los escasos enseres que han podido llevar con ellos, huyen a pie, a lomos de mulos y carretas o, en el mejor de los casos, en camiones atestados de gente: «Attignies tuvo conciencia de que no había visto hasta entonces más que una multitud miserable, obrera a veces, campesina casi siempre. Y siempre en las espaldas las mantas mejicanas. Nada de conversaciones: el grito y el silencio»[39]. La dimensión propagandística de *L'espoir* queda de manifiesto a través de este tipo de representaciones, pues, con ellas, el autor pretende, de un lado, impactar en las conciencias de aquellos que han retirado su apoyo a la República y, de otro, plantear como objetivo prioritario la necesidad de derrotar a un enemigo que arremete indiscriminadamente contra la población civil.

Malraux ve en los campesinos españoles a las principales

38 *ibid.*, p. 123.

39 *LE*, p. 485.

víctimas de las injusticias que secularmente han cometido los poderes fácticos del país, como son los terratenientes y la Iglesia. De este modo, se comprende, por ejemplo, que los campesinos que combaten junto a Magnin en el frente de Guadalajara lo hicieran enfurecidos para recuperar su dignidad. Las críticas contra el clero son las más numerosas, especialmente aquellas que, como ya se ha dicho, resaltan la connivencia de la institución eclesiástica con las clases más poderosas. Sin embargo, el anticlericalismo que profesan los campesinos no se corresponde, al menos en determinados casos, con la ausencia de un sentimiento religioso. Gustavo, un campesino, afirma: «Conrado y yo somos creyentes. Eso sí, estamos contra los curas. Yo sólo creo»[40]. Los abusos y ultrajes que el campesinado venía sufriendo por parte del clero y de los grandes propietarios continúan durante la guerra de la mano del bando nacional, circunstancia que explica la desconfianza que muestran hacia algunos miembros de la «Escadrille Espagne»; el grupo de campesinos que socorre al aparato siniestrado en la Sierra de Teruel sólo lo hacen cuando se percatan de que pertenece a la aviación republicana. Una actitud parecida muestra un campesino que, en el trascurso del éxodo de Málaga, encuentra a Attignies herido después de que su avión fuera derribado cerca de la capital andaluza. Sin embargo, en esta ocasión, el piloto no recibe ayuda alguna, al ser confundido con uno de los pilotos alemanes que colaboraban con los rebeldes.

Por otra parte, el campesinado español no sólo suscita las «filias» del autor a través de su condición de clase social sumida en la opresión y en el olvido, sino también por medio de virtudes como el valor y la generosidad. Malraux encuentra estas dos cualidades en un campesino que, pese a su avanzada edad, decide rescatar a un niño de pocos meses extraviado durante el éxodo de Málaga. Una determinación similar muestra el campesino que colabora con Magnin y sus hombres a la hora de localizar un campo de aviación clandestino que los nacionales tenían cerca de Teruel:

40 *ibid.*, p. 251.

–¿Has salido ya en avión?
–No.
–¿No te angustia?
No comprendía bien.
–¿No tienes miedo?
Reflexionó.
–No[41].

L'espoir también acoge dentro de su amplio elenco de personajes a aquellos que pertenecen al bando nacional. A pesar del carácter propagandístico de la novela, Malraux no pretende ofrecer una imagen maniquea y unilateral del enemigo. Por el contrario, las referencias a los franquistas participan de matices muy diversos, abarcando desde la especulación filosófica hasta la alusión a aspectos más banales. El primero de estos extremos lo encontramos en la conversación que Manuel mantiene con Alba: «No se puede tener un mando sin confiar en las personas (...) Los fascistas quizá. Nosotros, no. O entonces no vale la pena. Un hombre activo y pesimista a la vez, es o será un fascistas, salvo si tiene una fidelidad tras él»[42]. La comparación entre leales y sublevados llega a establecerse en relación con cuestiones más domésticas e intranscendentes como sucede con la costumbre española de la siesta: «Los fascistas –dijo (Shade) no atacan entre las dos y las cuatro a causa de la siesta»[43]. Esta clase de intervenciones sustentan una imagen de nuestro país como lugar pintoresco, fiel a sus tradiciones, en el que todo, incluso las guerras, se desarrolla de forma diferente. El armisticio que se produce durante el asedio al Alcázar resulta igualmente significativo en este sentido; en mitad de los insultos que se dirigen uno y otro bando, los milicianos comienzan a alardear de tener cigarros y cuchillas de afeitar, algo que los nacionales no creen; entonces, uno de los milicianos, con su orgullo herido por la incredulidad del enemigo, llega a ponerse a tiro de los si-

41 *LE*, p. 500.
42 *ibid.*, p. 241.
43 *LE*, p. 268.

tiados con un paquete de cigarrillos en la mano para demostrar que, efectivamente, sí disponían de ellos. La guerra de España, romántica y, a veces, grotesca, se yergue así en escenario en el que se despliegan algunos de los rasgos definidores del español, como son el orgullo y un valor temerario que responde más a una pulsión instintiva que racional.

Como es natural en una novela bélica, no faltan ocasiones en las que la imagen del bando contrario participa de unas connotaciones peyorativas. Sin embargo, este tipo de comentarios no excluye una visión de los personajes afines al bando nacional en la que Malraux resalta su condición de víctimas, especialmente cuando se enfrentan a una muerte segura. La imagen de tres guardias civiles apresados en un pueblo de la sierra madrileña es sintomática de los sentimientos encontrados que, en ocasiones, el bando nacional despierta en Malraux; el guardia herido que está dispuesto a unirse a los campesinos con tal de salvar su vida encarna el lado humano de un enemigo que, al mismo tiempo, muestra un rostro menos amable, representado, en este caso, por otro de los reos que, imagen de la soberbia y de la traición, arrastra a su compañero malherido hacia la muerte:

> –Escuche. Usted es un oficial, aunque esté con esa gente (...) Usted debe fusilarme, y espero que sea para hoy. Pero antes de morir quiero tener la satisfacción de ver fusilar delante de mí a esos dos sinvergüenzas (...) Me dan asco. Ahora, de soldado a soldado, hágales callar o hágame salir a mí.
> –¡Es muy orgulloso –dijo la vieja– para ser uno que mata niños!...[44]

44 *ibid.*, p. 161.

6.3 Los escenarios de una tragedia

Según Pageaux[45], el estudio de la imagen del espacio extranjero no tiene que circunscribirse exclusivamente a un nivel meramente descriptivo, sino que debe trascender a una dimensión simbólica con el fin de identificar posibles relaciones con el yo del autor. A veces, éste configura la coordenada espacial no tanto en virtud de su conocimiento directo de la realidad, y sí de aquellos sentimientos y emociones suscitados por el Otro. En consecuencia, los entornos de la cultura representada son aprehendidos en un proceso de mitificación donde intervienen las «fobias» y las «filias» que, ya derivadas de su visión personal, ya procedentes de su imaginario social, el autor desarrolla en torno a lo que considera extraño o ajeno. Las diversas valoraciones que la cultura «regardante» realiza sobre la cultura «regardée» se manifiestan a través de una serie de oposiciones que organizan, o reorganizan, según los casos, el espacio extranjero.

La imagen que Malraux ofrece de España en *L'espoir* se sustenta sobre algunas de estas dicotomías vinculadas a la coordenada espacial. Una de las más significativas es la establecida entre los escenarios situados en la zona leal y aquellos que se hallan dentro del territorio ocupado por los rebeldes. Influido por unos evidentes intereses propagandísticos, el autor privilegia unos entornos frente a otros, como así demuestran las escasas referencias que se hacen al territorio nacional en *L'espoir*. Al margen de contar con un nulo protagonismo, los espacios localizados dentro de la zona rebelde asumen unas claras connotaciones negativas; de este modo, la injusticia y la barbarie dominan las acciones que transcurren en la España nacional, como evidencian, por ejemplo, las masacres acontecidas en Badajoz y Toledo. Por el contrario, los entornos situados en la zona republicana aparecen asociados a la fraternidad, la solidaridad y la igualdad, valores todos ellos que, junto con la organización y la disciplina, permiten, según el autor, albergar todavía

45 PAGEAUX, Daniel-Henri, «De l'imagerie culturelle...», op. cit., p. 146.

la esperanza de derrotar al fascismo. La diferenciación entre localizaciones investidas de valores positivos y otras de valores negativos es uno de los diversos ejemplos de cómo el paisaje exterior presente en *L'espoir* reproduce, en cierta medida, el paisaje mental de su autor. Algunos de los emplazamientos que aparecen a lo largo de la novela se definen más por los valores y sentimientos que refleja en ellos que por sus cualidades físicas. De este modo, cuando hace referencia, por ejemplo, al Madrid asediado por las tropas franquistas, Malraux relega a un segundo plano su dimensión material para resaltar las connotaciones emocionales que en él suscitan estos lugares; así, al describir el interior del cuartel de la Montaña o los incendios del asilo de San Jerónimo y del hospital de San Carlos, Malraux no pretende reproducir miméticamente y de manera exhaustiva estos escenarios, sino poner de relieve aspectos tales como la fraternidad existente entre los combatientes antifascistas o la crueldad de un enemigo que bombardeaba indiscriminadamente a la población civil.

Junto a esta dicotomía, Malraux introduce de manera recurrente en el trascurso de la novela otras que vertebran igualmente la imagen de los escenarios de la guerra civil, como las establecidas entre lo rural y lo urbano, entre los espacios abiertos y cerrados y, finalmente, entre las sensaciones visuales de un lado y las auditivas y olfativas de otro. A lo largo de *L'espoir*, tres son las ciudades que gozan de un especial protagonismo: Madrid, Barcelona y Toledo. Los entornos situados en la capital de España presentan una distribución homogénea entre localizaciones externas e internas. La descripción de estas últimas se caracteriza por el interés que el autor muestra hacia las sensaciones auditivas y olfativas que, en ocasiones, relegan a un segundo plano las visuales, tal como podemos comprobar en la narración del asalto al cuartel de la Montaña: «El cañón disparaba regularmente como el corazón de aquella multitud, por encima de los débiles tiros de fusil que disparaban desde todas partes, por encima de los gritos, del olor a piedra quemada y alquitrán que subía de Madrid»[46]. No obstante, esta circunstancia no resta importancia a las sensaciones visuales, que cobran un especial protagonismo cuando el narrador describe el interior de algunos edificios con el fin de mostrar las pésimas condiciones materiales en las que debía vivir la ciudad mientras era cercada por los rebeldes: «Manuel había encontrado también el Ministerio de la Guerra entregado a las velas moribundas. Aquellas salas inmensas y lúgubres...»[47].

La Ciudad Condal constituye el marco donde tienen lugar las escaramuzas entre las tropas sublevadas y las milicias durante los primeros días de la guerra. En esta ocasión, Malraux no fija su mirada tanto en el rastro de muerte y destrucción dejado por los enfrentamientos, como en el modo en el que éstos se desarrollan en las calles de la capital catalana. Por este motivo, dentro de la imagen que el autor ofrece de esta ciudad, predominan los emplazamientos exteriores, entre los que destacan la Plaza de Cataluña, las Ramblas, el Barrio de los Caracoles o el Hotel Colón, lugares donde las barricadas levantadas por los milicianos acaparan la atención del escritor francés. Otro de los emplazamientos urbanos que aparecen a lo largo de *L'espoir* es Toledo, ciudad donde tiene lugar uno de los episodios más relevantes de la novela, como es el asedio del Alcázar. La visión malrauxiana de la Ciudad Imperial constituye un ejemplo más de cómo el autor proyecta su yo, y, más concretamente, su posicionamiento en favor del bando republicano, sobre el paisaje material; de este modo, más allá de la importancia que la fortaleza dominada por los rebeldes tiene durante este episodio ampliamente conocido de la guerra civil, Malraux privilegia por encima de ella otros espacios que aparecen vinculados, generalmente, a las tropas leales al gobierno. Uno de estos enclaves es la plaza de Zocodover, lugar desde donde los milicianos disparan contra los muros del Alcázar. Malraux concentra gran parte de la acción que transcurre en Toledo en este céntrico emplazamiento de la ciudad manchega. A diferencia de lo que

46 *LE*, p. 116.
47 *ibid.*, p. 385.

sucede con otros espacios situados en la capital manchega, el autor ofrece una descripción pormenorizada de este lugar, haciendo referencia tanto a las sensaciones olfativas que podían experimentarse en él como a las diversas tonalidades dibujadas por los focos que iluminaban la fortaleza asediada:

> Iluminada por una poderosa lámpara de arco, absolutamente vacía, la plaza donde en otros tiempos los reyes de Castilla combatían a caballo con el toro era mucho más irreal que la de la catedral –, más parecida a una plaza de un astro muerto que cualquier otro lugar en el mundo, en esa inquitenate mezcla de olor a quemado y de frescor nocturno (...) Por encima de las casas, una enorme publicidad de vermut, erizada de cetas; en los rincones oscuros débilmente iluminados, las habitaciones de los observadores. De frente, los reflectores hundían su luz de teatro en todas las callejuelas ascendentes; y en el extremo de las callejuelas, en plena luz también, mejor iluminado de lo que había estado para los turistas, extrañamente chato sobre el fondo del cielo noscturno, humeaba el Alcázar[48].

El modo en que Malraux representa la plaza toledana responde más a una recreación lírica que a una descripción fidedigna de la misma. La intención del narrador de ofrecer una visión panorámica de la lucha antifascista en España –abarcando localizaciones situadas a varios cientos de kilómetros unas de otras– hacía inevitable introducir en la novela lugares que no llegó a visitar durante la guerra. Junto a esta circunstancia, el deseo de privilegiar una lectura de la realidad vinculada a una visión estereotipada de nuestro país también se encuentra tras esta subversión de la realidad; así lo demuestra en el ejemplo anterior la alusión que Malraux hace a los reyes de Castilla que luchaban a caballo con el toro. Por tanto, puede concluirse que la recreación de determinados espacios es, en última instancia, un mecanismo empleado por el autor para extraer de su imagi-

48 *LE*, p. 260.

nario algunos de los arquetipos heredados del pasado; de este modo, el autor aprovecha cualquier oportunidad que le brinda la recreación de la geografía toledana para insertar la imagen de una España trágica, exótica y legendaria, cuyas tradiciones habían permanecido inalteradas a lo largo del tiempo.

Aunque dentro de su visión de la Ciudad Imperial predominan los espacios abiertos, Malraux traslada en ocasiones la acción a algunos escenarios interiores, cuyas imágenes resultan, por lo general, más esquemáticas que las ofrecidas de los exteriores; así, por ejemplo, la descripción del museo de Santa Cruz se limita a una de sus salas, donde el narrador centra su atención, de un lado, en la devastación que había sufrido en su interior y, de otro, en la asociación entre el olor a aceite de oliva y España. El coso taurino y el penal toledanos constituyen ejemplos similares. Lejos de realizar una descripción detallada de estos recintos, Malraux ofrece un esbozo de los mismos, dando a conocer únicamente, por ejemplo, el parecido que el albero guardaba desde su exterior con una fortaleza. Por su parte, la descripción de los interiores de la cárcel o del Alcázar queda relegada a un segundo plano frente a la pintura de un paisaje humano dominado por el horror y la muerte; así, por ejemplo, en lugar de ofrecer una recreación más o menos pormenorizada de las dependencias de la fortaleza toledana, el autor focaliza su atención en el drama que estaba taniendo lugar entre sus muros:

> Las mujeres –decía uno de los soldados– están en los sótanos a causa de los aviones. Entonces, comprendéis, cuando son las nuestras las mandan a las cuadras, allí donde nos habían encerrado. Las de ellos no están allí. Allí es terrible a causa del olor: en el picadero hay una treintena de muertos enterrados a flor de tierra, además de las osamentas de los caballos. Es terrible. Los cadáveres son de los que han querido rendirse[49].

49 *ibid.*, p. 224.

Muy diferente resulta, en cambio, la imagen que el autor plasma de las poblaciones rurales, ya que, en este caso, su visión se reduce generalmente a un único espacio, como es el de la plaza. La presencia recurrente de la iglesia en este último escenario enfatiza simbólicamente el lugar central que la institución eclesiástica ha ocupado secularmente dentro de la sociedad rural. El papel represivo otorgado al clero español a lo largo de la novela no es impedimento para que Malraux valore, desde sus profundos conocimientos artísticos, la riqueza y singularidad del patrimonio que se encontraba en manos del clero: «Era una de esas iglesias españolas a la vez barrocas y populares a las que la piedra, utilizada en lugar del estuco italiano, daba un aire gótico»[50]. De este modo, a diferencia de lo que sucede con los espacios urbanos, las características arquitectónicas de ciertas construcciones pasan en ocasiones a un primer plano frente a las imágenes de muerte y destrucción. Esta circunstancia no significa, sin embargo, que el autor aparte su mirada de los efectos devastadores que la guerra tenía en los pueblos de España.

Por otro lado, Malraux ubica muchas de estas poblaciones en mitad de un paisaje dominado por los pedregales, la vegetación mustia, los tonos ocres y las llanuras que se pierden en el horizonte. Así pues, la infinitud y la desolación son las dos constantes que, en mayor medida, se encuentran presentes en la imagen de los campos castellanos. El protagonismo que ambas cualidades acaparan dentro de la visión del autor no es casual, ya que, por medio de ellas, proyecta algunos de los valores predominantes en su recuerdo de la guerra de España. Así se puede comprobar, por ejemplo, en la escena donde la tripulación del «Canard Déchaîné» es rescatada. Ya de regreso al pueblo de Valdelinares, Magnin observa a uno de los hombres heridos a través de las ramas de un manzano, como si el árbol en particular, y todo el campo en general, atraparan al piloto siniestrado en un abrazo fraternal. De este modo, las dimensiones eternas del paisaje español aparecen ante los ojos de Mal-

50 *LE*, p. 247.

raux-Magnin en perfecta armonía con la solidaridad infinita de sus habitantes, cualidad que, según este personaje, unía a los hombres por encima del tiempo y de las fronteras.

7. La imagen de España en *Homage to Catalonia*

In the quiet back streets of Lérida and Siétamo I seemed to catch a momentary glimpse, a sort of far-off rumour of the Spain that dwells in everyone's imagination. White sierras, goatherds, dungeons of the Inquisition, Moorish palaces, black winding trains of mules, grey olive trees and groves of lemons, girls in black mantillas, the wines of Málaga and Alicante, cathedrals, cardinals, bullfights, gypsies, serenades –in short, Spain[1].

En las tranquilas callejuelas de Lérida y Siétamo me pareció percibir una visión pasajera, una suerte de eco lejano de la España que habita en la imaginación de todos. Montes pelados, rebaños de cabras, mazmorras de la Inquisición, palacios moriscos, negras y serpenteantes realas de mulas, olivares y limonares verdes, mujeres con mantilla negra, el vino de Málaga y Alicante, catedrales, cardenales, corridas de toros, gitanos, serenatas –en suma, España.

1 *HC*, pp. 145-146.

7.1. *Homage to Catalonia*: el relato de una experiencia inolvidable

En su primera edición –1938–, *Homage to Catalonia* constaba de catorce capítulos. Posteriormente, Orwell extrajo dos de ellos –los capítulos cinco y once, de contenido esencialmente político– del cuerpo central de la obra, que se corresponde con el relato de las experiencias del autor en España, para convertirlos en sendos apéndices situados al final del libro. De este modo, al igual que había hecho en *The Road to Wigan Pier* (*El camino al muelle de Wigan*, 1937), el escritor británico estructura su testimonio en dos partes; una autobiográfica y otra política. Esta nueva disposición es reveladora de la doble intencionalidad de Orwell al escribir *Homage to Catalonia*: de un lado, plasmar su visión particular de la guerra de España y, de otro, ofrecer un detallado análisis de la situación política del momento:

Relato autobiográfico	Capítulos del I al XII
Debate político	Apéndices I y II (capítulos V y XI en la primera edición)

Por lo que respecta a su estructura interna, *Homage to Catalonia* presenta tres unidades diferenciadas. La primera de ellas comprende los siete primeros capítulos, comenzando con la llegada de Orwell a Barcelona –diciembre de 1936– y finalizando con su regreso a la Ciudad Condal –abril de 1937– tras varios meses de estancia en el frente de Aragón. Esta parte inicial se abre con una de las escenas más memorables de la obra, como es la animada conversación que el autor mantiene con un miliciano italiano al que jamás había visto antes. Al margen del fuerte impacto emocional que tuvo sobre el escritor británico, la importancia de este encuentro radica en el hecho de que representa el primer contacto directo de Orwell con unos valores siempre admirados por él. Las descripciones de encuentros similares a éste aparecen de manera recurrente a lo largo de *Homage to Catalonia*; recuérdense, por ejemplo, la escena en la que Orwell, mientras permanece convaleciente del disparo sufrido en el frente, recibe de manos de dos jóvenes milicianos sus respectivas raciones de tabaco, o aquella otra en la que un oficial de policía estrecha su mano a pesar del clima de tensión y desconfianza que se respiraba en Barcelona tras la ilegalización del POUM. Como se verá más adelante, este tipo de gestos motivarán que el autor desarrolle una serie de «filias» no tanto hacia España, y sí hacia los españoles, quienes, con su idiosincrasia particular, inculcan a Orwell una nueva forma de contemplar la realidad, tal y como ha sugerido Richard Rees[2] a propósito del episodio con el que comienza el libro:

> Es ésta la primera vez en cualquiera de los libros de Orwell en que uno tiene la sensación de que realmente el autor observa y presta atención a otro ser humano. Por prestar atención quiero decir ser consciente de la esencia de un hombre en lugar de verlo desde el exterior como una amalgama de características y humores.

Dentro de esta primera parte, el narrador relata su estancia en el frente de Huesca y Zaragoza. La experiencia en primera línea de fuego resulta frustrante para él. En el invierno de 1937, los combates en Aragón se reducen a pequeñas escaramuzas entre dos bandos que apenas consiguen adelantar sus posiciones. Por tanto, la inactividad, junto con las inclemencias meteorológicas y la falta de condiciones higiénicas, se convierten en los verdaderos enemigos de Orwell y de sus compañeros. A pesar de ello, el autor recuerda los cuatro meses en el frente como uno de los episodios más importantes de su vida: «aquellos tres o cuatro meses que pasé en el frente fueron (...) una especie de interregno en mi vida, muy diferentes de todo lo que había vivido antes y quizás de todo lo que venga después...»[3]. No en vano, allí tie-

2 Citado en: ALLDRIT, Keith, *The Making of...*, *op. cit.*, p. 92. Traduzco directamente de esta edición.

3 *HC*, p. 90.

ne oportunidad de vivir dentro de un sistema social –el de las milicias– basado en la igualdad y que él califica como «la única comunidad en Europa occidental donde la conciencia política y la desconfianza hacia el capitalismo eran más corrientes que sus contrarios»[4].

Ya en la segunda parte, que abarca del capítulo ocho al doce, Orwell presencia dos acontecimientos que representan, desde su punto de vista, una traición a aquellos ideales por los que los milicianos luchaban en el frente por encima de las diferencias políticas existentes entre sus respectivos partidos. Uno de ellos es la transformación que, en cuestión de unos pocos meses, experimenta Barcelona; tras haber desaparecido de sus calles todo atisbo de la revolución obrera que tuvo lugar al comienzo de la guerra, la sociedad burguesa vuelve a adueñarse de la ciudad. Un segundo hecho que despierta la indignación del autor son las disputas que se producen a comienzos de mayo entre socialistas y comunistas de un lado, y anarquistas y poumistas de otro. Orwell responsabiliza de estos dos sucesos a una clase política corrupta cuya única ambición es la de alcanzar cotas de poder cada vez más altas. Por tanto, el escritor británico ve en muchos dirigentes republicanos la antítesis de los valores que había podido conocer desde su llegada a España. Es, precisamente, en esta oposición entre el carácter cínico, apático y embaucador de los gobernantes y el igualitario y solidario de las milicias donde radica el principal eje temático no sólo de *Homage to Catalonia*, sino también de los dos libros que escribe Orwell antes de viajar a España –*Down and Out in Paris and London* (*Sin blanca en París y Londres*, 1933) y *The Road to Wigan Pier*–. De regreso al frente, Orwell es herido en la garganta por el disparo de un francotirador, circunstancia que le obliga a retirarse de la primera línea de fuego. Tras su paso por varios centros sanitarios, vuelve a Barcelona. Una vez allí, Orwell se ve involuntariamente implicado en los combates entre socialistas y anarquistas que tienen por escenario las calles de la Ciudad Condal. Tras las denominadas «jornadas de mayo», el

4 *ibid.*

POUM es ilegalizado y Orwell sabe que, pese a no estar afiliado a este partido político, el hecho de haber formado parte de sus milicias es razón, más que suficiente, para que corra la misma suerte que algunos de sus compañeros y amigos, recluidos muchos de ellos en las cárceles clandestinas de la capital catalana. Dado el carácter adverso que adquieren los acontecimientos, el escritor británico decide huir del país. Finalmente, *Homage to Catalonia* presenta una tercera parte integrada por dos apéndices de contenido político que se corresponden, como ya se ha dicho, con los capítulos quinto y undécimo de la primera edición. En el primero de ellos, el autor aborda las diferencias ideológicas existentes entre los diversos partidos que protagonizan las disputas que tienen lugar en Barcelona. En el segundo, ofrece su interpretación de estos acontecimientos y desmiente las acusaciones de traición y conspiración que la prensa antifascista –en especial la extranjera– ha vertido contra el POUM.

Al escribir *Homage to Catalonia*, Orwell pretendía que los lectores anglosajones se interesasen por una problemática política que les era ajena. Con el propósito de que la obra recibiera la mayor atención posible fuera de nuestro país, el novelista se vale de diversos recursos, como son la pretensión de objetividad, el humor y la introducción de fragmentos anecdóticos. A lo largo del testimonio en primera persona ofrecido por Orwell, puede apreciarse cómo, en todo momento, intenta hacer llegar al lector, de la manera más clara y pormenorizada posible, sus experiencias vividas en España, circunstancia que, para un sector de la crítica[5], convierte *Homage to Catalonia* en un libro en el que el escritor británico mantiene una total imparcialidad al narrar los acontecimientos que presenció en España. No obstante, otros especialistas[6] han subrayado la parcialidad de esta obra, aduciendo como principal motivo la condición de partícipe en los hechos relatados de su autor. En cualquier caso, lo cierto es que, al escribir su libro sobre la guerra de Es-

5 HOLLIS, Christopher, *A Study of George Orwell. The Man and His Works*, Chicago, Henry Regnery, 1956, p. 107

6 ROMERO, Luis, «Introducción» a *Homenaje a Cataluña*, op. cit, p. 9.

paña, Orwell pretende ser lo más objetivo posible. Para tal fin, el escritor inglés recurre a diferentes estrategias. Una de ellas es, precisamente, la presentación que hace de sí mismo como un narrador que, dada su participación en los acontecimientos relatados, advierte al lector sobre la posible parcialidad de sus comentarios:

> En caso de que no haya dicho esto antes, lo diré ahora: cuidado con mi parcialidad, mis imprecisiones y la distorisión que irremediablemente produce el hecho de ver los acontecimientos desde una sola perspectiva. Y cuidado también con ests mismas cosas cuando lea cualquier otro libro de este período que hable de la guerra española[7].

Otro de los mecanismos empleados por el autor para dotar de objetividad a su testimonio es el de evitar, en todo momento, incurrir en mensajes propagandísticos; de este modo, en lugar de ofrecer una interpretación parcial de los acontecimientos narrados, el autor intenta plasmar una visión de los sucesos vividos en España en la que, lejos de ensalzar sistemáticamente las virtudes de su partido, llega a dirigir contra él algunas críticas; destaca, en este sentido, cómo el autor recuerda con indignación la presencia en las milicias del POUM de jóvenes adolescentes que, sin apenas preparación alguna, eran enviados al frente. La sensación de verosimilitud que Orwell intenta transmitir al lector es, si cabe, aún mayor cuando adopta un tono autocrítico: «Disparé varias veces. No sé si le di a alguien– es poco probable; se me da muy mal disparar con un rifle»[8].

Como ya se ha dicho anteriormente, el humor es otro de los elementos que cuentan con una destacada presencia en la visión que el autor ofrece de su experiencia en nuestro país; no en vano, tal y como ha señalado Galván Reula[9], constituye uno de los rasgos más sobresalientes de *Homage to Catalonia*,

7 *HC*, p. 168.

8 *ibid.*, p. 131.

9 GALVÁN REULA, Juan Fernando, *Orwell y España*, *op. cit.*, p. 108.

lo que lo convierte en un ejemplo de obra en la que Orwell se aleja del pesimismo presente en muchas otras. De este modo, a pesar de las dificultades que debió afrontar durante su estancia en España, el escritor británico rememora en clave de humor un buen número de situaciones que vivió en nuestro país; algunas de ellas ya aparecen en las primeras páginas del libro, como bien puede advertirse en las alusiones a los uniformes de los milicianos, en la descripción que hace de un porrón, o en la manera en la que recuerda la peculiar instrucción recibida en el cuartel Lenin de Barcelona:

> Durante mi segundo día en el cuartel comenzó lo que cómicamente se denominaba «instrucción». Al principio se sucedían terribles escenas de caos. Los reclutas eran la mayoría chavales de dieciséis y diecisiete años procedentes de los barrios pobres de Barcelona, llenos de fervor revolucionario, pero ignorantes del significado de la guerra. Era imposible mantenerlos en formación. La disciplina no existía; si un hombre no estaba de acuerdo con una orden, olvidaba su rango y se ponía a discutir con el oficial[10].

También resulta significativa en este sentido la imagen de una mujer que, vestida de manera impecable y acompañada de su perro, paseaba por las Ramblas sin sentirse amenzada por los tiroteos que estaban teniendo lugar en las calles aledañas. En *L'espoir*, Malraux refleja esta misma actitud de indiferencia en el personaje de una señora de avanzada edad que se detiene a contemplar un escaparate de una tienda de moda situada en la plaza de Zocodover mientras el Alcázar estaba siendo asediado. Por medio de estas dos figuras, Malraux y Orwell personifican esa tercera España que, lejos de decantarse por un bando u otro, se esforzaba por conservar sus hábitos de vida anteriores a la guerra como forma de protesta contra un conflicto que estaba hundiendo al país en el odio y la miseria.

Orwell recoge en *Homage to Catalonia* otros episodios de su

10 *HC.*, pp. 35-36

estancia en España en los que, una vez más, combina magistralmente el retrato de las penurias y horrores de la guerra con el humor negro y la sutil ironía, como puede comprobarse, por ejemplo, al describir cómo un grupo de civiles, que presumiblemente formaban parte de un cortejo fúnebre, intentaban atravesar en vano la Plaza de Cataluña bajo el fuego de una ametralladora del PSUC. El humor del autor británico no sólo hace acto de presencia en situaciones protagonizadas por la población civil, sino en muchas otras, como puede apreciarse, por ejemplo, al hacer mención a la desorganización y la informalidad de los españoles, a la vida rutinaria que se seguía en el frente –«Una vida tan tediosa y tan monótona como la de un oficinista. Hacer guardias, patrullar, cavar, cavar, patrullar, hacer guardia»[11]–, o a su intento de herir con la bayoneta a un soldado nacional, escena esta última que raya en la estética de lo absurdo:

> Agarré el rifle por la culata y lo ataqué por la espalda. Se encontraba fuera de mi alcance. Otro intento: todavía no podía darle. Y así estuvimos unos pocos metros, él saliendo de la trinchera y yo detrás, embistiendo contra sus omóplatos, pero sin llegar a alcanzarle –un recuerdo cómico para mí, aunque me imagino que no lo será tanto para él[12].

Junto a la objetividad y al humor, un tercer elemento que cuenta con un cierto protagonismo en la visión orwelliana de España es lo anecdótico. Esta faceta de *Homage to Catalonia* es apreciable, por ejemplo, cuando el autor recuerda el momento en el que conoce al miliciano italiano, o la ayuda que, en su intento de liberar a Kopp de la cárcel, recibe del oficial de policía. Como sucede en estos dos ejemplos, muchas de las anécdotas relatadas a lo largo del libro tienen un carácter emotivo, lo que viene a confirmar, de un lado, la importancia que para Orwell tenía la fraternidad humana, y, de otro, el hecho de que fue en España donde tuvo, por primera vez, oportunidad de experimentarla.

---

11 *ibid.*, p. 46.

12 *HC*, p. 81.

7.2. España y los españoles: ¿una misma realidad?

En el capítulo XII de *Homage to Catalonia*, justo después de relatar su encuentro con el oficial de policía, Orwell hace la siguiente reflexión:

> Tengo muchos recuerdos malos de España, pero muy pocos de los españoles. Tan sólo recuerdo dos ocasiones en las que me enojé con un español y, en cada una de ellas, cuando echo la mirada atrás, pienso que estaba equivocado. Sin lugar a duda, tienen una generosidad, una especie de nobleza, impropias del siglo veinte[13].

A tenor de este comentario, el escritor británico establece dentro de su visión una clara distinción entre el país y sus habitantes. El primero es para él fuente de malos recuerdos, mientras que, por el contrario, los segundos representan, desde su punto de vista, un motivo de admiración y simpatía. Llegados a este punto, resulta de gran interés identificar, inicialmente, aquellos motivos que suscitan en Orwell estas reacciones opuestas, y, después, plantearnos si, realmente, España y los españoles constituyen siempre el origen de las «fobias» y de las «filias» que están presentes en la visión del escritor británico.

Orwell, al igual que muchos voluntarios extranjeros que combatieron en la contienda civil, siente la necesidad de defender la legalidad republicana y, con ella, los ideales de libertad, igualdad y justicia. Ya antes de pisar suelo español, el novelista inglés comprueba cómo esta visión idealista del conflicto sufre un primer revés al no poder alistarse en las Brigadas Internacionales, y, de este modo, combatir en el frente de Madrid, uno de los más activos al comienzo de la guerra. Durante sus primeras horas en Barcelona, el novelista inglés ve con sus propios ojos cómo la guerra de España dista mucho de cumplir sus expectativas iniciales. La peculiar «instrucción» que recibe en el cuar-

13 *ibid.*, pp. 161-162.

tel Lenin representa un hito importante dentro del paulatino desencanto que va experimentando conforme se prolonga su estancia en nuestro país; allí contempla, desconcertado, cómo algunos padres alistaban en las milicias a jóvenes de quince y dieciséis años, quienes, con fusiles de madera en mano, apenas mantenían la formación y desobedecían las órdenes que no eran de su agrado.

Es, sin embargo, en el frente donde la visión idealista que Orwell tiene en un principio del conflicto termina por desvanecerse. Nada más llegar a Alcubierre –localidad perteneciente a la provincia de Huesca–, el escritor inglés se encuentra con un panorama desolador dominado por unas condiciones climáticas más propias de su país de origen –frío, lluvia, niebla–, la suciedad y los malos olores. A todo ello había que añadir una larga serie de problemas, como eran la inactividad, las deficiencias del armamento y la ineficacia y desorganización de muchos de sus compañeros. La escarpada orografía del terreno motiva que ambos bandos tengan grandes dificultades para hacer avanzar sus respectivas líneas, lo que convierte los combates en el frente de Aragón en una guerra de posiciones. De este modo, al margen de algunos disparos aislados y de breves incursiones en el territorio enemigo, no se produce ninguna acción bélica digna de reseñar; en aquellas circunstancias, Orwell no ve peligrar su vida tanto por el bando rival, como por las condiciones deplorables en las que debía vivir en primera línea de fuego. Junto a esta circunstancia, las dificultades materiales que debían afrontar las milicias constituyen otro de los impedimentos para que el autor luche, al menos en las condiciones que él preveía, contra los nacionales. Antes de marchar hacia Aragón, advierte las graves carencias logísticas que sufrían los milicianos, que, tras haber hecho su instrucción con fusiles de madera, eran enviados al frente con un equipamiento precario que recibían momentos antes de partir.

Una vez en el frente, los milicianos podían tener acceso a verdaderas armas de fuego. En la mayoría de los casos, se trataba de rifles que superaban los cuarenta años de antigüedad y que, como asegura Orwell con una profunda indignación, eran entregados a adolescentes carentes de toda experiencia militar, mientras que los escasos fusiles que se hallaban en buenas condiciones quedaban en manos de los oficiales. A la antigüedad de los obsoletos rifles «Mauser» que eran entregados a los jóvenes milicianos, se sumaba la escasez de la munición empleada, a menudo en malas condiciones, lo que la convertía en una amenza constante. Igualmente, Orwell se lamenta de la carencia de recursos básicos en el frente, como eran el aceite utilizado para limpiar el armamento o los mapas de la zona. La escasez de recursos cartográficos es un aspecto que llama especialmente la atención pues, al atribuirla Orwell al hecho de que España es una nación con muchas regiones por explorar, dibuja una imagen de nuestro país como una «terra incognita» en pleno siglo XX, retomando así la visión exótica promovida por los primeros viajeros románticos. Algo similar sucede cuando recuerda la detención de su compañero y amigo Bob Smillie, quien, al ser arrestado en la frontera franco-española, portaba algunas armas descargadas para exponerlas en Inglaterra como si de unas piezas de museo se tratara. El gesto de este voluntario inglés vuelve a poner de manifiesto la visión exótica de España como un lugar donde parece haberse detenido el tiempo.

Otro de los motivos que despiertan la indignación de Orwell es la presencia en Aragón de muchos de los adolescentes que había conocido durante su instrucción en el Cuartel Lenin de Barcelona. Tras ser nombrado cabo, el autor debe ponerse al frente de un grupo de milicianos integrado, en su mayor parte, por menores de edad. A partir de ese momento, comprueba de primera mano lo difícil que resultaría ganar la guerra teniendo en las trincheras a aquellos jóvenes que no solían rebasar los dieciséis años. Por tanto, a las dificultades propias de la vida en el frente, se sumaban aquéllas derivadas de la juventud e inmadurez de estos combatientes, sinónimo, en muchas ocasiones, de imprudencia y falta de disciplina; de este modo, el autor recuerda cómo, tras divisar a varios soldados nacionales, uno de los jóvenes centinelas, abandonó de «motu propio» su puesto para intentar convencerle de que disparara contra el enemigo, demostrando así una inusitada temeridad y un desconocimiento absoluto del deficiente estado en el que se encontraba el armamento que estaban manejando: «Pero en ese momento, el centinela que tenía a mi izquierda dejó su posición, muy al estilo español, se acercó a mí y comenzó a insistirme en que disparara. Intenté explicarle que con el alcance de nuestros rifles no se podía dar a un hombre, excepto por accidente. Pero tan sólo era un niño...»[14]. Como bien puede observarse, a la frustración que, en un principio, embarga a Orwell al observar este comportamiento, según él, tan genuinamente español, le sigue de manera inmediata un sentimiento de conmiseración hacia aquellos adolescentes que arriesgaban sus vidas en el frente; así pues, no es extraño que, en lugar de criticar severamente la temeridad y la indisciplina de los milicianos más jóvenes, las justifique atribuyéndolas a la temprana edad de estos combatientes. Al adoptar esta postura, Orwell pone de relieve el tono emotivo que, como ya advertíamos, suele acompañar a las numerosas anécdotas relatadas a lo largo de *Homage to Catalonia*.

Por otra parte, tan indignante fue para el escritor ver a jóvenes adolescentes luchar en las filas del POUM como descubrir que, al otro lado de las trincheras, combatían jóvenes a los que la guerra había sorprendido en la zona controlada por los rebeldes y que nada tenían que ver con la imagen del «fascista» cruel y sanguinolento. Esta circunstancia resulta decisiva para que Orwell proyecte una visión humanizada del enemigo, similar a las ofrecidas por Malraux y Hemingway. De este modo, el autor se percata de que aquellos contra los que está combatiendo no se diferenciaban prácticamente en nada de sus compañeros en la milicia del POUM, pues muchos de ellos eran jóvenes a los que la contienda había llevado hacia un frente dominado por el frío, la suciedad y las carencias materiales. En ocasiones, incluso, podía tratarse, como ya se ha advertido, de amigos o de parientes a los que la guerra había dividido. Al

14 *HC*, p. 45.

percatarse de quiénes eran realmente los que luchaban en el bando franquista, el narrador comienza a sentir hacia ellos una cierta simpatía –en el sentido etimológico del término–; así lo demuestra, por ejemplo, su profunda consternación por el soldado nacional al que alcanza en una ocasión: «Se oyó el estruendo de la explosión y, acto seguido, una diabólica sucesión de gritos y gemidos (...) No sé si lo maté, pero lo cierto es que estaba malherido. ¡Pobre, pobre! Sentí entonces una cierta pena cuando le oía gritar»[15]. Otro claro ejemplo de esta particular visión del enemigo la encontramos cuando el autor recuerda el momento en que es herido en la garganta; lejos de sentir odio por el francotirador que le ha disparado, Orwell muestra una actitud comprensiva hacia él, asegurando que, de haber tenido la oportunidad, le habría felicitado por su buena puntería: «No podía tener ningún resentimiento contra él. Pensé que, al ser un fascista, yo también le podría haber matado, pero que si hubiera sido hecho nuestro prisionero y lo hubieran traído hasta mí, le hubiera felicitado por su buena puntería»[16]. Más que de rencor, el sentimiento que se apodera del escritor británico es de frustración, al no ver cumplida su pretensión –no exenta de cierto romanticismo– de caer herido en una auténtica batalla. En escritos posteriores a *Homage to Catalonia*, Orwell continuó sosteniendo esta particular visión del bando rival con la que pretendía resaltar, más que las ideas políticas de aquéllos que combatían en las trincheras, su condición humana; en su ensayo «Looking Back on the Spanish Civil War» («Volviendo la mirada a la guerra civil española», 1943), al recordar a un soldado franquista que, tras ver aproximarse algunos aviones republicanos, salió corriendo hacia un parapeto sosteniendo en alto sus pantalones, el autor duda, una vez más, sobre si aquel «fascista» era realmente su enemigo:

> Algunos de nuestros aviones se aproximaban. En aquel momento, un hombre, posiblemente llevando un mensaje a un

15 *ibid.*, p. 85.
16 *HC.*, p. 132.

> oficial, saltó de la trinchera y corrió a lo largo del parapeto. Iba medio vestido, sosteniendo sus pantalones con las dos manos mientras corría. Decidí no dispararle (...) No le disparé en parte por el detalle de los pantalones. Yo había venido a disparar a «fascistas»; pero un hombre que va sosteniendo sus pantalones no es un «fascista», sino alguien que se parece mucho a ti y al que no te sientes dispuesto a dispararle[17].

No obstante, Orwell ofrece, al mismo tiempo, una imagen desfavorable de aquellos que combaten al otro lado de las trincheras. Sin embargo, en este caso, no es la orientación ideológica de los rebeldes lo que suscita las «fobias» del autor –algo de esperar en el contexto de un conflicto bélico–, sino su cobardía.

El frente de Aragón mostró a Orwell una guerra muy distinta a la que él en un principio imaginaba; de este modo, en lugar de tomar parte en un conflicto donde el Bien y el Mal dirimían sus fuerzas, el escritor británico se vio involucrado en una contienda que, desde su punto de vista, estaba repleta de tintes pintorescos.; así lo pone de manifiesto al recordar cómo dos centinelas, uno nacional y otro republicano, cantaban flamenco desde sus respectivas trincheras. Otros aspectos de la vida en el frente, como la indisciplina de los milicianos o el armamento obsoleto, hacen que Orwell, al igual que muchos compatriotas suyos, perciban la guerra española como si de una pantomima se tratara: «Los ingleses cayeron en el hábito de decir que esto no era una guerra, sino una auténtica pantomima»[18]. El autor proyecta igualmente esta visión de la guerra a través de su compañero y amigo Georges Kopp, quien, tras varias semanas de permanencia en primera línea de fuego, se refiere al conflicto español como «una ópera cómica con una muerte ocasional»[19]. A diferencia de Malraux, Orwell no se limita a describir el rostro más pintoresco de la contienda, sino que profundiza en las

17 Orwell, George, «Looking Back on the Spanish Civil War», in DAVISON, Peter (ed.), *Orwell in Spain*, *op. cit.*, p. 349.

18 *HC.*, p. 64.

19 *ibid.*, p. 54.

miserias que subyacen tras él; así, recuerdos como la ausencia de combates mientras debían soportarse unas condiciones meteorológicas extremas, la insalubridad de las trincheras o la temprana edad de los milicianos revisten de patetismo la visión que el autor ofrece de la contienda. Por tanto, puede concluirse que, a raíz de su estancia en el frente, el autor desecha cualquier interpretación «romántica» del conflicto, común, por otra parte, entre muchos escritores de izquierda durante la década de los treinta[20].

Aunque, como acabamos de ver, algunos de los malos recuerdos que la guerra dejó en el escritor británico tienen por escenario las trincheras de Aragón, muchos de ellos pertenecen al período en el que permaneció en la retaguardia. No en vano, Orwell, al reflexionar sobre los más de tres meses que había pasado en el frente, considera que fueron de vital importancia para su desarrollo personal. A su regreso a la Ciudad Condal en abril de 1937, Orwell comprueba los profundos cambios que se han producido en ella. En cuestión de unos pocos meses, el clima de absoluta igualdad que le había animado a tomar parte en la guerra de España desaparece por completo. Pese a ser consciente de que la revolución en Cataluña no se prolongaría durante mucho tiempo, el autor observa atónito cómo no queda ningún rastro de la sociedad sin clases que había conocido al comienzo de la contienda; así se puede comprobar, por ejemplo, cuando habla acerca del «asombroso cambio en la atmósfera social»[21], o de los profundos cambios sufridos por la ciudad en cuestión de unos pocos meses: «Todo aquel que ha hecho un par de visitas a Barcelona en cuestión de unos pocos meses durante la guerra, ha advertido los asombrosos cambios que se han producido en la ciudad»[22]. Con el fin de que el lector pueda comprobar hasta qué punto llegó la transformación sufrida por la Ciudad Condal durante los primeros meses de 1937, Orwell describe con cierto

20 Amis, Kingsley, *The Beat Generation and the Angry Young Men*, New York, Dell, 1958, p. 339.

21 *HC.*, p. 98.

22 *ibid.*, p. 94.

detalle las dos ciudades que conoció: la Barcelona revolucionaria del comienzo de la guerra y aquella otra en la que se había restaurado la sociedad burguesa. El autor asocia la primera de ellas con una serie de imágenes que debieron suscitar en él una sensación a mitad de camino entre el desconcierto y la fascinación, como son, entre otras, el dominio ejercido por la milicias obreras en las calles barcelonesas, los comercios colectivizados, las iglesias reducidas a cenizas y escombros, los transportes públicos pintados con los colores de la CNT, o las consignas revolucionarias que ocupaban las fachadas de muchos edificios. Tres meses después, Orwell se encuentra con una ciudad totalmente distinta. En ella, no queda rastro del aspecto ruinoso que muchos comercios presentaban al comienzo de la contienda, expresiones como «tú» o «camarada» habían desaparecido en favor de otras fórmulas más burguesas como «usted» o «señor». Asimismo, las diferencias sociales que, en un principio, apenas existían, eran ahora claramente perceptibles; buena prueba de ello eran los numerosos mendigos que deambulaban por las calles barcelonesas y los casos de trabajadores que, debido al aumento desproporcionado de los precios, tenían serias dificultades para poder comprar alimentos. Todo esto sucedía a la vez que las clases más adineradas devoraban suculentos platos que estaban al alcance de muy pocos:

> Los restaurantes y hoteles de lujo estaban repletos de personas adineradas devorando platos suntuosos, mientras la clase obrera veía cómo los precios de los alimentos básicos subían más que sus salarios (...) Antes en Barcelona me quedé impresionado por la ausencia de mendigos; ahora se encuentran por todas partes[23].

Junto al restablecimiento del orden social burgués, otro de los motivos que despiertan la indignación del autor durante su estancia en Barcelona es el conflicto abierto en el seno de la izquierda española. Las jornadas de mayo representan un hito

23 *HC.*, p. 98.

importante dentro de la evolución ideológica del autor. Su participación en los combates mantenidos entre socialistas, comunistas y anarquistas en las calles de la Ciudad Condal en la primavera de 1937 tuvo, para el novelista, dos consecuencias que conviene resaltar. En primer lugar, Orwell pudo tener un conocimiento directo y exhaustivo de la situación política que en aquel momento se vivía dentro del bando gubernamental. Antes de presenciar los enfrentamientos que tienen lugar en Barcelona, el autor ignora casi por completo la coyuntura política de la España republicana. Por esta razón, su visión de la izquierda española se reduce a un conjunto de partidos y sindicatos cuyos nombres le resultan casi impronunciables: «Por lo que respecta al caleidoscopio de partidos políticos y sindicatos, con sus tediosos nombres–PSUC, POUM, FAI, CNT, UGT, JCI, JSU, AIT– tengo que decir que me exasperaban»[24]. Frustrada, como ya hemos visto, su intención de combatir bajo la disciplina comunista en Madrid, Orwell no siente una especial predilección por militar en ninguna de estas formaciones; así pues, su ingreso en el POUM obedece, únicamente, a los contactos que este partido mantenía con el ILP inglés. Al creer que las organizaciones políticas y sindicales de la izquierda estaban unidas en su lucha contra Franco, Orwell piensa que las diferencias ideológicas existentes entre ellas debían ser insignificantes. Por esta razón, a su llegada a España, no muestra un claro interés en conocer cuáles eran los ideales propugnados por el POUM; al fin y al cabo se trataba, desde su punto de vista, de los mismos que defendían otros sectores de la izquierda. Los incidentes de Barcelona le muestran, sin embargo, una realidad muy distinta. Las disputas que tienen lugar en la Ciudad Condal en mayo de 1937 ponen de manifiesto la profunda brecha que, desde varios meses atrás, se había abierto entre dos formas de interpretar la lucha contra los rebeldes; de un lado, la defendida por los anarquistas, quienes veían en el éxito de la revolución obrera la condición indispensable para poder continuar la guerra, y, de otro, la esgrimida por los comunistas, que anteponían la victoria sobre Franco a la consecución del proceso re-

24 *ibid.*, p. 169.

volucionario abierto al inicio de la contienda. De este modo, a las decepciones sufridas por Orwell en el frente, se sumaba ahora la frustración que suponía contemplar cómo diferentes sectores de la izquierda se enzarzaban en una disputa que no hacía más que debilitar al bando republicano. Asimismo, durante las jornadas de mayo, el escritor británico pudo descubrir cuáles eran las verdaderas intenciones del PCE: terminar con el movimiento revolucionario encabezado por los anarquistas desde el comienzo de la guerra, para así construir, con el apoyo de la burguesía, un gobierno fuerte y organizado que pudiera unificar la lucha contra los sublevados. A partir de entonces, Orwell ve en el comunismo o, más concretamente, en el estalinismo, una fuerza contrarrevolucionaria que representaba una seria amenaza para los ideales de igualdad y justicia que él estaba defendiendo en nuestro país. Bien es cierto que, en *The Road to Wigan Pier*, el autor defiende una postura similar a la adoptada por el PCE y el PSUC: la alianza de los trabajadores con la burguesía. Sin embargo, lejos de caer en una contradicción, el autor concibe esta unión como una etapa de transición hacia una sociedad sin clases, la misma que los comunistas trataban de hacer desaparecer en España. Esta circunstancia fue clave a la hora de tomar partido por los anarquistas y por los poumistas, pero no la única, pues también resultaron decisivos, en este sentido, los vínculos afectivos que le unían a varios miembros del POUM y las simpatías que, desde muy joven, había manifestado por los más desfavorecidos.

Además de tomar una mayor conciencia de las verdaderas relaciones políticas que existían entre los partidos de izquierda, los incidentes de Barcelona también significaron para Orwell un cambio radical en su visión del comunismo; si en un principio llega a interpretar esta ideología como un sinónimo de organización y eficacia – «Es fácil comprobar por qué entonces me inclinaba por el punto de vista comunista y no por el del POUM. Los comunistas poseían una política práctica bien definida, y obviamente una política mejor desde la perspectiva del sentido común...»[25]–, los sucesos de mayo le hacen ver en ella

25 *HC.*, p. 99.

una doctrina política con unas aspiraciones totalitaristas. Por esta razón, la crítica ha coincidido en señalar que la experiencia española de Orwell constituye el origen de su antiestalinismo[26], postura que, como bien puede apreciarse en *Animal Farm* y *Nineteen Eighty-Four*, estaría presente en sus últimas obras.

Después de presenciar y tomar parte en los enfrentamientos que tienen lugar en la Ciudad Condal, Orwell regresa a Aragón. Una vez allí, cerca de Huesca, es alcanzado por el disparo de un francotirador. A raíz de este contratiempo –que a punto estuvo de costarle la vida–, el escritor debe abandonar el frente. Tras un largo periplo por varios centros sanitarios –Siétamo, Barbastro, Lérida y Tarragona–, regresa de nuevo a Barcelona. Es entonces cuando el autor recibe una fatal noticia que precipitará su salida de España: la decisión del gobierno de ilegalizar al POUM por su supuesta colaboración con el enemigo durante los incidentes acontecidos en la Ciudad Condal. A partir de ese momento, Orwell comienza a vivir una auténtica pesadilla –tal y como él mismo pone de relieve con el término «nightmare» («pesadilla»)– que siembra en él, más que nunca, una profunda indignación. El apoyo prestado a esta formación política pone en riesgo su libertad, pues las autoridades estaban deteniendo a todos sus militantes y simpatizantes. Entre ellos se encontraban algunos compañeros y compatriotas del autor, como era el caso de Georges Kopp y Bob Smillie. La detención del primero de ellos constituye uno de los episodios centrales de *Homage to Catalonia*, lo que nos da una idea del profundo impacto que este suceso debió tener sobre Orwell; no en vano, según él, Kopp, con el que había entablado una estrecha amistad durante su estancia en España, había sido encarcelado por error en una de las «checas» de la Ciudad Condal, donde los presos debían vivir en pésimas condiciones:

> Las cárceles eran lugares que sólo podían ser descritos como mazmorras. Para encontrar algo similar en Inglaterra tendrías que retroceder hasta el siglo dieciocho. Los presos eran

26 GALVÁN REULA, Juan Fernando, *George Orwell y España*, *op. cit.*, p. 78.

> encerrados en pequeñas salas donde apenas disponían de espacio para tumbarse, y a menudo eran metidos en sótanos y otros lugares oscuros (...) Subsistían a base de una dieta tan aprensiva como escasa compuesta de dos platos de sopa y dos trozos de pan al día[27].

Consciente de que en Inglaterra serían muy pocos los que creerían la existencia de esta clase de prisiones en pleno siglo XX, Orwell, movido por su empeño de ofrecer un testimonio lo más objetivo posible, hace un breve inciso para insistir en la veracidad de sus afirmaciones: «No estoy exagerando; pregunte si no a cualquiera que fuera encarcelado en España por motivos políticos. Han llegado a mí varios testimonios acerca de las cárceles españolas, y todos ellos coinciden en demasiados aspectos como para no creerlos»[28]. Lógicamente, la reacción del autor al encontrar a Kopp sólo puede ser de rechazo, y no sólo porque se tratara de su mejor amigo, sino también porque había visto en él a un jefe militar comprometido con sus ideales que resurgía en momentos de crisis y acción intensas. Orwell recuerda entonces cómo, durante su estancia en el frente, había visto a este oficial belga caminar entre las balas enemigas mientras el resto de sus compañeros buscaban protección en las trincheras. Kopp demuestra igualmente su audacia y resolución cuando, en mitad de la tensa confusión que se apodera de las calles barcelonesas durante las jornadas de mayo, decide parlamentar con los guardias de asalto que intentaban ocupar la sede del POUM; desprovisto de todas sus armas, Kopp se dirige hacia el café Moka, donde aquéllos se habían atrincherado, para hacerles saber que, con el fin de evitar un baño de sangre, debían retirarse dos granadas que no habían llegado a explosionar. A pesar de protagonizar acciones como las aquí descritas, la experiencia española de Kopp termina entre los muros de una lúgubre cárcel clandestina donde, simplemente por haber pertenecido al POUM, es recluido como si fuera un delicuente. Movido por la

27 *HC.*, p. 156.
28 *ibid.*

indignación que en él provoca esta circunstancia, Orwell introduce al final del capítulo doce un resumen acerca de la vida de su amigo; en él, pone de relieve, de un lado, todo aquello que Kopp había dejado por luchar contra el fascismo en España y, de otro, lo que recibió por ello a cambio:

> Era un hombre que lo había sacrificado todo –la familia, la nacionalidad, su trabajo– simplemente por venir a España a combatir el fascismo. Al abandonar Bélgica sin permiso y unirse a un ejército extranjero cuando estaba en la reserva del ejército belga y, anteriormente, ayudar a fabricar ilegalmente munición para el gobierno español, se habría pasado años encarcelado si hubiera regresado alguna vez a su país. Había estado en el frente desde octubre de 1936, había pasado de miliciano a mayor, había entrado en acción no sé cuántas veces y había sido herido una vez. Durante los disturbios de mayo (...), había salvado diez o veinte vidas. Y todo lo que recibió a cambio fue meterlo en la cárcel[29].

Al igual que Kopp, Bob Smillie es encarcelado por su pertenencia al POUM después de haber sacrificado su vida personal y profesional en Inglaterra –su país de origen– para defender la causa republicana. Sin embargo, el recuerdo de este voluntario inglés despierta en el autor una indignación, si cabe, aún mayor que la suscitada por el arresto del oficial belga; su juventud y el hecho de que muriera a consecuencia de una apendicitis en la cárcel de Valencia explican, en buena medida, la irritación y la frustración de Orwell:

> La muerte de Smillie es algo que no puedo olvidar fácilmente. Un joven valiente e inteligente, abandonó sus estudios en la Universidad de Glasgow para venir a luchar contra el fascismo (...); y todo lo que hicieron con él fue enviarlo a prisión y dejar que muriera como un animal abandonado. Sé que no sirve de nada escandalizarse por una muerte individual en

29 *HC.*, pp. 150-151.

> mitad de una guerra sangrienta (...) Pero lo que más le indigna a uno es lo inútil de una muerte como ésta[30].

Lejos de centrarse únicamente en las figuras de Kopp y Smillie, el autor también recuerda a aquellos milicianos que, por su pertenencia al POUM, eran detenidos en Barcelona nada más regresar del frente. Al haber combatido en las milicias de esta formación política, el propio Orwell está a punto de correr una suerte similar. Sin embargo, gracias a la impericia mostrada tanto por los policías que registran la habitación del hotel donde se aloja su esposa como por los agentes de la frontera franco-española, el escritor inglés no llega a ser encarcelado. No obstante, antes de lograr salir de nuestro país, Orwell debe pasar varias noches oculto en diferentes rincones de la Ciudad Condal ante las detenciones practicadas contra los miembros del POUM. Junto a los inconvenientes propios de permanecer en la clandestinidad –inseguridad, incomodidades–, el autor debe afrontar, a la vez, una situación que era inimaginable en su país de origen, como era el hecho de ser perseguido únicamente por sus ideas políticas:

> En Inglaterra no sé todavía no se descarta la intolerancia política. Puede hablarse de persecución política en pequeña escala; si fuera un minero, no me importaría que mi jefe supiera que soy un líder comunista; pero el buen «hombre de partido», el esbirro-gramófono de la política continental es aún una rareza y la idea de «liquidar» o «eliminar» a quien piensa de otra manera no nos es por el momento natural. Sin embargo, en Barcelona sí lo era[31].

Esta circunstancia le hace recordar el proceso abierto contra el POUM como un verdadero «progrom político», donde cualquier confianza depositada en la justicia podía resultar, además de vana, peligrosa. Por tanto, el clima de igualdad y li-

30 *ibid.*, p. 156.

31 *HC.*, p. 141.

bertad que dominaba Barcelona durante los primeros meses de la guerra había desaparecido por completo. El nuevo panorama político obedecía a los cambios producidos dentro del gabinete republicano, en el que, tras los incidentes de mayo, Largo Caballero había sido sustituido por Juan Negrín. La llegada al poder de este último fue posible gracias al apoyo de los comunistas, que, a partir de este momento, contarían con un notable protagonismo dentro del nuevo gobierno. Tomadas «de facto» las riendas del gabinete republicano, el Partido Comunista se apresuró a ilegalizar el POUM y, de este modo, terminar con cualquier iniciativa política partidaria de la revolución. Al margen de la «caza de brujas» que tenía por objetivo a poumistas y anarquistas, Orwell pudo comprobar durante sus últimos días en Barcelona otros mecanismos empleados por el nuevo ejecutivo para imponer su política contrarrevolucionaria, como fueron, entre otros, las irregularidades practicadas en el suministro de armas a las milicias del POUM y de la CNT, o la campaña propagandística que, a través de la prensa filocomunista nacional y extranjera, se orquestó contra estas formaciones.

Al enfrentarse a la Guardia de Asalto en el trascurso de los incidentes de mayo, el autor se percata de que la precaria situación logística que debían afrontar tanto él como sus compañeros no afectaba por igual a todo el bando republicano; de este modo, mientras los trescientos simpatizantes del POUM refugiados en el Comité Central del partido y en el Hotel Colón sólo contaban con unos sesenta rifles, las tropas enviadas desde Valencia tenían a su disposición un armamento más abundante y moderno. Orwell no duda en atribuir este desigual reparto de armas entre las fuerzas leales a una táctica perpetrada por la Unión Soviética; Moscú, con el fin de extinguir todo foco revolucionario que pudiera poner en peligro la expansión del comunismo más allá de sus fronteras, habría aprovechado su condición de ser el primer abastecedor de armas de la República para chantajear a los partidos antiestalinistas. El boicot armamentístico al que, supuestamente, el régimen soviético estaba sometiendo a organizaciones como el POUM tiene para Orwell unas consecuencias nefastas, como es, por ejemplo, el hecho de que muchos de sus compañeros estuvieran muriendo en el frente sin tener conocimiento de lo que estaba sucediendo realmente en la retaguardia. Este tipo de acontecimientos, que suscitan en el autor un sentimiento de indignación y repulsa, constituyen el origen de las «fobias» que aquél manifiesta hacia el gobierno de Negrín.

La visión negativa que Orwell ofrece del gabinete republicano encuentra uno de sus principales cauces de expresión en el rechazo que en él suscita la actuación de los guardias de asalto, que representaban en Barcelona la autoridad del gabinete republicano durante la crisis de mayo, en el transcurso de su estancia en la capital catalana. Una de las principales críticas que el autor dirige contra este cuerpo es el hecho de que pese a estar mejor preparados armamentística y tácticamente que las milicias, muchos de sus integrantes se limitaban a intimidar a la población en la retaguardia, y no a combatir en el frente contra aquellos que representaban una verdadera amenaza para los intereses de la República, retomándose así, en cierto modo, la imagen arquetípica de los españoles como un pueblo sometido secularmente a gobiernos despóticos y corruptos. La visión negativa de los guardias de asalto participa, a veces, del humor irónico que aparece con frecuencia a lo largo de *Homage to Catalonia*; así puede comprobarse, por ejemplo, cuando el narrador recuerda su encuentro con un guardia en la Jefatura de Policía: «Cuando subí corriendo por las escaleras, el guardia de asalto que se encontraba en la puerta me impidió pasar con su larga bayoneta y me pidió 'los papeles'. Le puse ante los ojos el volante de la licencia; era evidente que no sabía leer, por lo que me dejó pasar, impresionado por el vago misterio de los 'papeles'»[32].

Al mismo tiempo, el escritor inglés no trata de ofrecer una visión simple y esquemática de aquellos que eran sus enemigos en España; como ya se tuvo ocasión de ver, no todos los miembros del bando nacional despiertan las «fobias» de Orwell. Algo similar sucede con los integrantes del PSUC y de la Guardia de

32 *ibid.*, p. 159

Asalto; así puede comprobarse cuando relata cómo en el frente las relaciones que mantenían con ellos eran cordiales, llegando, incluso, a bromear sobre los graves acontecimientos que estaban teniendo lugar en Barcelona:

> En la cama que había a mi lado había un guardia de asalto (...) Era amable y me dio algunos cigarrillos. Le dije: «En Barcelona estaríamos disparándonos», y empezamos entonces a reírnos por esto. Era curioso ver cómo los ánimos cambiaban en el momento en que te acercabas al frente. Todos los profundos odios que existían entre los partidos políticos desaparecían. Durante todo el tiempo que pasé en el frente no recuerdo haber visto a un simpatizante del PSUC mostrarme hostilidad alguna por ser miembro del POUM[33].

Muy lejano de la imagen de un enemigo cruel y despiadado es el retrato que el autor de *Homage to Catalonia* realiza de un grupo de guardias de asalto atrincherados en el café Moka de la Ciudad Condal con los que tanto él como sus compañeros mantienen un tiroteo. Tras varias horas de fuego cruzado, el combate no termina por inclinarse a favor ni de uno ni de otro bando. Kopp, que encabezaba en ese momento el grupo de milicianos en el que se encontraba Orwell, decide entonces entablar una tregua con los guardias, consciente de que aquella situación de impasse sólo provocaría al final un baño de sangre que a todas luces era innecesario:

> Kopp llegó a un acuerdo con ellos: si ellos no disparaban, nosotros tampoco lo haríamos. Por entonces, ya había entablado una cierta amistad con los guardias de asalto y había llegado a hacerles varias visitas al café Moka (...), le regalaron quince botellas de cerveza y, en agradecimiento, Kopp les dio uno de nuestros rifles, ya que habían perdido uno el día de antes[34].

33 *HC*, p. 160

34 *ibid.*, pp. 112-113

Como puede observarse, a partir de ese instante, los gestos de amistad son frecuentes entre los dos bandos, hasta el punto que, al ser detenido Kopp tras los incidentes de mayo, uno de los agentes apostados en el café lo recuerda como un «buen chico» cuando conoce la noticia de su arresto. Todos estos ejemplos son indicativos del optimismo con el que Orwell contempla las relaciones humanas en el contexto de la contienda, que, desde su punto de vista, tan sólo resultaban corrompidas por las disputas ideológicas. Por esta razón, se comprende que, después de su participación en la guerra de España, el autor mostrara su más absoluta repulsa hacia el mundo de la política.

Junto al boicot armamentístico, otro de los recursos empleados según el escritor inglés por el gobierno de Negrín para deshacerse de las organizaciones antiestalinistas era el de privar el acceso de los oficiales milicianos a los rangos de mayor prestigio dentro del escalafón militar:

> Obviamente, el gobierno no podia prescindir de los oficiales de las milicias, pero, al mismo tiempo, no les concedía a ninguno de ellos una graduación superior a la de mayor, probablemente para mantener los altos cargos en manos de los oficiales del Ejército y de los nuevos oficiales que acababan de salir de la Academia Militar[35].

Probablemente, las palabras del autor de *Homage to Catalonia* tengan su origen en nombramientos como el del coronel Vicente Guarner, antiguo comandante del Ejército, al frente del Estado Mayor. Sin embargo, Orwell omite, ya sea deliberadamente, ya por ignorancia, el hecho de que el gobierno jamás pudo designar a los jefes de las unidades anarquistas, competencia que recaía exclusivamente en el comité de defensa de la CNT[36].

La persecución a la que se vieron sometidos poumistas y anarquistas por parte del gobierno Negrín encontró en la prensa escrita una de sus mejores aliadas, al tener en los periódicos

---

35 *HC*, p. 130

36 THOMAS, Hugh, *La guerra civil española*, *op. cit.*, p. 704.

filocomunistas la plataforma idónea para impulsar una campaña de desprestigio y difamación contra las organizaciones que no deseaban someterse a las directrices que venían impuestas desde Moscú:

> ...en la prensa comunista existían incesantes, y a veces malintencionados, ataques contra las milicias, de las que se decían que estaban mal preparadas, que eran indisciplinadas, etc., el Ejército Popular siempre era descrito como «heróico» (...) Sin embargo, hasta entonces, las milicias fueron quienes lucharon en el frente, mientras que el Ejército Popular se entrenaba en la retaguardia, y este hecho era algo que había que ocultar a toda costa[37].

Orwell trata de contrarrestar la falsedad de esta clase de libelos lanzados desde la prensa afín al gobierno tratando de desenmascarar en todo momento la campaña propagandística impulsada por los comunistas contra aquellas formaciones que, como el POUM o la CNT, obstaculizaban la política contrarrevolucionaria que pretendía implantar el gabinete de Negrín. En la última parte del libro, Orwell intenta desmentir la versión que el PC estaba difundiendo de los incidentes acontecidos en Barcelona a través de la prensa extranjera; en concreto, el escritor hace referencia a las difamaciones vertidas en Inglaterra por algunos periódicos de izquierda, como el «Daily Worker» o el «Inprecor», y de derechas, como el «News Chronicle». Conforme a lo que se afirmaba con rotundidad en estos periódicos, el POUM era el principal responsable de los enfrentamientos ocurridos en la Ciudad Condal, pues, al tratarse de un partido que actuaba, supuestamente, al servicio de Franco, buscaba provocar la división dentro del bando republicano. El autor no sólo muestra su repulsa y disconformidad hacia esta clase de comentarios, sino también hacia aquéllos que identificaban al POUM con una formación «trotskista». Orwell descubriría así en España que la verdad podía ser deformada hasta extre-

37 *HC*, p. 97

mos insospechados. Tal y como ha señalado Hopkinson[38], en *Homage to Catalonia*, el autor relega a un segundo plano la preocupación que, en novelas anteriores, había mostrado por el dinero y las clases sociales, y no porque estos problemas ya no le preocupen, sino porque encuentra en el engaño y la mentira una de las principales amenazas para la realidad revolucionaria.

A pesar de la profunda indignación que en él suscitan las noticias difundidas por la prensa filocomunista en contra del POUM y de los anarquistas, Orwell no siempre encuentra en ellos una intención premeditada por deformar la realidad, sino, más bien, una falta de información sobre lo que había sucedido en Barcelona. Así puede comprobarse, por ejemplo, cuando el autor recuerda la información que John Langdon-Davies, corresponsal del «News Chronicle», daba acerca de la hipotética relación que el POUM mantenía con algunos grupúsculos anarquistas como los «Amigos de Durruti» y las «Juventudes Libertarias»; la falsedad de esta afirmación radicaba, desde el punto de vista de Orwell, en un completo desconocimiento de los hechos propiciado por el regreso de Davies a Inglaterra justo después de las jornadas de mayo, momento en el que, según el narrador, el periodista británico podía haber estado en condiciones de ofrecer una interpretación más ajustada de los acontecimientos vividos en Barcelona.

Una vez atravesada la frontera, George Orwell y su esposa parecen dejar a un lado los episodios de ingrato recuerdo vividos en nuestro país para poner de manifiesto lo mucho que España había significado para ellos. Las incomodidades y restricciones que imponía la vida en el frente, la incertidumbre y el horror de los combates en las calles de Barcelona, o el miedo y la impotencia suscitados por las persecuciones políticas no son impedimento alguno para que ambos recuerden lo vivido en España con una melancolía y una añoranza tales que llegan a sentir un deseo irrefrenable de volver a pisar suelo español. Por paradójica y temeraria que

38 Citado en: GALVÁN REULA, Juan Fernando, *George Orwell y España*, *op. cit.*, p. 79.

pueda parecer, la intención del matrimonio Blair de regresar a un país donde sus vidas habían corrido un serio peligro resulta comprensible si se consideran principalmente dos motivos: de un lado, el tedio y la decepción que ambos experimentan, nada más cruzar la frontera, en la localidad francesa de Banyuls-sur-Mer –donde gran parte de la población era partidaria de Franco–, y, de otro, a su convicción, a veces obsesiva, de que podían haber hecho algo más por la causa republicana. Asimismo, habría que tener en cuenta el hecho de que Orwell siente una gran pesadumbre cuando debe abandonar una nación muy distinta a la que había conocido a través de la guerra, como era la España eterna y legendaria que siempre había querido visitar:

> Era prácticamente la primera vez que me sentía en España, un país al que había deseado ir toda mi vida. En las tranquilas callejuelas de Lérida y Barbastro me pareció percibir una visión pasajera, una suerte de eco lejano de la España que habita en la imaginación de todos. Sierras peladas, rebaños de cabras, mazmorras de la Inquisición, palacios moriscos, negras y serpenteantes realas de mulas, olivares y limonares verdes, mujeres con mantilla negra, el vino de Málaga y Alicante, catedrales, cardenales, corridas de toros, gitanos, serenatas –en suma, España. Era el país europeo que siempre se había apoderado de mi imaginación.[39]

Puede concluirse, por tanto, que España no siempre despertó en Orwell malos recuerdos que deseara borrar a toda costa, sino, más bien, una serie de sentimientos encontrados, tan heterogéneos y diferentes entre sí como las sensaciones que había experimentado durante la guerra.

Aunque el retorno del escritor a la Península jamás llegó a producirse, lo cierto es que su experiencia en la guerra civil siempre estaría presente en su memoria. Así puede apreciarse no sólo en el testimonio que ofrece en *Homage to Catalonia*,

39 *HC*, pp. 145-146.

sino también en la correspondencia privada que mantuvo tras su regreso a Inglaterra, entre la que destacan las diez cartas que, escritas entre 1937 y 1939, dedica de manera exclusiva a nuestro país. No en vano, a raíz de su estancia en España, el autor aprendió una importante lección política y moral. De este modo, en primer lugar, pudo conocer personalmente la verdadera coyuntura que existía dentro de la izquierda española durante los primeros meses de la contienda así como los mecanismos utilizados por los sistemas totalitarios –como el estalinista– para imponer sus intereses. En segundo término, tras su experiencia en la guerra civil, Orwell tomó una mayor conciencia acerca de la importancia que tenían algunos valores como la verdad o la decencia. España, en definitiva, cambia su visión de la realidad, de modo que, al pasar de nuevo por París en su regreso a Inglaterra, ya no encuentra en la capital francesa la ciudad oscura y decadente que había contemplado en su viaje hacia Barcelona, sino todo lo contrario, una urbe alegre y próspera. Asimismo, la experiencia vivida en la Península le hizo ver, al mismo tiempo, que el «profundo sueño» en el que se encontraba sumida su Inglaterra natal sería pronto interrumpido por el estallido de la guerra en Europa: «...todos duermen el profundo, profundo sueño de Inglaterra, del que temo que algún día despertemos con el ruido de las bombas»[40].

Si, tal y como planteábamos al comienzo de este apartado, España representa para Orwell un motivo de malos recuerdos, sus habitantes, por el contrario, son objeto de una.visión más favorable. Este posicionamiento que adopta el autor se debe, en opinión de Galván Reula[41], al descubrimiento en la personalidad hispana de aquellas cualidades humanas que más admiraba, como eran, entre otras, la camaradería y la solidaridad. Durante sus primeros días en Barcelona, Orwell vive inmerso en el clima de igualdad y fraternidad que había propiciado la revolución iniciada por los trabajadores. Sin embargo, es en el frente donde tiene la oportunidad de presenciar un acontecimiento

40 *ibid.*, p. 169.

41 GALVÁN REULA, Juan Fernando, *George Orwell y España*, *op. cit.*, p. 82.

único en su vida, como es la realización de lo que, desde su punto de vista, es el verdadero socialismo. Según él, las auténticas tesis socialistas, de un claro perfil liberal y humano, sólo se mantuvieron en su país durante la segunda mitad del siglo xix, cuando reivindicaban la justicia, la libertad y la igualdad. Sin embargo, a partir de comienzos del siglo xx, el socialismo comenzó a ser contaminado por numerosas interpretaciones que obviaron estos valores en beneficio de planteamientos más materialistas. Los dirigentes socialistas comenzaron entonces a seducir a la clase obrera con promesas más ficticias que reales como, por ejemplo, la de disfrutar de unas mejores condiciones económicas a cambio de un esfuerzo mínimo, circunstancia que reafirman a Orwell en su convicción de que el socialismo se había convertido en sinónimo de cualquier cosa menos de igualdad. No es en *Homage to Catalonia* donde el escritor inglés manifiesta por primera vez su preocupación por la desvirtuación de la doctrina socialista; en su anterior libro, *The Road to Wigan Pier*, muestra ya su inquietud acerca de este asunto: «Para el obrero medio, el que te encontrarías en un pub un sábado por la noche, el socialismo no significa mucho más que mejores salarios, menos horas de trabajo y que nadie te esté mandando»[42]. Posteriormente, en la que sería su última novela, *Nineteen Eighty-Four*, Orwell vuelve a lamentarse por el hecho de que las tesis socialistas se hubieran desviado de sus aspiraciones iniciales: «En cada variante del socialismo aparecida a partir de 1900, el objetivo de establecer la libertad y la igualdad estaba siendo cada vez más abandonado»[43].

Al recordar cómo dentro de las milicias del poum no existían ni abusos de autoridad ni distinciones de ningún tipo, Orwell encuentra en los españoles un atisbo de esperanza para la materialización de los ideales propugnados por lo que, según él, era el verdadero socialismo. La imagen que el autor ofrece de

42 Orwell, George, *The Road to Wigan Pier*, in Davison, Peter (ed.), *George Orwell. The Works*, vol. IX, London, Secker and Warburg, 1996, pp. 163-164

43 Orwell, George, *Nineteen Eighty-Four*, in Davison, Peter (ed.), *George Orwell. The Works*, *op. cit.*, p. 211.

la vida en el frente –no exenta de un cierto idealismo– reviste este escenario de unas connotaciones positivas; más concretamente, Orwell recuerda las trincheras de Aragón como uno de los pocos lugares donde se respetaban los ideales que impulsaban la lucha contra los rebeldes. Por el contrario, la Barcelona que el escritor inglés conoce durante la primavera de 1937 representa, dentro de su imaginario, un espacio viciado por la corrupción política. Esta última circunstancia no impide, sin embargo, que continúe observando entre los barceloneses una solidaridad para él hasta entonces desconocida. Durante su encuentro con el oficial que le ayuda en su intento de liberar a Kopp de la cárcel, el escritor descubre en él una camaradería que, por encima de las diferencias ideológicas, permanece profundamente arraigada en la personalidad de los españoles, incluyendo a aquellos que, como los guardias de asalto o los miembros de la policía, representaban una seria amenaza para él. También en el trascurso de sus últimos días en Barcelona, Orwell recuerda, a raíz del registro que Eileen por parte de dos agentes en su habitación del hotel Continental, la caballerosidad y el trato escrupuloso que los españoles mostraban hacia las mujeres fueran cueles fueran las circunstancias: «Sin embargo, durante todo el tiempo, no llegaron a registrar la cama (...) Pero eran también españoles, y echar a una mujer de su cama era demasiado para ellos. Se saltaron esta parte del trabajo, haciendo del registro una pérdida de tiempo»[44]. Si bien se recuerda, Malraux también hace referencia a esta cualidad de la idiosincrasia hispana en *L'espoir*, concretamente cuando uno de los escasos personajes femeninos que aparecen en esta novela lamenta que los sitiadores del Alcázar no bombardearan la fortaleza por temor a terminar con la vida de las mujeres que permanecían en su interior.

La amabilidad y la hospitalidad son facetas de la personalidad española que también llaman positivamente la atención de Orwell. Así lo demuestra, por ejemplo, la facilidad con la que, según él, se podían entablar amistades en España: «¡Qué

44 *HC.*, pp. 162-163

fácil es hacer amigos en España! En un día o dos, una veintena de milicianos me conocían por mi nombre de pila, me enseñaban todo aquello que había que saber y me abrumaban con su hospitalidad»[45]. El escritor británico halla del mismo modo esta cordialidad propia de los españoles entre los campesinos que conoce durante su estancia en el frente, cuya afabilidad, para sorpresa del autor, apenas se había visto alterada por el entorno de miseria y marginación en el que vivían. Pero es la generosidad la cualidad que más impacta a Orwell y que contribuye, en mayor medida, a que conserve un buen recuerdo de los españoles. Desde su punto de vista, esta faceta debe ser entendida en nuestro país de dos maneras distintas. Una de ellas se corresponde con la tendencia que existe entre sus habitantes por desprenderse –a veces obstinadamente– de los bienes propios con el fin de agradar a los demás: «La generosidad de un español, en el sentido ordinario de la palabra, resulta en ocasiones embarazosa. Si pides a alguien un cigarrillo, te obligará a que te quedes con el paquete entero»[46]. Efectivamente, la generosidad española resulta para el narrador muchas veces embarazosa, y así lo pone de manifiesto en distintas ocasiones a lo largo de *Homage to Catalonia*, como, por ejemplo, durante su convalecencia en los hospitales de Siétamo y Lérida, cuyas enfermeras ponían todo su empeño en que los internos ingirieran, aun en contra de su voluntad, las pantagruélicas raciones de comida que solían suministrarse en estos centros. Este comportamiento recuerda, en gran medida, al mostrado por uno de los personajes de Malraux; concretamente, el de la anciana que, durante el rescate de la tripulación siniestrada en la Sierra de Teruel, se empeña en que uno de los heridos tome el caldo que tan ensimismadamente había preparado para la ocasión. Se comprende, por tanto, que la única opeación ejecutada con cierta diligencia por los españoles en la guerra fuera, según Orwell, la de alimentar a las tropas. Ahora bien, su reacción frente a la desbordante generosidad que encuentra en España

45 *ibid.*, pp. 37-38.
46 *HC.*, p. 38.

no siempre suscita en él un cierto desdén y rechazo, pues, al mismo tiempo, recuerda con profunda emotividad episodios como el protagonizado por dos jóvenes que, durante su convalecencia en el hospital de Lérida, le entregan desinteresadamente todos sus cigarrillos:

> Tendrían unos dieciocho años. Permanecían un tanto incómodos junto a mi cama, intentando pensar en algo que decirme cuando de repente, como una forma de demostrar su pesadumbre por hallarme herido, sacaron todo el tabaco que llevaban en sus bolsillos, me lo dieron, y se marcharon antes de que se lo pudiera devolver. Qué típicamente español[47].

Es en esta clase de situaciones donde el narrador advierte que la generosidad hispana también se corresponde, según sus propias palabras, con una auténtica grandeza espiritual: «Y tras todo esto hay una generosidad en el más profundo sentido de la palabra, una auténtica grandeza de espíritu, con la que me he encontrado una y otra vez en las circunstancias más comprometidas»[48]. Para el autor, esta cualidad es el origen de la determinación mostrada por muchos de sus compañeros tanto en el frente como en la retaguardia como sucede, por ejemplo, con el joven miliciano que, tras abandonar temerariamente la trinchera en la que se encontraba junto a Orwell, anima a éste a que abra fuego contra el enemigo, o a los dos oficiales que acompañan a Kopp cuando éste decide, en el trascurso de los enfrentamientos de Barcelona, parlamentar con los guardias de asalto atrincherados en el café Moka. En realidad, la decencia innata que el narrador descubre en nuestro país no sólo está presente en la generosidad o en el valor de sus habitantes, sino también en aquellas cualidades que, como las ya comentadas anteriormente, despiertan en todo momento su admiración.

Pese a conservar un buen recuerdo de los españoles, el autor, fiel al ejercicio de objetividad que pretende realizar a lo largo del

47 *ibid.*, p. 134

48 *HC*, p. 38.

libro, no siempre ofrece una visión favorable de ellos. Teniendo esto en cuenta, puede concluirse que las palabras de Orwell acerca de la impresión que habían dejado en él España y los españoles –«Tengo muchos recuerdos malos de España, pero muy pocos de los españoles»[49]– adolecen de un cierto idealismo. Así, esta afirmación no refleja, por ejemplo, la frustración que el autor debió de sentir ante la incompetencia y la indisciplina mostrada por sus compañeros en la milicia. Pero no son los milicianos los únicos que despiertan en Orwell unos recuerdos que no son precisamente agradables cuando vuelve su mirada al tiempo que vivió entre los españoles. El personal sanitario que le atiende tras ser herido en la garganta también es objeto de sus críticas. De este modo, el novelista inglés recuerda la escasa sensibilidad con la que doctores y enfermeras asistían a los pacientes; así lo comprueba él mismo cuando, durante su estancia en el hospital de Tarragona, uno de los facultativos le asegura, no sin cierta sorna, que no va a a recuperar su voz tras ser herido en el frente –«¿Su voz? Oh, nunca recuperará su voz– dijo alegremente»[50]–, una situación que, días más tarde, vuelve a vivir en el hospital de Monzón. A pesar de ello, el autor no guarda ningún tipo de rencor hacia los médicos, a los que considera profesionales con una cierta capacidad, aunque no con la suficiente para haber salvado cientos, o incluso, miles de vidas. Orwell también pone de manifiesto la incompetencia de la que adolecían muchas enfermeras, quienes, en su opinión, desconocían su oficio; junto a las copiosas comidas que hacían ingerir a los internos, el escritor ofrece otros ejemplos significativos de su falta de destreza: «Las enfermeras eran capaces de dejar a un hombre estreñido durante una semana y, muy de vez en cuando, lavaban a aquellos que estaban demasiado débiles para hacerlo por sí mismos»[51]. A pesar de ello, y al igual que en otras ocasiones, el narrador, tras criticar aquellos aspectos que más deplora de los españoles, muestra una cierta condescen-

---

49 *ibid.*, pp. 161-162

50 *HC.*, p. 138.

51 *ibid.*, pp. 135.

dencia y comprensión hacia ellos; en este caso concretamente, el escritor británico, en lugar de criticar sin más la inaptitud de las enfermeras que le asisten durante su convalecencia, trata de justificarla mediante algún argumento lógico, como es, según él, el hecho de que antes de la guerra el cuidado de enfermos había estado en manos casi exclusivamente de religiosas.

Peores consecuencias tuvo para el autor la impericia de los conductores de ambulancias. Orwell describe a lo largo de *Homage to Catalonia* dos de los tortuosos desplazamientos que debió sufrir durante los translados a los centros hospitalarios en los que fue atendido del impacto de bala que recibió en el frente. En el primero de ellos –el que le llevaría hasta la localidad oscense de Barbastro–, recuerda cómo los heridos, al no ir sujetos a las camillas y al transitar por carrteras en mal estado, sufrían continuos golpes en el interior de la ambulancia en la que viajaban:

> ¡Qué viaje! Solía decirse que en aquella guerra uno se recuperaba si era era herido en las extremidades, pero que no era así si la herida estaba en el abdomen. Y entonces comprendí por qué. Nadie con hemorragias internas podría haber sobrevivido al ir durante muchos kilómetros por aquellas carreteras dando tumbos sobre un macadán hecho trizas y que no había sido reparado desde el estallido de la guerra. ¡Bang, bum, zumba! (...) Se les había olvidado atarnos a las camillas. Menos mal que tenía la suficiente fuerza en el brazo izquierdo para agarrarme, pero un miserable se cayó al suelo y sólo Dios sabe lo que padeció. Otro, que podia andar y se encontraba sentado en un rincón, lo llenó todo de vómito[52].

Días después de esta dolorosa experiencia, Orwell vive una situación similar durante su desplazamiento en tren a Tarragona. En esta ocasión, sin embargo, el narrador no aporta información alguna acerca de las consecuencias que sobre su maltrecha salud tiene el viaje a la ciudad catalana –aunque po-

52 *HC*, pp. 133-134.

demos en cierto modo imaginarlas–, sino que centra su atención en los perniciosos efectos que el traslado tuvo sobre otros convalecientes quienes, mucho antes de llegar a su destino, desfallecen y vomitan sin cesar.

La pesadilla en la que se convierte para el escritor británico su viaje a Tarragona comienza nada más subirse al tren, momento en el cual uno de los sanitarios que acompañaba a los heridos les hace saber que el convoy se dirigía a la capital tarraconense y no a Barcelona, tal y como en un principio Orwell y el resto de pasajeros tenían previsto. Este repentino cambio de decisión, que siembra la incertidumbre y la desazón en el autor, suscita en él una reflexión que resulta de gran interés para nuestro estudio, pues en ella alude a una serie de rasgos que, como la improvisación y la impuntualidad, son, en su opinión, propios de los españoles:

> El tren ya estaba en marcha y fue entonces cuando uno de los sanitarios que viajaba con nosotros nos hizo saber que no nos dirigíamos a Barcelona, sino a Tarragona. Supongo que el maquinista había cambiado de opinión. «¡Justo como en España!», pensé. Pero también fue muy español que retrasaran la partida del tren para dejarme mandar otro telegrama, y más español todavía que el telegrama no llegase a su destino[53].

La falta de puntualidad y la ineficiencia son, precisamente, dos de los aspectos del carácter nacional que suscitan, en mayor medida, las «fobias» de Orwell. Ya en las primeras páginas de *Homage to Catalonia*, el autor pone de relieve, no sin cierta irritación, estas dos cualidades de la personalidad peninsular: «Los españoles son buenos en muchas cosas, pero no en hacer la guerra. Todos los extranjeros se sorprenden por igual de su ineficacia, sobre todo de su desesperante impuntualidad»[54]. No obstante, Orwell parece admirar otras veces la despreocupación que, a diferencia de otras naciones, existe en España por la

53 *ibid.*, p. 136
54 *HC*, p. 38

puntualidad: «En teoría admiro a los españoles por no compartir nuestra neurosis por el tiempo; pero, desafortunadamente, yo sí la comparto»[55]. La ambigüedad que encierran estas palabras, por las que no terminamos de saber si la admiración que profesa por la actitud de los españoles frente al tiempo es real o fingida, tiene su origen tanto en el carácter contradictorio del autor como en el denominado «understatement», técnica consistente en jugar con el doble sentido de las palabras. Al emplear este recurso literario –común, por otro lado, en la literatura inglesa–, Orwell contempla la particular percepción del tiempo que se tiene en nuestro país con más humor que frustración. Como bien ha señalado Galván Reula[56], no son los hechos en sí los que provocan la sonrisa del lector, sino la utilización del «understatement», que aporta al relato un tono irónico como ocurre también, por ejemplo, cuando el autor recuerda la costumbre que los españoles tienen de aplazar sus obligaciones para el día siguiente, tópico ya tratado anteriormente, entre otros, por Larra, en «Vuelva usted mañana» (1833), y por el francés Charles Didier en *Un année en Espagne.*

Según hemos visto en páginas anteriores, el autor de *Homage to Catalonia* no muestra una actitud de absoluta repulsa frente aspectos de la idiosincrasia peninsular que, desde su punto de vista, resultan más criticables, confirmándose, de este modo, su afirmación de que sólo guarda buenos recuerdos de los españoles. Orwell vuelve a poner de manifiesto esta postura cuando hace referencia a los hurtos de los que fue objeto durante su estancia en el frente. En lugar de dirigir palabras de reproche hacia aquellos que se quedaron con algunas de sus pertenencias, declara, resignado, su incapacidad para evitar estas sustracciones. A veces, incluso, llega a justificar este tipo de comportamiento, como ocurre, por ejemplo, al recordar el robo sufrido a manos de dos milicianos mientras permanecía convaleciente en Barbastro:

55 *ibid.*, p. 39

56 Galván Reula, Juan Fernando, *George Orwell y España, op. cit.*, p. 109.

> Se llevaron todos mis bienes portátiles. Esto siempre ocurría cuando un hombre era herido: todo lo que tenía se repartía; y era justo, pues los relojes, los revólveres y objetos afines eran muy valorados en el frente, y si se iban en el macuto de un herido, indudablemente los robarían por el camino[57].

No obstante, en otras ocasiones, Orwell adopta una mirada más crítica y menos comprensiva hacia determinadas comportamientos de los españoles. Una de ellas es el maltrato infligido a los animales. Durante su estancia en la milicia, el escritor comienza a advertir este tipo de conducta vejatoria. A lo largo de su libro sobre la guerra civil, Orwell ofrece varios ejemplos de los abusos que se cometían contra los animales, como el de un miliciano pintando las iniciales de su partido sobre la piel de un perro o el de los maltratos, si cabe aún más cruentos, recibido por los caballos que habían caído en manos de las milicias: «Los espléndidos caballos de la caballería española habían sido capturados en grandes cantidades durante la revolución y entregados a las milicias quienes, por supuesto, no hacían otra cosa que montar sobre ellos hasta que los reventaban»[58]. Al mismo tiempo, Orwell pretende dejar claro que las vejaciones cometidas contra los animales no eran una práctica exclusiva de las milicias, sino también de otros colectivos como, por ejemplo, los campesinos; así, durante su estancia en Aragón, el autor recuerda aterrorizado cómo aquéllos golpeaban los testículos de sus burros cuando éstos no obedecían sus órdenes. Muy vívida permanece también en la memoria del novelista inglés la imagen de unos campesinos con los que coincidió en su viaje de regreso a Barcelona cuyos animales, destinados a la venta en la Ciudad Condal, eran tratados sin ninguna clase de miramientos:

> ...llevaban las gallinas, aterradas, boca abajo, sacos que saltaban y se retorcían por el suelo y que luego resultaban estar

57 *HC.*, p. 133

58 *ibid.*, p. 43.

llenos de conejos vivos, y finalmente un considerable rebaño de ovejas introducidas en los compartimentos y metidas a presión en cualquier sitio que estuviera vacío[59].

Orwell también se muestra especialmente crítico al dirigir su mirada hacia determinados grupos étnicos y regionales. Debe destacarse al respecto su afirmación de que, en la Barcelona dominada por la clase obrera, los únicos mendigos que existían eran los gitanos. Aún más dura y despectiva es la visión que ofrece de los andaluces. Orwell se hace eco de la imagen peyorativa que, como ya advirtiera en su momento Borrow, se tenía de ellos en el resto del territorio nacional. El autor se centra particularmente en el rechazo que despertaban entre los catalanes, que los consideraban una raza de semi-salvajes. Al margen de este rasgo, el escritor británico aporta su visión personal de los andaluces, poniendo de relieve, entre otros aspectos, su rusticidad e ignorancia:

> ...los catalanes consideraban a los andaluces una raza de semi-salvajes. La verdad es que los andaluces eran muy ignorantes. Muy pocos, por no decir ninguno, podían leer, y ni siquiera parecían saber lo que todo el mundo sabía en España–a qué partido político pertenecían (...) Eran hombres de aspecto rústico, pastores o jornaleros que trabajaban en los campos de olivos, en cuyos rostros se podía apreciar la marca del sol despiadado del sur[60].

Así pues, los malos recuerdos que Orwell guarda de su estancia en nuestro país no tienen su origen únicamente en la vida en el frente o en las disputas políticas mantenidas dentro de la retaguardia republicana, sino también en algunas facetas de la idiosincrasia peninsular. Como acabamos de comprobar, la cita con la que comenzábamos este epígrafe no refleja fielmente los sentimientos encontrados que subyacen tras el testimonio

---

59 *HC*, p. 94

60 *ibid.*, p. 89.

ofrecido en *Homage to Catalonia*. Por el contrario, Orwell sintetiza, de una forma demasiado sencilla, lo que significó para él su experiencia en España, y no sólo porque convirtiera a nuestro país y a sus habitantes en origen, respectivamente, de sus malos y buenos recuerdos, sino también, porque los representa como si de dos realidades ajenas entre sí se trataran. Sin embargo, esta simplificación no debe atribuirse a una intención por parte del novelista inglés de restar importancia a la experiencia que vivió durante la contienda. Sus palabras responden, más bien, a una determinación por hacer llegar al lector una idea aproximada –aunque no ajustada– de la intricada red de relaciones políticas y personales que conoció durante los meses que pasó en Cataluña y Aragón. De este modo, Orwell vio España un lugar muy diferente al representado por la imagen mítica y legendaria que, durante siglos, había suscitado fuera de sus fronteras; así pues, al llegar a la Península, el autor de *Homage to Catalonia* se encuentra con un país más complejo que el reflejado por las imágenes elaboradas en el exterior. Lejos de ser Orwell el único que viera en España una nación llena de contradicciones, Hemingway, como veremos en el próximo capítulo, refleja una imagen similar de nuestro país. La del escritor norteamericano es, sin embargo, otra historia.

8. La imagen de España en *For Whom the Bell Tolls*

> «Spain is the very best country of all. It's unspoiled and unbelievable tough and wonderful»[1].
>
> «España es el mejor país de todos. Es virgen e increíblemente salvaje y maravilloso».

8.1 España y su vinculación con la dimensión temática y estructural de *For Whom the Bell Tolls*

Uno de los aspectos estructurales más llamativos de *For Whom the Bell Tolls* es su organización en varias historias diferenciadas. Al escribir su novela sobre la guerra de España, Hemingway ponía en práctica por segunda vez la disposición del texto en tramas aparentemente inconexas; en *To Have and Have Not*, ya había recurrido a este tipo de estructura al relatar dos historias –la de Harry y Marie Morgan por un lado, y la de Richard y Helen Gordon por otro– sin apenas relación entre ellas. En

1 Traducido de: BAKER, Carlos (ed.), *Ernest Hemingway. Selected ..., op cit.*, p. 107

For Whom the Bell Tolls, la historia principal de la novela es la que tiene por asunto la voladura de un puente; ésta es la misión que debe llevar a cabo Robert Jordan, en colaboración con un grupo de milicianos en la sierra madrileña, como paso previo a una gran ofensiva que el bando republicano pretende lanzar para llegar hasta Segovia. Al margen de esta línea argumentativa principal, Hemingway introduce otras tramas que ocupan una extensión considerable dentro de la novela como son, por ejemplo, la historia de amor que viven Robert Jordan y María, la relación entre Pablo y Pilar o la vida en la retaguardia republicana, donde aparecen personajes como Karkov, Golz, Kleber y André Marty, entre otros. Contrariamente a lo sugerido por críticos como Chaman Nahal[2], las diversas tramas en las que se estructura *For Whom the Bell Tolls* no coexisten de manera aislada dentro de la novela. Uno de los aspectos de la obra que descartan esta hipótesis es la conexión existente, en mayor o menor medida, entre las líneas argumentativas desarrolladas a lo largo del libro y la operación de volar el puente. Partiendo de esta idea, es posible pensar en una disposición a modo de círculos concéntricos de las diversas tramas en torno a la historia central. La destrucción del puente constituye el centro focalizador del que parten el resto de las historias; así, por ejemplo, la relación entre Robert Jordan y María no habría sido posible si el voluntario norteamericano no hubiera acudido a la sierra de Guadarrama para llevar a cabo su misión. Piénsese igualmente en la historia de Pilar y Pablo, cuya turbulenta relación alcanza uno de sus momentos álgidos cuando él huye con parte del material explosivo de Jordan para sabotear la voladura del puente. Carlos Baker, al analizar la estructura de la obra, ha interpretado las conexiones existentes entre la historia central y el resto de tramas como si se tratara de un conjunto de carreteras radiales que parten de un mismo punto. La organización interna de la novela es reveladora de tres aspectos que conviene tener en cuenta al estudiar la visión que el autor ofrece del país durante la guerra civil: la relación entre la trama principal de

2 NAHAL, Chaman, *The Narrative Pattern...*, *op. cit.*, p. 131.

la novela y el contexto histórico, las connotaciones épicas de la obra y la relevancia que tiene en Hemingway la imagen del puente.

La posición central que ocupa un hecho concreto –la destrucción de un puente– frente a consideraciones más generales, relativas muchas veces a la evolución de la guerra y a la situación política del momento, que se sitúan en un segundo plano, es indicativa del mayor interés que el autor estadounidense mostró hacia las historias anónimas y particulares acontecidas en el marco del conflicto que hacia las dimensiones políticas del mismo. A diferencia de otros libros escritos sobre la guerra como, por ejemplo, *L'espoir*, de Malraux o *The Fifth Column*, del propio Hemingway, *For Whom the Bell Tolls* es un libro donde el protagonismo no recae en las grandes teorías políticas, sino en los individuos que lucharon por ellas; el escritor norteamericano manifestaría su alejamiento respecto a las implicaciones ideológicas del conflicto al señalar en alusión a su novela sobre la guerra de España: «No fue sólo la guerra civil de lo que hablé en ella, sino de todo lo que aprendí en España durante diceciocho años»[3].

La utilización del conflicto como mero trasfondo sobre el que se desarrollan una serie de historias particulares ha sido interpretada como un punto de unión entre la novela y el género épico; así, por ejemplo, Brenner[4] ha establecido que, del mismo modo que el tema central de la *Ilíada* es la ira de Aquiles y no la guerra de Troya, en *For Whom the Bell Tolls* es la historia de Robert Jordan en lugar de la contienda civil. La posibilidad de considerar el carácter episódico que tiene la estructura de la novela, en base a las diversas situaciones adversas que debe afrontar y a las historias entreveradas en la acción principal, pone de relieve igualmente las connotaciones épicas de la obra. Asimismo, críticos como Carlos Baker[5] han visto un cierto pa-

3 Citado y traducido de: SANDERS, David, «Ernest Hemingway's Spanish Civil War», in *American Quarterly Review*, vol. 12, no. 2, Summer 1960, p. 134.

4 BRENNER, Gerry, *Concealments in Hemingway's..., op. cit.*, p. 127.

5 BAKER, Carlos, *Hemingway: The Writer..., op. cit.*, p. 247.

ralelismo entre la misión de Robert Jordan y algunos episodios de la Antigüedad como, por ejemplo, la defensa que el rey espartano Leónidas hizo del paso de las Termópilas frente a los persas. Más que el número o la tipología de estas semejanzas, lo que resulta interesante desde el punto de vista de este ensayo son sus implicaciones imagológicas relativas a España; la identificación en *For Whom the Bell Tolls* de ciertas reminiscencias homéricas puede ligarse, de un lado, a la visión de nuestro país como un lugar vinculado a un tiempo remoto e inmemorial, y de otro, a un conjunto de temas asociados a él, como son el de la superstición –piénsese en Pilar– y el del primitivismo perceptible en las atrocidades cometidas durante la guerra; esta hipótesis se halla en perfecta consonancia si se recuerda la descripción que Hemingway hizo de España como un país que, lejos de caer bajo la «perniciosa» influencia de la modernización, aún conservaba un estilo de vida sencillo y unas tradiciones tan remotas como violentas: «Era uno de los pocos lugares que quedaban en Europa que aún no había sido arruinado por los ferrocarriles y los automóviles o que había sido hecho trizas (...) España representaba lo auténticamente antiguo»[6]. El título que en un pricipio Hemingway tenía previsto para su novela –*The Undiscovered Country* (*El país sin descubrir*)– refuerza esta imagen de lugar apartado de la civilización moderna que el escritor tenía de España.

Por otra parte, el lugar central que ocupa la voladura del puente dentro de la estructura del libro es reveladora de la importancia que este tipo de construcciones tienen en las obras de Hemingway. Aunque en muchas ocasiones la imagen del puente se expone de manera abierta –como sucede en *For Whom the Bell Tolls*–, en otras esta imagen es sugerida a través de metáforas muy elaboradas; tal es el caso, por ejemplo, de *The Sun Also Rises*, donde Jake Barnes busca desesperadamente el puente que le una al sexo contrario[7]. En su novela sobre la

6 Citado y traducido de: Broer, Lawrence R., *Hemingway's Spanish Tragedy*, *op. cit.*, p. 5.

7 Gajdusek, Robert E., *Hemingway in His Own Country*, Notre Dame, Uni-

guerra de España, la imagen del puente aparece estrechamente vinculada a Robert Jordan, pues es él quien ha recibido la orden de destruirlo. Mediante esta asociación entre el puente y el protagonista, el autor hace hincapié en dos temas centrales del libro en particular, y de su visión de España en general, como son, de un lado, la estrecha relación existente entre la vida y la muerte y, de otro, la vinculación de lo particular a un todo unitario. No es extraño que el primero de estos temas goce de una especial relevancia en *For Whom the Bell Tolls*, pues, la violencia y la muerte se convirtieron en una temática recurrente, casi obsesiva, a lo largo de la trayectoria literaria de Hemingway. Su contacto con la cultura española fue decisivo, entre otras cosas, para abordar el binomio vida-muerte desde una nueva perspectiva; como ya se ha visto anteriormente, el escritor norteamericano descubrió en nuestro país una concepción de la muerte donde, a diferencia de otras culturas, no se consideraba un tabú, sino un destino que debía ser aceptado, ya que la vida se encontraba indisolublemente ligada a él; por tanto, en España, lejos de ser conceptos antitéticos, vida y muerte constituían los extremos de un mismo continuo. Uno de los ámbitos en los que Hemingway mejor percibió esta particularidad de la cultura española fue, como decíamos, la tauromaquia: «El único lugar donde se podía ver a la vez la vida y la muerte (...) era en la plaza de toros, y lo cierto es que deseaba ir a España para verlo»[88]. Desde esta visión «espiritual» del toreo, cabe pensar que Hemingway concibió los alberos como recintos donde, por medio de la tragedia representada por el matador y el toro, la muchedumbre que se agolpaba en ellos tomaba conciencia de que la vida y la muerte formaban parte de un mismo espectáculo, y que la transición de una a otra podía ser cuestión de poco tiempo. Fue particularmente en Castilla donde el escritor encontró esta actitud hacia la muerte con la que él se sentía especialmente identificado: «El pueblo de Castilla (...) sabe que la muerte es una realidad de la que no se puede escapar, lo único

versity of Notre Dame Press, 2002, p. 342.

8 HEMINGWAY, Ernest, *Death in the Afternoon*, *op. cit.*, p. 2.

de lo que el hombre puede estar seguro; la única certeza que transciende todas las comodidades modernas...»[99].

Hemingway trasladó esta idea de continuidad que la cultura española en general, y la castellana en particular, establecía entre la vida y la muerte a sus obras, vinculándola, en varias ocasiones, a la imagen del puente; de este modo, no es casualidad que el anciano que protagoniza «The Old Man at the Bridge» aguarde su hora final en un puente, o que Thomas Hudson, en *Islands in the Stream* (*Islas en el golfo*, 1970), muera en el puente de su embarcación. Pero es en *For Whom the Bell Tolls* donde, de una manera más clara, Hemingway representa la delgada línea que separa a la vida de la muerte a través de la imagen del puente. Ni Robert Jordan ni los miembros de la banda de Pablo se enfrentan a la muerte hasta el desenlace de la novela, momento en el que deben acometer la destrucción del mismo; es entonces cuando, en unos breves instantes, el ataque final decide quién debe cruzar y quién no el puente que separa la vida de la muerte. A través de la misión que debe llevar a cabo el protagonista, el autor plantea el tema de la conciencia de pertenecer a un todo. Su importancia dentro del libro es tal que éste tiene por título los últimos versos de un poema de John Donne donde se aborda este mismo tema[10]. Robert Jordan acomete la destrucción del puente no sólo para cumplir las órdenes de sus superiores, sino también con el fin de que revierta en beneficio de la Humanidad: «...existe un puente, y ese puente puede ser el punto en torno al cual gire el destino de la humanidad»[11]. Tras esta afirmación subyace la idea de que, en virtud de los

---

9 *ibid.*, p. 266.

10 Hemingway cita el poema al comienzo del libro: «No man is an Island, intire of it selfe; every man is a piece of the Continent, a part of the maine (...); any mans death diminishes me, because I am involved in Mankinde; And therefore never send to know for whom the bell tolls; It tolls for thee» («Ningún hombre es una isla por sí mismo: cada hombre es una parte del continente, una parte del todo (...); la muerte de cualquiera me afecta, porque me encuentro unido a toda la Humanidad; por eso, nunca preguntes por quién doblan las campanas; doblan por tí»).

11 *FWBT.*, p. 45.

estrechos lazos que existen entre todas las cosas, cualquier hecho o acción, por remoto o aislado que sea, puede tener una gran repercusión en otros ámbitos; teniendo esto en cuenta, se entiende por qué Hemingway concibe la contienda civil como un conflicto cuyo desenlace marcaría la evolución posterior de la política internacional, o por qué numerosos voluntarios extranjeros combatieron en una guerra que, aparentemente, no era la suya.

Uno de esos soldados foráneos es Jordan, cuyas motivaciones para luchar en España responden a su amor por el país y a sus ideales marxistas. Sin embargo, su experiencia en la banda de Pablo resulta decisiva para que contemple la guerra desde una perspectiva menos idealista: «Estás muy lejos de cómo te sentías en Carabanchel y Usera, pensó. Te corrompes fácilmente, pensó ¿Pero era la corrupción o que tan sólo habías perdido la ingenuidad con la que comenzaste?»[12]. Pese a saber antes de pisar la sierra de Guadarrama que su misión está abocada al fracaso, no es hasta su convivencia con el grupo de milicianos cuando Jordan realmente se percata de las pocas posibilidades de efectuar de manera satisfactoria el ataque; allí le aguardan innumerables obstáculos que amenazan el éxito de la operación: el carácter egoísta y traicionero de Pablo, la incompetencia e indisciplina de Rafael, la escasa preparación militar de la mayoría de sus miembros... Todos ellos terminan con las pocas esperanzas que el protagonista albergaba de llevar su misión a buen puerto. Al margen de estas connotaciones políticas, el tema de la relación existente entre todas las cosas posee también una dimensión existencial. La destrucción del puente no es la única aspiración de Robert Jordan; a lo largo de la novela, el protagonista persigue un estado de comunión absoluta con todo lo que le rodea. Una de las líneas argumentativas donde Hemingway proyecta en mayor medida su visión de España es el proceso de integración de Jordan en el grupo de milicianos. Aunque es un profundo conocedor de nuestro país –permitiéndose, incluso, el lujo de pensar en español–, resulta obvio que

12 *ibid.*, p. 229.

el protagonista no puede desprenderse, como es lógico, de las costumbres y valores de su tierra de origen. La incorporación del voluntario norteamericano a la banda de Pablo supone, por tanto, el encuentro de dos culturas que permite conocer la imagen que Hemingway ofrece del carácter español en esta novela; así, por ejemplo, a través de los recelos que despierta la llegada de Jordan en algunos miembros de la banda –en especial Pablo– y del temor de éstos frente a las consecuencias que podía acarrear la destrucción del puente –el final de la relativa tranquilidad en la que vivía el grupo de milicianos–, el autor hace hincapié en dos facetas de la idiosincrasia hispana: su desconfianza inicial hacia los extraños y su valoración del interés individual por encima del colectivo. Pese a ser un proceso costoso, la integración del protagonista en la banda se hace realidad en la parte final del libro:

> He pasado toda mi vida en estas colinas. Anselmo es el amigo que conoczco más tiempo. Lo concozco mejor que a Charles, que a Guy, que a Mike, y eso que los conozco bien. Agustín, con su mal genio, es mi hermano, y nunca he tenido un hermano. María es mi verdadero amor y mi mujer. Nunca he tenido un verdadero amor. Nunca he tenido una mujer. También es mi hermana, y nunca he tenido una hermana, y mi hija, y nunca tendré una hija. Odio tener que dejar algo tan bueno[13].

Sin embargo, Jordan busca la compenetración no sólo con los miembros de la banda, sino también con todo lo que existe fuera de ella. Poco antes de morir, cuando yace malherido al pie de un pino aguardando la llegada de una columna de soldados franquistas, el protagonista alcanza la integración completa con todo lo que le rodea: con el cielo hacia el que, unos momentos antes de morir, dirige su mirada; con la tierra sobre la que yace; con María, a la que le ha asegurado que siempre será una parte de él; con los milicianos a los que salva sacrificando su vida, y con

13 *FWBT.*, p. 360.

el enemigo. Pero no es hasta que divisa las tropas del teniente Berrendo cuando Jordan se siente completamente integrado:

> Robert Jordan los vio sobre la ladera (...) Ahora estaba completamente integrado y miró detenidamente a todo lo que estaba a su alrededor. Luego dirigió su mirada hacia el cielo. Había grandes nubes blancas. Puso la palma de su mano sobre las agujas de pino sobre las que estaba tumbado y tocó entonces la corteza del tronco del pino tras el cual yacía[14].

Al margen de su mayor o menor vinculación con la trama central, otra de las razones que permite pensar en la conexión entre las diferentes líneas argumentativas que se desarrollan a lo largo de la novela es la utilización en todas ellas de un mismo principio vertebrador basado en la contraposición. Aunque ya había recurrido a él en muchos de sus relatos, es en *For Whom the Bell Tolls* donde, de una manera más recurrente, Hemingway emplea esta forma de estructuración; en concreto, cinco son las oposiciones que vertebran la novela:

1)	Amor / Vida	Muerte
2)	Escenas dominadas por el estatismo	Escenas de acción intensa o violenta
3)	Escenas centradas en un único personaje	Escenas con varios personajes
4)	Tragedia	Humor y comicidad
5)	Acciones que ocurren en el frente	Acciones que acontecen en la retaguardia
6)	Tiempo histórico	Tiempo privado

Algunas de estas antítesis que organizan internamente la obra remiten a una temática alusiva, en ocasiones, a la visión que Hemingway ofrece de la contienda civil en particular, y de nuestro país en general. Una de las oposiciones que estructuran en

14 *ibid.*, p. 444.

mayor medida la novela es la establecida entre la vida y la muerte. A través del análisis de la dinámica textual de la obra, se observa cómo las escenas vinculadas a cada uno de estos ámbitos se suceden de manera inmediata a lo largo de todo el libro. El hecho de que *For Whom the Bell Tolls* relate unos hechos que suceden durante la guerra civil podría explicar, en un principio, el predominio de escenas donde la muerte está presente. Sin embargo, al poner estas últimas en estrecha relación con aquellas otras asociadas a la vida –generalmente por medio de la historia de amor entre Robert Jordan y María–, se aprecia cómo, hasta el trágico desenlace de la obra, se encuentran en una proporción similar dentro de la novela; esta circunstancia permite interpretar la disposición casi simétrica de las escenas de uno y otro tipo como la manifestación a nivel estructural de uno de los rasgos de la cultura española que más atrajeron a Hemingway: la imposibilidad de concebir la vida al margen de la muerte. En el siguiente esquema puede observarse la organización de las escenas:

Capítulo	Escena
2	Amor/Vida: Robert Jordan ve a María por primera vez Muerte: Pilar lee la mano de Jordan y le vaticina un trágico final
7	Amor/Vida: Jordan y María hacen el amor
8	Muerte: los aviones enemigos sobrevuelan la cueva
	Amor/Vida: Pilar recuerda su relación con Finito
10	Muerte: Pilar recuerda la matanza llevada a cabo en el pueblo de Pablo
13	Amor/Vida: Jordan y María hacen el amor
14	Muerte: nevada en la sierra, circunstancia que, como se aprecia en capítulos posteriores, precipitará la caída de «El Sordo» y sus hombres
16	Muerte: enfrentamiento de Jordan con Pablo en la cueva

18	Muerte: desilusión de Jordan acerca de lo que ve en la retaguardia
19	Muerte: Pilar habla del peculiar olor que desprenden las personas que están a punto de morir
20	Amor/Vida: Jordan y María de nuevo hacen el amor
21	Muerte: Jordan mata al jinete carlista
24, 25, 27, 28	Muerte: ataque a la banda de «El Sordo»
31	Amor/Vida: Jordan y María pasan su última noche juntos. Se prometen matrimonio. María relata cómo fue violada al comienzo de la guerra y Jordan le asegura que eso no terminará con el amor que existe entre ellos
33	Muerte: Pablo se marcha con parte del material explosivo
37	Amor/Vida: Jordan y María hacen el amor por última vez
38	Muerte: preparativos finales para el ataque al puente
39	Amor/Vida: Jordan se conciencia de que en el momento de llevar a cabo la operación tenía que olvidarse de María
40-41	Muerte: Andrés entrega demasiado tarde el salvoconducto a Golz, debido a las numerosas dificultades que encuentra en su camino
41	Muerte: los milicianos toman posiciones para el ataque al puente
	Amor/Vida: Jordan se despide de María antes del ataque
42	Muerte: ataque contra el puente y el aserradero. Muerte de algunos milicianos
	Muerte: Jordan cae malherido
	Amor/Vida: Jordan se despide de María antes de morir; le asegura que su amor no desaparecerá con su muerte
	Muerte: Jordan muere

Hemingway también recurre a una serie de símbolos para plasmar los fuertes vínculos que unían la vida y la muerte en

España. Muchos de ellos se caracterizan por tener una doble dimensión semántica: una positiva, asociada a la vida y otra, negativa, ligada a la muerte. Así, por ejemplo, el puente, además de representar según Jordan el lugar donde el futuro de la Humanidad puede cambiar, es al mismo tiempo el sitio en el que encuentra la muerte; las montañas conforman un entorno idílico donde el protagonista vive la experiencia más intensa de su vida, pero al final se revelan como una trampa donde Jordan muere junto con otros milicianos; el saco de dormir del voluntario norteamericano representa su amor hacia María, a la vez que prefigura la imagen de una tumba[15]; los aviones franquistas, pese a provocar el asombro de Jordan cuando los contempla desde la entrada de la cueva, representan una «fatalidad mecanizada» para la República; los caballos son animales muy valorados en la sierra, pero suscitan el temor y la avaricia de Pablo, que ponen en peligro el éxito de la misión.

Otra de las antítesis que pueden relacionarse con la imagen que Hemingway proyecta de nuestro país en *For Whom the Bell Tolls* es la que se establece entre lo trágico y lo cómico. A lo largo de la novela, el autor introduce algunas notas de humor, intercalándolas, en muchas ocasiones, con escenas de una gran intensidad dramática. Al margen de ser interpretada como un recurso para atenuar la tensión vivida en momentos marcados por lo trágico o por lo violento, la aparición de lo cómico en esta novela bélica también se halla sujeta a una lectura imagológica; Hemingway pretende demostrar que, aun en el marco de las adversidades que plantea la guerra, el carácter español no pierde su optimismo y su peculiar sentido del humor. De este modo, el hecho de estar hablando del peculiar olor que desprenden las personas que están a punto de morir no impide que Pilar se mofe de la ingenuidad de Fernando:

> «Si realmente existe, ¿por qué no debería olerlo como cualquier otro?»

---

15 Grebstein, S.N., *Hemingway's Craft*, Illinois, Southern Illinois University Press, 1973, p. 46.

> «¿Por qué no?» Pilar se estaba riendo de él mientras posaba sus grandes manos sobre sus rodillas. «¿Alguna vez has ido en un barco, Fernando?»
> «No, y no deseo hacerlo».
> «Entonces lo reconocerías...»
> «Sería imposible poder reconocerlo porque nunca montaré en un barco», dijo Fernando[16].

Una actitud similar puede observarse en «El Sordo», quien, pese a saber que va a sucumbir ante las balas enemigas cuando él y los suyos son descubiertos por el enemigo, bromea sobre su desdichado final. En esta escena, donde tanto el lector como el propio personaje intuyen el fatal desenlace de la misma, el narrador introduce una reseña humorística –«se lo tomaba a broma»[17]– que, pese a su carácter escueto, posee unas implicaciones imagológicas muy significativas. «El Sordo» sabe que se enfrenta a una muerte segura. Aunque acepta su destino con resignación, este personaje ironiza sobre la grave situación en la que se encuentra como forma de resisitirse a una más que segura desaparición. «El Sordo» refleja con esta actitud una de las facetas de la personalidad de los españoles que cautivaron en mayor medida a Hemingway: la rebeldía. Desde la visión del escritor norteamericano, el español vive con el deseo de diferenciarse de todo lo que resulta común y ordinario, de ahí que el individualismo –el «particularismo» en términos orteguianos– sea uno de sus rasgos característicos. Como ya se ha visto anteriormente, la actitud mostrada hacia la muerte es uno de los aspectos que, según Hemingway, más diferencian la cultura hispana de otras culturas occidentales; lejos de ignorarla o de convertirla en un tabú, la muerte es aceptada en nuestro país como destino al que toda persona se encuentra fatalmente ligada. Mas, no por ello, el español deja de enfrentarse a ella con una evidente rebeldía. En el fragmento antes citado, «El Sordo» ilustra claramente esta postura; aunque asume la muerte como

16 *FWBT.*, p. 244.
17 *ibid.*, p. 295.

realidad inevitable, no por ello renuncia a la vida. Hemingway descubriría, como quedó dicho, esta particularidad del carácter hispano, una vez más, en las plazas de toros; en su opinión, la principal razón que impulsaba a los españoles a presenciar los festejos taurinos era contagiarse de lo que el escritor describe como: «el sentimiento de rebeldía contra la muerte que se produce cuando ésta llega»[18]. Para el escritor estadounidense, el español se rebela sólo contra una muerte indigna; al bromear sobre el trágico final que le aguarda, «El Sordo» muestra su más absoluta repulsa hacia una desaparición que él considera poco honrosa. Este miliciano no odia tanto el hecho de morir como la forma en la que lo va a hacer; en lugar de caer en el combate cuerpo a cuerpo, muere aniquilado por las bombas de la aviación enemiga. El español, por tanto, desea morir bien, tema este que Hemingway plantea en varias ocasiones a lo largo de la novela. La negativa a fallecer de cualquier manera y la importancia que se da a una muerte digna constituyen para el autor la expresión última del orgullo y la arrogancia que originan la actitud rebelde que el español muestra hacia la muerte.

Las oposiciones hasta ahora comentadas no son las únicas que remiten a una temática reveladora de la imagen que Hemingway ofrece de nuestro país en *For Whom the Bell Tolls*, ya que existen otras que resultan igualmente significativas en este sentido, como sucede con la oposiciones designadas con los números 5) y 6), que serán abordadas más adelante.

Como ya se ha apuntado anteriormente, uno de los temas más importantes, no sólo en *For Whom the Bell Tolls*, sino también en buena parte de la obra de Hemingway, es el de la muerte y la destrucción. Ambas estuvieron muy presentes en la vida del escritor estadounidense, sobre todo si se tiene en cuenta la presencia de este último en dos conflictos bélicos –la Primera Guerra Mundial y la guerra de España– y el suicidio de su padre. El análisis de los segmentos narrativos de *For Whom the Bell Tolls* revela la importancia que este tema tiene a lo largo de la novela, como lo demuestra el hecho de que la relación

18 HEMINGWAY, Ernest, *Death in the Afternoon*, *op. cit.*, p.233.

semántica existente entre muchas de ellas se establece por medio de verbos relacionados con la muerte –«to kill», «to die» y «to shoot» («matar», «morir», «disparar»)–. Al tratarse de una novela ambientada en la guerra, no es extraño que aquellas partes de la novela que plantean el tema de la muerte lo hagan por medio de situaciones marcadas por el horror. Una de las escenas más importantes sobre la que se articula la obra, es el relato donde Pilar narra la matanza de simpatizantes franquistas en el pueblo de Pablo a manos de una muchedumbre iracunda y, por momentos, embriagada. La forma deplorable en la que mueren las víctimas –despeñados por un barranco tras ser malheridos por las hoces de los campesinos– y el tono trágico con el que Pilar cuenta esta historia hacen del horror el rasgo distintivo de esta escena. El relato contado por la mujer de Pablo no es el único segmento narrativo donde la muerte violenta y en trágicas circunstancias está presente; de este modo, en el capítulo 11, el narrador inserta, a modo de enlace entre la escena en la que Jordan, Pilar y María se dirigen al campamento de «El Sordo» y aquella otra donde se produce el encuentro con este último, el relato que Joaquín hace del fusilamiento de varios miembros de su familia. El asalto a la colina donde «El Sordo» y sus hombres se hacen fuertes frente a las tropas carlistas que los asedian constituye una de las partes más importantes de la novela, pues imprime a la acción un giro decisivo; el ataque contra esta banda de milicianos desvela la presencia de un importante contingente rebelde en la sierra, circunstancia que termina con las escasas posibilidades de éxito que tenía la misión de Jordan. De nuevo, muerte, violencia y horror marchan en perfecta simbiosis dentro de esta escena; en ella puede observarse cómo «El Sordo» sacrifica un caballo para utilizarlo a modo de barricada o cómo el capitán carlista que dirige el ataque obliga a punta de pistola a uno de sus soldados para que se aproxime a las posiciones ocupadas por los milicianos. Pero, sin duda, la decapitación de los cadáveres de «El Sordo» y de sus hombres a manos del enemigo constituye una de las imágenes más desagradables e impactantes, no sólo de la escena aquí comentada, sino también de toda la obra. La noche posterior a estos hechos, María cuenta a Jordan cómo, al estallar la guerra, su pueblo fue víctima de la violencia y de los abusos de un grupo de falangistas. El relato que hace la joven representa uno de los momentos más significativos de la novela, pues, a partir de él, los lazos afectivos que la unen a Robert Jordan se refuerzan, si cabe, aún más. De modo análogo, la historia de María despierta en el voluntario norteamericano un odio visceral por el otro bando, sentimiento que Jordan trata de reprimir para que no interfiera en la misión que debe cumplir al día siguiente. El deseo de venganza que se apodera en ese instante del protagonista es muy comprensible si se tienen en cuenta los detalles escabrosos que María introduce cuando recuerda su violación. El horror alcanza aquí uno de sus momentos álgidos; por terribles que sean el fusilamiento de los padres de la joven o las vejaciones a las que fue sometida, aparentemente la muerte y la vesania no se redujeron únicamente a estos hechos, a juzgar por la omisión deliberada que hace de otros episodios deleznables protagonizados por los falangistas: «No hablaré de lo malo»[19].

La presencia del binomio horror-muerte en gran parte de las escenas que hacen progresar la narración puede atribuirse a una doble intencionalidad que, desde el punto de vista imagológico, resulta de gran interés. En primer lugar, Hemingway pretende transmitir la idea de que tras las atrocidades cometidas durante la guerra se encontraba el carácter profundamente violento de los españoles. El escritor norteamericano había sido testigo de un conflicto donde, a la encarnizada lucha entre ideologías antagónicas –tanto dentro como fuera del bando republicano–, se sumaban los odios suscitados por las diferencias sociales y por la radical interpretación a la que se sometían las cuestiones religiosas en nuestro país. Aunque Hemingway estaba familiarizado con la violencia –a raíz de su participación en la Gran Guerra y de su afición por las corridas de toros, las peleas de gallos y el boxeo–, fue en la contienda civil donde descubrió una violencia para él hasta entonces desconocida. Su

19 *FWBT.*, p. 333.

trabajo de corresponsal de guerra le permitió acceder a historias de una crueldad tan extrema que parecían propias de otros tiempos, reforzándose así su imagen de España como un país salvaje y primitivo. A lo largo de la novela, pueden identificarse algunas escenas donde el autor alude a esta violencia desatada y ancestral que en unos casos presenció, y de la que en otros sólo tuvo noticia, durante la guerra; una de las más importantes –tanto por su incidencia dentro de la dinámica textual como por la relevancia que en ella tiene este rasgo que el autor advirtió en los españoles– se halla en el capítulo 23. Mientras contemplan escondidos entre la vegetación el paso de cuatro soldados carlistas, Robert Jordan es testigo del odio y del resentimiento que se apoderan de Agustín cuando divisa a su enemigo. Consciente de que tales sentimientos no traerían más que consecuencias nefastas para el grupo, Jordan intenta convencer a su compañero de la inconveniencia de lanzar un ataque en esos momentos. El diálogo que ambos mantienen se cierra con una reflexión del protagonista donde contrapone la apasionada irascibilidad hispana con la racionalidad y el pragmatismo anglosajones:

> Sí, pensó Robert Jordan. Nosotros lo hacemos fríamente, pero ellos no, y nunca lo han hecho. Es su sacramento extra. Es el antiguo sacramento que tiene antes de que la nueva religión viniera del otro lado del Mediterráneo, el que nunca han abandonado, sino que tan sólo lo han escondido para luego sacarlo a relucir en guerras e inquisiciones. Son el pueblo del Auto de Fe. Matar es algo que uno debe hacer, pero nosotros lo hacemos de forma diferente[20].

De otro lado, la insistencia de Hemingway en escenas dominadas por el horror y la muerte debe interpretarse como una forma de protesta contra las atrocidades que se cometieron durante el conflicto. El posicionamiento del escritor frente a la guerra no es el del panfletista que condena los desmanes del bando rival e ignora aquellos realizados por el suyo, sino el del

20 *ibid.*, p. 273.

cronista de guerra que trata de ofrecer una visión lo más objetiva posible de lo que sucedía a ambos lados de las trincheras. De este modo, como ha señalado Frederick R. Benson[21], cuando Hemingway se refiere a los destrozos de la contienda, «no es para glorificar las hazañas del héroe (...) ni para disculpar a las fuerzas leales, sino más bien para pedir que se ponga fin a la destrucción y a la matanza de los inocentes». La dinámica del texto refleja esta actitud antibelicista del autor al convertirla en el eje central en torno al que giran aquellos segmentos narrativos donde el horror y la muerte están presentes; así, por ejemplo, tras los relatos que Pilar y María efectúan de las atrocidades cometidas por los dos bandos subyace la intención del autor de mostrar la matanza fratricida a la que el pueblo español asiste y, con ello, realizar un alegato contra la guerra. La postura antibelicista del autor se encuentra estrechamente relacionada con uno de los temas centrales de la novela, como es el de la unidad entre todos los hombres; de este modo, para Hemingway, la principal razón por la que se debe terminar con la guerra es el hecho de que la muerte de cualquier individuo, con independencia del bando al que pertenece, repercute negativamente en cada uno de nosotros. Carlos Baker[22] ha expresado esta idea parafraseando los versos de Donne citados más arriba: «...la muerte de cada hombre, incluso al que yo mato, me afecta».

A pesar de ser dos temas recurrentes a lo largo de *For Whom the Bell Tolls* y, por extensión, en la imagen que Hemingway ofrece de España durante la guerra, la muerte y la visión de una Humanidad unida no monopolizan por completo la novela. De este modo, por ejemplo, la caída de la banda de «El Sordo», al margen de plantear el tema de la muerte y de los horrores de la contienda, incide también en el desvanecimiento de toda esperanza de llevar a cabo la misión final de manera satisfactoria. Paralelamente a la pérdida de confianza en la victoria republi-

21 BENSON, Frederick R., «Ernest Hemingway», op. cit., p. 287.

22 BAKER, Carlos, *Ernest Hemingway. An Introduction and Interpretation*, New York, Barnes and Noble, 1967, p. 116.

cana que Hemingway fue experimentando conforme avanzaba la guerra, la fe de Jordan en completar con éxito la destrucción del puente se disipa paulatinamente. La desaparición de «El Sordo» y de sus compañeros contribuye de manera decisiva a mermar las escasas esperanzas que el protagonista tenía depositadas en su misión; la muerte de hombres que combatían con la misma determinación que él y que creían firmemente en los mismos ideales se revela ante sus ojos como un oscuro presagio. Pilar comparte con el protagonista la convicción de que la banda se encuentra ligada a un final fatal. A diferencia de Jordan, sus temores no se fundamentan en argumentos lógicos –como puede ser, por ejemplo, la superioridad táctica y armamentística del enemigo–, sino en la superstición, de ahí, por ejemplo, que se refiera al avión que ataca a la banda de «El Sordo» como «pájaro de mal agüero»[23]. Esta forma de aludir al aparato que sobrevuela la cueva pone de relieve la imagen que Hemingway tiene de los españoles como un pueblo aferrado a las creencias supersticiosas. Como ya se ha comentado antes, la superstición es uno de los pilares que sustentan la imagen que el autor ofrece de España como un país primitivo y celoso de unas costumbres ancestrales. Una vez más, el autor plasma esta visión del país introduciendo referencias a la Antigüedad; la identificación que Pilar hace del avión como un pájaro de mal agüero recuerda los vaticinios que en la antigua Roma se realizaban observando el vuelo de las aves[24].

Por último, no conviene olvidar aquellos segmentos narrativos que, pese a no mantener una relación directa con los temas principales de la novela, inciden en una temática cuya significación no debe obviarse al interpretar la imagen que Hemingway proyecta de la realidad española en *For Whom the Bell Tolls*. Considérense dos ejemplos al respecto. En el capítulo 32, el na-

23 *FWBT.*, p. 284.

24 El historiador romano Tito Livio, en su obra *Ab Urbe Condita* (I,7), asegura que Rómulo y Remo recurrieron a esta forma de vaticinio al fundar la ciudad de Roma: «Se dice que el augurio, seis buitres, le llegó primero a Remo». LIVIO, Tito, *Los orígenes de Roma*, Madrid, Akal, 1989, (edición de Maurilio Pérez González), p. 73.

rrador interrumpe momentáneamente la acción principal para trasladar su atención al hotel «Gaylord's» de Madrid, donde se reciben noticias contradictorias acerca de lo que estaba aconteciendo en el frente de la sierra de Guadarrama. Además de funcionar como transición de un fragmento marcado por el sosiego y el intimismo –conversación de Jordan y María mientras pasan la noche en un saco de dormir– a otro caracterizado por la agitación y el desconcierto –robo de los explosivos por parte de Pablo–, esta escena desarrollada en el «Gaylord's» también ofrece una visión de la retaguardia republicana vinculada a la crítica de dos aspectos: por un lado, las comodidades de las que gozaban los corresponsales extranjeros mientras el pueblo de Madrid padecía el azote de la guerra y, por otro, la manipulación informativa que llevaba a cabo la propaganda comunista. Por su parte, la huida de Pablo con el material necesario para volar el puente suscita en Jordan una serie de reflexiones muy reveladoras de los sentimientos encontrados que los españoles despertaban en Hemingway. Dominado por la frustración, el protagonista no duda en un principio en calificarlos de traidores y egoístas. Sin embargo, instantes después, Hemingway-Jordan orienta sus críticas contra los mandatarios que han dirigido los designios del país, recogiendo así una serie de tópicos que han estado muy presentes en la tradicional visión anglosajona de España, como son la imagen del buen pueblo regido por malos gobiernos y las continuas referencias a la Leyenda Negra:

> Me cago en este país de traidores. Me cago en su codicia y egoísmo y en su vanidad y en su traición (...) Y ese Pablo, que se lleva mis fulminadores y mi caja de detonadores. Mierda para él hasta el cuello. Pero no. Es él quien se ha cagado en nosotros. Siempre ha pasado lo mismo, desde Cortés y Menéndez de Ávila hasta Miaja (...) Me cago en todos los cochinos, locos, egoístas y traidores que han gobernado siempre España y dirigido sus ejércitos. Me cago en todos menos en el pueblo...[25]

25 *FWBT.*, pp. 349-350.

8.2 Las diferentes voces de la guerra civil

En su novela sobre la guerra de España, Hemingway introduce una novedad de índole narrativa respecto a algunos libros anteriores; de este modo, mientras en obras como *A Farewell to Arms* o *The Sun Also Rises*, las historias son relatadas por un narrador en primera persona, en *For Whom the Bell Tolls* el autor norteamericano presenta la realidad desde dos instancias narrativas: por un lado, la denominada «visión desde arriba» –equivalente, recuérdese, a la presencia omnisciente del narrador clásico– y, por otro, el punto de vista restringido. En este último caso, es el propio actante quien refleja la realidad a través de su mirada, tal y como puede apreciarse en personajes como Robert Jordan, Anselmo, Pablo y Pilar, entre otros. En consecuencia, las diferentes historias desarrolladas a lo largo de la novela y, por extensión, el escenario socio-político en el que se enmarcan, aparecen representados a través de una visión multifocal. Al margen de razones puramente técnicas –como puede ser el deseo de experimentar con la pluralidad de puntos de vista–, la plasmación de la realidad por medio de una polifonía de voces narrativas en *For Whom the Bell Tolls* obedece a unas motivaciones estéticas e ideológicas que condicionan la visión de España que Hemingway proyecta en su novela. Tras escuchar el relato que Pilar hace de los sucesos acontecidos en el pueblo de Pablo, Jordan comenta:

> Pilar se lo hizo ver en aquel pueblo. Si esa mujer pudiera escribir. Él lo intentaría y, con un poco de suerte, lo recordaría para escribirlo tal y como ella lo había contado (...) Quisiera escribir lo suficientemente bien como para poner por escrito esa historia, pensó. Lo que hemos hecho. No lo que otros nos han hecho. Él conocía muy bien lo que sucedía en la retaguardia. Pero antes tenías que conocer mejor a la gente[26].

26 *ibid.*, p. 131.

Por medio de esta reflexión del protagonista, el autor plantea dos principios estéticos determinantes a la hora de interpretar los diferentes puntos de vista que emplea a lo largo de la novela. Críticos como Robert E. Gadjusek[27] han visto en estas palabras de Jordan la función que, según Hemingway, debía desempeñar todo escritor: mostrar aquello que el lector no puede contemplar con sus propios ojos. Este presupuesto explicaría las continuas intromisiones en las conciencias de los personajes. Al margen de lo señalado por Gadjusek, Hemingway-Jordan también hace referencia a un aspecto que influye, si cabe aún más, en la visión que el autor ofrece de nuestro país durante la guerra: la necesidad no tanto de relatar los daños ocasionados por el Otro, como los perjuicios infringidos a este último –«Lo que hemos hecho. No lo que otros nos han hecho». Aunque en el ejemplo arriba citado el Otro se refiere al bando rival, la alteridad recreada por el autor se corresponde esencialmente con el pueblo español, sobre todo si se tiene en cuenta la condición de extranjero de Hemingway-Jordan que ha traspasado unas barreras geográficas y culturales para situarse en el territorio del Otro –España–. *For Whom the Bell Tolls* no es la única obra del autor norteamericano donde aparecen personajes que realizan este tipo de incursiones; de este modo, al igual que Jordan, Philip Rawlings, el protagonista de *The Fifth Column*, desempeña su trabajo tras las líneas enemigas. La empatía que sienten algunos de los héroes de Hemingway por sus enemigos –como es el caso de Robert Jordan en *For Whom the Bell Tolls* o de Cantwell en *Across the River and into the Trees*– constituye una de las principales manifestaciones del antibelicismo que, salvo excepciones como *The Fifth Column*, profesó el escritor norteamericano durante la contienda civil. Este posicionamiento implicaba un rechazo de la propaganda y del sectarismo, pues el compromiso político excluía toda posibilidad de aproximación al Otro. Probablemente, su oficio de periodista hizo que Hemingway concediera especial importancia a la necesidad

27 GADJUSEK, Robert E., «Pilar's Tale: The Myth and the Message», in *The Hemingway Review*, vol. 10, nº 1, Fall 1990, p. 19.

de ofrecer una información lo más objetiva posible. Por consiguiente, era obligación del escritor adoptar un enfoque antipropagandístico, a menos que se deseara caer en la manipulación informativa. Hemingway consideraba que todo aquel escritor que quisiera ser veraz debía comprender, pero no juzgar. Esta supuesta «neutralidad artística» –como la ha denominado Baker[28]– se manifiesta en *For Whom the Bell Tolls* a través del narrador omnisciente que, en lugar de pronunciar juicios de orden político, describe los efectos que las ideologías enfrentadas en la guerra tuvieron sobre la vida individual.

La diversidad de perspectivas permite al narrador introducir comentarios políticos sin que éstos representen tediosas cesuras dentro de las diversas acciones desarrolladas a lo largo de la novela. En consecuencia, *For Whom the Bell Tolls* no puede considerarse una obra desprovista de una dimensión política. Ahora bien, debido al enfoque antipropagandístico que desea dar a su novela, el autor no representa la lucha de las masas obreras contra el fascismo ni plantea esta pugna como un enfrentamiento de grandes dimensiones entre el Bien y el Mal; por el contrario, Hemingway centra su atención en una pequeña banda de milicianos procedentes de diversas partes de la Península que viven en condiciones infrahumanas en la sierra de Guadarrama. De este modo, el autor no ofrece de manera directa una visión panorámica del conflicto, sino que opta por una aproximación al mismo desde lo particular. A través de la mirada de algunos de los miembros de la banda, Hemingway sitúa al lector en el escenario de la guerra, donde las referencias al contexto político y social son frecuentes. El escritor norteamericano se aproxima al trasfondo histórico con la intención de manifestar cuáles han sido, desde su punto de vista, los desencadenantes de la derrota republicana. Como ha puesto de relieve David Sanders[29], Hemingway no vio en la guerra civil ni un preludio de la segunda conflagración mun-

28 BAKER, Carlos, *Hemingway: The Writer...*, *op. cit.*, p. 240.

29 SANDERS, David, «Ernest Hemingway's Spanish Civil War...», op. cit., p. 138.

dial ni un episodio más de la lucha de clases, sino la pugna de un pueblo contra la agresión extranjera. A lo largo de la novela, pueden destacarse dos ejemplos que ilustran de manera clara esta lectura de la contienda. En el capítulo 18, el autor hace referencia, a través de los recuerdos del protagonista, a la frenética actividad política y propagandística desplegada en el hotel «Gaylord's» de Madrid, utilizado como cuartel general por los rusos durante la contienda. Al margen de dar a conocer el trasfondo histórico sobre el que se desarrolla la acción principal, el autor «traslada» al lector a este escenario con el fin de cuestionar la intervención soviética en la guerra. El arsenal semántico al que recurre el protagonista para recrear la atmósfera del «Gaylord's» perfila, por sí solo, los ejes temáticos a los que aparece vinculado este lugar, como son el del desengaño y el de la corrupción –«lujoso», «cínico», «desilusión», «decepción», «corrupción»–. Hemingway-Jordan también manifiesta su desaprobación hacia el papel desempeñado por los soviéticos durante el conflicto haciendo referencia a hechos históricos concretos. Uno de los acontecimientos que le causa al protagonista una mayor desilusión es el hecho de saber que algunos de los principales comandantes republicanos –Líster, «El Campesino» y Juan Modesto– habían sido obreros que recibieron su instrucción militar en academias rusas poco antes de estallar la guerra. En consecuencia, desde el punto de vista de Hemingway-Jordan, no era disparatado pensar que estos oficiales se limitaran a seguir órdenes de los comisarios políticos rusos. La determinación de Hemingway-Jordan por demostrar que la intervención rusa reportó más perjuicios que beneficios a la República le lleva a recordar un momento de la conversación que había mantenido con Karkov en el que hablan de la disolución del POUM. Por medio de las palabras de este personaje, que son reproducidas en la conciencia de Jordan, Hemingway incide en las disputas mantenidas entre estalinistas y poumistas, pero, ante todo, resalta el hecho de que esta clase de enfrentamientos sólo sirvieron para perjudicar la causa republicana:

> El POUM nunca fue serio. Fue una herejía de chalados y salvajes, tan sólo una cosa propia de niños (...) El POUM es como su nombre. No serio. Debería haberse llamado PAPERAS O SARAMPIÓN (...) He mandado un telegrama describiendo la perversidad de esta infame organización trotskista de asesinos y maquinaciones fascistas...[30]

Considerando el enfoque que Hemingway dio a la intervención rusa en la guerra de España, resulta obvio que la crítica comunista no sólo rechazara la supremacía de la acción individual sobre la colectiva que el autor plantea en la novela –como ya se ha advertido–, sino también el modo en el que representa las implicaciones de la ayuda soviética durante la contienda. Algunas de las críticas dirigidas contra *For Whom the Bell Tolls* resultan muy esclarecedoras de cómo Hemingway vio la intervención del régimen de Moscú en España; el mismo año en el que se publicó la novela, Alvah Bessie, veterano de la «Brigada Lincoln», señalaba: «Las omisiones llevadas a cabo por Hemingway en su novela hacen que el lector inexperto crea que el papel de la Unión Soviética en España fue siniestro y censurable»[31]. Es evidente que Bessie no tuvo en cuenta el hecho de que el autor norteamericano, pese a declararse antifascista, y no marxista ni comunista, consideraba que el bando leal sólo podía ganar la guerra si acataba la disciplina del PC. Pero la evolución de la contienda no sólo dependía de la intervención de fuerzas extranjeras, sino también de la labor desempeñada por los dirigentes republicanos, a los que incluye en el escenario sociopolítico dominado por la codicia y la corrupción que el autor perfila a través del «Gaylord's»: «Este gobierno ha tenido mucho dinero. Mucho oro. No van a dar nada a sus amigos. Tú eres un amigo. De acuerdo. Pero no vas a ser recompensado por lo que hagas»[32].

30 *FWBT.*, p. 237.

31 Citado y traducido de: SANDERS, David, «Ernest Hemingway's Spanish Civil War...», op. cit., p. 142.

32 *FWBT.*, p. 234.

Los últimos capítulos del libro constituyen otro ejemplo de cómo Hemingway dirige su atención hacia el trasfondo histórico valiéndose de uno de los miembros de la banda –Andrés–. En su intento de encontrar a Golz para detener la ofensiva republicana contra Segovia, Andrés recorre la retaguardia leal en la sierra de Guadarrama. Como si de una cámara cinematográfica se tratase, el lector conoce a través de la mirada de este miliciano una serie de situaciones y de personajes concretos que remiten a un contexto general –el de la retaguardia republicana–, donde la incompetencia y la desorganización son las notas predominantes. Como ya se ha señalado, *For Whom the Bell Tolls* nace de la inquietud que Hemingway siente por identificar los motivos por los que la causa leal ha sido traicionada. De este modo, al escudriñar el escenario social y político de la España en guerra, el autor no pretende impactar al lector con imágenes de valor propagandístico –cadáveres, bombardeos indiscriminados contra la población civil, hospitales arrasados–, sino que incide en la falta de cohesión, la corrupción o la ausencia de disciplina como desencadenantes del fracaso de la operación de Jordan y, en último término, de la derrota republicana.

8.3 España o una particular forma de vida

8.3.1 Robert Jordan: un héroe muy «español»

El contacto de Hemingway con la cultura española representó un hito importante dentro de su carrera literaria. A raíz de las sucesivas visitas que realizara a nuestro país, el escritor estadounidense imprimió un giro decisivo a su obra; al margen de proporcionarle nuevos temas –el respeto por la Humanidad o la concepción de la muerte como parte integrante de la vida–, España le inculcó una serie de valores que no dudaría en proyectar en los protagonistas de sus últimas novelas. Pese a no ser ninguno de ellos español, personajes como Harry Morgan, el propio Jordan o el coronel Cantwell presentan un comportamiento en el que pueden identificarse aquellas particularidades de nuestro país que cautivaron en mayor medida a Hemingway. A través de la «hispanización» de estos caracteres anglosajones, el autor resalta su profunda compenetración con la cultura española. Asimismo, al hacerlos partícipes de valores propios de nuestro país, Hemingway no contempla lo español tanto como una identidad nacional y cultural, sino como un «modus vivendi» que puede ser puesto en práctica por cualquier individuo, con independencia de su nacionalidad. Lo español es, en suma, una filosofía de vida, una forma de mirar al mundo, sustentada sobre tres pilares, como son: la visión fatalista de la existencia, la defensa de la dignidad humana y la afirmación del individualismo.

Al igual que en Hemingway, la relación de Jordan con nuestro país se remonta a varios años antes de la guerra: «Vine por primera vez hace doce años para estudiar el país y su lengua»[33]. Aunque la presencia de valores españoles en el protagonista es el resultado de un proceso de aprendizaje que tiene lugar a lo largo de su paulatina inmersión en la cultura española, es en el marco de la contienda donde, aparentemente, el protagonista más aprende sobre la idiosincrasia nacional. La familiarización del personaje principal con las costumbres locales durante la guerra es casi total; por tanto, no resulta extraño que Jordan piense a veces en castellano o que no se sienta como un extranjero durante su estancia en España: «Nunca llegó a sentirse un extranjero en España y, la mayoría de las veces, nunca fue tratado como tal»[34]. Hemingway resalta la «españolidad» de Robert Jordan a través de dos facetas que el escritor norteamericano consideraba propias del carácter español: el pundonor y el conflicto interior entre fuerzas racionales e impulsos irracionales.

La primera de estas cualidades es equiparable a lo que Broer[35] ha definido como un estricto código moral que prima el coraje y la perseverancia al tiempo que alberga una actitud

33 *ibid.*, p. 202.

34 *FWBT.*, p. 132.

35 Broer, Lawrence R., *Hemingway's Spanish Tragedy*, *op. cit.*, p. 76.

de rebeldía contra la derrota inevitable. El protagonista de *For Whom the Bell Tolls* muestra una fuerte adhesión a este «estricto código moral» a lo largo de toda la novela. Desde un primer momento, el fracaso y la tragedia planean sobre la operación que debe llevar a cabo. Ya al comienzo del libro, el narrador advierte: «...sintió irritación por las órdenes de Golz y la obligación de cumplirlas. Sintió irritación por las consecuencias que tendrían para él y las consecuencias que tendrían para el viejo»[36]. Además de este destino fatal al que se halla indisolublemente ligado, Jordan debe hacer frente a numerosos obstáculos que encuentra dentro de la banda de milicianos, como son la indisciplina, la desorganización y la falta de unidad. A pesar de todas estas vicisitudes, no duda en continuar con su misión. En consonancia con el carácter antipropagandístico de la obra, las motivaciones que le llevan a proseguir su lucha en el frente no son tanto políticas como morales. Si existe alguna orientación ideológica en Jordan, ésa es su antifascismo. Para el protagonista, como para el propio Hemingway, el fascismo significa la represión extrema del individuo. Él lucha contra esta ideología no para establecer en España un gobierno comunista, sino para que el pueblo goce de unos derechos fundamentales a los que nunca ha tenido acceso: «Tú no eres un verdadero marxista y lo sabes. Crees en la Libertad, en la Igualdad y la Fraternidad. Crees en la Vida, la Libertad y en la persecución de la Felicidad. No te engañes con demasiada dialéctica. La dialéctica es para otros, no para ti»[37]. El comunismo aparece ante los ojos de Hemingway-Jordan tan sólo como el medio más idóneo para derrotar al fascismo, de ahí que combata durante la guerra bajo las órdenes del PC. El autor no quiso llevar la relación del protagonista con esta formación política más allá de unos intereses prácticos; de hecho, como ha señalado Donaldson[38], Hemingway decidió eliminar el pasaje donde se refería a la mi-

36 *FWBT.*, p. 45.

37 *ibid.*,p. 289.

38 DONALDSON, Scott, *By Force of Will. The Life and Art of Ernest Hemingway*, New York, Viking Press, 1977, p. 118.

litancia comunista de Jordan en Montana, para así enfatizar el hecho de que su héroe luchaba por unos ideales que estaban por encima de cualquier tendencia ideológica. Por tanto, puede afirmarse que la política ocupa un segundo plano al explicar la decisión del protagonista de acatar las órdenes que le han sido encomendadas.

Junto con su estricto sentido del deber –que será abordado más adelante–, lo que realmente impulsa a Jordan a continuar con la misión de destruir el puente es su coraje y su inconformismo frente a un destino fatal; en otras palabras, el protagnista no desiste en su empeño de llevar a cabo con éxito la operación gracias a su pundonor, cualidad que, como ya se ha dicho, era considerada por Hemingway como una de las más distintivas del carácter español. Lejos de estar alimentado por el odio o el rencor hacia el bando rival, el pundonor del protagonista aumenta conforme éste va desarrollando unos lazos afectivos con los miembros de la banda, especialmente con María, Pilar y Anselmo. Aunque su estancia en la sierra dura tan sólo tres días, la simpatía que Jordan muestra hacia la mayoría de los milicianos es tal que, en la parte final de la novela, llega a sentirse culpable al tener que sacrificar sus vidas en una operación que estaba condenada al fracaso: «Harás que mueran Pilar, Anselmo, Agustín, Primitivo, el histérico de Eladio, ese sinvergüenza del gitano y el bueno de Fernando, y tu puente no volará (...) Si no se obra un milagro, vas a hacer que mueran todos por orden tuya. María también. La vas a matar con tus órdenes»[39]. Estas palabras de Jordan, junto con la historia de amor que vive con María o la consideración de los milicianos como hermanos suyos, constituyen claros testimonios de un afecto con el que el autor pretende resaltar los estrechos vínculos que le ligaron a nuestro país. Asimismo, el proceso que el protagonista experimenta de aproximación al Otro queda también de manifiesto a nivel simbólico por medio de algunos objetos. En los primeros capítulos, Jordan hace muestra de un comportamiento egoísta al no querer compartir algunos enseres que lleva consigo,

39 *FWBT.*, p. 363.

como son la dinamita y la absenta. Sin embargo, después de pasar varias horas junto con los milicianos bajo una amenaza común –la de ser descubiertos por el enemigo– y, sobre todo, una vez interiorizados algunos valores asociados al carácter español –como la generosidad, rasgo que Malraux y Orwell también ponen de manifiesto–, el protagonista se muestra menos posesivo con sus pertenencias; así, por ejemplo, Jordan no duda en ofrecer un trago de whisky a Pablo cuando éste regresa para reincorporarse a la banda. No obstante, la generosidad del voluntario norteamericano va más allá del mero hecho de compartir un bien material, al sacrificar su vida para así salvaguardar la de aquellos que han sobrevivido tras el ataque al puente.

Por otra parte, Robert Jordan adopta del carácter español la tensión interna en la que éste se debate como consecuencia del enfrentamiento entre impulsos racionales e irracionales. No sólo Hemingway consideró esta faceta como un rasgo característico de la idiosincrasia hispana, sino que autores como Unamuno[40] ya habían hablado del conflicto permanente que el español experimenta entre los dictados de la razón y los del corazón: «Don Quijote y Sancho Panza viajan juntos, se ayudan y sienten afecto el uno por el otro, pero no pueden estar unidos». Antes de entrar en la banda de Pablo, Jordan cree en la posibilidad de hacer realidad su ideal de vivir en libertad y en paz con el resto de seres humanos una vez que se haya derrotado al fascismo. Aunque su idealismo ya había sufrido un duro revés al conocer la corrupción y la lucha de intereses que existían en la retaguardia, no será hasta la realización de su última misión cuando se percate de que el triunfo de la República –y por tanto la consecución de su ideal– es una quimera; la convivencia con los milicianos durante los tres últimos días de su vida le permite a Jordan conocer mejor el carácter español, cuya tendencia natural a la rebeldía, la crueldad, el orgullo y el individualismo hacen difícil pensar en una victoria sobre el fascismo.

Al mismo tiempo, el protagonista advierte cómo los espa-

40 UNAMUNO, Miguel de, *Ensayos en torno al casticismo*, Madrid, Alianza, 2000, p. 80.

ñoles pueden llegar a sentir una profunda compasión hacia el prójimo. Pilar es uno de los personajes en el que Jordan advierte en mayor medida esta particularidad del carácter hispano; su relación de amor-odio con Pablo o los remordimientos que siente tras participar en la matanza de simpatizantes franquistas dan buena prueba de la confusa dualidad en la que se debate la personalidad hispana, que ella misma reconoce: «La gente de este pueblo puede ser tan afable como cruel...»[41]. El carácter contradictorio de los españoles tiene un doble efecto sobre Jordan. En primer lugar, siembra en él el desconcierto. Tras haber escuchado el relato en el que María cuenta su violación, junto con otras atrocidades que los rebeldes cometieron en su pueblo, Jordan afirma en relación con los españoles: «No hay mejor ni peor pueblo en el mundo. No hay gente más amable ni más cruel»[42]. Al resaltar esta particularidad de la personalidad hispana, Hemingway demuestra su profundo conocimiento no sólo de los españoles, sino también de aquellos autores que han reflexionado sobre el tema de España, como Ortega, Ganivet y Unamuno, pues, en concreto, este último ya había puesto de manifiesto la confusión y la contradicción que yacen tras el carácter aparentemente sencillo y honrado del pueblo español.

En segundo término, pese a no llegar a comprender totalmente este carácter contradictorio, Jordan se «contagia» de él a lo largo de la novela, debatiéndose, de este modo, entre las mismas pulsiones racionales e irracionales que están presentes en el carácter español. En diversas ocasiones, el voluntario norteamericano intenta aplacar aquellas emociones que le pueden llevar a poner en peligro la misión aferrándose a los dictados de la razón. Para lograr tal fin, Jordan pone en práctica lo que puede denominarse como «suspensión del pensamiento», estrategia que el autor ya había plasmado en relatos como «Big Two-Hearted River» («Gran río de dos corazones»), incluido en la colección *In Our Time*. Esta conducta evasiva que despliegan a veces los personajes de Hemingway aparece en reiteradas

41 *FWBT.*, p. 113.
42 *ibid.*, p. 336.

ocasiones a lo largo de *For Whom the Bell Tolls*, como bien puede apreciarse al comienzo de la novela, cuando, tras conocer los detalles de la misión que debe llevar a cabo, Jordan intenta dominar el temor que en él suscitan los riesgos que comporta aquélla, o en el momento en que el protagonista trata de ignorar el escaso tiempo que le queda de estar junto a María:

> Dos noches. Dos noches para amar, honrar y estimar. Para lo major y para lo peor. En la enfermedad y en la muerte (...) Hasta que la muerte nos separe. En dos noches. Es más de lo que podía esperarse. Más de lo que podia esperarse, y deja ahora de pensar en esas cosas. Deja de pensar ahora mismo. No es bueno. No hagas nada que no sea bueno para ti. Y es evidente que pensar así no es bueno, se dijo[43].

Por consiguiente, Jordan vive a menudo un conflicto entre sus anhelos y sus obligaciones, albergando así unos sentimientos encontrados que, con frecuencia, tienen su origen en la muerte. A veces –por ejemplo al discutir con Pablo sobre la conveniencia de la misión o al ver aproximarse a los jinetes carlistas a las inmediaciones de la cueva–, el personaje opta por no apretar el gatillo pese a reconocer que, al igual que los españoles y sus antepasados, también siente placer al matar: «Deja de hacer literatura de dudoso gusto acerca de los bereberes y los antiguos íberos y admite que te gusta matar...»[44]. Lo que disuade a Jordan de hacer desaparecer con un disparo aquellos obstáculos que se presentan en su camino es que, obrando de esta manera, puede condenar definitivamente su misión al fracaso. Tras su temor de no llevar a cabo con éxito la operación, el protagonista deja entrever un firme deseo de hacer bien su trabajo, que ocupa el primer lugar dentro de su escala de valores. Al preguntarle Pilar de qué tiene miedo, él responde: «De no hacer mi trabajo como debiera»[45]. A través de esta faceta

43 *FWBT.*, p. 164.
44 *ibid..*, p. 273.
45 *FWBT.*, p. 89.

de Jordan, Hemingway no sólo pretende introducir en el personaje una fuerza racional que se opone a sus instintos más básicos, sino también establecer un contraste entre el profundo sentido del deber anglosajón y la indisciplina española. Pese a haber alcanzado una integración casi absoluta con las costumbres de nuestro país, el protagonista es consciente de pertenecer a una cultura distinta –una diferencia que los miembros de la banda le recuerdan apodándole «Inglés»–. Sus alusiones a ciertas particularidades de su nación así lo atestiguan. Por medio de estas referencias a los Estados Unidos, Hemingway no persigue que el lector conozca una serie de peculiaridades de su tierra de origen, sino que, por el contrario, intenta resaltar con ellas determinados aspectos de la cultura nacional. Tales rasgos responden generalmente a determinadas «fobias» y «filias» que España suscitó en el escritor estadounidense; así, por ejemplo, al asegurar Jordan que en Norteamérica un hombre nunca comía antes que una mujer o que allí nadie era fusilado por ser republicano, el autor pone de relieve la barbarie que los españoles demostraban tanto en sus modales como en la forma de entender la política. Sin embargo, al mismo tiempo, Hemingway encontró en nuestra cultura numerosos aspectos positivos; no en vano, como ya se ha comentado, descubrió en España una nueva manera de abordar una de sus grandes obsesiones: la muerte.

Identificada por Hemingway con la figura del matador de toros, la actitud española frente a la muerte se caracteriza, entre otros rasgos, por su aceptación como suerte que la vida puede deparar en cualquier momento y por la importancia concedida al hecho de morir con dignidad. Para el autor, esta postura representa la antítesis de lo que sucede en su cultura de origen, donde, además de considerar la muerte como un tabú, no se presta especial atención al «decoro» con el que se abandona la vida. Al igual que algunas novelas anteriores, *For Whom the Bell Tolls* plantea esta oposición entre la interpretación anglosajona de la muerte y la visión que de ella se tenía en España. La primera aparece representada por la figura del padre de Jordan, cuyo suicidio recuerda obsesivamente este último como un ejemplo de cobardía. La segunda, en cambio, tiene su máximo exponente en el propio protagonista, quien, momentos antes de morir, proclama su intención de no tener un final tan deshonroso como el de su progenitor. A lo largo de su proceso de integración con la cultura de nuestro país, Jordan ha interiorizado la determinación que sus habitantes muestran de abandonar la vida dignamente, ejemplificada, como ya se ha visto, con la muerte de «El Sordo»: «Morir sólo es malo cuando se trata de una muerte larga y tan dolorosa que te humilla. En este sentido eres afortunado, ¿no lo ves?»[46]. Las principales razones que llevan al protagonista a «morir bien» son las mismas que están presentes en muchos españoles al desear una muerte honrosa: el orgullo y la rebeldía. Estos dos rasgos encuentran su manifestación más sublime cuando Jordan, en una actitud propia según Hemingway del carácter hispano, se niega a desaparecer más allá de su destrucción física. Las palabras que pronuncia al despedirse de María reflejan esta postura inconformista hacia la muerte: «Te irás, conejita. Pero yo lo haré contigo»[47].

8.3.2 Una país en miniatura

En su intento de ofrecer una visión general de la contienda a través de lo particular, Hemingway proyecta en los milicianos de la sierra los principales rasgos del carácter español. No es extraño, por tanto, que el autor se detenga más en la dimensión psicológica de los personajes que en su apariencia física donde, al igual que en *L'espoir*, las indumentarias de color negro cobran un especial protagonismo, aunque carecen del valor simbólico que Malraux les otorga. Lejos de estar suscitada exclusivamente por un interés antropológico, la descripción del modo de ser de los españoles responde a una de las grandes pretensiones que el autor estadounidense albergaba al escribir

46 *ibid.*, p. 441.
47 *FWBT.*, p. 436.

For Whom the Bell Tolls: identificar aquellas causas que habían provocado la derrota de la República. Tal y como señala Benson, Hemingway estaba convencido de que, al margen del papel desempeñado por las potencias extranjeras, la particular idiosincrasia hispana, marcada por la indisciplina y el individualismo, también había influido en el desenlace final de la guerra.

Probablemente, Pablo, Agustín y Rafael son los personajes que, dentro del colectivo de los milicianos, mejor representan esta faceta menos amable de los españoles. El primero de ellos encarna el egoísmo y la traición. Después de protagonizar algunos episodios tan impactantes como crueles al comienzo de la contienda –la matanza de simpatizantes franquistas en su pueblo natal o el asalto a un tren controlado por los rebeldes–, Pablo ha reducido sus aspiraciones a vivir de sus caballos y a tener garantizada una generosa ración de vino diaria. La posesión de estos bienes materiales relega a un segundo plano su compromiso ideológico con la República. Pablo, al igual que el resto de milicianos, es más antifascista que republicano, es decir, combate más contra una ideología que le puede privar de vivir en paz con dignidad que a favor del credo gubernamental; no resulta extraño, por tanto, ver cómo Pilar bromea de igual manera acerca de la bandera nacional y de la republicana: «A mí me gusta reírme de las banderas. De cualquier bandera (...) A la vieja bandera roja y gualda la llamábamos pus y sangre. A la bandera de la República, con su franja morada, la llamábamos sangre, pus y permanganato»[48]. Tras dos años de guerra, los intereses individuales de Pablo prevalecen sobre cualquier acción que pueda beneficiar al bando republicano, como es la operación que debe llevar a cabo Jordan. Esta actitud tiene dos consecuencias: de un lado, la postración del resto de la banda a una situación de inactividad casi absoluta y, de otro, la consideración de Jordan como una amenaza para sus intereses particulares. Desde su primer encuentro con el voluntario norteamericano, Pablo sabe que puede poner en peligro la «privilegiada» situación en la que vive por dos razones. En primer

48 *ibid.*, p. 65.

lugar, por la operación que Jordan tiene que cumplir le obligará a abandonar su actual emplazamiento, y, en segundo término, por la determinación que el protagonista muestra por cumplir su misión motivará que el resto de milicianos vean en él a un nuevo líder que les puede sacar de la inactividad y la desidia bajo las que han vivido hasta entonces. Pablo combate estas amenazas desde unas actitudes que Hemingway consideraba propias de los españoles. Una de ellas es el orgullo y la altanería, tal y como puede apreciarse en las primeras palabras que el miliciano intercambia con Jordan:

> ¿Qué sello es ese?
> ¿No lo habías visto antes?
> No
> Hay dos, dijo Robert Jordan. Uno es del SIM, el servicio de la inteligencia militar. El otro es del Estado Mayor.
> Sí, ya los había visto antes. Pero aquí nadie me da órdenes, dijo el otro hoscamente[49].

Igualmente, Pablo reacciona frente a los planes del combatiente americano mostrando una absoluta falta de cooperación. Desde el comienzo, todos sus esfuerzos están orientados a boicotear la destrucción del puente. En un primer momento, intenta desestabilizar a Jordan mediante continuas provocaciones que, en ocasiones, se hacen extensibles al resto de la banda. Sin embargo, lo único que consigue Pablo a través del insulto y el enfrentamiento es terminar con la débil cohesión del grupo. Al no ver satisfechas de este modo sus pretensiones, el líder de la banda opta por robar parte de los explosivos que Jordan iba a utilizar en su misión. Arrastrado por su egoísmo, Pablo comete un acto de traición que tendrá nefastas consecuencias durante el asalto al puente, como es la muerte de Anselmo. Su conducta resulta tanto más deleznable si se tiene en cuenta que, momentos antes de cometer el robo, intenta convencer a Jordan y a sus compañeros de que cooperará con ellos. Sin em-

49 *FWBT.*, p. 14.

bargo, ni Agustín ni el voluntario norteamericano terminan de creerle: «Pablo nos odia; o quizás no nos odie y odie sólo nuestros proyectos. Nos mete en un callejón sin salida con su odio y sus insultos, pero cuando estamos dispuestos a acabar con él, cambia de actitud y vuelve a empezar como si nada hubiera pasado»[50]. No es casualidad que Hemingway viera en el cabecilla del grupo al hombre que engaña no sólo a Jordan, sino también a sus propios compañeros. Debe recordarse en este punto que uno de los temas centrales de *For Whom the Bell Tolls* es el de la traición como uno de los principales desencadenantes de la derrota republicana; más en concreto, el autor denuncia el engaño al que el pueblo español ha sido sometido por sus gobernantes. Lo que sucede en la banda es la representación a pequeña escala de esta tragedia en la que, según Hemingway, la España leal se había visto inmersa. Allí el líder es Pablo, mientras que sus hombres son el reflejo de un país que es engañado por un gobernante corrupto. Asimismo, a través de la muerte de Anselmo, que guarda una relación directa con el robo de los explosivos, el autor pretende atribuir las numerosas bajas que sufrió la República a la nefasta gestión de sus dirigentes. Por tanto, cobra aquí todo su sentido la comparación que Jordan establece en el capítulo decimotercero entre Pablo y algunos políticos como Lerroux y Prieto. Su regreso a la banda después de haber arrojado los explosivos que había robado a un río, está motivado igualmente por unos intereses egoístas; Pablo teme quedarse solo, pero, sobre todo, morir sin la compañía de los suyos. De este modo, Hemingway pone de relieve, una vez más, al deseo que los españoles albergan de tener una muerte digna y honrosa, es decir, de «morir bien».

Durante sus diversas visitas a nuestro país –especialmente aquellas que realizó durante la guerra–, el autor estadounidense fue testigo de numerosas atrocidades, presentes en la novela a través de los relatos de Pilar, María y Joaquín. Como ya sabemos, uno de los pocos argumentos que Hemingway encontró para explicar aquel salvajismo desatado por la contienda fue el

50 *ibid.*, p. 214.

carácter profundamente violento de los españoles. Dentro de la banda, Agustín es la figura que mejor representa esta faceta. Su virulencia se manifiesta principalmente por medio de las numerosas obscenidades que profiere a lo largo de la novela. La descalificación se convierte en el principal registro empleado por este personaje, que dirige sus insultos contra sus enemigos y también contra sus propios compañeros, como puede apreciarse en una de las conversaciones que mantiene con Fernando y Pilar quien, como puede apreciarse en el siguiente fragmento, es conjuntamente con Agustín el otro personaje de la novela que encarna la facilidad con la que los españoles se entregaban a la violencia verbal:

> ¿A dónde demonios vas? –preguntó Agustín al hombrecillo grave, cuando éste comenzaba a subir por el sendero.
> A cumplir con mi deber –dijo Fernando con dignidad.
> ¿Tu deber? –preguntó Agustín burlonamente. Me cago en la leche de tu deber. –Luego se volvió hacia la mujer de Pablo –¿Dónde cojones está esa mierda que tengo que guardar?
> En la cueva –contestó Pilar–; dentro de los dos sacos. Y estoy cansada de tus groserías.
> Me cago en la leche de tu cansancio –replica Agustín
> Pues entonces vete y cágate en ti mismo –dijo Pilar sin irritarse[51].

El lenguaje despectivo y obsceno de Agustín constituye a veces la manifestación de un deseo irrefrenable de matar, es decir, de aquellos mismos impulsos apasionados e irracionales que, para Hemingway, hicieron de la guerra de España «la más apasionada», tal y como la describe Malraux[52] en *L'espoir*. La presencia del enemigo cerca de la cueva despierta en Agustín unos instintos muy violentos que exterioriza por medio de un léxico sumamente soez. Al contemplar junto a Jordan la columna carlista, asegura sentirse como un caballo en celo que

51 *FWBT.*, p. 91.
52 *LE.*, p. 407.

aguarda a una yegua. Con esta comparación, el autor pretende dar una idea de las fuerzas tan básicas e irracionales que llevaron a los españoles a cometer auténticas atrocidades durante la contienda:

> Ya sé yo qué trabajo les daría –dijo Agustín. Y cogió un pulado de nieve y se lo metió en la boca (...) Saltar de un avión sin paracaídas –dijo Agustín con los ojos brillantes. Eso para los que queramos más. A los otros los clavaría en los postes de las alambradas y los hincaríamos bien sobre las púas (...) Me gustaría nadar diez leguas en una sopa espesa hecha con sus *cojones* –dijo Agustín; y cuando vi a esos cuatro y pensé que podíamos matarlos, me sentí como una yegua esperando al macho en el corral[53].

Agustín se muestra igualmente dispuesto a emplear esta violencia física dentro de la banda. Su carácter intransigente e irascible lo convierte en el único miembro del grupo que se atreve a golpear a Pablo, al no poder tolerar las provocaciones de este último. Más sorprendente es, si cabe, ver cómo Agustín dirige sus amenazas contra el propio Robert Jordan –quien, aparentemente, nada tiene contra él–, al advertirle que no debe sobrepasarse con María: «Nunca la he tocado ni he tenido nada con ella, pero me importa mucho. *Inglés*, no la trates a la ligera. El que duerma contigo no significa que sea una ramera (...) De saberlo te habría matado mientras dormías con ella. Por estas cosas se mata mucho aquí»[54]. A través de estas palabras pronunciadas por Agustín, Hemingway pone de relieve un rasgo de la idiosincrasia hispana que también es advertido por Malraux y Orwell, como es el trato escrupuloso para con las mujeres.

Junto al carácter traicionero de Pablo, Jordan encuentra en la deslealtad y la indisciplina de Rafael uno de los principales motivos de desconfianza dentro de la banda. De todos sus

53 *FWBT.*, pp. 272-273.
54 *ibid.*, pp. 276-277.

miembros, este personaje es probablemente quien menos respeto muestra hacia su cabecilla, al que desea ver muerto desde un primer momento. Incapaz de matar él mismo a Pablo, trata de convencer al resto del grupo –incluido Jordan– para que lo maten. Sus constantes invitaciones son desatendidas por el resto de milicianos, ya sea por cobardía, ya sea porque sólo ven en él a un elemento que pone en peligro la frágil cohesión de la banda; aun cuando todos acuerdan acabar con la vida de Pablo, nadie puede imaginar una forma de deshacerse de él tan desaprensiva como la que plantea Rafael: su entrega al enemigo, una idea que no hace sino profundizar todavía más en el desprecio que los demás sienten por él, al considerar que Pablo no es merecedor de una muerte tan indigna.

La rebeldía que Hemingway atribuye al pueblo español encuentra en Rafael uno de sus máximos exponentes. El carácter indómito de este personaje queda de manifiesto a través de sus reiteradas negativas a acatar las órdenes de Jordan. Durante los preparativos de la operación, este último le asigna varios puestos de vigilancia, a lo que el miliciano responde: «Es mucho trabajo (...) ¿Estás seguro de que no hay otro que lo pueda hacer?»[55]. Rafael continúa dando muestras de indisciplina en el resto de la novela al no aceptar la autoridad que sobre él tiene Jordan; así, por ejemplo, en el capítulo decimocuarto, decide quedarse en el campamento junto al fuego y una sopa caliente en lugar de salir a buscar a Anselmo. Posteriormente, cuando la banda está a punto de ser descubierta por un destacamento carlista, Rafael no duda en abandonar su turno de guardia para ir a cazar unas liebres. Teniendo en cuenta estos ejemplos, puede concluirse que la rebeldía de este personaje hunde sus raíces en el mismo egoísmo que alimenta las acciones de Pablo; ambos sitúan sus apetencias personales por encima del interés del grupo, lo que pone en peligro la integridad de sus miembros. Al mismo tiempo, Hemingway establece una estrecha relación entre la rebeldía e irresponsabilidad de Rafael y su pertenencia a la etnia gitana, colectivo que no despierta las simpatías del

55 *FWBT.*, p. 78.

autor: «He conocido a muchos gitanos y son muy raros. Pero también nostros lo somos. La diferencia es que nosotros debemos ganarnos la vida honestamente»[56]. Para Hemingway, los gitanos son el vestigio de una forma de vida ancestral. Al igual que Orwell, el escritor estadounidense insiste en la posición marginal que ocupa dentro de la sociedad española. Sin embargo, el autor de *For Whom the Bell Tolls* va más lejos al incidir en las consecuencias que dicha marginalidad puede tener en la evolución de la guerra. A través de la figura de Rafael, Hemingway muestra cómo los gitanos, del mismo modo que no se sentían integrados en tiempos de paz, tampoco lo estaban durante el conflicto. Todo esto tenía como principal consecuencia una falta de implicación con la causa por la que se combatía. En *Homage to Catalonia*, Orwell también aborda este tema en una de sus breves alusiones a la etnia gitana –recuérdense, en este sentido, los gitanos que mendigaban por Barcelona ajenos tanto a la guerra como a las luchas que anarquistas y comunistas mantenían en sus calles–. No obstante, el caso de Rafael es distinto, pues su falta de compromiso se traduce en una irresponsabilidad que pone en peligro al resto de la banda. Hemingway representa esta faceta de Rafael por medio de una serie de rasgos que, tradicionalmente, han sido asociados al carácter español: la holgazanería y su inclinación hacia lo jovial y lo lúdico. La primera de estas facetas es claramente perceptible tanto en algunos de sus actos –véase los ejemplificados más arriba–, como en ciertas palabras atribuidas a otros personajes, concretamente Pilar, quien lo acusa de holgazán. Del mismo modo, el lector conoce el carácter indolente de Rafael por medio de algunas intervenciones de este personaje y de las referencias aportadas por otros actantes. Al comienzo del libro, el autor, probablemente para resaltar la marginalidad en la que viven ambos colectivos en sus respectivos países, establece una comparación entre los indios de Norteamérica y los gitanos. En ella, Anselmo señala: «Los gitanos creen que el oso es el hermano del hombre, porque tiene el mismo cuerpo debajo de su

56 *ibid.*, p. 170.

piel, porque bebe cerveza y porque le encanta la música y porque le gusta bailar»[57]. Poco después, las palabras de Anselmo son corroboradas al aparecer Rafael cantando flamenco, una escena que recuerda el canto flamenco al que Malraux alude durante el asedio del Alcázar o a los cantos que Orwell pudo escuchar a ambos lados de las trincheras en el frente de Aragón. Sin embargo, a diferencia de los otros dos autores, Hemingway detalla la letra del canto de Rafael, pues en ella encuentra el escritor estadounidense la razón por la que la presencia del gitano en la banda representa un gran peligro: su sujeción a ninguna ley: «Me dejaron de herencia mis padres / Me dejaron la luna y el sol/ Y aunque vague por todo el mundo/ nunca se acabará el filón»[58]. Es, precisamente, su individualismo lo que lleva a Rafael a comportarse de una manera indolente y a no sentirse preocupado por el destino de la banda, como demuestran sus continuas bromas y los comentarios irónicos que dirige contra sus compañeros.

Hemingway también proyecta sobre el grupo integrado por los milicianos aquellas virtudes del carácter español que más favorablemente le sorprendieron. Una de las facetas más destacadas dentro de su visión de la idiosincrasia nacional es, como ya se ha dicho, el pundonor. Junto con Robert Jordan, Pilar es el personaje que representa en mayor medida este rasgo de la personalidad hispana. Así, convierte en máximos exponentes de dicha virtud a los dos caracteres que mantienen la unidad de la banda. Con ello, Hemingway no sólo resalta la importancia que esta cualidad ocupa dentro de su visión del pueblo español, sino que también establece una estrecha relación con uno de los temas centrales de la novela: la traición. El coraje y la determinación que Jordan y Pilar muestran por llevar a cabo la operación y mantener la cohesión del grupo son la representación a pequeña escala del pundonor de los combatientes leales que, junto con la ayuda soviética, permitieron a la República superar, aunque por poco tiempo, la traición a la que fue sometida por el resto de Europa.

57 *FWBT.*, p. 42.

58 *ibid.*, p. 59.

La progresiva corrupción moral e ideológica que Pablo va sufriendo a lo largo de la contienda obliga a Pilar a asumir «de facto» el liderazgo de la banda. A juzgar por el papel desempeñado por los personajes femeninos de novelas anteriores, es evidente que Hemingway reserva este rol al hombre. En consecuencia, el autor ve en Pilar a una mujer que se «masculiniza» por efecto de la guerra, circunstancia que le confiere una gran singularidad dentro de las heroínas de Hemingway[59]. Su rudeza y su resistencia frente a las adversidades la hacen partícipe de unas categorías que aparecen asociadas a lo masculino dentro de la cosmovisión del escritor norteamericano; de hecho, Jordan no encuentra en ella ningún atisbo de feminidad, una sensación que el protagonista ya deja entrever desde las primeras páginas de la novela: «Robert Jordan veía a una mujer de unos cincuenta años, casi tan grande como Pablo, casi tan ancha como alta...»[60]. Su robustez y energía no sólo la hacen apta para suplantar a su marido al frente del grupo, sino también para actuar como protectora y tutora de María. Al contemplar a Pilar caminando junto a María y Joaquín, Jordan establece un contraste entre la imponente figura de aquélla con la constitución más endeble de los dos jóvenes: «Mírala caminando entre esos dos niños. No podrías ver tres figuras españolas más típicas. Ella es como una montaña y el chico y la chica son como dos árboles jóvenes»[61]. Más allá de la fisonomía de estos personajes, Jordan ve en ellos a tres figuras típicamente españolas. El soldado norteamericano los contempla como la representación de dos Españas que Hemingway encontró durante el conflicto; de un lado, la España que hizo la guerra, y, de otro, la España que la padeció. Pilar, guardiana y tutora de María, extiende su rol materno a Joaquín, protegiendo así a aquellos que se sienten más desvalidos ante la contienda. La indefensión de la joven en mitad de un entorno dominado por una violencia extrema apa-

59 LINDEROTH, Leon, *The Female Characters of Ernest Hemingway*, Florida, Florida State University, 1966. p. 88.

60 *FWBT.*, pp. 32-33.

61 *ibid.*, p. 132.

rece representada a través de su fragilidad física y, sobre todo, a través de un carácter ingenuo y vulnerable que recuerda al de otros personajes femeninos que Hemingway vinculó a nuestro país –Helen Gordon en *To Have and Have Not,* y la protagonista de «Hills like White Elephants» (1927)–. Junto a esta dimensión humana, el autor introduce en María una dimensión política cuando recuerda las atrocidades que los nacionales cometieron en su pueblo. La verdadera protagonista del relato no es María, sino la República, cuya legalidad ha sido violada por los sublevados. Hemingway plantea este tema a través de dos acontecimientos que afectan a este personaje: el asesinato de su padre, quien había sido elegido democráticamente bajo el gobierno republicano, y los abusos de los que la joven es víctima a manos de los falangistas. Ambos hechos le confieren unas claras connotaciones políticas, al convertirla en el rostro de la violación que sufre la legalidad republicana. Dentro de este contexto, y continuando con la representación a pequeña escala que el autor realiza del escenario político del momento, el apoyo que recibe por medio del amor de Jordan para superar esta experiencia traumática se corresponde con el auxilio que miles de voluntarios extranjeros ofrecieron a la causa leal durante la contienda. Hemingway también personifica en Joaquín a esa España que vive indefensa el drama de la guerra. Al igual que sucede en el caso de María, el conflicto ha truncado la juventud de este miliciano. Pese a empuñar las armas y ser un devoto de los términos y la disciplina militares, el autor ve en Joaquín una figura tan indefensa frente a la contienda como María. De nuevo, Hemingway subraya esta circunstancia a través de una fisonomía endeble tras la que se esconde una personalidad débil. Antes de estallar la guerra, Joaquín quería ser torero, pero, tal y como asegura Pilar, sentía miedo. Ya durante el conflicto, el joven muestra dos caras: por un lado, la del combatiente entusiasta y comprometido con la causa, y, por otro, la del muchacho aterrado frente al escenario de devastación y muerte en el que, involuntariamente, se ha visto inmerso. Así se puede comprobar, por ejemplo, cuando, tras contar lo sucedido a su familia, Joaquín rompe a llorar. Conmovida por la historia que ha relatado el joven, Pilar, junto con Jordan y María, trata de consolarlo asegurándole que no está solo, pues todos ellos eran sus hermanos. Sin duda, la escena pone de relieve el papel protector y maternal de Pilar y, con él, la simbología asociada a este personaje. Asimismo, Hemingway plantea aquí el tema de la fraternidad de un modo similar a Malraux en *L'espoir*, en el sentido de que el autor norteamericano también la contempla como un medio indispensable para luchar por un futuro en el que se pueda vivir con dignidad; de este modo, sólo a través de las palabras de aliento de sus «hermanos», Joaquín consigue dejar atrás un pasado marcado por el dolor para retomar su esperanza de hacer realidad sus ideales. Al igual que el escritor francés, Hemingway ve en la República y, más concretamente en la disciplina comunista, una nueva religión capaz de salvar a la Humanidad de las garras del fascismo.

Al recordar las desdichas sufridas por el pueblo español durante la guerra, el escritor estadounidense no sólo hace referencia a episodios marcados por la brutalidad y el derramamiento de sangre, sino también a la tragedia que el conflicto representó en un plano intelectual para muchos españoles; la elección entre la moral y la acción bélica, donde sólo tenían cabida la política y la victoria sobre el enemigo. Éste es el dilema al que se enfrentan el capitán Hernández en *L'espoir* y Anselmo en *For Whom the Bell Tolls*. Por medio de estos dos personajes, Malraux y Hemingway transcienden el plano de las ideas políticas para situarse a la altura de los problemas filosóficos que suscitaba la guerra. Sin embargo, ambos autores, al abordar los cuestionamientos morales que el conflicto despertó en muchos combatientes, perseguían fines distintos; de este modo, mientras Malraux recurre a la figura de Hernández para insistir en que la guerra se gana a través de una acción colectiva regida por la organización y la eficacia comunistas, y no por medio de la acción basada en la moral individual, Hemingway personifica en Anselmo la nobleza que la guerra no había logrado arrebatar al carácter español. El mensaje antibelicista que transmite a lo largo de la novela y su cumplimiento escrupuloso de las órdenes que recibe de Jordan derivan de esta cualidad que el escritor estadounidense, en consonancia con sus antecesores, asociaría a la idiosincrasia hispana. El alegato contra la guerra que Hemingway introduce en *For Whom the Bell Tolls* encuentra una de sus manifestaciones más trágicas en la figura de Anselmo, quien, en contra de sus principios éticos, se ve obligado a matar. Al igual que Hernández, el anciano sigue aferrado a una moral que no tiene cabida en la contienda. Por esta razón, tanto el personaje de Malraux como el de Hemingway son figuras impropias dentro del escenario de una confrontación bélica, ya que ninguno de ellos posee unas firmes convicciones políticas ni alberga una obsesión enfermiza por terminar con el enemigo. No obstante, Anselmo es, si cabe, una figura más atípica que Hernández, al albergar una visión «favorable» del enemigo. Cuando contempla desde su puesto de vigilancia a los dos soldados nacionales que guardan el puente, el anciano sólo ve en ellos a dos hombres que, como él, están desprovistos de cualquier ideología política y pretenden que la guerra terminase cuanto antes: «Llevo todo el día observándolos y son hombres como nosotros (...) Esos hombres no son fascistas. Los llamo así, pero no lo son. Son pobres hombres como nosotros. No deberían estar luchando contra nosotros y no me gusta la idea de matarlos»[62]. De este modo, Hemingway, al igual que Orwell, no ubica al otro lado de las trincheras a una fuerza maligna despersonificada, sino a seres humanos que sufren las mismas vicisitudes que aquellos que combaten por la República. Movidos por los estrechos vínculos que trabaron con el pueblo español, ambos escritores representaron al bando contrario tan sólo como la otra parte en la que el país quedó trágicamente dividido por la contienda. Hemingway no proyecta esta visión del enemigo únicamente a través de los cuestionamientos morales de Anselmo, ya que el autor también recurre para tal fin a las figuras de Robert Jordan y del teniente Paco Berrendo. Al leer las cartas que llevaba consigo el jinete carlista al que acaba

62 *FWBT.*, p. 187.

de matar, Jordan reconstruye parte de la vida familiar del joven. Hemingway aporta los datos necesarios para que el lector se percate de que los acontecimientos narrados en esa correspondencia podían también pertencer a un joven que luchase en el bando republicano:

> Las primeras cartas que leyó eran muy formales, muy cuidadosamente redactadas, y trataban casi en su totalidad con sucesos locales. Eran de su hermana y Robert Jordan pudo saber que todo iba bien en Tafalla, que su padre estaba bien, que la madre se encontraba como siempre pero con dolencias en la espalda...[63]

El autor de *For Whom the Bell Tolls* no se limita a «mirar» al bando nacional por medio de Jordan y Anselmo, sino que, a diferencia de Malraux y Orwell, se sitúa al otro lado de las trincheras para acercar al lector a personajes como Berrendo. Con su inclusión en el ejército rebelde, Hemingway extiende su mensaje antibelicista al otro bando, tal y como manifiestan las palabras que pronuncia tras terminar con «El Sordo» y sus hombres: «*Qué cosa más mala es la guerra*»[64]. La dignidad que el teniente muestra al liberar a Joaquín de una muerte agónica, y rezar por él como si de un compañero se tratara, contrasta con la brutalidad de su superior, el capitán Mora, quien ordena la decapitación de «El Sordo» y sus compañeros. Los caracteres de estos dos personajes son tan antitéticos dentro del bando nacional como, por ejemplo, los de Pablo y Jordan en el republicano. A diferencia de *L'espoir*, donde leales y sublevados se corresponden generalmente con el Bien y el Mal, *For Whom the Bell Tolls* representa a individuos de diversa condición moral repartidos entre ambos ejércitos. Para Hemingway, todos ellos forman parte de un mismo pueblo que, a pesar de estar dividido por la guerra, no ha visto alterada su idiosincrasia. De este modo, desde el punto de vista del autor norteamericano, las

63 *ibid.*, p. 286.
64 *FWBT*, p. 305.

dos partes en conflicto participan igualmente de las virtudes y defectos propios del carácter español. Por esta razón, el autor rehúye idealizar ninguno de los bandos enfrentados; en ambos existen muchos «Pablos» y no pocos «capitanes Mora», cuya brutalidad e irracionalidad llevaron tanto a los leales como a los sublevados a cometer grandes atrocidades a lo largo del conflicto.

Paralelamente a la relación que establece entre algunas facetas de la idiosincrasia peninsular y determinados personajes, Hemingway hace extensibles ciertas cualidades no sólo a los milicianos con los que convive Jordan los últimos días de su vida, sino también al conjunto del pueblo español. Muchos de estos rasgos coinciden con aquellos que ocupan un lugar destacado en las visiones ofrecidas por Malraux y Orwell en *L'espoir* y *Homage to Catalonia* respectivamente. Al igual que ellos, Hemingway reincide en tópicos que las tradiciones literarias francesa y anglosajona han asociado secularmente a España. Como ya se ha dicho, el autor estadounidense halló en la tauromaquia la manifestación de algunos de aquellos estereotipos que sus antecesores forjaron a lo largo del siglo XIX; de este modo, la imagen del matador que se enfrenta en solitario al toro y a la posibilidad de una muerte digna constituía para Hemingway la escenificación sobre la arena del orgullo y del individualismo que la mirada extranjera venía asociando al carácter hispano desde varios siglos atrás. En *For Whom the Bell Tolls*, el autor vincula en diversas ocasiones estas dos cualidades al colectivo de los españoles. Una vez concluido su relato sobre la matanza que tiene lugar en el pueblo de Pablo, Pilar se dirige a Jordan diciéndole: «'Qué gente son los españoles', le dije. 'Y qué gente son para el orgullo, ¿verdad, *Inglés*? Qué gente'»[65]. Pilar no descubre nada nuevo para el voluntario norteamericano, ya que, tras vivir varios años en el país, conoce bien esta cualidad tan acentuada en sus habitantes:

> He cometido un error –pensó Robert Jordan. He dicho a estos españoles que nosotros podemos hacer algo mejor que ellos,

65 *ibid.*, p. 126.

> cuando la norma dice que no hables de tus habilidades y hazañas. Cuando debería haberlos adulado, les he dicho lo que pensaba que deberían hacer y ahora están furiosos conmigo[66].

Del mismo modo, Hemingway-Jordan vislumbra tras el egoísmo y la rebeldía exhibidas por personajes como Pablo y Rafael el individualismo tan característico de los españoles:

> Al final, un español sólo era leal a su pueblo. Primero España, por supuesto, luego su propia tribu, luego su provincia, su pueblo, su familia y, por último, su negocio. Si hablas español, te mira con buenos ojos, si conoces su provincia, mucho mejor, si conoces su pueblo y su trabajo, habrás ido tan lejos como un extranjero puede estar[67].

Los autores aquí estudiados abordan dos aspectos que, al margen de considerarlos como rasgos distintivos de la idiosincrasia hispana, representan, desde sus respectivos puntos de vista, los principales desencadenantes de la derrota de la República: la falta de organización y la indisciplina. Ambas cobran especial protagonismo dentro de la visión de la España en guerra ofrecida por Hemingway, a juzgar por las numerosas escenas en las que están presentes. La importancia de estos rasgos queda también de manifiesto si se tiene en cuenta que, junto con la corrupción política, constituyen el otro gran foco de interés cuando el autor dirige su mirada hacia la retaguardia; el caos que envuelven los preparativos de la ofensiva republicana representa, como ya se ha visto, la manifestación a gran escala de la misma descoordinación e incompetencia que Jordan encuentra entre los milicianos. A diferencia de Malraux, para quien la improvisación y la indisciplina eran patrimonio exclusivo de los anarquistas, Hemingway hace partícipes de estas facetas ya no sólo al conjunto de combatientes leales, sino también a la totalidad del pueblo español, como bien puede apre-

66 *FWBT.*, p. 144.
67 *ibid.*, p. 126.

ciarse en el alivio que experiementa Jordan cuando comprueba que Anselmo, pese a las inclemencias meteorológicas, no ha abandonado su puesto de vigilancia: «Me alegro de verte, *viejo.* No sabes lo que significa encontrar en este país a alguien en el mismo lugar en el que se le ha dejado»[68].

Al igual que Malraux, Hemingway adopta como uno de los ejes temáticos que vertebran su imagen de España la particular religiosidad de sus habitantes. Tanto *L'espoir* como *For Whom the Bell Tolls* reflejan la capacidad que muchos españoles tenían para participar al mismo tiempo de posturas anticlericales y de un profundo sentimiento religioso. Mientras el escritor francés muestra esta peculiaridad valiéndose de personajes pertenecientes a colectivos tan heterogéneos como el ejército y el campesinado, Hemingway recurre para tal fin a los milicianos de la sierra. El autor estadounidense ofrece numerosos ejemplos de cómo muchos de ellos, que no albergan ninguna simpatía hacia la Iglesia, ofrecen, sin embargo, muestras visibles de poseer unas creencias religiosas muy arraigadas. Especialmente significativos son los ejemplos de Pablo y Joaquín, pues la violencia y el egoísmo del primero y la fe en el credo comunista del segundo, los convierten en personajes desprovistos, aparentemente, de cualquier sentimiento religioso. No obstante, éste aflora en Pablo cuando, atenazado por la posiblidad de morir, rompe a llorar e implora a Dios y a la Virgen para que le liberen de los pensamientos que le atormentan en ese momento. Una situación similar se produce en el momento en que Joaquín, ante la proximidad de una muerte segura, deja de realizar proclamas a favor de la Pasionaria para comenzar a rezar y a arrepentirse de sus pecados:

> La Pasionaria dice: «Es mejor morir de pie...», Joaquín se repetía cuando el zumbido se aproximaba. Entonces empezó súbitamente a decir: «Santa María, llena eres de Gracia, el Señor es contigo (...)» Dios mío, siento mucho haberte ofendido[69].

68 *FWBT.*, p. 193.

69 *ibid.*, p. 304.

A diferencia de Malraux, Hemingway parece tener una explicación para la peculiar simbiosis que se produce en el carácter español entre religiosidad y anticlericalismo. Desde su punto de vista, este último constituye la reacción lógica de un pueblo que, sin renunciar a sus creencias, no se identifica con una Iglesia cuyos intereses se han mantenido, desde la creación del Santo Oficio, al lado de gobiernos despóticos y corruptos. Como puede apreciarse, el autor incurre una vez más en la imagen tópica de los españoles como un pueblo regido secularmente por un mal gobierno, a la vez que, en su mirada retrospectiva hacia el pasado de nuestro país, no puede evitar hacer referencia a la Inquisición: «La gente se ha criado al margen de la Iglesia, porque la Iglesia era el gobierno y el gobierno siempre ha estado corrompido. Era el único país al que las reformas no terminaban de llegar. Ahora estaban pagando por la Inquisición»[70].

8.4 La visión del paisaje español

Como ya hemos visto, una de las oposiciones que vertebran la novela es la establecida entre el frente y la retaguardia. De manera similar a Malraux y Orwell, el autor de *For Whom the Bell Tolls* concibe el espacio extranjero privilegiando unos entornos frente a otros. En esta ocasión, y del mismo modo que en *Homage to Catalonia*, el escritor estadounidense inviste de valores negativos los espacios situados en la retaguardia, al asociar el rostro menos amable de la guerra con lugares ubicados lejos del frente, entre los que destacan los emplazamientos urbanos. Es en la ciudad donde sitúa la sede de un poder pervertido que se muestra más atento a satisfacer sus intereses particulares que a conducir por buen camino la lucha contra los rebeldes. No es casualidad, por tanto, que Hemingway, en sus contadas referencias a la ciudad de Madrid, dirija su mirada de forma casi exclusiva al hotel «Gaylord's», pues, como ya se ha tenido

70 *FWBT.*, p. 336.

ocasión de ver, este lugar representa, a través de su exorbitado lujo y del clima de corrupción y manipulación informativa que se podía respirar en él, la podedumbre moral que se había apoderado de la retaguardia. La mayor parte de los personajes que frecuentan el «Gaylord's» son extranjeros. Esta circunstancia no tendría nada de particular si no se considerase el hecho de que son foráneos los comisarios y periodistas que, con sus ansias de poder, su vida acomodada y la falsedad de sus noticias sobre la contienda, vician el ambiente del hotel madrileño en particular, y de la retaguardia en general. No sólo los personajes extranjeros de la retaguardia se entregan a la corrupción, sino también aquellos que combaten en el frente, como es el caso del propio Robert Jordan quien, durante sus visitas a Madrid antes de partir hacia la sierra de Guadarrama, ya había actuado al margen de la legalidad: «Conozco buenos lugares para comer que son ilegales pero que tienen comida de calidad...»[71]. Por medio de esta relación que establece entre lo foráneo y lo corrupto, Hemingway ya no sólo cuestiona el papel desempeñado por el poder soviético durante la guerra, sino que insiste además en uno de los temas centrales de su novela: la falta de apoyo de las democracias occidentales como uno de los desencadenantes de la derrota republicana. La ciudad, sin embargo, también participa al mismo tiempo de unas connotaciones positivas. Así sucede con Valencia, lugar que el escritor estadounidense conoció de primera mano. Al igual que hiciera con otras urbes españolas –Pamplona, por ejemplo–, Hemingway entabló una relación especialmente afectiva con la capital del Turia. Posiblemente, los buenos recuerdos que este lugar dejó en la memoria del autor la convirtieron en el espacio propicio para representar la vida complaciente y despreocupada que la guerra cercenaría en cuestión de poco tiempo. Al recordar su estancia junto a Finito en las Fallas, Pilar resume en pocos párrafos este estilo de vida del que el propio Hemingway participó durante sus días en la ciudad levantina:

71 *ibid.*

> Comíamos en los tenderetes de la playa. Pastelillos rellenos de pescado, pimientos morrones y verdes y nueces tan pequeñas como granos de arroz. Pastelillos de una masa ligera y suave, y pescado de una calidad incomparable. Camarones recién pescados, bañados en jugo de limón. Eran sonrosados y dulces, y se comían en cuatro bocados. De ésos comimos muchos. Y luego la *paella* con pescado fresco, almejas, mejillones, langostinos y pequeñas anguilas. Luego comíamos angulas hechas en aceite y tan pequeñas como habas, retorciéndose en todas direcciones y tan tiernas que se deshacían en la boca. Pasábamos todo el tiempo bebiendo vino blanco, frío, ligero y excelente, a treinta céntimos la botella (...) Hacíamos el amor en una habitación a oscuras, con las persianas bajadas, y de la calle llegaba la fragancia del mercado de flores y el olor a pólvora quemada de los petardos, de la *tracas*, recorrían las calles y explotaban todos los días, a mediodía, durante la Feria[72].

Al margen de esta excepción, el espacio urbano es elegido por Hemingway como el marco para ubicar una serie de escenas donde desaparece el romanticismo que la mirada extranjera aún esperaba encontrar en la contienda civil. No sólo Madrid desmitifica esta visión con el clima de corrupción que antes se ha mencionado, sino también los pueblos de Castilla, al convertirse en los escenarios de la barbarie. Es en ellos donde tienen lugar las atrocidades descritas por Pilar y María en sus respectivos relatos, que recuerdan en mucho a *Los desastres de la guerra* de Goya; no en vano, el pintor aragonés fue, junto con Cézanne y Stendhal, un referente para el realismo de Hemingway, cuya insistencia en la objetividad y la concisión marcarían el desarrollo posterior de la narrativa norteamericana. La historia contada por Pilar resulta de especial interés por dos razones. En primer lugar, por la violencia ritualizada que, al menos aparentemente, no acontece con frecuencia en un conflicto bélico, más propenso a la violencia incontrolada. No obstante, sucesos

72 *FWBT.*, pp. 83-84.

similares a los descritos en *For Whom the Bell Tolls* ocurrieron durante la guerra civil. Ramón Buckley[73] destaca casos como los de Almería, donde se «lidiaron» a seis franquistas, o el de Huercanal (Córdoba), localidad en la que un sacristán murió apuñalado por todo el pueblo. Tras su llegada a España en febrero de 1937, Hemingway debió de tener noticia de estos acontecimientos, o bien de otros similares, que inspiraron la imagen que ofrece de la revuelta campesina acontecida al estallar la guerra a través de la matanza cometida en el pueblo de Pablo. En segundo lugar, el relato de Pilar es interesante en tanto que permite identificar en la visión de Hemingway la influencia de la estética romántica. A pesar de que el autor ubica los sucesos en un pueblo abulense y de que autores como Ángel Capellán[74] apuntan a la ciudad de Cuenca como inspiradora del entorno en el que Hemingway sitúa estos hechos, lo cierto es que la crítica ha identificado tradicionalmente Ronda como la localidad en la que el autor se inspiró a la hora de recrear el entorno donde acontece la matanza descrita por Pilar[75]. La elección de este pueblo por parte de Hemingway para tal fin sería reveladora de la influencia que en él tiene la visión romántica de España, a juzgar por la fascinación que muchos poetas y artistas anteriores –entre los que destaca Rainier Maria Rilke– sintieron por el pintoresquismo de esta localidad. Carlos Baker[76] hace mención a una anécdota donde puede advertirse cómo Ronda ejerció en Hemingway una atracción similar:

> Hemingway se aburría con la vida nocturna de Sevilla. Veían algunos espectáculos flamencos en los que mujeres de amplia sonrisa chasqueaban sus dedos al son de las guitarras (...) ¡Por el amor de Cristo! –repetía, ¡más flamingos! No podía descansar hasta que Bird y McAlmon acordaron ir a Ronda.

73 Buckley, Ramón, «Revolution in Ronda: the Facts in Hemingway's *For Whom the Bell Tolls*», in *The Hemingway Review*, vol. 17, no. 1, Fall 1997, p. 55.

74 Capellán, Ángel, *Hemingway and the Hispanic World*, Ann Arbor, University of Michigan, 1985, p. 255.

75 Buckley, Ramón, «Revolution in Ronda...», op. cit., p. 50.

76 Baker, Carlos, *Ernest Hemingway: a Life...*, *op. cit.*, p. 111.

Era mucho mejor de lo que Mike había dicho –un pueblo espectacular con un antiguo coso, en mitad de las montañas que se elevaban sobre Málaga.

La presencia del mito romántico de España en la visión de Hemingway es más evidente cuando en *Death in the Afternoon* se refiere a la población malagueña del siguiente modo:

> Existe un pueblo que es mejor que Aranjuez para ver por primera vez una corrida de toros, si es que sólo se va a ver una, y es Ronda. Ahí es donde hay que ir si se visita España de luna de miel o si te escapas con alguien. Por donde quieras que mires, todo tiene un transfondo romántico[77].

Al margen de los entornos urbanos, la retaguardia también comprende espacios naturales, como sucede con los parajes de la sierra madrileña donde el ejército republicano prepara su ataque contra las posiciones rebeldes en la provincia de Segovia. En esta ocasión, como es frecuente a lo largo de la novela, la retaguardia continúa estando asociada al rostro menos amable del conflicto, al ser el escenario de una operación a gran escala que está abocada al fracaso por la misma desorganización y burocracia que precipitaron, a ojos de Hemingway, la derrota republicana.

En contraste con la retaguardia, donde las disputas políticas y la impericia de los militares estaban mermando paulatinamente la lucha contra los rebeldes, el frente constituye un reducto en el que el individuo aún puede conservar una cierta integridad moral e ideológica. Esta circunstancia explica por qué Jordan manifiesta su predilección por aquellos que combaten en primera línea en detrimento del clima de corrupción que reina en la retaguardia: «Cuanto más cerca se está del frente, mejores son las personas»[78]. Sin embargo, a diferencia de los milicianos que Orwell describe en Aragón, cuyas convicciones políticas

77 HEMINGWAY, Ernest, *Death in the Afternoon, op. cit.*, pp. 42-43.
78 *FWBT.*, p. 238.

estaban por encima de sus intereses particulares, Hemingway ofrece una imagen bien distinta de la primera línea de batalla, al ubicar en ella a individuos movidos, en su mayor parte, por afanes individuales. De este modo, el frente representado en *For Whom the Bell Tolls* tiene unas connotaciones negativas derivadas de la indisciplina, la deslealtad y el individualismo mostrados por algunos milicianos. Pese a ello, el autor sigue ofreciendo una visión favorable de las posiciones de vanguardia, ya que en ellas era todavía posible encontrar personajes de una gran envergadura moral –Anselmo, por ejemplo–. Puede observarse, por tanto, que, si bien se encontraban unidos por la pretensión de ofrecer una visión de la guerra lo más objetiva posible, Hemingway da un paso más que Orwell al desmitificar el frente como lugar donde las pasiones humanas desaparecen en favor de los ideales políticos y morales. Estas dos fuerzas mantienen a lo largo de la novela una oposición constante que se traduce en el eje espacial existente entre el interior y el exterior de la cueva en la que se refugian los milicianos. Es dentro de este recinto donde sus instintos más destructivos están a punto de desintegrar al grupo y abortar así la misión que debe cumplir Jordan. Igualmente, la cueva es el lugar donde Pablo, uno de los personajes más corruptos moral e ideológicamente del grupo, suele permanecer, mientras que Jordan –el principal antagonista de Pablo– es, probablemente, uno de los caracteres que más tiempo se encuentra fuera de la cueva. Por tanto, a través de estas oposiciones, el espacio físico adquiere un significado simbólico que asocia, por un lado, la oscuridad y el ambiente viciado del interior con los instintos primarios responsables de restar eficacia al esfuerzo colectivo, y, por otro, el aire fresco del exterior con unos ideales que todavía permanecen intactos frente a las miserias de la guerra:

> ...lejos del aire viciado de la cueva, cargado con el humo del tabaco y del fogón, con el olor de arroz, de carne, de azafrán, de pimientos y aceite frito; del olor a vino del pellejo colgado del cuello junto a la entrada (...); liberado del olor de las dis-

> tintas hierbas cuyos nombres desconocía, colgadas del techo en manojos junto a largas ristras de ajos; libre del olor a perra gorda, vino tinto y ajos, mezclado con el sudor de los caballos y el sudor seco humano bajo la ropas (acre y cansado el olor del hombre, dulce y enfermizo el del caballo, olor de piel recién cepillada); libre de todos esos olores, Jordan respiró profundamente el aire limpio de la noche, el aire de las montañas que olía a pinos y a rocío, al rocío que había sobre la hierba de la pradera que se extendía junto al arroyo[79].

Fuera de la cueva, uno de los elementos del paisaje que cuenta con un claro significado simbólico es la vegetación, en concreto, los pinares que cubren la sierra madrileña. Las alusiones a esta clase de árboles se suceden a lo largo de la novela. Aparte de constituir un rasgo característico del paisaje español, Hemingway los identifica con un símbolo de permanencia. Así lo sugiere la abundancia de imágenes donde aparecen pinos en la parte final de la novela, es decir, cuando Jordan es más consciente que nunca de que su vida terminará en las montañas de Guadarrama. Al representar estos presentimientos del protagonista sobre el trasfondo de un entorno natural donde centra su atención en los pinos, el autor contrasta la vanidad e inconsistencia que rodea a la vida humana con la robustez de estos árboles. Muy significativas resultan también en este sentido las imágenes que abren y cierran la novela. Ambas tienen en común el que Jordan se encuentra tendido sobre un suelo cubierto por agujas de pino, pero, al mismo tiempo, las diferencia un detalle importante; en la primera, el protagonista está vivo, mientras que en la segunda aguarda, moribundo, aguarda la llegada del enemigo. Las evidentes analogías existentes entre las dos imágenes y su ubicación estratégica dentro del libro no son casuales; situadas al principio y al final de la novela, para Hemingway son el mejor testimonio de cómo, en el breve plazo de tres días, la naturaleza permanece imperturbable, mientras que la vida humana puede encontrar un trágico final. La posi-

79 *ibid.*, p. 59.

ción que ocupa Jordan en ambas escenas refuerza este sentido de permanencia de la naturaleza frente a la condición humana; el protagonista aparece tumbado sobre el suelo del bosque, es decir, sobre la tierra con la que se sentirá paulatinamente cada vez más integrado y que, en opinión de Emily Watts[80], constituye «el único elemento consistente en el universo de Hemingway».

La fatalidad a la que se ve abocada la vida de Robert Jordan encuentra su representación simbólica en otro elemento del entorno natural donde se desarrolla buena parte de la novela, como es la nieve. Aunque la primavera ya se encuentra muy avanzada cuando Robert Jordan asciende a las montañas, este fenómeno meteorológico hace acto de presencia durante los días previos a su muerte, en el mes de mayo de 1937. Lo poco común que resultan las tormentas de nieve durante esa época del año evidencia la función simbólica que Hemingway atribuye a las nevadas, lejos de constituir éstas un mero elemento decorativo del paisaje. Por tanto, a raíz de considerar este tipo de imágenes, puede concluirse que, a la hora de dirigir su mirada hacia el paisaje español, Hemingway contempla un amplio lienzo donde puede reflejar su perenne inquietud por la liviandad de la vida frente a la constante implacabilidad del destino.

8.5 El tiempo del Otro

De manera similar a lo que sucede con la visión del espacio extranjero, Pageaux propone, dentro de su esquema de análisis imagológico, que el estudio de la coordenada temporal vaya asociada a la identificación de un conjunto de oposiciones vertebradoras de la experiencia del Otro. Una de las dialécticas más frecuentes e interesantes es la establecida entre el tiempo histórico y el tiempo privado, es decir, entre el devenir irreversible de la Historia y la forma en la que el individuo lo concibe desde su sub-

80 WATTS, Emily, *Ernest Hemingway and the Arts*, Urbana, University of Illinois, 1971, p. 45.

jetividad. Se trata, en definitiva, de la dialéctica entre el tiempo objetivo y el tiempo privado y personal que subyace a la definición de la modernidad en un sentido amplio. De las tres novelas aquí tratadas, *For Whom the Bell Tolls* es la que, de una manera más nítida, refleja esta oposición. Las continuas referencias introducidas a lo largo de la obra al trascurso monótono y uniforme de los días y de la estación primaveral contrastan con la forma en la que Jordan vive esta experiencia temporal. Al igual que el protagonista de *De Zauberberg* (*La montaña mágica*, 1924) de Thomas Mann –autor que Hemingway, por cierto, detestaba–, las circunstancias que rodean al voluntario norteamericano en las montañas interfieren en la vivencia del tiempo real. Como Hans Castorp, Jordan prolonga, o al menos así desea hacerlo, el decurso objetivo de los acontecimientos una vez que entra en el juego de las relaciones personales. La relación positiva que el protagonista mantiene parcialmente con el Otro, es decir, con algunos de los miembros de la banda, se refleja en la coordenada temporal mediante un deseo de superponer el tiempo personal al tiempo histórico. Conforme va estableciendo una serie de lazos emocionales con personajes como María, Pilar o Anselmo, Jordan descubre que los sentimientos pueden distorsionar la percepción del tiempo; así, por ejemplo, después de entablar una relación afectiva con algunos milicianos, el combatiente norteamericano tiene la sensación, como ya se ha comprobado, de haber permanecido en la sierra madrileña durante toda su vida. En *For Whom the Bell Tolls*, sin embargo, la relación afectiva con el Otro, además de suscitar en el protagonista un sentimiento de disconformidad con el orden impuesto por el tiempo histórico, supone una dolorosa toma de conciencia del carácter irreversible y fugaz que atesora este último, circunstancia apreciable en los momentos que Jordan permanece junto a María; en esos instantes, el placer sexual y emocional que encuentra en la joven se ve contrarrestado por la desazón que en él provoca la necesidad de vivir intensamente cada minuto ante la proximidad de una muerte segura:

> Por lo tanto, si quieres a esa muchacha tanto como dices, más vale que la ames mucho y ganar en intensidad lo que pierdes en duración y continuidad ¿Lo entiendes? Antes la gente dedicaba su vida a eso. Y ahora que lo has descubierto, si dispones de dos noches para ello, te preguntas de dónde te viene tanta fortuna. Dos noches. Dos noches para amar, para honrar y estimar (...) Me gustaría tenerlas para toda la vida. Y las tendrás –dijo su otro yo. Las tendrás. Las tienes ahora y esa es toda tu vida; ahora. No hay nada más que el ahora. Ciertamente no hay ni un ayer ni un mañana ¿Cuántos años has de tener para saber esto? Sólo hay un ahora, y si el ahora son dos días, entonces tu vida son esos dos días y todo en ella guardará proporción con ese tiempo. Así es como vives en dos días (...) La buen vida no se mide por períodos bíblicos[81].

La última noche que pasa junto a la joven antes de llevar a cabo la operación, Jordan vuelve a manifestar su deseo de convertir el tiempo histórico en un eterno «ahora»: «Oh, ahora, ahora, ahora, el único ahora, y por encima de todo ahora, no hay más ahora que tú ahora. Ahora y siempre ahora. Ven ahora, ahora, porque no hay otro ahora que ahora»[82]. A pesar de su intento vehemente y desesperado por aferrarse a esta dimensión temporal que él crea desde sus propias categorías, el protagonista no logra, una vez más, apartar su mirada del trágico final que le aguarda: «Ojalá viviera mucho tiempo en lugar de morir hoy, pues he aprendido mucho acerca de la vida en estos cuatro días, más que en cualquier otro momento»[83].

A modo de conclusión, puede afirmarse que la representación de España en *For Whom the Bell Tolls* aparece vinculada, al menos en parte, a un tiempo reversible en el que Jordan, como resultado de las «filias» que en él despierta su estancia en nuestro país, trata de refugiarse de la dura realidad impuesta por el tiempo histórico. El protagonista desea formar parte de un

81 *FWBT.*, pp. 163-164.
82 *ibid.*, p. 358.
83 *FWBT.*, p. 359.

orden cronológico cíclico para así no dejar atrás un recuerdo de España marcado por el amor de María y por las enseñanzas extraídas del particular carácter hispano. Al intentar permanecer en un presente «eterno», Jordan se sitúa dentro de lo que Pageaux denomina «el tiempo de la imagen». Esta dimensión temporal, lejos de asociar al Otro a un devenir sujeto a continuos cambios, transforma ese tiempo histórico en una instantánea, en una imagen fija sobre la que la cultura «regardante» reincide continuamente. La imagen de España que Hemingway proyecta a lo largo de su novela se corresponde, en ocasiones, con esta mirada que reduce la esencia de un pueblo a una imagen concreta de su pasado histórico. Esta representación, que suele permacer inmóvil en el imaginario elaborado por la cultura de origen, puede derivar, con el trascurso del tiempo, en estereotipos y mitos que refuerzan, aún más, su carácter inmóvil. Al igual que Malraux y Orwell, el autor estadounidense no puede evitar las referencias a un pasado histórico tan glorioso como distante en el tiempo, generador, no obstante, de arquetipos que han permanecido profundamente arraigados en la mirada foránea hasta épocas recientes. Como ya se ha visto, Hemingway rememora a lo largo de *For Whom the Bell Tolls* el pasado más oscuro y siniestro de nuestro país mediante algunos de los símbolos emblemáticos de la Leyenda Negra, como son la Inquisición o la monarquía despótica y corrupta. Herencia, sin duda, de los estereotipos y mitos del pasado, esta visión centrada en los episodios más detestables de la Historia de España no logra, sin embargo, ocultar la admiración que Hemingway siempre sintió por la cultura hispana, algunas de cuyas figuras más representativas no pasan desapercibidas para él. De este modo, el escritor norteamericano participa de esa visión de España donde los estereotipos más correosos derivados de su pasado histórico son contrarrestados por la fascinación que en ella despierta la cultura nacional; así, con el fin de resaltar la destreza narrativa que Pilar demuestra al relatar la matanza acontecida en el pueblo de Pablo, Jordan llega a compararla con Quevedo, escritor que, supuestamente, debe ocupar un lugar privilegiado dentro de sus preferencias literarias: «Dios mío, qué maestría para contar una historia. Es mejor que Quevedo –pensó. Nunca podría haber descrito la muerte de ningún Don Faustino tan bien como ella»[84]. En otra ocasión, al abordar el concepto español de «la gloria», el autor alude conjuntamente, por medio de las reflexiones del protagonista, a una cultura popular cuya esencia ha permanecido inalterada a lo largo del tiempo y a una cultura oficial que tuvo una de sus épocas más fructíferas durante los siglos XVI y XVII; si Hemingway asocia la primera al cante flamenco, la segunda aparece representada por los místicos y por el Greco, cuya figura simboliza en *L'espoir* el esplendor cultural que otrora conociera nuestro país:

> Pero su cabeza, que era su mejor compañera, pensaba en La Gloria. Nada tiene que ver con gloria o La Gloria de la que los franceses hablan y escriben. Es algo que está en el cante hondo y en las saetas. Está en el Greco y San Juan de la Cruz, claro, y en otros[85].

84 *ibid.*, p. 131.

85 *FWBT.*, p. 359.

A modo de conclusión: tres visiones de una misma realidad

A LO LARGO DEL recorrido imagológico por la representación que Malraux, Orwell y Hemingway ofrecen de la guerra civil en las páginas de *L'espoir, Homage to Catalonia* y *For Whom the Bell Tolls*, hemos podido comprobar cómo en ellas continúan presentes determinados clichés que han estado asociados a la imagen secular de nuestro país, de modo que sus respectivos autores no llegan a apartar la mirada de la nación que, durante siglos, representaron sus antecesores; así, en ocasiones, Malraux, Orwell y Hemingway ven, o creen ver, el mismo país que contemplaron en su momento Chateaubriand, Merimée, Ford o Irving, entre otros. En consecuencia, las «filias» y las «fobias» que, en el trascurso de la guerra civil, suscitó España en los escritores aquí abordados no difieren sustancialmente de aquellas otras que, tiempo atrás, manifestaron sus predecesores. De este modo, la relación dialéctica que el autor establece con respecto a la alteridad a través del texto imagológico se manifiesta por medio de una serie de rasgos que derivan, en su mayor parte, de tradiciones imagológicas anteriores. El estudio de los personajes que se ha llevado a cabo, cuya atención se ha centrado en su dimensión psicológica, entre otros aspectos, ha servido para poner de relieve la coincidencia existente entre las facetas de la idiosincrasia española resaltadas por los autores seleccionados y aquellas otras derivadas de visiones procedentes del pasado. Por consiguiente, Malraux, Orwell y Hemingway desafían las barreras cronológicas y reflejan la imagen de una nación en la que sus habitantes son todavía poseedores de unas virtudes y unos defectos idénticos a los ya resaltados varios siglos atrás; de este modo, cada uno de los narradores pone de manifiesto determinados aspectos del carácter español como son, entre otros, la nobleza, el valor y la generosidad. Asimismo, al ser herederos, en cierta medida, de la tradición literaria legada por los autores que abordaron el tema de España en siglos precedentes, se hacen eco de las facetas que despertaron las «fobias» de sus antecesores, entre las que sobresalen, por ejemplo, la rebeldía y el individualismo. Conviene advertir, no obstante, que estos rasgos, considerados frecuentemente como propios de la personalidad hispana, no siempre suscitaron el rechazo en la mirada del visitante; así sucede, por ejemplo, con el carácter apasionado de los españoles, que llegó a despertar, según la estética y el pensamiento predominantes en cada época, reacciones opuestas entre aquellos que escribían sobre nuestro país. Las apreciaciones que acabamos de comentar en relación con la idiosincrasia peninsular no constituyen el único punto de encuentro entre los autores aquí estudiados y sus antecesores; así se desprende, al menos, del análisis de algunos rasgos morfológicos de los personajes españoles, como son su tez morena, su reducida estatura o las indumentarias negras que solían llevar las mujeres. Es interesante, además, observar cómo Malraux y Orwell vinculan este último aspecto a una visión de nuestro país en la que éste aparece firmemente anclado en su pasado; recuérdese, si no, la imagen que el escritor francés ofrece de España como el país donde «se alza el pueblo milenario de las viudas»[1], o la nación romántica y pintoresca que Orwell evoca al pasear por las calles de Lérida y

1 *LE.*, p. 257.

Barbastro, a la que asocia, entre otros elementos, con «muchachas con mantillas negras»[2].

Al margen de lo dicho hasta ahora, existen otros argumentos que permiten interpretar las visiones reflejadas en *L'espoir*, *Homage to Catalonia* y *For Whom the Bell Tolls* como prolongación de unas tradiciones imagológicas heredadas del pasado. Uno de ellos es, por ejemplo, la identificación de unas mismas cualidades en la imagen de determinados grupos sociales. Ya veíamos anteriormente cómo, especialmente a partir del siglo XVIII, los españoles dejan de ser, dentro del imaginario británico, el pueblo cruel y sanguinolento que había descrito la Leyenda Negra para convertirse en una nación que se distinguía por la nobleza y honradez de sus habitantes. Esto no quiere decir que, a partir de entonces, nuestro país dejara de suscitar «fobias» en las Islas; de este modo, muchos escritores ingleses continuaban criticando, entre otros aspectos, la holgazanería o la falsa religiosidad de los españoles. Sin embargo, a diferencia de épocas anteriores, el espíritu ilustrado, siempre escudriñador, busca unas motivaciones que expliquen estas lacras de las que se adolece en España. Influenciada por el triunfo de las tesis liberales en Inglaterra, la visión británica no duda en achacarlas a la mala gestión de unos gobernantes despóticos y corruptos. La veracidad de la que gozan los testimonios ingleses en el resto de Europa y en Norteamérica hizo que la representación de los españoles como «el mejor tipo de gente bajo el peor tipo de gobierno» –en palabras de Jardine– pronto se divulgara a ambas orillas del Atlántico. Lejos de desaparecer con el paso del tiempo, esta visión dicotómica de España, en la que, aparentemente, sólo existen malos gobernantes y buenos súbditos, continúa presente, doscientos años después, en el imaginario de los dos autores anglosajones aquí abordados. De este modo, tanto Orwell como Hemingway representan a un pueblo que, además de afrontar el terror y las vicisitudes propias de una guerra, debe soportar la incompetencia de sus dirigentes. *Homage to Catalonia* y *For Whom the Bell Tolls*

2 *HC.*, pp. 145-146.

muestran cómo la España leal tiene que pagar un elevado precio por las decisiones que adopta el gabinete republicano. En la primera de estas obras, Orwell denuncia, a raíz de la destitución de Largo Caballero, el sometimiento de las autoridades gubernamentales a las decisiones adoptadas por el régimen estalinista. El escritor británico quiere hacer ver cómo, a partir de ese momento, la población de Barcelona fue objeto de registros, detenciones y juicios sumarísimos con los que se pretendía poner fin al POUM. Hemingway, por su parte, critica duramente los intereses particulares y egoístas que subyacían tras la política practicada por el gobierno de la República; desde su punto de vista, los miembros del gabinete encabezado por Largo Caballero estaban más pendientes de mantenerse en el poder que de rechazar el avance franquista, razón por la que, según él, el ejecutivo decidió, ante la proximidad de las tropas rebeldes a la capital de España, trasladarse a Valencia en noviembre de 1936.

Las observaciones concernientes al carácter español no son el único punto de encuentro entre las imágenes reflejadas por las obras aquí abordadas y aquellas otras que fueron elaboradas en épocas pretéritas. Al igual que sus predecesores, Malraux, Orwell y Hemingway introducen algunas consideraciones acerca del atraso material en el que vive sumido gran parte del país o de su pasado. *L'espoir* y *Homage to Catalonia* inciden especialmente en el primero de estos aspectos, como demuestran, por ejemplo, las numerosas alusiones al armamento obsoleto de los milicianos o a las precarias condiciones materiales en las que debían subsistir las clases más humildes en general, y los campesinos en particular. Asimismo, las tres visiones objeto de este estudio también hacen referencia a una de las épocas más sobresalientes de la historia de nuestro país, como fue el Siglo de Oro. A partir de las imágenes analizadas, puede concluirse que el recuerdo de la España imperial sigue suscitando en la mirada foránea reacciones contrapuestas; de este modo, el esplendor cultural de este período constituye un motivo de admiración para el visitante, tal y como se advierte, por ejemplo, en las menciones que Malraux y Hemingway introducen, respectivamente, en relación con el Greco y Quevedo. Sin embargo, al mismo tiempo, la recreación de esta etapa continúa estando salpicada por algunos de los estereotipos que gestó la denominada «Leyenda Negra»; así, la imagen de España aparece todavía asociada a la Inquisición –símbolo en sus respectivos imaginarios de la intolerancia religiosa– y a la representación de sus habitantes como un pueblo violento y cruel. Debido, probablemente, a su herencia cultural común –la anglosajona–, Orwell y Hemingway coinciden en retomar esta visión oscurantista de nuestro pasado; recuérdese, por ejemplo, cómo, durante sus paseos por las calles de Lérida y Barbastro, el escritor británico recrea en su imaginación una España legendaria cuya esencia radica, entre otros elementos, en los calabozos del Santo Oficio. Hemingway, por su parte, ve en la Inquisición un organismo que ha hecho de la Iglesia una institución corrupta. Sin embargo, más interesante resulta todavía la convicción que el novelista norteamericano tiene acerca de la existencia en el carácter hispano de una inclinación por matar que se remonta a tiempos inmemoriales; al poner de manifiesto esta violencia ancestral que, supuestamente, siempre ha estado presente en nuestro país, Hemingway encuentra la ocasión para volver su mirada hacia una España inquisitorial, cuya sombra se extiende, desde su punto de vista, hasta la guerra civil. No resulta extraño, por tanto, que el escritor estadounidense se refiera a los españoles como «el pueblo del Auto de Fe»[3].

Junto a los clichés propios de la Leyenda Negra, los estereotipos románticos continúan teniendo una influencia notable sobre las imágenes ofrecidas por los tres autores. Las connotaciones idealistas que rodearon a la contienda y la particular evolución política, económica y cultural seguida por el país dentro del marco europeo, pronto favorecieron el resurgimiento de la visión romántica de España; no en vano, cuando la guerra estalló, muchos creyeron asistir al último conflicto romántico. La participación en la guerra de individuos que estaban dispuestos a sacrificar su vida por los mismos ideales que,

3 *FWBT.*, p. 273.

como la libertad o la igualdad, habían promovido los conflictos del siglo anterior, contribuyó a que la contienda civil apareciera ante la mirada foránea como una contienda propia del siglo XIX. Esta actitud, tan poco común en una guerra moderna, no pasa desapercibida para ninguno de los autores aquí abordados, a juzgar por la relevancia que, dentro de sus respectivas obras, tienen personajes idealistas como Hernández –*L'espoir*–, Kopp –*Homage to Catalonia*– y Anselmo –*For Whom the Bell Tolls*–. La guerra de España brindó a muchos voluntarios extranjeros la oportunidad de conocer el país exótico y legendario descrito, a menudo desde la imaginación, por los viajeros decimonónicos. Muy significativas resultan, en este sentido, las palabras de Orwell cuando afirma: «Por primera vez sentía que estaba en España, un país que siempre había querido visitar (...) De toda Europa, era el lugar que más había cautivado mi imaginación»[4]. Por tanto, la contienda crea una expectativa común entre aquellos que acuden a la Península para tomar parte en la guerra; la de encontrar la misma nación que habían «descubierto» un siglo atrás los escritores románticos. En consecuencia, los estereotipos decimonónicos cobran especial relevancia en la visión que, desde el exterior, se proyecta de la España en guerra, y así lo demuestra, por ejemplo, la atención que suscita en la mirada de los tres autores el particularismo peninsular; la faceta pintoresca del conflicto reflejada en *L'espoir* y *Homage to Catalonia*, o la peculiar manera que, según Hemingway, tienen los españoles de enfrentarse a la muerte, brotan de una determinación por seguir haciendo de nuestro país un lugar diferente.

Las coincidencias existentes entre las imágenes analizadas a lo largo de estas páginas no siempre proceden de unos clichés heredados del pasado. De este modo, si Malraux y Orwell inciden, por ejemplo, en la miseria y en el atraso que debían soportar los campesinos, no es por influencia de unas elaboraciones imagológicas previas, sino, más bien, por el impacto que debió causar en ellos las precarias condiciones en las que vivía este grupo social. Muy distinta es, sin embargo, la visión que

4 *HC.*, pp. 145-146.

Hemingway ofrece al respecto en su novela; como bien puede comprobarse en el relato donde Pilar describe las matanzas perpetradas en en el pueblo de Pablo, el campesinado deja de ser, momentáneamente, víctima de los desmanes y abusos de las clases dirigentes para intentar, por medio de una violencia inusitada, invertir el orden establecido. También coinciden *L'espoir* y *Homage to Catalonia* en representar a los españoles como un pueblo que muestra un trato extremadamente respetuoso con las mujeres; en el caso del escritor británico, es evidente que tal consideración tiene su origen en una experiencia personal –el registro de la habitación del hotel donde se hospedaba su esposa– más que en unos estereotipos procedentes de otras épocas. Esta imagen, no obstante, adolece de una cierta ingenuidad, sobre todo si se tienen en cuenta episodios como la violación que sufre María por unos soldados rebeldes en *For Whom the Bell Tolls*. Esto, sin embargo, no significa que ninguno de los tres autores pase por alto la crueldad que, de una forma u otra, siempre está presente en toda confrontación bélica. Malraux, Orwell y Hemingway muestran, en distinta medida, la dimensión brutal y salvaje de la guerra de España; los bombardeos aéreos contra la población civil en Madrid –*L'espoir*–, la reclusión de los miembros del POUM en las cárceles de Barcelona –*Homage to Catalonia*– o las matanzas y violaciones descritas por Hemingway, constituyen una buena prueba de ello. Para Malraux y Hemingway, es la acción, y no la reflexión, la que debe prevalecer a la hora de combatir esta serie de atrocidades, poniendo así de manifiesto una clara preferencia por aquellos hombres que, en lugar de dedicarse a la especulación filosófica, optan por combatir activamente contra las fuerzas conservadoras –Iglesia y terratenientes– defendidas por el bando nacional. Pese a que los personajes principales de *L'espoir* y *For Whom the Bell Tolls* son intelectuales, no es menos cierto que muchos de ellos han sido sacados de sus respectivos estudios para desempeñar un papel activo en la guerra de España.

Otro punto de encuentro entre las visiones aportadas por Malraux y Hemingway es el posicionamiento que ambos adoptan frente al comunismo. Aunque ninguno de ellos llega a militar en las filas del PC, no dejan de manifestar, al mismo tiempo, su admiración por el papel que esta formación política desempeña durante la contienda. Más que la colaboración prestada por el régimen de Moscú a la República española, los dos escritores ponen de relieve otros aspectos concernientes a la intervención soviética en nuestro país, como son, por ejemplo, la importancia que depositaban los comunistas en la organización y en la disciplina. *L'espoir* y *For Whom the Bell Tolls* subrayan el carácter decisivo que estos valores pueden tener a la hora de decantar la victoria en favor del bando gubernamental; no en vano, durante sus respectivas estancias en España, Malraux y Hemingway vieron cómo, tras lograr unificar los diversos movimientos antifranquistas en el denominado «Ejército Popular», el comunismo era la única fuerza capaz de dirigir con ciertas garantías la lucha contra los sublevados. A pesar de ello, el compromiso que el novelista francés y el norteamericano no se traduce en un compromiso político formal con el estalinismo. De este modo, al mismo tiempo que destaca la organización y la disciplina exaltadas por la ortodoxia comunista, Malraux critica en *L'espoir* la deshumanización que esta última provoca en personajes como Manuel. Por su parte, Robert Jordan –el protagonista de *For Whom the Bell Tolls*–, a pesar de acatar las órdenes que recibe del Partido y de admirar el heroísmo de algunos de sus miembros – «El Campesino», Juan Modesto, Kléber, Lúckasz...–, responsabiliza a los comunistas de la manipulación informativa y de la corrupción que dominaban la retaguardia: «El Gaylord's parecía indecentemete lujoso y corrupto ¿Pero por qué no iban a tener los representantes de un poder que gobernaba la sexta parte del mundo algunas comodidades? Pues bien, las tenían y a Robert Jordan le repugnaba todo aquello...»[5]. Más dura es, si cabe, la crítica que Hemingway dirige contra André Marty –máximo responsable de las Brigadas Internacionales–, cuya intransigencia e inflexibilidad terminan por arruinar la operación que debía acometer

5 *FWBT.*, p. 222.

Jordan. A diferencia de lo que sucede con los otros dos narradores, la visión que ofrece Hemingway del comunismo en España se manifiesta claramente por medio del léxico empleado por el escritor estadounidense; recuérdense, en este sentido, la forma en la que autor logra recrear el clima de intriga y corrupción política presente en el hotel «Gaylord's» –punto de encuentro de los agentes soviéticos destinados a la capital de España– a través de vocablos como «suntuoso», «cínico», «desilusión», «decepcón», o «corrupción», entre otros. De este modo, podemos concluir que, tanto *L'espoir* como *For Whom the Bell Tolls*, reflejan una visión ambivalente de la intervención soviética en la guerra civil. Muy distinta es, en cambio, la postura adoptada por Orwell. A diferencia de Malraux y Hemingway, que, ya antes de su llegada a nuestro país, habían manifestado su rechazo hacia algunos aspectos de la doctrina estalinista, el anticomunismo por el que sería tan conocido el escritor inglés tiene su origen en España. A pesar de haber puesto en entredicho las tesis socialistas en *The Road to Wigan Pier*, Orwell no oculta la intención que, antes de participar en la contienda, albergaba de combatir junto a los comunistas: «Es fácil comprobar por qué entonces prefería el punto de vista comunista al del POUM. Los comunistas tenían una política práctica definida, una política mucho mejor desde el punto de vista del sentido común...»[6]. Sin embargo, a raíz de su participación en las denominadas «jornadas de mayo», el autor de *Homage to Catalonia* tiene una opinión muy distinta del comunismo; tras la ilegalización del POUM, Orwell descubre una maniobra orquestada por las autoridades soviéticas –cuya influencia en el gobierno de Negrín era notoria– para imponer su política contrarrevolucionaria. Ésta no sólo significó para el escritor británico la disolución de aquellos ideales que, como la decencia o la humanidad, habían motivado su participación en la guerra, sino también la huida de un país en el que, por primera y única vez en su vida, los había visto materializados. Asimismo, al regresar a Inglaterra, Orwell dejaba en España a numerosos compañeros y amigos

6 *HC.*, pp. 182-183.

que, como Georges Kopp o Bob Smillie, corrieron peor suerte que él. No es sorprendente, por tanto, que la experiencia vivida por el noveslista durante su estancia en nuestro país fuera decisiva a la hora de alimentar la animadversión que, en escritos posteriores, profesara contra el estalinismo en particular, y contra cualquier forma de totalitarismo en general. Por todo ello, resulta evidente que Malraux, Orwell y Hemingway, además de perpetuar unos modelos imagológicos heredados del pasado, imprimen a sus respectivas visiones unos rasgos peculiares, condicionados, generalmente, por factores de diversa índole, ya sean personales, sociales, ideológicos...

La influencia de esta serie de variables provoca, de manera ineludible, un desajuste entre la imagen proyectada en la obra literaria y su marco histórico de referencia. En el capítulo cuarto pudimos observar cómo *L'espoir*, *Homage to Catalonia* y *For Whom the Bell Tolls* reflejan fielmente algunos aspectos de la guerra civil, si bien muestran al mismo tiempo algunos «desajustes» respecto a su contexto histórico. No pretendemos obviar el hecho de que una novela o cualquier otra forma de expresión artística, por mucho que trate de captar fielmente una situación, constituye en último término la manifestación de una visión subjetiva y particular. Por el contrario, nuestra intención es poner de relieve cómo cada una de las imágenes analizadas en páginas precedentes son, en parte, reflejo de una conciencia que, influenciada por factores culturales y personales, interpreta la realidad de manera particular; el escritor, como señala Pageaux[7], no copia el mundo circundante, sino que selecciona aquellos elementos que son pertinentes para «su» representación. *L'espoir*, *Homage to Catalonia* y *For Whom the Bell Tolls* ofrecen numerosos ejemplos que así lo demuestran. Resulta significativa, en este sentido, la representación sumaria y esquemática que hace Malraux de la sociedad española; al igual que en sus novelas sobre la revolución china –*Les conquérants* y *La condition humaine*–, el autor apenas muestra interés alguno por la cultura o por el modo de vida

7 PAGEAUX, Daniel-Henri, « De l'imagerie culturelle... », op. cit., p. 149.

de nuestro país. El papel que otorga a los españoles en *L'espoir* es, como ya se ha dicho, el de erigirse en portavoces de las diversas corrientes políticas e intelectuales que confluían dentro del bando republicano o bien el de mera comparsa. Por esta razón, puede afirmarse, tal y como ha señalado Garosci[8], que la experiencia española de Malraux es más bien la de un francés de paso por la Península que la de un autor que haya respirado el ambiente histórico y cultural de España. Más atento que el novelista galo a las costumbres locales, Orwell, pese a su pretendida objetividad, no siempre ofrece una visión fidedigna de la realidad nacional del momento; así, por ejemplo, llega a confundir a la Guardia Civil con la de Asalto, y la Sagrada Familia –que, por cierto, le horroriza– con la Catedral de Barcelona. En otras ocasiones, movido por su intención de suscitar la sonrisa del lector, realiza algunas apreciaciones que extiende, con un cierto aire de superioridad, al resto del país; pese a haber conocido tan sólo una parte de éste, el escritor británico no muestra ningún reparo al asegurar, entre otras cosas, que, en España, los trenes siempre llegaban con retraso, que las enfermeras no estaban capacitadas para ejercer su profesión o que los andaluces eran unos ignorantes. Finalmente, también deben señalarse algunas «peculiaridades» de la visión proyectada por Hemingway en *For Whom the Bell Tolls.* Pese a conocer en profundidad nuestra cultura, el escritor norteamericano construye una imagen que, en lugar de plasmar fielmente la realidad, refleja su deseo de no olvidar la España brutal, y a la vez romántica, que había conocido en los cosos taurinos antes de la guerra. Asimismo, las inexactitudes apreciadas en la novela de Hemingway derivan, en parte, de su aproximación a la idiosincrasia nacional a través, casi exclusivamente, de su afición a los toros, de ahí que las emociones que mejor comprenda sean aquéllas que se apoderan de los españoles en los alberos. Sin embargo, el escritor estadounidense parece no conocer, al menos de manera exhaustiva, las costumbres y convenciones sociales que existen fuera de los cosos taurinos. De este modo, Hemingway

8 GAROSCI, Aldo, *Los intelectuales...*, *op. cit.*, p. 304.

no tiene en cuenta, aparentemente, la marginación sufrida por colectivos como el de los gitanos o el de las prostitutas a la hora de poner al frente de la banda de milicianos a Pilar y a Pablo. Poco convincente resulta también la historia de amor que viven Jordan y María; considerando la estricta moral de la época, la joven, perteneciente a una familia acomodada, habría rehusado, muy probablemente, a mantener relaciones con el protagonista el mismo día en que se habían conocido. Por último, también es sintomático, en este sentido, el error que comete Hemingway cuando representa a los campesinos castellanos empleando un habla que, lejos de conservar su austeridad característica, resulta pomposa y artificial.

Referencias bibliográficas

Obras de André Malraux, George Orwell y Ernest Hemingway utilizadas

A.1. Obras estudiadas

A.1.2. Ediciones en lengua inglesa y francesa

HEMINGWAY, Ernest, *For Whom the Bell Tolls*, London, Penguin, [1955], 1967.
MALRAUX, André, *L'espoir*, Paris, Gallimard, [1937], 1976.
ORWELL, George, *Homage to Catalonia*, en DAVISON, Peter (ed.), *Orwell in Spain*, London, Penguin, 2001.

A.1.3. Ediciones en lengua española

HEMINGWAY, Ernest, *Por quién doblan las campanas*, (trad. de Lola de Aguado), Barcelona, Destino, 2003.
MALRAUX, André, *La esperanza*, (trad. de J. Mª. Fernández Cardo), Madrid, Cátedra, 1995.
ORWELL, George, *Homenaje a Cataluña*, (trad. de Carlos Pujol), Barcelona, Ariel, [1970], 1983.
— *Homenaje a Cataluña*, en DAVISON, Peter (ed.), *Orwell en España. Homenaje a Cataluña y otros escritos sobre la guerra civil española*, (trad. de Antonio Prometeo Moya), Barcelona, Tusquets, [2001], 2003.
— *Homenaje a Cataluña*, (trad. de Noemí Rosenblat), Ediciones Virus, [2000], 2005.

A.2. Otras obras de creación consultadas

A.2.1. Ernest Hemingway

BAKER, Carlos (ed.), *Ernest Hemingway. Selected Letters (1917-1961)*, New York, Scribner, 1985.

BROWN, F.S.; COMPITELLO, M.A.; HOWARD, V., et al. (eds.), *Rewriting the Good Fight. Critical Essays on the Spanish Civil War*, East Lansing, Michigan State University, 1989.

HEMINGWAY, Ernest, *The Fifth Column*, London, Penguin, [1941], 1966.

— *La Quinta Columna*, (trad. de Noguer y Caralt editores), Barcelona, Caralt, 1999.

— *The Sun Also Rises*, London, Vintage, 2000.

— *Death in the Afternoon*, New York, Scribner, 2003.

— *Fiesta*, (trad. de Joaquín Adsuar), Barcelona, Destino, 2003.

— *A Farewell to Arms*, London, Vintage, 2005.

WEEKS, Robert P. (ed.), *Hemingway: a Collection of Critical Essays*, New Jersey, Prentice Hall, 1962.

WHITE, William, *By-line: Ernest Hemingway. Selected Articles and Dispatches of Four Decades*, New York, Scribner, 1967.

A.2.2. André Malraux

MALRAUX, André, *Les conquérans*, Paris, Gallimard, 1967.

— *La condition humaine*, Paris, Gallimard, 1968.

A.2.3. George Orwell

DAVISON, Peter (ed.), *George Orwell. The Works*, 9 vols., London, Secker and Warburg, 1996.

— *The Complete Works of George Orwell*, 20 vols., London, Secker and Warburg, 1998.

— *Orwell in Spain*, London, Penguin, 2001.

ORWELL, George, *Nineteen Eighty-Four*, London, Penguin, 2000.

— *Matar a un elefante y otros escritos*, (trad. de Miguel Martínez Lage), Madrid, Turner Publicaciones, 2006.

— *Orwell periodista. Artículos y reseñas en el «Observer» (1942-1949)*, (trad. de Miguel Aguilar), Barcelona, Polirritmos, 2006.

ORWELL, Sonia; ANGUS, Ian (eds.), *The Penguin Essays of George Orwell*, London, Penguin, 1984.

Estudios críticos sobre la vida y obra de André Malraux, George Orwell y Ernest Hemingway

B.1. Ernest Hemingway

BAKER, Carlos, *Hemingway. The Writer as Artist*, New York, Princeton, 1956.
— *Ernest Hemingway and His Critics: An International Anthology*, Massachusetts, Colonial Press, 1961.
— *Ernest Hemingway. An Introduction and Interpretation*, New York, Barnes and Noble, 1967.
— *Ernest Hemingway. A Life Story*, New York, Scribner, 1969.
BENSON, Frederick R., «Ernest Hemingway», en CORRALES EGEA, J. y TUÑÓN DE LARA, M. (eds.), *Los intelectuales y la guerra de España*, Caracas, Monte Ávila, 1977, pp. 278-295.
BERMAN, Ron, «Protestant, Catholic, Jew: *The Sun Also Rises*», in *The Hemingway Review*, vol. 18, no. 1, Fall 1998, pp. 33-48.
BRENNER, Gerry, *Concealments in Hemingway's Works*, Columbus, Ohio State University Press, 1983.
BROER, Lawrence R., *Hemingway's Spanish Tragedy*, Alabama, University of Alabama Press, 1974.
BUCKLEY, Ramón, «Revolution in Ronda: the Facts in Hemingway's *For Whom the Bell Tolls*», in *The Hemingway Review*, vol. 17, no. 1, Fall 1997, pp. 49-57.
CAPELLÁN, Ángel, *Hemingway and the Hispanic World*, Ann Arbor, Michigan State University, 1985.
CASTILLO-PUCHE, José Luis, *Hemingway in Spain*, London, New English Library, 1975.
COLVERT, James B., «Ernest Hemingway's Morality in Action», in *American Literature*, vol. 27, no. 3, November 1955, pp. 372-385.
COOPER, Stephen, *The Politics of Ernest Hemingway*, Ann Arbor, Michigan State University, 1987.
DONALDSON Scott, (ed.), *By Force of Will. Life and Art of Ernest Hemingway*, New York, Viking Press, 1977.
— *The Cambridge Companion to Ernest Hemingway*, Cambridge, Cambridge University Press, [1996], 1999.
— *By Force of Will. Life and Art of Ernest Hemingway*, New York, Viking Press, 1977.
EBY, Cecil D., «The Real Robert Jordan», in *American Literature*, vol. 38, no. 3, November 1996, pp. 380-386.
EVANS, Robert, «Hemingway and the Pale Cast of Thought», in *American Literature*, vol. 27, no. 3, November 1955, pp. 161-176.
GADJUSEK, Robert E., «Pilar's Tale: The Myth and the Message», in *The Hemingway Review*, vol. 10, no. 1, Fall 1990, pp. 19-23.

— «Is He Building a Bridge or Blowing One? The Repossession of Text by the Author in *For Whom the Bell Tolls*», in *The Hemingway Review*, vol. 11, no. 2, Spring 1992, pp. 45-51.

— *Hemingway in His Own Country*, Notre Dame, University of Notre Dame Press, 2002.

GREBSTEIN, S.N., *Hemingway's Craft*, Illinois, Southern Illinois University Press, 1973.

GURKO, Leo, *Ernest Hemingway and the Pursuit of Heroism*, New York, Thomas Crowell, 1968.

HAYS, Peter, «Hemingway Raids the Library for *For Whom the Bell Tolls*», in *The Hemingway Review*, vol. 18, no. 1, Fall 1998, pp. 98-102.

HEMINGWAY, Valerie, *Correr con los toros. Mis años con los Hemingway*, Barcelona, Seix Barral, 2005.

HODSON, Joel, «Robert Jordan Revisited: Hemingway's Debt to T.E. Lawrence», in *The Hemingway Review*, vol. 10, no. 2, Spring 1991, pp. 2-16.

JOSEPHS, Allen, «In Another Country: Hemingway and Spain», in *The North Dakota Quarterly*, University of North Dakota, no. 2, 1992, pp. 50-57.

KOCK, Stephen, *The Breaking Point. Hemingway, Dos Passos, and the Murder of José Robles*, New York, Counterpoint, 2005.

LAPRADE, Douglas E., «The Reception of Ernest Hemingway in Spain», in *The Hemingway Review*, Special European Issue, 1992, pp. 42-50.

LINDEROTH, Leon, *The Female Characters of Ernest Hemingway*, Florida, Florida State University, 1966.

LUTZ, Sherry, «The Conclusions of Azuela's *The Underdogs* and Hemingway's *For Whom the Bell Tolls*», in *The Hemingway Review*, vol. 17, no. 1, Fall 1990, pp. 19-33.

LYNN, Kenneth, *Hemingway*, Cambridge, Harvard University Press, 2002.

MANDEL, Miriam B., «A Reader's Guide to Pilar's Bullfighters: Untold Histories in *For Whom the Bell Tolls*», in *The Hemingway Review*, vol. 15, no. 1, Fall 1995, pp. 94-104.

MARTIN, Robert A., «Robert Jordan and the Spanish Country: Learning to Live in It « Truly and Well »», in *The Hemingway Review*, vol. 16, no. 1, Fall 1996, pp. 56-64.

McCAFFERY, John (ed.), *Ernest Hemingway: The Man and His Works*, New York, World Publishing Co., 1950.

MEYERS, Jeffrey, «*For Whom the Bell Tolls* as Contemporary History», in AYCOCK, W. and PÉREZ, J. (eds.), *The Spanish Civil War in Literature*, Lubbock, Texas University Press, 1990, pp. 85-107.

MILLER, Paul W., «Hemingway vs. Stendhal, or Papa's Last Fight with a Dead Writer», in *The Hemingway Review*, vol. 19, no. 1, Fall 1999, pp. 127-140.

NAHAL, Chaman, *The Narrative Pattern in Ernest Hemingway's Fiction*, New Jersey, Associated University Presses, 1971.

NELSON, Cary, «Hemingway, the American Left, and the Soviet Union: Some Forgotten Episodies», in *The Hemingway Review*, vol. 14, no. 1, Fall 1994, pp. 36-45.

NOBLE, Donald R., *Hemingway: A Revaluation*, New York, Whitston, 1983.

RAEBURN, John, «Hemingway on Stage: *The Fifth Column*, Politics, and Biography», in *The Hemingway Review*, vol. 18, no. 1, Fall 1998, pp. 5-16.

SANDERS, David, «Ernest Hemingway's Spanish Civil War Experience», in *American Quarterly Review*, vol. 12, no. 2, Summer 1960, pp. 133-143.

STOLTZFUS, Ben, «Hemingway, Malraux and Spain: *For Whom the Bell Tolls* and *L'espoir*», in *Comparative Literature Studies*, no. 36, 1999, pp. 179-194.

TOWNSEND, Ludington, «Spain and the Hemingway-Dos Passos Relationship», in *American Literature*, vol. 60, no. 2, May 1988, pp. 270-273.

TROGDON, Robert W., «Money and Marriage: Hemingway's Self-Censorship in *For Whom the Bell Tolls*», in *The Hemingway Review*, vol. 22, no. 2, Spring 2003, pp. 6-18.

TYLER, Lisa, *Student Companion to Ernest Hemingway*, London, Greenwood, 2001.

VERNON, Alex, «War, Gender and Ernest Hemingway», in *The Hemingway Review*, vol. 22, no. 1, Fall 2002, pp. 34-55.

VILLORO, Juan, «Introducción» a *Por quién doblan las campanas*, (trad. de Lola de Aguado), Barcelona, Debate, 2003.

WATTS, Emily, *Ernest Hemingway and the Arts*, Illinois, University of Illinois, 1971.

B.2. André Malraux

CATE, Curtis, *André Malraux: a Biography*, New York, International Publishing Co., 1997.

COURCEL, Martine de, *Malraux. Life and Work*, London, Weidenfield and Nicolson, 1976.

FERNÁNDEZ CARDO, J. Mª., «Introducción» a *La esperanza*, (trad. de José Bianco), Madrid, Cátedra, 1995.

GAILLARD, Pol, *L'espoir. Profil d'une œuvre*, Paris, Hatier, 1970.

GREENLEE, James W., *Malraux's Heroes and History*, Illinois, Northern Illinois University Press, 1975.

GRESHOFF, C.J., *An Introduction to the Novels of André Malraux*, Rotterdam, Balkema, 1975.

LANGLOIS, Walter G., «Malraux y la transformación literaria de lo real», en CORRALES EGEA, J. y TUÑÓN DE LARA, M. (eds.), *Los intelectuales y la guerra de España*, Caracas, Monte Ávila, 1977, pp.

LYOTARD, Jean-François, *Signed, Malraux*, (trad. del francés por Robert Harvey) Minneapolis, University of Minnesota Press, 1999.
MALRAUX, André, *Antimémoires*, Paris, Gallimard, 1967.
NOTHOMB, Paul, *Malraux en España*, Barcelona, Edhasa, 2001.
PICON, Gaëtan, *Malraux par lui-même*, Paris, Seuil, 1955.
RAYMOND, Gino, *André Malraux: Politics and the Temptation of Myth*, Vermont, Ashgate, 1995.
STOLTZFUS, Ben, «Hemingway, Malraux and Spain: *For Whom the Bell Tolls* and *L'espoir*», in *Comparative Literature Studies*, no. 36, 1999, pp. 179-194.
TARICA, Ralph, *Imaginery in the Novels of André Malraux*, London, Fairleigh and Dickinson, University Press, 1980.
THORNBERRY, Robert S., *André Malraux et l'Espagne*, Géneve, Droz, 1977.
TODD, Olivier, *Malraux. Una vida*, (trad. de Encarna Castejón), Barcelona, Tusquets, 2002.
WILKINSON, David, *Malraux: An Essay on Political Criticism*, Cambridge, Harvard University Press, 1967.

B.2. George Orwell

ATKINS, John, *George Orwell. A Literary Study*, London, John Calder, 1954.
ALLDRIT, Keith, *The Making of George Orwell. An Essay in Literary History*, London, Edward Arnold, 1969.
BOWKER, Gordon, *George Orwell*, London, Little Brown, 2003.
BRUNSDALE, M.M., *Student Companion to George Orwell*, London, Greenwood, 2000.
CRICK, Bernard, *George Orwell. A Life*, London, Penguin, [1980], 1992.
GALVÁN REULA, Juan Fernando, *George Orwell y España*, La Laguna, Secretariado de Publicaciones de la Universidad de La Laguna, 1984.
HOLLIS, Christopher, *A Study of George Orwell. The Man and His Works*, Chicago, Henry Regnery, 1956.
LÁZARO LAFUENTE, Luis Alberto, *Pensamiento y obra de George Orwell*, Valladolid, Servicio de Publicaciones de la Universidad de Valladolid, 1987.
MEYERS, Jeffrey, *Orwell, la conciencia de una generación*, (trad. de Mª Dulcinea Otero), Barcelona, Vergara, 2002.
SPURLING, Hilary, *Sonia Orwell*, (trad. de Xoán Abeleira), Barcelona, Circe, 2005.
STEWART, M.A., «Unrest in Barcelona in May 1937: The Accounts of Teresa Pàmies, Aurora Bertrana and George Orwell», en *Actas del Vuitè Col.loqui d'Estudis Catalans a Nord-Amèrica*, Bloomington, 1995, pp. 281-292.
TAYLOR, D. J., *Orwell. The Life*, London, Vintage, 2003.
WILLIAMS, Raymond, *George Orwell*, New York, Columbia University Press, 1971.

Obras concernientes al marco teórico-crítico y metodológico

BAQUERO GOYANES, Mariano, «Tiempo y tempo en la novela», en GULLÓN, Carmen y GULLÓN, Agnes, *Teoría de la novela*, Madrid, Taurus, 1974, pp. 231-242.

— *Estructuras de la novela actual*, Madrid, Castalia, 1989.

BATHRICK, David, «Los estudios culturales», en MAYORAL, J.A. (coord..), *Teorías de la historia literaria*, Madrid, Arco, 2005, pp. 273-299.

BOBES NAVES, Carmen, *Teoría de la novela*, Madrid, Síntesis, 1993.

BOURNEUF, Roland; OUELLET, Réal, *La novela*, Barcelona, Arial, [1972], 1981.

BRUNEL, Pierre ; CHEVREL, Yves (dirs.), *Précis de Littérature Comparée*, Paris, PUF, 1989.

CHEVREL, Yves, « Les études de réception », en BRUNEL, Pierre ; CHEVREL, Yves (dirs.), *Précis de Littérature Comparée*, Paris, PUF, 1989, pp. 177-213.

CHILDS, Peter; WILLIAMS, Patrick, *Una introducción a la teoría poscolonial*, Harlow, Longman, 1997.

DYSERINCK, H. et al., «Europa en España – España en Europa», en *Actas del Simposio Internacional de Literatura Comparada*, (Pamplona, 1988), Barcelona, PPU, 1990.

ELWES AGUILAR, Olga, *Francia y lo francés en Ramón Gómez de la Serna*, Madrid, Universidad Complutense, (tesis doctoral dirigida por Javier del Prado Biezma), 2004.

ÉTIEMBLE, René, *Ouverture(s) sur un comparatisme planétaire*, Breteuil-sur-Iton, Chrstian Bourgois Editeur, 1988.

GADDIS ROSE, Marilyn (ed.), *Translation Spectrum. Essays in Theory and Practice*, New York, State University of New York, 1981.

GNISCI, Armando (ed.), *Introducción a la literatura comparada*, (trad. de Luigi Giuliani), Barcelona, Crítica, 2002.

GOLDMANN, Lucien, *Towards a Sociology of the Novel*, (trad. del francés por Alan Sheridan), London, Lavistock, 1975.

GULLÓN, Carmen y GULLÓN, Agnes, *Teoría de la novela*, Madrid, Taurus, 1974.

GUILLÉN, Claudio, *Entre lo Uno y lo Diverso. Introducción a la literatura comparada*, Barcelona, Crítica, 1985.

GUYARD, M.- F., *La littérature comparée*, Paris, PUF, [1951], 1978.

HOMBOURGER, Sandrine, *La imagen polimorfa de Alfred Musset a través de los estereotipos españoles. La creación de una morada española*, Madrid, Universidad Complutense, (tesis doctoral dirigida por Javier del Prado Biezma).

JAUSS, H. R., *Pour une esthétique de la réception*, (trad. del alemán por Claude Maillard), Paris, Gallimard, 1978.

— *Pour une herméneutique littéraire*, (trad. del alemán por Maurice Jakob), Paris, Gallimard, 1988.

JOHNSON, Anthony, «Notes Towards a New Imagology», in *The European English Messenger*, vol. 14, no. 1, 2005, pp. 50-60.

LINTVELT, Jaap, *Essai de Typologie Narrative. Le «point de veu»*, Paris, Libraire José Corti, 1981.

LOLIÉE, Fréderic, *Historia de las literaturas comparadas desde sus orígenes hasta el siglo XX*, Madrid, Daniel Jorro Editor, [1904], 1905.

MINER, Earl, *Comparative Poetics. An Intercultural Essay on Theories of Literature*, Princeton, Princeton University Press, 1990.

MOLL, Nora, «Imágenes del «Otro». Literatura y los estudios interculturales», en GNISCI, Armando (ed.), *Introducción a la literatura comparada*, (trad. de Luigi Giuliani), Barcelona, Crítica, 2002, pp. 347-387.

MOURA, Jean-Marc, « L'imagologie littéraire : essai de mise au point historique et critique », en *Revue de littérature comparée. Recherches comparatistes de la Renaissance à nos jours*, nº 3, Paris, julio-septiembre de 1992, pp. 271-287.

— *L'Europe littéraire et l'ailleurs*, Paris, PUF, 1998.

— «L'imagologie litteraire : tendances actuelles», en *Perspectives comparatistes*, Paris, Honoré Champion, 1999, pp. 181-191.

NEEFS, Jacques, *La politique du texte. Enjeux sociocritiques*, Lille, Presses Universitaires de Lille, 1992.

PAGEAUX, Daniel-Henri, «Une perspective en littérature comparée: l'imagerie culturelle», en *Synthesis*, VIII, Bucarest, 1981, pp. 169-185

— «De l'imagerie à l'imaginaire», en BRUNEL, Pierre ; CHEVREL, Yves (dirs.), *Précis de Littérature Comparée*, Paris, PUF, 1989, pp. 133-161.

— «Un aspect des relations culturelles entre la France et la Péninsule Ibérique: l'exotisme», en *Imágenes de Francia en las letras hispánicas*, Barcelona, PPU, 1989, pp. 459-469.

— «Recherches sur l'imagologie : de l'Histoire culturelle à la Poétique», en *Revista de Filología Francesa*, nº8, Madrid, Servicio de Publicaciones UCM, Universidad Complutense de Madrid, 1995, pp. 135-160.

PRADO BIEZMA, Javier del, *Análisis e interpretación de la novela. Cinco modos de leer un texto narrativo*, Madrid, Síntesis, 1999.

PRADO BIEZMA, Javier del; BRAVO CASTILLO, Juan; PICAZO, Mª Dolores, *Autobiografía y modernidad literarias*, Cuenca, Servicio de Publicaciones de la Universidad de Castilla-La Mancha, 1994.

SAID, Edward W., *Orientalism*, London, Penguin, 1985.

— *Cultura e imperialismo*, (trad. de Nora Catelli), Barcelona, Anagrama, [1996], 2004.

SULLÁ, Enric (ed.), *Teoría de la novela. Antología de textos del siglo XX*, Barcelona, Crítica, 1996.

WELLEK, René; WARREN, Austin, *Teoría literaria*, Madrid, Gredos, [1953], 1985.

Otras referencias bibliográficas de interés

ABELLA, Rafael, *La vida cotidiana durante la guerra civil. La España republicana*, Barcelona, Planeta, 1975.

— *Mitos y leyendas de España*, Barcelona, Ediciones Martínez de Prada, 2000.

— *La vida cotidiana durante la guerra civil. La España nacional*, Barcelona, Planeta, 2004.

ÁLVAREZ BARRIENTOS, Joaquín, *Los hombres de letras en la España del siglo XVIII*, Madrid, Castalia, 2006.

ÁLVAREZ JUNCO, José, *Mater Dolorosa. La idea de España en el siglo XIX*, Madrid, Taurus, 2001.

AMICIS, Edmondo de, *España. Diario de viaje de un turista escritor*, (trad. de Irene Romero), Madrid, Cátedra, 2000.

AMIS, Kingsley, *The Beat Generation and the Angry Young Men*, New York, Dell, 1958.

ARISTÓTELES, *Política*, (trad. de Manuel García Valdés), Madrid, Gredos, 1994.

AVILÉS FARRÉ, Juan, *Pasión y farsa. Franceses y británicos ante la guerra civil*, Madrid, Eudema, 1994.

AYALA, Francisco, *La imagen de España*, Madrid, Alianza, 1986.

AYMES, Jean-René, *La guerra de España contra la Revolución Francesa (1793-1795)*, Alicante, Instituto Juan Gil-Albert, 1991.

BAREA, Arturo, *La forja de un rebelde*, 3 vols., Barcelona, Bibliotex, 2001.

BARTHES, Roland, *Mythologies*, Paris, Éditions du Seuil, 1957.

BATLLORI, Miguel, *Humanismo y Renacimiento*, Barcelona, Círculo de Lectores, 1995.

BEEVOR, Anthony, *The Battle for Spain*, London, Weidenfield and Nicolson, 2006.

BEN ISRAEL, Menasseh, *Esperanza de Israel*, Madrid, Hiperión, 1987.

BENNASSAR, Bartolomé, *Los españoles*, Barcelona, Argos Vergara, 1978.

BENSON, Frederick, *Writers in Arms. The Literary Impact of the Spanish Civil War*, New York, New York University Press, 1967.

BERNANOS, Georges, *Los grandes cementerios bajo la luna*, (trad. de Juan S. Olmos), Buenos Aires, Ediciones Siglo Veinte, 1964.

BERTRAND DE MUÑOZ, Maryse, *La guerra civil española y la literatura francesa*, Sevilla, Alfir, 1995.

BJORNSON, Richard, «Escritos norteamericanos», en CORRALES EGEA, J. y TUÑÓN DE LARA, M. (eds.), *Los intelectuales y la guerra de España*, Caracas, Monte Ávila, 1977, pp. 107-122.

BORROW, George, *La Biblia en España*, (trad. de Manuel Azaña), Madrid, Ediciones Cid, 1967.

BRADBURY, M. and McFARLANE, J., *Modernism. A Guide to European literature (1890-1930)*, London, Penguin, 1991.

BRASILLACH, R. y BARDÈCHE, M., *Historia de la guerra de España*, (trad. de Adolfo Porcar), Valencia, Romeo, 1966.

BRAVO CASTILLO, Juan, «Stendhal et l'Espagne à l'époque romantique», en *Stendhal et le Romanticisme*, XVe Congrès International Stendhalien, mayo de 1982, Maguncia, Aran, Editions du Grand-Chene, 1984.

— «Toledo visto a través de Dumas y Barrés», en *Actas del Col.loqui Internacional Alexandre Dumas et Victor Hugo, Voyages des textes et textes de voyages*, noviembre de 2002, Universidad de Lérida, Lérida, (en prensa).

— *Grandes hitos de la historia de la novela euroamericana. Desde sus inicios hasta el Romanticismo*, Madrid, Cátedra, 2003.

BRENAN, Gerald, *South from Granada*, London, Penguin, 1963.

BUENO, Gustavo, «La Idea de España en Ortega», en *El Basilisco. Revista de Filosofía, Ciencias Humanas y Teoría de la Ciencia y la Cultura*, nº 32, segunda época, enero-junio de 2002, pp. 14-18.

CADALSO, José, *Los eruditos a la violeta*, México, Miguel Ángel Porrúa, 1991.

CALVO SERRALLER, Francisco, «Los viajeros franceses y el mito de España», en GALÁN, Eva; NAVARRO, Carmen; LA TORRE, Purificación de, et. al. (eds.), *La imagen romántica del legado andalusí*, Barcelona, Lunwerg, 1995, pp. 139-141.

CARLIER, Christophe; GRITON-ROTERDAM, Natalie, *Des mythes aux mythologies*, Paris, Ellipses, 1994.

CASANOVA, Giacomo, *Memorias de España*, (trad. de Ángel Crespo), Barcelona, Áltera, 2001.

CASSIRER, Ernst, *Antropología filosófica. Introducción a la filosofía de la cultura*, (trad. de Eugenio Imaz), Méjico, Fondo de Cultura Económica, [1963], 1993.

CERVERA, Javier, *Madrid en guerra. La ciudad clandestina (1936-1939)*, Madrid, Alianza, 1999.

CHATEAUBRIAND, Vizconde de, *Le dernier Abencérage*, en BERCHET, Jean-Claude (ed.), *Atala, René, Le dernier Abencérage*, Paris, Flammarion, 1996.

CORRALES EGEA, J. y TUÑÓN DE LARA, M. (eds.), *Los intelectuales y la guerra de España*, Caracas, Monte Ávila, 1977.

COSTA, Joaquín, *Oligarquía y caciquismo*, 2 vols., Zaragoza, Guevara, 1982.

CUESTA ABAD, M.y JIMÉNEZ HEFFERNAN, C. (eds.), *Teorías literarias del siglo XX*, Madrid, Akal, 2005.

CUNLIFFE, Marcus, *The Literature of the United States*, London, Penguin, 1991.

— (ed.), *American Literature since 1900*, London, Penguin, 1993.

DÍAZ BORQUE, José Mª, *La sociedad española y los viajeros del siglo XVII*, Madrid, Temas, 1975.

DÍAZ LÓPEZ, Juan Antonio, «Modelos literarios y estéticos de los viajeros románticos ingleses. De la teoría a la praxis», en GALÁN, Eva; NAVARRO, Carmen; LA TORRE, Purificación de, et. al. (eds.), *La imagen romántica del legado andalusí*, Barcelona, Lunwerg, 1995, pp. 85-91.

DÍAZ PLAJA, Fernando, *La vida cotidiana en la España de la guerra civil*, Madrid, EDAF, 1994.

DOS PASSOS, John, *Viajes de entreguerras*, (trad. de Juan Gabriel Vázquez), Barcelona, Península, 2005.

DUCH, Lluis, *Mito, interpretación y cultura*, Barcelona, Herder, [1995], 2002.

DUMAS, Alexandre, *De Paris à Cádix*, Paris, Editions François Bourin, 1989.

DURKHEIM, Émile, *Las formas elementales de la vida religiosa*, (trad. de Ana Martínez Arancón), Madrid, Alianza, 1993.

ELIADE, Mircea, *Imágenes y símbolos*, (trad. de Carmen Castro), Madrid, Taurus, [1955], 1974.

— *Aspectos del mito*, Barcelona, Paidós, 1968.

— *Mito y realidad*, Barcelona, Labor, [1991], 1994.

ELLIS, Havelock, *El alma de España*, Barcelona, Araluce, 1928.

FERNÁNDEZ CARDO, José Mª y GONZÁLEZ, Francisco, *Literatura francesa del siglo XX*, Madrid, Síntesis, 2006.

FERRATER MORA, José, *Unamuno: A Philosophy of Tragedy*, Berkeley, University of California Press, 1962.

— *Diccionario de filosofía*, 2 vols., Madrid, Alianza, 1979.

FORD, Boris, *From Orwell to Naipaul*, in *The New Pelican Guide to English Literature*, vol. 8, London, Penguin, 1998.

FORD, Richard, *Manual para viajeros por España y lectores en casa*, (trad. de Jesús Pardo), Madrid, Turner, [1980], 1988.

— *Manual para viajeros por Andalucía y lectores en casa*, (trad. de Jesús Pardo), Madrid, [1980], 1988.

— *Manual para viajeros por Castilla y lectores en casa*, (trad. de Jesús Pardo), Madrid, Turner, 1988.

— *Los españoles y la guerra. Análisis histórico sobre la primera guerra carlista y acerca del invariable carácter de los españoles*, Madrid, Tayo, 1990.

— *Gatherings from Spain*, London, Pallas Athene, 2000.

FORNER, Juan Pablo, *Oración apologética por la España y su mérito literario*, Madrid, Publicaciones Españolas, 1956.

FOXÁ, Agustín de, *Madrid de corte a checa*, Madrid, Bibliotex, 2001.

FRANK, Manfred, *Gott im Exil*, Frankfurt, Suhrkamp, 1998.

FUSI, J.P., *Un siglo de España. La cultura*, Madrid, Marcial Pons, 1999.

FUSI, J.P. y PALAFOX, J., *España: 1808-1996. El desafío de la modernidad*, Madrid, Espasa, 1998.

GADAMER, Hans-George; FRIES, Heinrich, «Mito y creencia», en LARRIBA, Jesús (coord.), *Fe cristiana y sociedad moderna*, Madrid, Editorial SM, 1984.

GALÁN, Eva; NAVARRO, Carmen; LA TORRE, Purificación de, et. al. (eds.), *La imagen romántica del legado andalusí*, Barcelona, Lunwerg, 1995.

GANIVET, Ángel, *Idearium español. El porvernir de España*, Madrid, Biblioteca Nueva, 1996.

GARCÍA DE CORTÁZAR, Fernando, *Los mitos de la Historia de España*, Barcelona, Planeta, 2003.

GARCÍA SANTA CECILIA, Carlos (ed.), *Corresponsales en la guerra de España*, Madrid, Instituto Cervantes, 2006.

GARCÍA SERRANO, *El fin del Antiguo Régimen (1808-1868). Cultura y vida cotidiana*, Madrid, Síntesis, 2001.

GAROSCI, Aldo, *Los intelectuales y la guerra de España*, Madrid, Júcar, 1981.

GIBSON, Ian, *Ligero de equipaje. La vida de Antonio Machado*, Madrid, Aguilar, 2006.

GIL FERNÁNDEZ, Luis, *Panorama social del humanismo español*, Madrid, Tecnos, 1997.

GOLLANZ, Victor (ed.), *The Betrayal of the Left*, London, Victor Gollanz, 1941.

GÓMEZ-CENTURIÓN, Carlos, *La Invencible y la empresa de Inglaterra*, Madrid, Nerea, 1988.

GONZÁLEZ TROYANO, Alberto, «Los viajeros románticos y la literatura costumbrista», en GALÁN, Eva; NAVARRO, Carmen; LA TORRE, Purificación de, et. al. (eds.), *La imagen romántica del legado andalusí*, Barcelona, Lunwerg, 1995, pp. 37-45.

GUSDORF, Georges, *La conciencia cristiana en el Siglo de las Luces*, (trad. de Alfonso Ortiz García), Estella, Verbo Divino, 1976.

HABIB, M.A.R., *A History of Literary Crticism*, Oxford, Blackwell, 2005.

HANREZ, Marc (ed.), *Les écrivains et la guerre d'Espagne*, Paris, Pantheon Press, 1973.

HENARES CUÉLLAR, Ignacio, «Viaje iniciático y utopía: Estética e Historia en el Romanticismo», en GALÁN, Eva; NAVARRO, Carmen; LA TORRE, Purificación de, et. al. (eds.), *La imagen romántica del legado andalusí*, Barcelona, Lunwerg, 1995, pp. 17-27.

HUMBOLDT, Willheim von, *Diario de viaje a España (1799-1800)*, (trad. de Miguel Ángel Vega), Madrid, Cátedra, 1998.

IRVING, Washington, *The Tales of the Alhambra*, Granada, Ediciones Miguel Sánchez, 1994.

JUDERÍAS, Julián, *La Leyenda Negra*, Madrid, Swan, 1986.

JUNG, Carl G., *El hombre y sus símbolos*, (trad. de Luis Escobar), Barcelona, Biblioteca Universal Contemporánea, 1997.

KAMEN, Henry, *La visión de España en la Inglaterra isabelina*, Valladolid, Universidad de Valladolid, 1980.

KANT, Emmanuel, *Observaciones acerca del sentimiento de lo bello y lo sublime*, Madrid, Alianza, 1990.

KIRK, G. S., *La naturaleza de los mitos griegos*, (trad. de Isabel Méndez Lloret), Barcelona, Paidós, [1992], 2002.

KIRK, G. S.; RAVEN, J. E.; SCHOFIELD, M., *Los filósofos presocráticos*, (trad. de Jesús García Fernández), Madrid, Gredos, [1970], 1987.

KOESTLER, Arthur, *Spanish Testament*, London, Victor Gollanz, 1937.

LABORDE, Alexandre de, *Itinerario descriptivo de las provincias de España*, (trad. de Mariano de Cabrerizo), Valencia, edición facsímil, 1826.

LÉVI-STRAUSS, Claude, *Anthropologie structurale*, Paris, Plon, 1958.

— *Palabra dada*, (trad. de Juan Bravo), Madrid, Espasa, 1984.

— *Mito y significado*, Madrid, Alianza, 1987.

— *Antropología estructural*, México, Siglo XXI, 1990.

LIVIO, Tito, *Los orígenes de Roma*, (trad. de Maurilio Pérez), Madrid, Akal, 1989.

MAINER, José Carlos (ed.), *Pío Baroja. Obras Completas*, vol. XI, Barcelona, Círculo de Lectores, 1999.

MALINOWSKI, Bronislaw, *Magia, ciencia, religión*, (trad. de Antonio Pérez Ramos), Barcelona, Ariel, 1994.

MALLADA, Lucas, *Los males de la patria*, Madrid, Alianza, 1969.

MARICHAL, Juan, *El intelectual y la política*, Madrid, Publicaciones de la Residencia de Estudiantes, 1990.

MARTÍNEZ DE PISÓN, Ignacio, *Enterrar a los muertos*, Barcelona, Seix Barral, 2005.

MARTÍNEZ REVERTE, Jorge, *La batalla de Madrid*, Barcelona, Crítica, 2004.

MÁRTIR RIZO, Juan Pablo, *Norte de príncipes y Vida de Rómulo*, Madrid, Centro de Estudios Constitucionales, 1988.

MAYORAL, J.A. (coord..), *Teorías de la historia literaria*, Madrid, Arco, 2005.

MÉRIMÉE, Prosper, *Viajes a España*, Madrid, Aguilar, 1988.

MONTESQUIEU, Charles Louis de Secondat, barón de, *Cartas Persas*, (trad. de José Marchena), Madrid, Tecnos, 2000.

— *El espíritu de las leyes*, (trad. de Demetrio Castro), Madrid, Istmo, 2002.

MONTOLIÚ, Pedro, *Madrid en la guerra civil*, Madrid, Sílex, 2000.

MORALES, José Francisco; MOYA, Miguel Carlos, *Tratado de Psicología Social*, vol. I, Madrid, Síntesis, 1996.

MOSKOS, Georges, «Mito, escritura y revolución», en CORRALES EGEA, J. y TUÑÓN DE LARA, M., *Los intelectuales y la guerra de España*, Caracas, Monte Ávila, 1977, pp. 62-73.

NIÑO, Antonio, *Cultura y diplomacia. Los hispanistas franceses y España (1875-1931)*, Madrid, CSIC, 1988.

NÚÑEZ FLORENCIO, *Sol y sangre*, Madrid, Espasa Calpe, 2001.

ORTEGA Y GASSET, José, *España invertebrada*, Madrid, Alianza, 1983.

OUSBY, Ian, *The Cambridge Guide to Literature in English*, Cambridge, CUP, [1988], 1993.

PATEE, Richard, *This is Spain*, Milwaukee, Bruce Publishing Co., 1950.

PAYNE, Stanley, *La primera democracia española (1931-1936)*, (trad. de Luis Romero), Barcelona, Paidós, 1995.

PÉREZ, Antonio, *Relaciones*, Madrid, Turner, 1986.

PICHOIS, Claude, «Una problemática literaria de la guerra de España», en CO-

RRALES EGEA, J. y TUÑÓN DE LARA, M. (eds.), *Los intelectuales y la guerra de España*, Caracas, Monte Ávila, 1977, pp. 15-24.

PIRQUÉ, Georges, «La guerra de España en la obra de algunos escritores italianos», en CORRALES EGEA, J. y TUÑÓN DE LARA, M. (eds.), *Los intelectuales y la guerra de España*, Caracas, Monte Ávila, 1977, pp. 89-105.

PLATÓN, *La República*, (trad. de J. M. Pabón y M. Fernández Galiano), Madrid, Alianza, [1989], 2002.

POZUELO YVANCOS, José Mª, *Teoría del lenguaje literario*, Madrid, Cátedra, [1988], 2003.

PRADO, Javier del (coord.), *Historia de la literatura francesa*, Madrid, Cátedra, 1994.

PRESTON, Paul, *La guerra civil española*, (trad. de María Borrás), Barcelona, Debolsillo, 2001.

— *Palomas de guerra*, (trad. de Irene Gonzalo y Jorge Pérez), Barcelona, Debolsillo, 2004.

PUJALS, Esteban, *Historia de la literatura inglesa*, Madrid, Gredos, 1988.

REIG TAPIA, Alberto, *Violencia y terror: estudios sobre la guerra civil española*, Madrid, Akal, 1990.

— *Memoria de la guerra civil. Los mitos de la tribu*, Madrid, Alianza, 1999.

ROGNEDOV, Alejandro, *Cartas de un yanqui viajando por España*, Madrid, Ediciones I.C.I., 1951.

ROUSSEAU, Jean-Jacques, *Discours sur l'origine et les fondaments de l'inégalité*, en GAGNEBIN, Bernard ; RAYMOND, Marcel (eds.), *Œuvres complètes*, 8 vols., Paris, Gallimard, 1964.

RICOEUR, Paul, *Finitude el culpabilité*, 2 vols., Paris, Aubier, 1960.

RISCO, Alberto, *La epopeya del Alcázar de Toledo*, San Sebastián, Editorial Española, [1940], 1941.

SAINZ RODRÍGUEZ, Pedro, *Evolución de las ideas sobre la decadencia española*, Madrid, Rialp, 1962.

SÁNCHEZ SUAREZ, A., «El somniadors del Romanticisme», en MARTÍNEZ SHAW, C. (coord.), «Viatgers per Catalunya», *L'Arenc*, nº 51, julio-agosto, 1982, pp. 45-73.

SANDERS, Andrew, *The Short Oxford History of English Literature*, Oxford, Oxford University Press, [1994], 2000.

SANTACARA, Carlos, *La guerra de la Independencia vista por los británicos (1808-1814)*, Madrid, Machado Libros, 2005.

SAVATER, Fernando, *La tarea del héroe*, Madrid, Taurus, [1982], 1983.

SPERBER, Murray A., «Los escritores ingleses», en CORRALES EGEA, J. y TUÑÓN DE LARA, M. (eds.), *Los intelectuales y la guerra de España*, Caracas, Monte Ávila, 1977, pp. 47-61.

STENDHAL, *Vida de Henry Brulard*, (trad. de Juan Bravo Castillo), en BRAVO CASTILLO, Juan (ed.), *Novelas y relatos*, Madrid, Espasa Calpe, 2002, pp. 1159-1560.

STRAYER, Joseph, *Sobre los orígenes medievales del Estado moderno*, (trad. de Horacio Vázquez Rial), Barcelona, Ariel, 1981.

SUTHERLAND, John, *Stephen Spender. The Authorized Biography*, London, Viking, 2004.

TAJFEL, Henri, *Grupos humanos y categorías sociales*, (trad. de Carmen Huici), Barcelona, Herder, 1984.

THOMAS, Hugh, *La guerra civil española*, (trad. de Neri Daurella), 2 vols., Barcelona, Debolsillo, 2003.

TILLIETE, Xavier, *Schelling, une philosophie en devenir*, 2 vols., Paris, Jean Vrin, 1970.

TONE, John, *The Fatal Knot. The Guerrilla War in Navarre and the Defeat of Napoleon*, North Carolina, University of North Carolina Press, 1994.

TOWNSEND, Joseph, *Viaje por España en la época de Carlos III (1786-1787)*, (trad. de Javier Portus), Madrid, Turner, 1988.

TRANCHE, Rafael R.; SÁNCHEZ BIOSCA, Vicente, NO-DO. *El tiempo y la memoria*, Madrid, Cátedra, 2001.

TRAPIELLO, Andrés, *Las armas y las letras. Literatura y guerra civil (1936-1939)*, Barcelona, Planeta, 1994.

TUÑÓN DE LARA, Manuel, *España: la quiebra de 1898*, Madrid, SARPE, 1986.

TUSELL, Javier, *Vivir en guerra. Historia ilustrada. España (1936-1939)*, Madrid, Sílex, [1996], 1999.

UNAMUNO, Miguel de, *España y los españoles*, Madrid, Aguado, 1955.

— *Obras completas*, Madrid, Escélicer, 1971.

— *En torno al casticismo*, Madrid, Alianza, 2000.

— *Vida de don Quijote y Sancho*, Madrid, Cátedra, 2000.

VAUGHAN, Charles Richard, *Viaje por España*, (trad. de Manuel Rodríguez Alonso), Madrid, Ediciones de la Universidad Autónoma de Madrid, 1987.

VERDÚ, Lucas, *Principios de ciencia política*, Madrid, Tecnos, [1967], 1977.

ZAMBRANO, María, *Los intelectuales en el drama de España y escritos de la guerra civil*, Madrid, Trotta, 1998.